JN295228

DOBUN SHOIN

Education of Pre-school Children
in the 21st Century

© 2005

DOBUNSHOIN

Printed in Japan

21世紀の保育原理

小川博久 著

同文書院

著者略歴

1936（昭和11）年　東京都に生まれる。
早稲田大学教育学部教育学科卒業
東京教育大学大学院博士課程修了
北海道教育大学教育学部助教授，東京学芸大学教授を経て
現在　聖徳大学教授，日本保育学会会長
主な編著書
　　共著「子どもの権利と幼児教育」川島書店，1976
　　共編「学校事故の対策と法律（小学校編）」学習研究社，1977
　　共編著「　　　同上　　　（幼稚園編）」学習研究社，1978
　　共編著「　　　同上　　　（中学校編）」学習研究社，1978
　　共編著「子どもと音楽―幼児指導の実践」（第7巻）同朋社，1987
　　共編著「子どもと音楽―幼児指導の実践」（第6巻）同朋社，1987
　　共編著「保育実践に学ぶ」建帛社，1988
　　共編著「保育内容　環境」建帛社，1989
　　共編著「幼児放送教育の研究」川島書店，1989
　　執筆者代表「子ども不在の教育論批判」大和書房，1990
　　責任編集「保育実践シリーズ遊びが育つ」0歳～5歳まで
　　　（執筆）第5巻，フレーベル館，1990
　　編著「人間関係」川島書店，1994
　　共編著「教師批判を超えて」新評論社，1994
　　共編著「教育原理の探求」相川書房，1998
　　編著「発達教育論」日本女子大学通信教育部，1999
　　単著「保育援助論」生活ジャーナル，2000
　　共編著「保育者論」樹村房，2001
　　共編著「遊びの探究」生活ジャーナル社，2001
　　共編著「幼稚園教育実習ノート」協同出版，2002
　　共編著「領域『環境』」ひかりのくに，2002

はしがき

　新幼稚園教育要領が平成10年に告示され，平成12年4月から実施された。また保育所保育指針も平成11年に改訂された。保育の新しい方向が示されたわけである。本書は保育原理のテキストとしてこの動向をふまえて執筆した。内容的にいうならば，平成元年の旧教育要領の基本方針を踏襲し，一部改正した内容ということができる。したがって，基本はやはり保育における環境の重視，遊び中心の保育，生活を通しての保育といった言葉で要約されよう。ただ，この三つの言葉は各々別の事柄を指摘しているのではなく，基本的に同じ内容のものをいいかえたといってもよい。ここで共通にめざしているものが同じだからである。そしてそれは，自ら選択し（決断し），自ら行動し，自ら考えることのできる自立した人間の育成ということである。

　とはいえ，保育についてのこの思想は，ルソー. J. J. 以来の近代幼児教育思想が追求してきたものであった。したがって，本書の基本的方向をその延長線上にとらえる必要があった。そこで第一の柱として，人間の誕生に始まって幼児の自立的な自己形成の機会としての遊びの意義までをまず問題にしてみたのである（第1章～第3章参照）。

　第二の柱としては，保育の概念，保育の歴史，保育の制度を総合的視点でとらえなおそうとしたことである。家庭保育，保育所保育，幼稚園における保育をバラバラなものとしてではなく，保育の全体像に位置づけてとらえること，幼稚園教育の歴史，保育所の歴史，子育ての歴史を総合的にとらえること，幼稚園と保育所の一元化の問題を子育て問題と結びつけて考えることなどがその試みである（第4章～第6章参照）。

　第三の柱としては，保育の理論と実践の問題を具体的に考えてもらうため，保育の実践例を取り上げながら考察したことである。そして保育者の役割についても述べ，教員養成の問題にも言及した。最後に現代社会における保育課題を述べ

終章とした（第7章〜第9章参照）。

　本書は，発達のとらえ方，事例のとりあげ方，理論の展開などの点で幼稚園教員養成，保育士養成の双方のテキストとして使えるように考慮したものである。

　この度，新訂版を出版することになった。現在，子育て支援策（平成6年）の実施以来，子育て状況，保育事情すべてめまぐるしく変化している。本書の内容は基本的には旧版（『保育原理2001』）と変わらないけれども，社会事情の変化に応じた修正はやらざるをえない。平成元年の初版以来，今回の改訂により過去16年間にわたってテキストとして使われてきたことになる。読者や本書をテキストとしてくれた研究者に感謝したい。

　　　平成17年4月

　　　　　　　　　　　　　　　　　　　　　　　　　　小　川　博　久

目　　次

序　章　保育の現場から ……………………………………………………………1
第1章　動物の進化における子育ての変遷 …………………………………9
　1．動物の進化にともなう子育ての変遷 …………………………………10
　　1）哺乳類以前の動物の子育ての進化　10
　　2）哺乳類における子育ての特色と変化　12
　　3）霊長類における子育ての進化　15
　　4）類人猿における社会のしくみと子育て　17
　2．動物の一種類としてのヒトの子育て ………………………………19
　　1）動物の子育てを問う意味　19
　　2）ヒトにおける誕生の特色　21
　　3）ヒトの子育てにおける家族の存在　23

第2章　幼児期の発達と環境 …………………………………………………27
　1．胎内ではじまる母子関係の絆 ……………………………………28
　2．母子相互作用の中で育つもの ………………………………………30
　3．幼児にとっての意味世界（モノや事柄の世界）の発見はどのように生ずるか …………………………………………………………………34
　4．幼児の発達の条件としての家庭 ……………………………………37
　5．幼児の発達の条件としての地域 ……………………………………40
　6．発達の条件としての施設保育 ………………………………………42

第3章　幼児期の発達と遊びの重要性 ………………………………………51
　1．遊びとはなにか ………………………………………………………52
　2．幼児の遊びは一つの重要な学びの形態である ……………………55
　3．遊びの発達をどうとらえるか－3歳未満の養育者と幼児の関係を中心に－ …………………………………………………………………58

4．幼児の遊びの発達をどうとらえるか－3歳前後からの集団の中での遊びを中心に－ ……………………………………………………61
　5．遊びの発達を保障する保育者の基本的役割 ………………………65

第4章　保育とはなにか ……………………………………………………69
　1．保育ということばのなりたち ………………………………………70
　2．保育所と幼稚園の間に存在する「保育」の意味のずれをめぐって ……71
　3．「保育」における「保護」「養護」と「教育」の関係はどうとらえるべきか ……………………………………………………………………75
　4．「保育」を異なった視点でみる必要性………………………………78
　5．「保育」の意味の二重性とその相互関係……………………………80

第5章　保育の思想と保育制度の変遷 ……………………………………85
　1．わが国の保育制度の発生 ……………………………………………86
　2．西洋における保育の思想の系譜と制度の変遷 ……………………87
　　1）西洋における幼児教育思想の成立(1)－近代的子ども観の成立－　87
　　2）近代幼児教育思想の成立(2)－集団保育施設の創設－　90
　　3）近代幼児教育思想の成立(3)－母親への啓蒙の手段としての幼児教育論－　91
　3．わが国の幼児教育制度成立の前史 …………………………………92
　　1）江戸時代の子育て思想－支配層の思想　92
　　2）わが国の子育ての習俗－民衆の子育て　94
　4．第二次世界大戦前・後の幼児教育制度と思想 ……………………96
　　1）戦前の幼稚園の歴史　96
　　2）戦前の保育所保育の歴史　98
　　3）戦後の保育の歴史と課題　100

第6章　保育制度成立の根拠と特質 ……………………………………105
　1．幼稚園・保育所設立の法的根拠 ……………………………………106
　2．幼稚園と保育所の法的規定上の相違 ………………………………108

3．法的規定の差が生みだす保育所の諸問題 …………………………109
4．法的規定上から生ずる幼稚園の諸問題 ……………………………130
　　1）幼稚園経営にかかわる諸問題　130
　　2）幼稚園の預かり保育　133

第7章　保育の具体的展開 …………………………………………………139
1．幼稚園教育要領の基本的考え方 ……………………………………140
　　1）環境の重要性　140
　　2）遊びの重視　141
　　3）生活を通じての保育の重要性　143
2．保育所保育指針の基本的考え方 ……………………………………146
3．乳幼児にとって保育施設や保育者や幼児たちはどんな環境なのか ……149
　　1）情緒的環境としての保育者　149
　　2）学習環境（モデル）としての保育者や幼児の仲間たち　150
　　3）物的・空間的環境と保育の展開　152
4．指導計画とはなにか …………………………………………………158
5．幼児の実態把握の方法としての記録の重要性 ……………………165
6．保育における評価 ……………………………………………………172

第8章　望ましい保育者の資質とはなにか ……………………………175
1．専門性とは ……………………………………………………………176
2．保育という仕事の専門性はなぜ認められにくいか ………………177
3．保育者の専門性とはなにか …………………………………………178
4．保育者にとって専門的知識とはなにか ……………………………179
5．保育者としての資質を構成する要素としての生活力 ……………180
　　1）よき生活者であること　180
　　2）保育者と幼児にとって生活とはなにか　182
　　3）生活者としての資質条件(1)－人的環境としての保育者の情緒的
　　　　安定性－　183

4）生活者としての資質条件(2)－幼児の生活・遊び環境の構成者として－
　　　　184
　　5）生活者としての資質条件(3)－幼児集団のリーダーとして－　185
　6．保育者の資質を構成する要素としての知性 …………………………186
　　1）幼児を理解する力　186
　　2）保育者自身を理解する力　189
　　3）文化（保育内容）を媒介する力　191
　　4）文化（保育内容）を表現する力（モデルの役割）　193

第9章　現代社会と保育の諸問題 ……………………………………………195
　1．情報化社会の特色 ………………………………………………………196
　2．情報化社会の中の家庭環境の変化 ……………………………………197
　3．情報化社会での地域の喪失 ……………………………………………199
　4．幼児の成育環境の変化と子育て上の問題点 …………………………200
　5．知的早教育を支持する圧力とその必然性 ……………………………202
　6．幼児の学習の本質と知的早教育への対応 ……………………………204
　7．幼児期の学習の特質や発達を保障する環境としての幼稚園・保育所
　　　の課題 …………………………………………………………………207

　索　引 …………………………………………………………………………212

序　章

保育の現場から

序章　保育の現場から

　将来，保育という仕事につきたいと考えている人に保育という仕事はどのようなものか，その仕事を行う上で何を基本としておさえておくべきか，いいかえれば，保育の原理として何を理解しておくべきかを語るのが保育原理である。そこでまず，保育の姿をみることからはじめよう。最初の事例は，出産半月後の母親と乳児のかかわりの例である。

　もう大あわて

　　退院してきてこの2週間，おむつを開くと毎回うんち。今もうんちがたっぷりで，肌着にまでうんちがもれてしまっていたので，肌着を取り替えたり，うんちだらけのお尻をふいたりしていたところ。
　　オギャーオギャーと泣いていた赤ちゃんが，一瞬泣きやんだと思ったら，急にゴクッとのどをならし，何かを飲み込んだ。
　　「キャ～～，顔中ビショビショ」お尻をふくので両足をエビのように曲げていたら，ちんちん（男の子）からおしっこがシャーと出て，顔面に直撃したらしい。目，鼻，口，耳とくぼみにはおしっこがたまっているではないか。
　　急いで顔をふき，おむつを当ててしまってから，お湯であらためて顔をふいたものの，飲み込んでしまったおしっこは，どうしようもない。大丈夫かしら⁉　としばらくようすをみたりしていたが，元気もよく，ミルクも飲むし……。ちょうど，保健婦さんが家をたずねてくださったときにこのことを話したら，大笑い。「おしっこなら大丈夫ですよ」と言ってくださり，ひと安心。
　　そして翌日は，同じくおむつを開き，取り替えようとしていたら"ピュー"元気のよいおしっこがとび出してきて，私の着ているものから，ペン太の着ているものまで全部ビッショリになってしまった。こんなことはたびたび……。そのたびに洗たく物がどっさり増え，ため息が出てくるほど。するとおばあちゃんが「男の赤ちゃんのおむつを取り替えるときは，ティッシュ1枚ちんちんに乗っけてやった方が，おしっこピューとやられたとしても，上にふん水のように上がってこなくて大丈夫ですよ」と教えてくれた。
　　今までおしっこ要注意だったのが，これで本当に大丈夫だった。新米ママと新米赤ちゃんは何をするにもぎくしゃくだけど，一つずついろんなことを学んでいく[1]。

　この事例にみられる母と子のかかわりには保育の原型がある。人間の赤ちゃんは他の動物（たとえばウシやウマ）と異なり，誕生後，一人では何もできない。母親や養育する大人の助けなしには何ひとつできない。食べること，排泄することなど，生命の維持に不可欠なことを大人の援助によって行っていく。でもこれ

序章　保育の現場から

はただ単に，赤ちゃんの排泄物を処理してあげるという仕事だけを意味しているわけではない。うんちやおしっこをきれいにしてあげることは，赤ちゃんにとっては快いことだ。そこで赤ちゃんは不快から快への気持ちの変換をしたことになる。おむつをとり替えることで，うれしがって足をばたばたさせる赤ちゃんもいる。そういう赤ちゃんの状態をみれば，お母さんも赤ちゃんの気持ちに共感でき，にっこりと赤ちゃんにほほえみかけるだろう。まだことばがわからない赤ちゃんに向かって，「……ちゃん，ごめんね，おむつ取り替えるのおそくなって，気持ちわるかったでしょう。ほら，気持ちよくなったでしょう。ね，よかったね」などと声をかけている母親の姿をバス停のベンチでみたことがある。一方，赤ちゃんもそうした母親のことばかけとほほえみをみつめて，声をあげてほほえみ返していた。

　こうした保育者である母親と赤ちゃんとの交流を通して赤ちゃんは，おむつを取り替えたときの快さの気持ちと母親の笑顔とが一緒になる。この関係がくり返されるとやがて，母親の笑顔が快いという感覚のシンボルになっていく。つまりこれは，母親と赤ちゃんとの間に心の交流がはじまっていることを示している。

　赤ちゃんにとって，母親（保育者）が快い感情の原因になることは，子どもの心の安定になり，それがまた母親（保育者）の気持ちを豊かにしていく。その意味では，「赤ちゃんのおしっこなら大丈夫ですよ」といってくれた保健婦さんの助言がとても大切だと思われる。なぜなら，母親（保育者）の心を「ひと安心」と安定させてくれたから。この安心感は，また子どもの心にもはね返って赤ちゃんの心をも安定させるように作用するだろうと思われるから。またおしっこの処理について教えてくれたおばあちゃんの発言も，子育ての細かい手だてを教えてくれただけでなく，母親（保育者）の子育ての姿勢を確信に満ちたものにしていくから。もちろんこの役割が父親であることも大切である。

　このように，保育は子どもの生きるという営みを援助し，心身ともに健全な成長を保障する仕事である。と同時に，親（保育者）と幼児の心の絆（きずな）が確立していく過程でもある。

　ではつぎに保育所における保育の仕事をのぞいてみることにしよう。

　　少し大きめのレインコートを着て，今日も元気に登園したK君は，部屋に入るな

序章　保育の現場から

り「かずちゃんしゃあ，ゴーグルレッドを作るんだあ」とたくさんのブロックの中から，赤いブロックだけを集め始めました。大好きなゴーグルレッドと同じ「赤」の洋服しか着たがらないK君が昨日から楽しみにしていた遊びです。顔をしかめながら，必死に集める赤いブロック。ところが，そばで同じようにブロックをつなげて黙々と何か作っていたN君が，K君の集めた赤いブロックを使ってしまったのです。

「なにすんだよ〜，かずちゃんがせっかく作ってたのに」と口をとがらせて取り返そうとすると，N君もサッと身をかわし，いきなりK君をドンと押し倒します。「かずちゃんが見つけたブロックだぞォ〜」半分泣きベソ顔でなおむかっていくのですが，N君は無言のままで，K君の顔をぴしゃりとたたき，すっとその場から逃げてしまいました。

こうなるともはやこらえきれずに「かずちゃんがさきに使ってたのに〜，かずちゃんのブロック〜」と大泣きです。その場から逃げ出してしまったN君を呼び戻して話を聞いてみると，「だってぼくも赤いブロックが欲しかったんだもん。かずちゃんが赤いブロックみんな取っちゃうんだもん」とたどたどしいながらも，自分の言い分を訴えてきました。

すると「だってかずちゃんしゃあ，ゴーグルレッド作りたかったんだもん。ゴーグルレッドはしゃあ，赤いブロックで作るんだよ」と負けずに言い分を主張しました。

ことばで自分の気持ちを表現できるようになってきた子どもたち，そしてどの子もみな，自分自身の要求が強くはっきりとなってきました。けんかの前後のようすをじっくり見ていると，幼い子どもなりにも，双方それなりに言い分があります。こうした言い分を聞いてあげたり，この年齢なりにも相手の気持ちを話して聞かせたりなど，保育者がきちんと整理しながら伝えていくことが，大切になってくるようです。この年齢ですから，自分の言い分がうまく伝えられずに，すぐまた同じようなけんかが始まります。ですから，保育者が音を上げず，じっくりと対応していかなければならないと思うのです[2]。

この事例では，保育所で生活する2歳児のけんかとそれに対処する保育者の姿がえがかれている。子どもたちは，幼児の段階から，同年代の他の幼児とかかわり，けんかなどのぶつかり合いを契機に集団生活に適応していかなければならない。しかもこの適応の仕方は保育者がことばで教えられるものではない。K君もN君にも「ぼくは……したい」という欲求がある。これは決していけないことではない。K君もN君も「……したい」と思っているかぎり，この2人は生きる意

欲をもっているといえる。

　しかし，K君とN君のように自分の意欲は時としてお互いにぶつかりあう。「おれの方が先だ」，「いやおれだ」というように時間の順序をめぐって，またこの例のように，道具の奪い合いをめぐって，また時には，場所のとり合いをめぐって，2人がつっぱり合ってけんかをすれば，楽しいはずの遊びの時間もつまらない時間，つらい時間になってしまう。子どもたちは，自分たちの「……したい」という気持ちを抑えずに，むしろそれを最終的には実現するために，お互いにゆずり合うことの必要を身体で気づかなければならない。つまりそれが社会性の育ちである。こうして社会の一員として将来生きていくために必要な社会性を身につけていくのである。それは具体的には，自分の要求を一方的に押し通すのではなく，他人の要求と調整し合いながら，自分の要求を実現することである。それを子どもが自力で発見するように保育者は援助するのである。そこに保育の仕事がある。だから，「じっくり」と対応するのである。

　最後にもう一つ5歳児の事例をあげよう。

　　K男がアサガオの種を採って木の箱に入れ，そこに水を入れている。水が漏れてなくなってしまうと，また水を入れてと，何回も繰り返している。これまでこちらから話しかけても，「ん……」と答えるだけで表情が固かったK男のことがとても気がかりだったので，そんな姿に，何か自分でやろうとしているのを感じ，K男のペースに合わせて，保育者も一緒に動いてみようと思った。

　　「Kちゃん，いれものかえてみたら。これなんかどうかな」と，豆腐の入っていた容器を渡すと，ちょっとこちらを見ただけで，黙ってその容器を受け取り，木の箱から種を取り出して入れ替え，今度は水が漏れないのを確かめると，それを机の上に置いて帰っていった。

　　その日から，K男は毎日テラスのプランターをのぞくのが日課になった。季節が違うのでこれからどうなるのかわからないが，K男と一緒にのぞくのが毎日の楽しみになった。

　　1週間たって，小さな芽が出ているのを見つけ「K君，芽が出てるよ」と知らせると，「うん，知ってるよ」と表情も変えずに言うので，ちょっとがっかりしてしまった。でもだれよりも先に芽が出ているのを見つけていたわけだし，うれしさをことばや表情で表さなくても，K男も心の中では，「やったあ！」と思っていたに違いないだろう。

序章　保育の現場から

　他の子どもたちも、「かわいい」、「よかったね。K君」と一緒に喜んでいる。集まってきた子どもたちと、小さなアサガオの芽をいとおしい思いで見ながら、「花が咲くといいね」と言うと、T児が「咲かへんよ。夏しか咲かへんもん。お父さんが言うとった」ときっぱり言う。K男はいつものように黙っている。

　K男の気持ちに水をさすことを恐れ、また種が生きていることを感じとってほしいと願う気持ちもあって「寒くなってくるから、咲かないかもしれないね。でも、みんなが夕涼み会で食べた後でまいたスイカの種も、芽を出して、この間見たらちっちゃな実つけていたよ。小さい花なら咲くかもしれないね」といっておく。

　冬になるまでにひとつでも花を咲かせることで、K男の喜ぶ顔が見たいと思うが、日照時間も短くなっていくので本当に咲くかどうか不安である。

　アサガオの芽がでてから1か月以上たった。毎日そっとのぞいていたK男が、赤い花を発見、とてもうれしそうな表情をする。寒くなるにつれて心配な気持ちになっていただけに、みんな大喜びで、他の子どももK男と一緒に喜ぶ。夏の花に比べれば弱々しげなアサガオだが、必死に咲いているようで感動させられる[3]。

　この事例では1学期間は友だちとことばを交わすことが少なく、表情も固く、保育者に手を触られることを嫌っていたK男が、アサガオの栽培を試みることで明るくなり、クラスの友だちにも認められていく。保育者はK男が植物に興味をもっていることを見抜いたからこそ、K男にアサガオの世話をするようにすすめたのである。自分の好きな活動に取り組むことを通して、自分ができなかった友だちとのかかわりができるようになる、そんな機会を提供する。ここにも保育という仕事の大切な側面がある。その一つは、たとえ友だちとのかかわりがK男に十分できていなかったからといって、保育者がK男に強制して無理矢理友だち関係をつくらせようとしてもそれは不可能だということ、保育という仕事は、幼児の自主的な意欲を前提にしてはじめてできるということである。だからこそ、保育者はK男がやる気のあるアサガオ栽培を入口にし援助したのである。

　もう一つはこうした保育の過程は大人が教えれば、子どもがすぐそれを知って動くといったようなものではないということである。植物の成長をみつめて、それとつきあっていくというようなゆっくりとした過程の中でK男は変わっていく。植物とのかかわりの結果、花が咲いたという事実をクラスの仲間から評価されることを通して自信をもち、友だちと心が開かれているということである。

　このように保育という仕事は子どもが自立的に意欲をもって、アサガオをめぐ

る環境とかかわり，それとのつきあいを通して成長していくのを援助することである。

　今述べた保育の事例は保育という仕事の2，3の側面を述べたものにすぎない。保育の仕事は幼児をとりまくすべての面で行われている。しかもその仕事の内容はまさに多種多様である。ただそこに共通な点があるとすれば，それは幼児の生命の営みを保護し，その発達を援助してやるという点であろう。そしてこのようにする理由は，人間という動物，いいかえれば，動物の中でヒトという種類の動物は幼児期において，養育者の援助なしには生きていけないという宿命を背負って生まれてきているからである。もちろんこのことは，人間という種にとってマイナスの要因であるというわけではない。むしろ，養育者の援助が必要であり，それが長いということが人間のつくりだした高度な文化を新しい世代に伝達することを可能にしているともいえるのである。そこで次章では，ヒトという種類の動物の成育がなぜ養育者の長期にわたる，しかも多方面の援助を必要とするのかを考えてみることにしよう。

引 用 文 献

1) 本吉圓子編著：0歳児の保育，pp.208～209，フレーベル館，1989
2) 本吉圓子編著：2歳児の保育，pp.36～37，フレーベル館，1988
3) 西口あや子：キューちゃんのハウス作り，森上史朗・大場幸夫・吉村真理子監修；見る目を育てる実践シリーズ①　子どもを見る目，pp.76～79，フレーベル館，1988

第 1 章

動物の進化における子育ての変遷

第1章　動物の進化における子育ての変遷

1．動物の進化にともなう子育ての変遷

　序章では，保育の具体的姿にふれることができたと思う。しかし，保育という仕事の範囲がどこからどこまでで，保育ではなにを基本として考えていくべきかといった問題にはまだふみ込んではいない。保育という仕事を体系的に考えていくには，さしあたり具体的な保育の姿を離れて，広い視野に立って保育という仕事をとらえてみる必要がある。

　前述のように，ウシやウマであれば，誕生後，数時間で立ち上がり，歩きまわって自分で親の乳房をさがし求め自分で乳を飲むことができる。なぜヒトは親の援助が必要なのだろう。いいかえると，大人の保育がなければなぜヒトの子どもは育たないのだろうか。そのことを動物の子育ての起源にさかのぼって考えてみよう。

1）哺乳類以前の動物の子育ての進化

　動物が子どもを生み育てるということはあたりまえのことである。生物というものは，次の世代を育てることで，自分の属している種を絶やさないでいくことができる。かつて新潟県に生息していたトキが絶滅しつつある。トキの数が減り，親鳥が交尾せず，卵が生まれなくなってしまったからである。上野動物園のパンダが赤ちゃんを生むか生まないかで多くの人々が大騒ぎをしたことがある。もし交尾をしなければ，赤ちゃんは生まれず，親パンダがいなくなれば，動物園からパンダの姿は消えてしまうのである。

　動物にかぎらず，生物は，次の世代を生むことで種を存続させていく。そして一般に下等動物になればなるほど，種を保存することと，個体（親）の生存とが同時に成り立つことは困難である。交尾を終えると次の世代の誕生をみないまま，命を終えてしまう生物も少なくない。川をさかのぼって産卵するサケなどはそのいい例である。

　そこでまず脊椎動物の子育てについてみてみよう。脊椎動物の中で最初に現れたのは，魚類である。親が子どもを生み，育つためには，オスとメスが交尾しな

けなければならない。とはいえ，魚類の場合，一般に交尾は体内では行われない。精子と卵子の結合は水中で行われる。この両者がうまく出会って，有精卵となりそこから子どもが生まれるには，水の温度，流れ，酸素の量など，卵が育つ条件をうまく利用しなければならない。そのために親の世代の成魚は，いつどこが交尾の場所としてふさわしいか，自然のリズムの中で本能的に知っている。だからサケなどは，苦労を重ね，くたくたになりながら川をさかのぼってくる。そして受精後，サケなどはそこで命を終えてしまう。

とはいえ，それで安全に卵が育つとはいえない。卵の時代，小魚の時代に親魚に守ってもらえないので，他の魚や動物の餌になり，成魚にまで育つことは困難である。そこで種が絶滅しないためには，多くの卵が生まれる必要がある。1回の産卵で億単位の卵を生む魚も少なくない。こうして種の存続がはかられる。しかしそのために一個一個の卵の多くは犠牲になる。

一方，水中生活から水と陸との双方に生活する両生類のカエルになると，同じ体外受精でもオスが鳴き声でメスをよぶとともに，オスとメスが交尾のときに抱き合って，メスは排卵し，オスはその直後，射精するので，受精する確率が高くなる。そして受精後卵を保護する確率が高くなればなるほど，生む卵の数は少なくなる。たとえばニホンヒキガエルのように，卵のかたまりが細いヒモのようになった寒天質で保護されたものは，2,000～8,000の卵を生み，魚類などからみれば少ない方であるが，他のカエルからみれば，一番多い。それに対し，体外受精でも受精卵を身体にくっつけて保護しているサンバガエル，コウモリガエル，ハナガエル等になると，卵を生む数がますます少なくなり，小型フクロガエルになると，卵からかえると親ガエルの背中の血管から栄養をとってカエルになるまで成長するので，卵を生む数が4個～7個ぐらいに少なくなる[1]。

さらに爬虫類になると，種の保存はより確かなものになる。その方法としては，オスの精子を卵子のいるメスの体内に送りこむという形での体内受精が行われる。そしてそのために必要なオスの生殖器（ペニス）をもつようになる。また，陸上で子どもが自力で生きていくためには，水中のように周囲にプランクトンのような餌がない状態に耐えなくてはならない。自分で餌をとれるようになるまでは卵の中の栄養で，生きていかなければならない。そのため卵は大型になる。さらに

第1章　動物の進化における子育ての変遷

卵の中に貯えられた栄養が太陽の光で乾燥してしまったり，外敵に食べられたりしないようにするためには，栄養分の外側を卵白（白身）で包むことや，卵のからを石灰質で固くするなどして，胚（誕生後子どもとなる部分）を保護するようになる。

　このようにして卵を保護しても，他の動物の餌になったり，無事に育たなかったりする。しかしそれでも，カエルなどの両生類からみれば，はるかに子どもの成長の安全性は確保される。だから卵を生む数も，卵が大きくなったこともあって，多くても100個以下になる。

　さらに生物が進化して鳥類や哺乳類になると，爬虫類よりも子どもの成長は安全になり，固体（一羽一羽，一匹一匹）の生存が確保されるようになる。たとえば鳥類の場合，卵を生むために巣をつくり，卵から子どもが無事かえるように，保温のため卵を抱く。さらに孵化(ふか)したのちも，親鳥は餌をはこんできて与え，敵から子どもを守ろうとする。つまり鳥類になってはじめて親が積極的に子育てを行うのである。もちろん昆虫や魚類や爬虫類にも子育てを行うものもあるが，一般的ではない。子育ての確立により，子どもの成長はますます確実なものになってきたので鳥が産む卵の数は爬虫類よりも少なくなる。しかし，それでもなお，哺乳類と比べると，生まれた子どもが成育の過程で犠牲になることも少なくない。たとえば，ヒナのときに，高い木の上の巣から地上にすべり落ちたときは，親もどうすることもできず，そのヒナは死を待つしかない[2]。

2）哺乳類における子育ての特色と変化

　哺乳類の子育てでいままでの動物と異なる点は，受精がより確実になるためのしくみとして，オスの生殖器（ペニス）とともに，それを受け入れるメスの生殖器が生まれたことである。また，受精した卵が安全に育つためのしくみとしての胎生（親の体内で育つこと）と，出産後，哺乳（乳で育てること）するようになったことである。このため，次の点で子どもの安全な成長が保障されることになった。まず第1に受精卵や胚が他の動物に襲われたり，気候の変化に直接さらされなくなって，子宮という安定した環境の中で育つようになったことである。受精卵や胚は子宮と羊膜で守られ，羊水の中に浮かんでいるので，もはや鳥類や，

爬虫類の卵のような固いからは必要がなくなり退化してしまう。

　第2に，胚が成長するための栄養分や酸素は子宮の中の胎盤を通して母体から送られ，炭酸ガスや排泄物は母体に送り返されるので，鳥類や爬虫類のように，卵の中に栄養分を貯える必要がなくなり，受精卵は小さなものになる。

　第3に出産後も，母親の乳によって栄養が保障されるので，十分に成育するまで，自分で餌をさがす必要はなくなる。

　第4に，母親が子どもに乳を与えるという栄養の与え方は，母と子との結びつきを強くする。子どもは，いつも一緒に生活することが多いので，子どもが親の行動の仕方をみて学ぶ機会が多くなり，母子関係を中心とした動物の群れ（集団）が生まれる可能性がでてきたことになる。

　このように哺乳類では，母と子の結びつきを中心とする群れができて一緒に生活することが多くなるので，個体としての子どもの生存を守ることと，親が生きのびること，さらにはその動物が種として，子孫を絶やさないで生きのびていくことが爬虫類や鳥類よりも共通の課題となる。魚類や爬虫類などでは一般に子育てを行わないので，子どもが生まれたあと母親が死んでしまっても，子どもの生存にはあまり関係はない。鳥類でも，子どもに餌はやるが，その結びつきは哺乳類ほど強くはない。

　哺乳類ではこれまでみてきたように，親と子が一緒になって生命を維持していくことになる。しかしこのことは，子どもにとっては母の胎内で安全に育ち，産まれてからも母の乳で育つのだから都合のよいことだけれども，親にとっては，不都合なこともあらわれることになる。親としては，子どもの栄養分を体内に貯えるという点で，また出産時期が近づくにつれて，胎内に体重の増えた子どもをかかえて生活するという点で，さらにまた出産という仕事にともなう苦痛があるという点で，個体として生きるよりも，つらい，困難な条件に耐えなければならないことになる。だから，子どもにとっては長く胎内にいる方が安全に成育できるのだけれども，母親としてはできるだけ早く子育て期間が終わった方が都合がいいのである。

　またこのことは，哺乳している期間についてもいえる。いつまでも乳を飲んでいられることは，子どもにとっては有利であるが，母親にとっては生きる上で都

第1章　動物の進化における子育ての変遷

合がわるいのである。そしてそれは栄養面だけではない。動物社会の場合，多くの動物は敵をもっている。特に草食動物の場合，肉食動物にねらわれる危険が大きい。中でも，子どもや子どもを宿している母親，子どもの世話をしている母親がねらわれる確率は高い。ゴリラなどのほんの一部の動物を除いては，オスは，子育てにかかわりをもたない。したがってそうした子育ての負担はすべてメスにふりかかってくる。哺乳動物には一般にこうした問題点がある。哺乳動物はそれぞれ進化の過程で，それぞれの種がこの問題点に対処するように進化の仕方をしているのである。

　ポルトマン（Portman, A.）はこの進化の仕方を大きく二つにわけて説明している[3]。一つは就巣性の哺乳類ともう一つは離巣性の哺乳類であるという。そして前者に比べて後者の方がはるかに進化した動物だとポルトマンはいっている。就巣性というのは，生まれてからも未熟のためいつまでも，巣から離れられずにいる習性をいう。一方離巣性の方は，生まれるとすぐに動きまわることができ，自力で母親の乳をさがして飲むことができる習性である。ということは，離巣性の方が長い間，母親の胎内にいて十分に成長して生まれてくる種類で，就巣性の方はそれに比べて，妊娠期間が短いものをさしている。就巣性の方の動物の例としては，ネズミやリスのように，脳もあまり発達せず，身体のしくみも比較的単純な動物たちである。この動物の子どもは生まれたときは，感覚器官も運動能力も発達しておらず，無力の状態である。したがって種の保存のためか，一度に生まれる子どもの数も比較的多くなっている。

　一方，離巣性の方は，ウシやウマ，シカやキリンのように，生まれたとき，すでに親とほとんど同じ体形をなし，数時間で動きはじめ，親と同じような行動がとれるようになっている。したがって一度に生まれる子どもの数も1，2匹と少なくなっている。

　そこで就巣性の動物と離巣性の動物の子育ての相違をまとめてみると，就巣性の場合，母体が胎児をかかえていることは，親にとって生きることがより困難になる。それゆえ母体の生きる条件の方が優先されるために，妊娠期間が短くなり，子どもは未熟な状態で生まれる。その結果，未熟な子どもに乳を与えて育てる期間が長くなり，そこでは，子どもの成育条件が重視される。一方，離巣性の動物

では，子どもが十分に成長するまで胎内にいるので，妊娠期間が長く，そのため，母体の生存の条件はある程度犠牲にされる。しかし出産後は，子どもが十分成育しているので母親は，自由になり，子育てのために親が犠牲になることは少なくなる。

3）霊長類における子育ての進化

霊長類といわれるニホンザルやチンパンジー，マントヒヒやゴリラという種も広くいえば，哺乳類の仲間であるが，子育てのあり方において，その他の哺乳類とは大きく異なった面があらわれている。そこでこれらの動物の子育てをみてみることにしよう。

ひと口に霊長類といってもその種類は多く，子育ての仕方も種類によってさまざまである。しかし，大まかな見方をすれば，霊長類の進化に応じて子育てにも一つの流れをみることができる。それは霊長類がつくる社会のしくみによって子育ての仕方が変わってくるということである。

ロリスといわれる森林に棲む新世界ザル（南北アメリカ大陸に棲むサル）の仲間は，食料と生活の安全が保障されているので，群れをつくるという習性を持ちにくく，あまり進化していない。しかし，森林に棲むサルの仲間が草原に棲み家を変えたとき，つまり，旧世界ザル（ユーラシア大陸，アフリカ大陸に棲むサル）の仲間が現れたとき，サルたちは群れをつくり社会をつくる必要性が生じたのである。

では何のために群れをつくらねばならなかったのだろうか。一つは，外敵から身を守るために，同じ仲間に敵の存在を知らせるためのコミュニケーションシステムが必要だったからである。そして特にこのことは，胎生となって，長期間，体内に子どもをかかえたメスにとっては，必要なことであった。子どもや子どもをはらんだメスが一番，外敵にねらわれやすかったからである。そしてこの場合，オスは群れをまとめ，それを統制し，敵に向かって自分の群れを守る役割を担うことが多くなったのである。このようにしてメスとオスは各々の役割を演ずることになった。ニホンザルのようにこの段階では，オスはメスと交尾し，子どもが生まれる原因をつくるだけで，子育てにはいっさい関係しないが，間接的には，

第1章　動物の進化における子育ての変遷

メスや子どもが生きていくために群れを守るという役割をつとめることで子育てに関係しているともいえるのである。

　霊長類といわれるサルたちが群れをつくる理由の第2は，餌を獲得するためになわばりをつくることが必要ということである。生きるために餌場を獲得することは最も大切なことである。しかし餌を求めてそれを食べているとき，それは最も敵に襲われるときでもある。集団で敵から身を守る体制をとることと，自分の餌場をなわばりとして確保することとはつねにかかわっているのである。

　一方，敵から身を守って，餌場を確保するために集団行動をするとき，先に述べたように，その群れを統率するボスが必要である。たとえば，ニホンザルのボスは絶対的権力をもち，群れ社会を支配する。でなければ，群れを敵から守り，維持する力は発揮できない。そこでこのボスの支配力を中心として群れ社会にしくみが生まれ，力の強い弱いに従って上下関係が生まれる。そしてボスの力が弱まると，ボスの座をねらう若手が現れ，ボスと争ってボスが負ければ，ボスの座は新人のものとなる[4]。こうした政権交代はサルの群れ社会にさまざまな影響を及ぼす。メスと交尾をする権利をもつオスはボスに限定されることが多い。この傾向は霊長類に限らず，ライオン，カバ，トドなど多くの哺乳類にみられる傾向である。ボスを中心とした多くのメスによるハーレム（一夫多妻制）が形成される。そしてライオンやインドに棲むサルなどでは，ボスが交代すると，前のボスの子どもは皆殺されてしまう。また，カバなどは，オスが生まれると，親のオスに殺されてしまうので，親カバ（メス）と子どものオスはボスのいるハーレムから離れてくらすのである。

　こうした哺乳動物，特に霊長類の群れ社会が成立する理由や，またその結果生まれた群れ社会の特徴は子育ての仕方に大きく影響を与えるといわれている。敵から身を守るための通信（コミュニケーション）の方法，なわばりのつくり方，ボスと他のメンバーとの支配関係，メスとオスの交尾における相手の決め方などが，本能的にきまりきっている社会と，それらが相手との関係でゆるくなったり，きびしくなったりする社会，つまり相互に融通性のある柔軟なしくみの社会へと変わっていくにつれて，子育ての仕方や子どもの成長の仕方も変わってくるのである。いいかえれば，次第に養育期間がのびていき，その中での子どもの成長発

達は条件反射的な学習によってよりも，遊びの中でみてまねるような学習によって生み出されることが多くなっていくのである。

4）類人猿における社会のしくみと子育て

　ニホンザルなどの場合，ボスが群れのメスを支配してボスだけが交尾する権利をもち，ボスと他のオスとの力関係などがきちっと決まっている。こうした社会では，子どもが社会集団に仲間入りする仕方（教育の仕方も）も単純である。すなわち，成人グループの攻撃するぞというおどし，威嚇(いかく)に子どもが即座に反応し，それをさけたり，自分はあなたより強くないというポーズ（グルーミング）をとることでサル社会のメンバーになっていく。メスの発情期もきちっと決まっているので，若いオスが交尾するチャンスは与えられていない。ニホンザルの場合，秋から冬にかけてが交尾期で春から夏にかけてが出産期である[5]。生殖を確かなものにするためには，ボスがこのメスを一人占めにすることになる。前に述べたインドのサルのようにボスが交代すれば，前のボスの子どもは皆殺しにされてしまう。こういう社会では子どもの自立も早い。

　これに対し，交尾の仕方，餌のとり方，支配関係などの社会のしくみが少し，ゆるやかでゆとりのあるものになるチンパンジーなどでは，子どもの育て方はどう変わるか。まず社会のしくみがゆるんでくるということは，「注意構造」[6]がグループの間に生まれるということに現れる。お互いに攻撃しあう関係をさけるために，いつもくっついていたり，しっぽをさげて攻撃しないということを行動で示したりすることをせず，周囲にいる動物の動きを注目するという行動が現れ，そのことで相手の動きを予想して，お互いに対決するということをさけるということが生ずる。それが「注意構造」である。こうした動きはニホンザルにもみられるが，しかしそれはまだ，ボスとの関係とか，餌をとるときなどに限られている。

　ところが，チンパンジーになると，こうした動きがさらにいろいろな場面でみられるようになる。チンパンジーやオランウータン，ゴリラという仲間は事実上襲いかかる敵はほとんどなくなったので，これらの動物にはもはやなわばりを守るということはあまりみられない。

第1章　動物の進化における子育ての変遷

　またニホンザルのようないっせいに行動するといった群れのつくり方があまりみられなくなる。ボスのオスがメスを一人占めにすることもなくなり，ボスの目の前で，他のオスがメスと交尾することもできるようになる。チンパンジーやオランウータンでは，ニホンザルの社会のボスのような存在はなくなる。代わりに木の枝を道具として使ったチンパンジーが仲間から一目おかれるようになる。

　このように社会のしくみがゆるんでくると，チンパンジーの間での力関係は，場面ごとに変化のあるものとなる。だからこそ，子どものチンパンジーもそれをみながらそれに適応していかなければならない。前に述べたような，「注意構造」が生まれてくるともいえる。つまり，相手や仲間の一匹一匹を見て，その動きを見ながら，自分の動きを決めていくのである。

　では，このより融通性のある社会での子育てはどうなるのだろうか。

　まず第一に，交尾の仕方がボスとボスが支配するメスたちのハーレムという関係ではなく，自由な交尾が許されるようになったおかげで，メスの発情期が延び，妊娠2か月まで交尾が可能になる。また脳の発達も性行動のコントロールに影響を与えるようになると，次第に発情期そのものがあいまいになってくる。これまで鳥類や哺乳類のように発情期が決まっている動物では，子育ての期間は発情期とはっきり区別されていた。たとえば，タンチョウヅルのように，交尾を終え，卵がかえり，幼鳥が育ち，次の発情期までは，親はしっかりと子育てにかかわる。しかし，一度発情期になると，子どもは親から追い立てられ，親離れをせざるをえない。親は交尾期がくるともはや親ではなく，子も子ではなくなる。

　しかし，類人猿のように，発情期が延びてあいまいになると，子育て期間と重なるようになり，子どもは親が発情し，生殖行動に入っても，親離れをしなければならないということはなくなるのである。赤ん坊を産むにしても毎年発情期を迎えて必ずということはなくなり，子を産む間隔が3年以上になることも普通になる。特にチンパンジーの場合，親と子の絆は強くなり，5年以上も続くことがある。それは発情期がはっきりしなくなったことと，それによって子育ての期間が阻止されることがなくなったことにより，親と共にいることで集団への参加が時間をかけてゆっくりなされる。この結果，集団に仲間入りする仕方も大人の動物たちがおどしたり，実際に罰を加えたりするような決まりきったパターンも少

なくなるのである。
　こうして母と子の絆の期間が延長されて5年以上も続くということは，子どもの成長に重大な影響を及ぼすことになる。親がこれまで獲得してきた生きるための知恵を一緒にいることで学べるようになるのである。しかも，この親と子が一緒にいる間は子どもは，危険に陥ったり，食べ物がなくて，自分が探さなければ生きていけないという状況に立たされることは少ない。親が守ってくれるからである。子どもは親の庇護のもとに自由に振る舞えるのである。子どもは親の側で，親の行動をお手本（モデル）にして，みてまねること（これを観察学習という）ができる。しかも，親が見守っているから，失敗しても安心である。だから，くり返しくり返し試行錯誤ができる。いつの間にか，大人になるための条件について学ぶのである。こうした学習の機会を動物における遊びとよぶのである。
　このように，動物が進化するにつれて，動物の社会も次第に柔軟な社会になる。ということは，ボスとそれに支配される者というきまりきった関係，強い者と弱い者といった区別で仕切られている上下関係のある社会から，相互に交流し合う社会，戦いをしないで，同じ種類の仲間と交流するとか，性行動においても，グループとグループ，メンバー同士の交流がみられる社会になることである。そしてその結果，子どもと親との関係，子どもと子どもの間においても，相互にかかわりあうことができるようになるのである。それが遊びの機会である。この機会を利用して子どもは大人になるための学習をするのである。
　そしてここまでくれば，人間の子育てのあり方も大分見えてくるのである。

2．動物の一種類としてのヒトの子育て

1）動物の子育てを問う意味

　これまで動物の進化の流れに従って，動物の子育てがどう変わってきたかをざっと見てきた。それはヒトの子育てについて考えるとき，どの点が他の動物と異なっているのか，またどの点が共通なのかをはっきりさせておきたいからである。今，幼児教育の分野では，二つの主張が対立している。一つは，教え方を工夫すればますます子どもの能力は高まるという考え方であり，もう一つは，子どもの

第1章　動物の進化における子育ての変遷

発達には一定の筋道があって、無理に教えても、身につくものではないという考え方である。この二つの考え方はきわめて大ざっぱな考え方で、どちらも絶対的に正しいといった判断は下せないものである。そして詳細にこの主張を検討すると、双方から学ぶ点も多い。

　動物の子育てとのつながりの中でヒトの子育てをみた場合、人間が文化や文明の影響のもとに、子育てのあり方を勝手に現代の時代に合うように変えていってもよい面と、どんな時代であろうと、人間が動物種の一つであるヒトとして、変えることのできない面とがあるはずである。そうした点を知る一つの手がかりとして動物の子育ての歴史をたどることが必要だったのである。人間は文化を生み、文明をつくり出し、地球を大きく変えてきた。ところが、その地球環境が文明によって破壊される危機に立たされている。われわれ人間は改めて、この地球上に住む動物の一種類であるヒトであることを自覚せざるをえなくなってきている。子育てにおいても同様なことがいえるのではないだろうか。

　そこでこれまでの子育ての進化の過程の中で明らかにされたことをここでまとめてみよう。

　まず第1に、交尾、生殖、子育てという一連の行動は動物の種の存続（保存）をはかる行為であること、第2にこうした一連の行動の進化は、種の存続をはかるために、個体を犠牲にする（多くの卵を生む、親は産卵受精後死亡する）という段階から、個体を犠牲にしないで、種を存続させる方向への進化であったこと、いいかえれば、少なく産んで、大事に育てるという方向へと進化してきたこと、そしてそれは、胎外受精から胎内受精へ、さらには、胎内で育つ期間の延長という方向で進化してきたこと。第3にこうした方向への進化は、動物のつくる群れ社会のしくみが本能的にきちんときまりきった社会から、ゆとりのある柔軟なしくみの社会へと変化してきたことと関係していること。第4にそうしたゆとりのある社会では、交尾の相手を決定する自由が生まれたこと、交尾の時期や期間があいまいになってきたこと、発情期と子育て期が入れ替わっていたのが、同時に並行して行われるようになったこと。その結果、子どもを生み育てる期間がさらにのびて、親と子の絆が次第に強くなってきたこと、子ども一人一人を大切に育てるという傾向が増大するとともに、異なった年齢で生まれた子どもや、他の親

から生まれた子どもが一緒に生活して，お互いに排斥し合うことがなくなったこと，親以外の同じ類に所属する大人や年長の子どもとの交流がさかんになってきたこと。第5にそうした条件から遊びを通して子どもが大人へと形成されるというシステムが確立してきたことがあげられる。

　ヒトの子育てはこの延長線上に展開されるのである。

2）ヒトにおける誕生の特色

　そこでヒトの子育てを語るさいにまず，確認しておきたいことは，ポルトマンのいう離巣性と就巣性の区別である。この区別でいうとヒトの子育ては，離巣性に属する。胎内での成育期間が長く，出産時には，はるかに発達した段階にある。その点ではキリンやウマと同じである。しかし，キリンやウマと決定的に異なる点がある。それは生まれた時点ですでに高い能力を潜在的にもっているけれども，生まれたときはまったく非力で一人ではなにもできない存在であるということである。いいかえれば，母親（保育者）の助け（＝保育）なしには何一つできない存在であることである。このことを，二次的就巣性とポルトマンはよんだ。つまり高い能力をもって生まれたにもかかわらず，すぐ自立しないで，いつまでも母親（保育者）に守られて育つからである。

　こうした傾向は，高等霊長類であるチンパンジーやゴリラにもみられるが，ヒトが最も著しい。これはどうしてであろうか。

　ヒトの子どもは生まれたときに非力で，何もできず，生後1年でやっと高等哺乳動物の生まれたときの状態になる。ポルトマンはこれを生理的早産とよんだ[7]。ではどうしてヒトの子どもはこのように高い能力をもちながら生まれたとき無力なのか。

　その理由の一つはヒトの子どもは脳の発達が著しいということと，ヒトは2本足で立って生活するという事実にある。ウシやウマという4本足の動物と比べると，身体全体の中で頭の重さ，大きさの全体に占める割合は著しい。ウシやウマは頭よりも下あごがヒトに比べて発達が著しい。これは，硬い草でも下あごでかみくだくためである。一方，ヒトは2本足で生活するようになり，前の2本の足は，身体を支える必要がなくなり自由に使える手へと変化した。ヒトは手を使っ

たり，道具を使えるようになった。おかげで硬い物でも，道具を使ったりして軟らかくして食べることができるようになった。結果として強い下あごは次第に退化し，出ばっていた下あごはへこんで今のようななめらかなあごになっていった。

さらに，ヒトは手を使ったり，道具を発案したりすることで，脳を使うようになり頭は次第に大きくなり，頭の方は大きいがあごにかけて小さくなるような現在の人間の顔の形になった。

さてこうした脳の発達と2本足歩行はやっかいな問題をかかえることになった。ヒトは2本足で体重を支えることになったので，当然，ヒトの体形は直立型になり，2本足に2倍の重力がかかることになる。そのため，骨盤が強くならなければならない。次第にヒトの骨盤は他の動物と比べて狭くなる。

ここで大きな問題が生ずる。ヒトの脳は重く大きくなるのに，骨盤が狭くなると，子どもが生まれてくる産道が狭くなってしまう。だから，もし子宮の中で十分成長してしまうと，もはや，産道を通って母親の体外に出られなくなってしまう。そこで成熟しきらないうちに胎外に生まれる必要がでてくる。特に頭が硬くならず，軟らかいうちの方が産道を通りやすいので，生まれやすいのである。つまりそれがポルトマンのいう生理的早産というわけである。ヒトの生理的早産というシステムはヒトという種類が地上に誕生するまでの何十万年という時間の経過の中で，いま述べたような経過で確立されたのである。

ではこの生理的早産はヒトの成長発達にとってどんな意味があるのだろうか。ポルトマンのことばを聞いてみよう。

こうして成熟というもともと自然法則的な過程が，人間では，母の胎内という一般にあてはまる条件のもとですごされるかわりに，生後第1年ですでに「一回起性」的な前提のもとですごされる。つまり，この子宮外の生活のあらゆる段階は，個人的な条件のちがいを生ずることがますます可能になってきて，この「一回起性」をいっそうたかめることになる。こうして人間の子どもの生活は，生後第1年で，いいかえると，人間がもしほんとうに哺乳類だとしたら，まだ暗い母のおなかのなかで純粋に自然法則のもとで自然に発育をつづけなければならないはずのこの時期に，すでに「歴史的」法則のもとに立っているのである。この子宮外の幼少の時期に，まったく一般的などんな人間の子どもにもあてはまる発達「過程」のほかに，また1回きりの二度とくり返せない，歴史的な「出来事」も無数におこる。そしてその

2．動物の一種類としてのヒトの子育て

出来事の意味をその環境のなかで完全にとらえることもできないでいるうちに、それはどんなにしばしばその人の運命を決定するものとなることだろう[8]。(傍点引用者)

このように、ヒトの誕生が生理的早産で、子どもが未熟なまま、子宮外で育つという事実は、子ども一人一人の育ちが、子どもをとりまく社会の特定の条件によって影響をうけるということを示している。一人の子どもが、いつ、どこで、どのような環境のもとで育つかによって、子ども一人一人の育ちが、ひいては、個性が異なってくるというわけである。

そこでヒトの子育てで特徴として考えておくべきことは、上に述べたような意味での環境の役割である。なかでもヒトの成育の環境として重要なのが、"家族"の役割である。

3）ヒトの子育てにおける家族の存在

まず、ヒトの中で家族がどのように成立したか、家族とはそもそもどのようなものかを動物のレベルで考えてみよう。家族の存在を考える前に、まず、動物における群れの存在に立ちもどってみる必要がある。なぜなら、家族はこの動物の群れが特殊化されたものと考えられるからである。

すでにみたように、哺乳動物における群れの発生は子どもを胎内で育てるという事実とかかわっていた。メスが母体の中で子どもを育てるということは、胎内の子どもにとってきわめて安全性の高いことではあった。しかし、その分だけ、母親にとっては危険は増大する。餌を手に入れるとしても子どもの分だけ余計に食べなければならないし、自分を襲ってくる敵から身を守ることについてもハンディは大きくなるといってよかった。そしてこのことは、子どもが生まれてからも一定の期間は続くことになるのである。子どもが生まれて身が軽くなっても、そばにいて哺乳しなければならないからである。特に草食動物においては、肉食動物の餌食になることは宿命づけられているので、種の存続のためのシステムが生まれざるを得なかったのである。

そしてそのシステムとはすでに述べたように、群れをつくって行動し、犠牲を最小限に留めることであった。オスはこの群れの中で、群れを統制し、群れを安

第1章　動物の進化における子育ての変遷

全に導く役割，特に群れの安全のために敵と戦い，群れを守る役割を担うことにもなったのである。しかし，この段階では，オスはメスの交尾の相手になるだけであって，子どもの成長には直接関係はないのである。

　しかし，チンパンジーのような高等霊長類になると，離巣性という子育ての特色から，胎内に子どものいる期間が長く，ヒトと同じように，生まれてからの養育期間も長くなる。しかも，前にも述べたように，交尾期が長くなってはっきりしないため，子育てと妊娠期間が並行することも現れてきた。メスは妊娠，出産，授乳，養育という一連の課題を負って生きなければならない。そしてこの負担は，母親にとっても大きい。野生のチンパンジーの社会を研究した杉山幸丸はこう報告している。

　　1976年に私がボツソウで調査を開始したときは，カイの第2子クボは3歳ないし3歳半，第3子キエは生後半年ないし1年であった。したがってこの姉妹の年齢差は3年あるいはもっと少ないとさえ思われた。
　　調査開始当時，母親のカイは小さいキエを胸に抱き，大きいクボを背中に乗せて移動していた。たいへんな荷物だったにちがいない。それでも地上を歩いているかぎりはまだしも，幹が直径50センチメートルにも達する大木を登るときなどは，単独でも容易ではない。いくら小さいといっても2頭の子をぶら下げて登るのは難事業である。子どもにとっても背中は常に安全な場所とはいいがたい[9]。

　このように移動したり，食糧を確保したりするのに，子持ちのメスの負担は大きい。特にヒトの場合，2本足歩行になったため，前述のように骨盤の収縮から難産が多くなり，また直立のため，出産後子どもが身体にしがみついたり，尻にのっかったりすることがむずかしくなってきた。

　そこで特に餌を確保するという仕事でオスとメスが協力してやらざるを得なくなる。食糧の確保は，メスが植物の実などの採集，オスは狩猟というように分業化されていたが，メスが身重になるといったことから，オスの狩猟にたよる傾向が増し，この狩も多くのヒトを養うために大型化せざるを得なくなった。そしてそのためには多くのオスたちの協力が必要であり，若いオスを狩のためにトレーニングする必要もでてきた。そのため，若いオスも次第に，親のオスとメスのところに留まって，ニホンザルのように単独生活として出ていくこともなくなるのである。

また，食糧の獲得のために，オスの協力が得られるようになるにつれて，メスも，自分の子どもを身体にしがみつかせたり，背中につかまらせたりしながら移動する必要がなくなる。子どもの立場からすれば，お尻にのったりして振り落とされないように努力しなくても，親が面倒をみてくれるということである。そしてその分だけ，子どもは，自立を急ぐ必要がなくなり，もっと長く子どものままでいつづけられることになる。そこから子どもの幼児化がはじまる。それは同時にヒトの子どもの親への依存度が増加し，親の負担も多くなることを意味する。オスがメスの餌の確保を助けるという意味で，経済的協力に加えて，子どもの幼児化がオスとメスとその子どもたちを一つの生活単位として集団をつくるようになっていった。これが家族の成立だと今西錦司は説明している。このように家族の成立と子育ては切っても切れない関係にあるのである[10]。

　前に述べたようにヒトの子は生理的早産によって未熟な状態に生まれることで，家族という集団に守られるばかりでなく，その集団の影響を不断に受けながら成長するのである。

引用文献

1) 中垣　啓：動物の育児行動と人間の教育，教育学研究―，42-1，pp.41-50，1957
2) 同上書　教育学研究，42-1，p.45，1957
3) アドルフ・ポルトマン著，高木正孝訳：人間はどこまで動物か――新しい人間像のために――，p.26，岩波書店，1961
4) 河合雅雄：ニホンザルの生態，河出書房新社，1969　参照
5) 南　徹宏：比較行動学からみた子どもの遊び，子どもの遊びとからだ・こころ研究会編；第1回，子どもの遊びとかだら・こころ，p.17，1988
6) Bruner, J.: Nature and Uses of Immaturity, American Psychologist, August, p.68, 1972
7) アドルフ・ポルトマン：前掲書 p.60
8) 同上　p.115
9) 杉山幸丸：野生チンパンジーの社会，p.68，講談社，1981
10) 今西錦司：人間社会の形成，p.94，日本放送出版協会，1966

第 2 章

幼児期の発達と環境

第2章　幼児期の発達と環境

1．胎内ではじまる母子関係の絆

　第1章で，ヒトの子育ての特徴をみてきた。ヒトは哺乳類の仲間として胎生であること，さらに胎生期間の長い離巣性の仲間に属すること，そしてこの離巣性の仲間の中でも，生まれてからの養育期間の長い高等霊長類に属すること，それゆえ，潜在能力では高い能力をもっているにもかかわらず，生まれたときは，未成熟のままで一人ではなにもできない存在であること，そして，それゆえに大人の援助（保育）が必要だということを学んだ。

　では，人間の子どもは母親の胎内でどんな生活を送っているのであろうか。国立小児病院院長の小林登によると，近年，国の内外で，産科医学と小児科医学の共同研究が行われ，さらに，第1章で述べたような霊長類の研究成果も加えて，胎児の時代から新生児さらに乳児への移行の過程が明らかになってきた。特に，胎児の状態が超音波による映像でとらえられるようになってきたことは，胎児と母体とのかかわりを知る上で大きい成果である。それによると，胎児は子宮の中で早くから動きまわり，外界にも鋭い反応を示すことがわかってきた[1]。

　まず，5週目くらいから，神経が働き，反応がみられ，10週を過ぎると，目を閉じたり，開いたり，舌を動かしたり，指しゃぶりなどもみられるようになっている。さらに15週を過ぎると，羊水を飲んだり，上下の肢を反射させたりする[2]。

　このように胎児はすでに子宮の中で積極的に活動する存在であることがわかってきた。たしかに誕生したての新生児は自力ではなにもできない存在だけれども，それは新生児が無能力だということではなく，さまざまの潜在能力をもって生まれてくるということである。それは，自分を育ててくれる養育者（母親）との結びつきを強め，それとのかかわりを通し，人間の社会の中で生きる力を確立していくための条件として働くのである。

　まず新生児は感覚面で以前考えられたよりも優れた能力を発揮する。まず聴覚では，胎児の段階で，母親の声を聞いており，母親の声に対する好みの反応が新生児にみられる。視覚では，誕生直後でも，近距離ならば働くといわれている。

新生児は特に人間の顔の形態に反応する傾向があり，生後7～8週で母親の目に集中するようになる。味覚や嗅覚も胎児の段階からのつづきで母親を弁別するのに役立っている。生後7日目の赤ちゃんは，自分の母親の乳パットに反応することができる。つまり母親のにおいがわかるのである。こうした感覚の能力で母親と結びつくことを容易にしている。

　また，生まれたときにすでにそなわっている反射行動も，養育者との結びつきを強めるとともに養育者に養われていく過程で，自立するための条件として働いている。たとえば，小児科医のブラゼルトン（Brazelton, T. B.）はつぎのような例をあげている。

　　肩のところで乳児を抱えてみますと，新生児は誰でも，頭をもたげて，部屋の中を見まわしてから，ちょうど首のところに柔らかなうぶ毛のはえた頭をすりつけてきます。そのまま抱きつづけていると，足が体のまわりにまとわりついたり，頭を首のつけねのところに強くつけてくるので，胸がどきっとするような気がします。私の両方の胸に刺激を感じます。母親の授乳を見ていますと乳児が頭を母の首に押しつけていきますと，乳が出てきて，ドレスをぬらすのがわかります。

　　（これは）乳児の中にはプログラムがありまして，そのプログラムが母の中のプログラムを動かすのです[3]。

　この他，吸啜反射は，母親の乳にふれるとそれを吸う反射であり，口唇探索反射は母親の口の動きに着目し，母とのコミュニケーションを生みだすための潜在能力となる反射である。また，はう反射や，自動歩行反射は，生まれた直後は使われないのでやがて消えてしまうが，数か月後，1年後，はいはいをしたり，歩きはじめたりするための潜在能力が新生児にそなわっていることを証明するものである。

　このように，新生児はこれまで考えられてきたよりもはるかに高度な能力をもって生まれてくることがわかってきた。ただ，そうした能力の多くは，自力で発揮されるというよりも，それを実現していく環境の助けが必要なのである。そしてその環境が，母親に代表される養育者なのである。つまり，新生児の生まれつきの能力は，養育者（母親）とのつながりをつくるのに役立ち，そのつながりの中で発揮されるのである。いいかえれば，養育者の保育によってはじめて発揮されるといってもいいのである。つまり，母親の保育は，新生児の高い潜在能力に

よってのみ実現されるのである。

新生児と養育者（母親）との結びつきは，はじめ，新生児の生まれつきの能力によるものであったのであるが，次第に，自力で相互的な関係を発展させていくのである。

2．母子相互作用の中で育つもの

養育者（母親）と乳児とのつながりはすでに述べたように，触覚，視覚，聴覚，嗅覚，味覚を通して，誕生の時点から自然発生的に生みだされることがわかった。しかし，そうした条件をさらに発展させ，相互にその結びつきを深めていくのは，養育者と乳児の相互作用なのである。それは母子相互作用の生物学的基盤から精神心理的基盤へと重点が移行することともいえる。母と子は，誕生当初は，生物学的条件が用意されているので，母のお乳を吸い，母の乳もそれで出がよくなるといった関係が成立するのであるが，こうした合図行動（シグナル行動）と反応行動（レスポンス行動）の相互関係は，母親の語りかけ行動（シグナル行動）それに対する乳児の微笑行動（レスポンス行動），乳児の泣き声（シグナル行動）と母親のあやし行動（レスポンス行動）のように意図的関係へと移行していく。

この移行について，岡本夏木は『子どもとことば』の中でつぎのようにのべている。

> 新生児の活動は，基本的に激発－停止，激発－停止……のサイクルでくり返される。たとえば，腕を急に激しく，2，3回振ったかと思うとしばらく停止する。そしてまた激しく動かして停止する。こうしたことが何回も反復される。母親の方はどうだろう。母親はその停止時間にはたらきかける。子どもが動いているあいだは見ていて，動きが止まったとたん，ニコッとうなずいてやったり，声をかけてやったり，顔をパッと近づけてやったりする。つまり，ちょうど子どもの休む期間に，母親の行動をさしいれてやり，子どもの方が動きを再開すると，母親は見る側にまわる。
>
> 子どもがもう少し成長してくると，激発－停止のサイクルはよりはっきりした意味をもってくる。相手が人にかぎらず物であっても，一つの対象にかかわろうとする態度がはっきりしてくると，活動した後，それを止め，いまの自分の活動が，対

2．母子相互作用の中で育つもの

象（あるいは状況）に対してどういう変化をひきおこしたかを見定めようとする間をとる。相手が人の場合，応答はなんらかのかたちで，必ずといっていいほどかえってくる。

　母親の側の行動をしらべても，同じパターンがみられる。小さい子どもをあやすときのふるまい方をみると，たとえば，「バァ」と声をかけた後，しばらく間をおいてやる。ちょうどそのあいだに子どもの方が反応をかえす間を与えてやる。そしてまた「バァ」と声をかけてやる。そのあいだに子どもの側に反応があるときは，そのペースがくり返されていくし，その反応がないときは，その長短とか声の調子を変えたりしながら，子どもから何らかの反応をひき出そうとする。母親の方も，活動－停止（見る）－活動－停止（見る）というくり返しの系列を調整しながら用いているのである[4]。（傍点，引用者）

このように母と子は，新生児がもっている動きの特色を利用しながら，シグナル行動とレスポンス（反応）行動の交換を無意識に行い，次第にお互いがその交換を意図的にやるようになっていくのである。もちろん，この場合，養育者がこの関係のきっかけをつくっていくのであるが，やがて反復の中で，相手に働きかける役割と働きを受ける役割を交換し合うようになる。岡本がいうように，これはまさに「コミュニケーションの典型であり，話し手の役割と，聞き手の役割を相互に交換しながら2人の関係を深めていくという『対話』（dialogue）行動の原型をそこに見ることができる」[5]のである。そしてこの段階になると，母親が父親に代わることができる。

ではこうした対話を通して幼児の中に何が育つのだろうか。一つは相手の意図を読みとり，相手の意図に合わせた行動をとろうとする傾向であり，もう一つは，相手の意図に合わせた行動をとることが，逆に自分の意図を相手に上手に伝えることにもなることを知ることである。そしてこの後者の行動はさらに相手の意図を読みとる力を育てることにもなる。ここでこうした学習が成立するのは，親と子との間に行われるシグナル行動とレスポンス行動が相互に類似した行動だからである。微笑に対しては微笑が，発声には発声が，口を開くと口が開かれるというようにである。

このように親と子が同じ状況を共有し，同じ気持ちになっていくことから，幼児の学習の発展がある。それは，相手の行動をみてまねる（観察学習）という学習

である。子どもは母と子のコミュニケーション関係を成立させることを通して，母親や養育者の行動からいろいろなことをみてまねていくのである。

　幼児をとりまく環境は母親だけではない。人も物もさまざまな要素からなっている。刺激としては，さまざまな刺激を受けている。その中で養育者（母親）との関係が確立するということは，常に変わらない人間との関係ができるということである。いいかえれば，養育者との関係を軸にして，変化するあらゆる刺激をまとめ，関係づけていけるということになる。たとえば，子どもの立場からすれば，乳を飲ませてくれる人，オシメを替えてくれる人，抱きしめてほほえんでくれる人，ほほえみかけて相手をしてくれる人，それがすべて同じ人なのである。養育者である母親との関係で，母親が与えてくれるさまざまな刺激の意味がわかり，今度は，こうしてくれる，次はこうしてくれるといった予測も立つようになり，自分にかかわるいろいろな外からの働きかけ（刺激）の流れや筋道がみえるようになるのである。だから母親（中心となる養育者）は幼児の心の安定の重要なより所であるとともに，それとの関係を通して幼児をとりまく世界の秩序や流れがわかってくるのである。

　このことは，子どもの世界を母親（中心となる養育者）から父親，兄弟姉妹，保育所の保育者，近所の大人へと広げていくきっかけにもなるのである。母との関係を通して，ほほえみかけ合い，あやし行動に反応し，オシメの取り替えに対応することの意味を学ぶことは，まったく同じことを近くにいる大人たちがやってくれることに対しても対応することになっていく。お父さんがオシメを替えてくれても，お姉さんが同じことをやってくれてもそれに対応できるようになる。そのようにして，一番はじめは，中心となる養育者である母親との間にしか愛着行動を示さなかった子どもが，周囲の大人たちとのかかわりをもつようになっていく。こうして幼児は周囲の社会関係を学んでいくのである。

　幼児が養育者との関係の中で学ぶものは，それだけではない。新しい世界に目を向け，これに好奇心をもって探求する心のもち方もこの養育者との関係の中で学んでいく。幼児が精神的に安定し，親に庇護されているという状態にあるとき，幼児の心は，親（親しい人）との身体的接触を維持しながら，外の世界に向かっていく。その具体的な姿としては，親のひざにチョコンとおしりを乗せながら，

2．母子相互作用の中で育つもの

目はひたすら外の世界に向けられている幼児の姿にみることができるだろう。また，親にしっかりと抱かれながら，肩越しに近くの出来事を真剣にみつめている幼児をみた人がいるであろう。これらはすべて，幼児の探索行動のはじまりといってよい。

ではこの探索する心はどのようにして生まれるのだろうか。ブルーナー (Bruner, T. S.) は，最初，新しい刺激に出会うと人間はだれもその方に関心を向ける。しかし，同じような刺激がくり返されると，だんだんその刺激に反応することをしなくなる傾向があるという。たとえば，電車の線路のちかくのアパートに引っ越した人は，はじめのうちは，電車の音が止まるまで，ねむりにつけないという。しかしそのうちなれてしまって，何も感じなくなってしまい，おしまいには，ストライキなどで，電車が止まってしまうとかえってねむれなくなってしまうという。だから幼児もまた，新しい刺激の方に注意を向けるという習慣はある。

しかしそれならば，なぜ親はいつまでも興味の対象，愛着の対象なのだろうか。決して新しくない親との関係はいつまでも興味の対象でいられるのであろうか。答えを先にいってしまうと，親と子の関係は，古くて新しい関係，いいかえれば，つづいていても常に新しい関係だということができるからである。

一例として，イナイ・イナイ・バーの遊びをみてみよう。この遊びで幼児がやろうと，養育者がやろうと，一方がイナイ・イナイ・バーとやると，他方はそれに反応する。特に幼児がやったとき，幼児のイナイ・イナイ・バーに対し，親は心からおどろいてみせたり，喜んでみせたりする。この反応はますます幼児をしてその行動をくり返したくなるように仕向ける。

あるとき，親に抱かれた幼児が，もっていたおもちゃを下に落とす。するとそこにいた大人がすぐひろってやる。それをみていた幼児はひろってもらったおもちゃをまた下に落とす。またひろってあげると，すぐまた落として，ケラケラとわらう。そうしたゲームをみたことのある人は多いはずである。

幼児にとってこの場合，何がおもしろくてこんなことをするのであろうか。

これは，バウァー (Bower, T. G.) という人が随伴関係の探知とよんだものである。幼児が一定の行動をおこす。するとそれにともなって必ずなにがしかの

反応がある。すると，幼児はその反応を期待してまた同じ行為をする。するとまた同じ反応がある。このようにして行為と反応との関係を幼児が発見し，それによって外側の世界を自分でコントロールしようとする。

　養育者は，こうした幼児にとってまさに随伴関係の探知場面を提供してくれる対象である。幼児が親の反応を期待して働きかければ，必ずその結果を用意してくれる存在である。しかも，この反応は幼児があきてきて，おもしろくなくなってくると，同じあやし方にしても，音声を変えたり，トーンを変えたり，顔の表情を変えたりして，そのつど変わっていく。幼児にとって常に新しい随伴関係の探知場面を用意してくれるのが親なのである。この中心となる養育者の刺激は，同じ人間であるという点で共通性をもっていながら，視覚や聴覚だけでなく，五感の面で，場面ごとに微妙な変化をとげる。その意味で，幼児の探究心をマンネリ化させない。いつでも幼児にとって応答性の豊かな環境として働くのである。この意味で，幼児の探求する心や，課題を追及する精神は，まさにこの親との関係の中で育まれていくのである。

　岡本夏木は，幼児の成長において人の果たしている役割を次のようにまとめているが，その中心となるのが，養育者と幼児の関係における養育者の役割であろう。

　①親は意図をもって子どもにかかわってくる相手であり，②子どもと同じ人間として，動作的にも情動的にも同型の構造をもつ相手であり，③さまざまな場面に登場し，さまざまな機能を果たしてくれる相手であり，④常に興味や探求心をひきおこす課題場面を作り出してくれる相手であり，⑥人間としてすべての感性系路をフルに総動員して，はたらきかけてくれる相手であった。そして，こうした性質を前提としながら，「人」は子どもと通じ合うことを欲し，「ことばをかけてくる」存在なのである[6]。（傍点，原著）

3．幼児にとっての意味世界（モノや事柄の世界）の発見はどのように生ずるか

　幼児にとって母親（中心となる養育者）との出会いは，人間の世界とのつきあいや交流が成立し，人間の世界で生きていくための基礎をつくる上で最も大切な

3．幼児にとっての意味世界（モノや事柄の世界）の発見はどのように生ずるか

ものであった。では，モノや，事柄の世界と幼児はどのようにつきあいを確立していくのであろうか。それはいいかえれば，ことばの世界とのつきあいを確立していく過程でもある。もちろん，この世の中には，ことばでは表すことのできないものもたくさんある。しかし，そうした世界をことばで表すことができないものというようにくくってしまうということは正しくない。逆にいえば，モノや事柄の世界は，ほとんどすべて，ことばで表すことで，そのあり方が認識されているのである。いいかえれば，モノや事柄の世界は，ことばによって整理され，秩序づけられているので，ことばを認識できないと，モノや事柄の世界を知ることも，つきあうこともできないのである。

とはいえ，幼児は誕生時にはまだことばの世界やその動きを知ることができない。どうすれば，ことばの秩序のもとで整理されているモノや事柄の世界に近づくことができるのであろうか。

前の節でふれたように，モノや事柄の世界への接近も，親子関係でのやりとりが前提なのである。親子関係がなり立つためにはシグナル行動――レスポンス行動の間の両者の対応関係がなり立っていなければならない。親が微笑したら，幼児もそれを返す，また，幼児から親へという関係である。これは，親と子がお互いの行動のリズムを合わせたり（リズムの共有），気持ちを合わせたりすること（情動の共有）ができるから可能なのである。誕生後3か月もするとこの微笑反応（微笑の共有）が完全にできるようになる。

そしてこの頃になると，幼児の首がすわり目で物を追うことができるようになる。そのときに，首を動かして目を向けることができるようになる。それまで，目に入ってきたもの，刺激の強いものに左右されていたのに，今度は，自分の目にとまったものを目で追うようになる。これを注視行動とよんでいるが，最初に凝視するのはやはり，中心となる養育者の親であり，その目である。目と目を合わせて気持ちをたしかめ合っているような状態が生ずる。

やがて，4か月ごろになると，幼児は親の視線を追いかけるようになる。親が，幼児に飲ませる哺乳びんの方に目を移すと，幼児も親の視線を追って哺乳びんに注目する。ブルーナーは，これを親と子の共同行動（joint action）とよんでいる[7]。岡本は，「共通の注意」，「注意の参加」，「視線の共有」などとよんでいる。

この状態は，親と幼児が哺乳びんという同一物に注目したことになる。両者の関心が一つのものに向けられたのである。これは両者が「テーマ」を共有したことであり，同じ対象を両者がとらえたことになる。もしここで親と幼児の間にことばが交わされたとすれば，「これがミルクです」ということになる。しかしこの段階ではまだことばはないので，そうした会話は成立しない。しかし，親が知っている対象の世界（これはミルクであるという認識が成立している世界）に幼児が足をふみ入れ，その状況を共有したことになる。だから，この目線の共有による対象の把握は，言語世界とそれによって整理されている対象世界を認識する土台なのである。

　先に，親子相互作用の中でイナイ・イナイ・バーの話をした。これを両者の間でやりとりができるようになるのは，約11か月後ぐらいである。このゲームは，動作主──動作──受容者という役割構造を相互に交替で行うものである。いいかえれば，わたしの番，あなたの番，わたしの番というように，主格（わたし）と対格（あなた）を交互に入れ変わってやるゲームである。

　このゲームと前に述べた共同行動つまり，同じ対象である哺乳びんを親と子で共有するという関係が結びつくと，モノの世界を親と子で共有しながら，やりとりができる。いいかえれば，モノの世界を親と子のコミュニケーションの世界にもちこめるようになる。たとえば，親と子の視線が一つの食べ物やおもちゃに向かったとき，親が「これミルクね」といって，幼児に哺乳びんを持たせながらミルクを飲ませる。ここでは，親が動作主で，哺乳びんをもたせて飲ませるという動作を幼児が受ける。この場合，哺乳びんは，親と子のコミュニケーションの中で共通のテーマになっている。また9か月ぐらいになると，幼児が一つのおもちゃに手をのばす，ところがとどかない。そこで幼児は親の方に視線を向け，動作をする。おもちゃと親との間で行き来する目の動きをみて母親が気づき，親がそれに応ずる。こうした行動の場合，幼児が動作主でおもちゃに注目したり，親の方をみたりすることで，親の方をおもちゃという共通のテーマにひき入れようとする。そして，その結果，親がそれを受けて応ずる。

　こうしたプロセスを通じて，幼児はモノの世界を自分の意思で，親と子のコミュニケーションの中に取り入れ，そのことでモノの世界とその意味を獲得してい

く。こうして幼児は，モノの世界の認識の仕方，扱い方を自分の意思で主体的に獲得するようになっていく。

　言語心理学者のブルーナーによれば，幼児は，前述のような養育者とのモノを媒介にした動作を共有することを通して，ことばの世界やそこでのきまり，文法を獲得していくのだというのである[8]。たとえば，養育者がボールを幼児にころがす。すると幼児がそれをうけとる。そこで養育者が目で合図して，手でころがすまねをしてみせる。幼児はそれをみてほほえみながら，それをころがす。養育者がそのボールをつかまえて，幼児をみてほほえむ，幼児もほほえみ返したのを機会にこちらもまたボールを幼児にころがし返す。こうした一連の行動の中で，つぎのような動作の構造を幼児はつかむ。

　動作主（養育者）が対象（ボール）を受け手（幼児）に動作する（ころがす）というこのゲームでは，動作主が入れかわって幼児になる。逆に受け手が養育者になり，対象も動作も入れかわるが，この構造は変わらない。やがてこうした構造の中に，動作やモノという実物ではなく，ことばが入って頭の中でこの構造が操作されたとき，人間はことばの世界を獲得したことになる。

　このように幼児が発達する過程で，人間の仲間を知り，モノの世界を知り，ことばの世界を知るには，養育者との関係が不可欠であることをみてきた。しかし，幼児にとって発達を条件づける環境は，単一の養育者との関係だけではない。もっと広く人間の社会とのつながりが必要なのである。それをみてみよう。

4．幼児の発達の条件としての家庭

　生物としての幼児の成長をみてみると，胎児は母親から生まれ，生理的に母親の乳を飲み成長するので母親と幼児との関係が中心になりがちである。哺乳類の場合，直接に子育てにおいてオスのしなければならないことは，見当たらない動物も多い。人間の場合，進化の過程では子育てに父親が果たす役割は不明確であり，文化の差に大きく左右されてきた。そうした影響から，子育ては，母親のものという考え方が支配的な社会は多い。

　しかし，今日の高度な産業社会では，父親の役割を無視することはできない。

第2章 幼児期の発達と環境

ステープルトン（Stapleton, T.）は，西欧社会においては近年，妻の出産後ばかりでなく，分娩中も，父親が母親と同等の役割を担うことが求められてきている。というのは，母親の幼児とのかかわり方よりも，優れた面を父親のかかわり方はもっているというのである。父親の方が乳児に話しかけたり，ほほえんだりすることは優れているという。一方母親はあやしたり，ミルクを飲ませたりすることを得意とする傾向があるという。

こうした見解を受けて，アメリカの小児科医の，ブラゼルトン（Brazelton, T.B）は，母－父－子の関係のバランスの必要性を説いている[9]。ブラゼルトンは図2-1のような親子相互作用（3者）システムを提唱し，望ましいバランスを示している。さらに，図2-2のような親子間相互作用の組織化の諸段階を示し，生後3か月半の頃までに，母と子が「アーアー」と交互に言い合うレベル3の段階に達するとし，そのレベルで父親の参加が可能だというのである。そしてこの父親の参加によって，幼児の反応もはっきりとシャープになるのがみられる

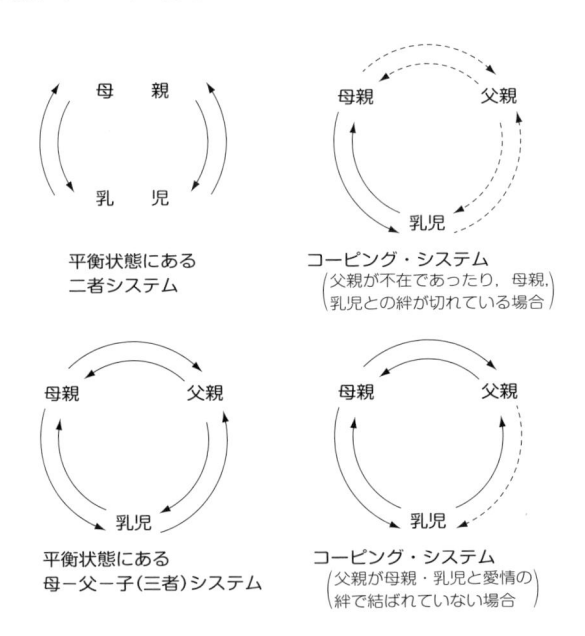

平衡状態にある
二者システム

コーピング・システム
（父親が不在であったり，母親，乳児との絆が切れている場合）

平衡状態にある
母－父－子（三者）システム

コーピング・システム
（父親が母親・乳児と愛情の絆で結ばれていない場合）

図2-1．親子相互作用のシステム

（ブラゼルトン，T.B.「親子相互作用発達の四段階」，河合隼雄・小林登・中根千枝編『親と子の絆』，p.105，創元社，1984より転載。）

4．幼児の発達の条件としての家庭

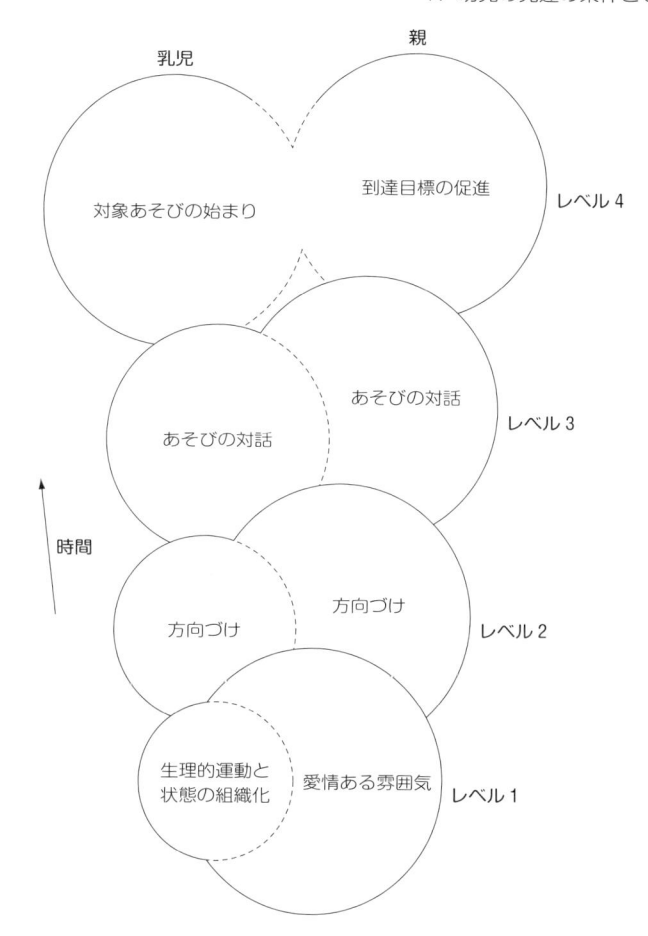

図2−2．親子間相互作用の組織化と諸段階
(ブラゼルトン，T.B.「親子相互作用発達の四段階」，河合隼雄・小林
登・中根千枝編『親と子の絆』，p.108，創元社，1984より転載。)

というのである。

　図2−1が示すように，乳児期からの父親の参加が幼児の発達環境を大きく規定するとすれば，離婚のため片親しかいない家庭，そこまではいっていないにしても，父親が不在であったり，夫婦の絆が薄い家庭の場合，幼児に与える環境には問題が生ずる可能性が多いことになる。しかも，後者の場合，それは，乳児と父親との関係に直接の問題があるのではなく，家庭の中での大人のあり方に原因

39

があるわけである。このように，幼児の発達環境としての家庭は，子育てに直接関係のない要因によってわるくなったり，よくなったりする。とすれば，現代の家庭のあり方そのものを問うことが必要になるのである。

このことは，子育てに影響する家庭の他のメンバーの場合でも同様である。

ジェーン・グドール（Goodall, J.）はアフリカのゴンベ川でチンパンジーを研究した結果，ここのチンパンジーの子育ては，母親を中心とした兄弟姉妹の絆によって成立していることを明らかにした。兄や姉たちは母との絆から，いつも行動をもとにし，その中で，母親の代わりをしたり，幼児と遊んだりする行動をしばしば行っているのである[10]。

しかし，わが国でも，かつての大家族の時代には，これと似たような家族関係をみることができた。しかし今や，核家族の時代において，こうした強い絆を家庭に求めることは量的にも質的にも不可能になりつつある。なによりも家族の絶対数の減少がまずあげられる。つぎに，家族のメンバーの生活時間の相違が大きくなり，その点での家族成員相互の関係も希薄にならざるを得なくなってきた。そしてその点から，幼稚園や保育所といった幼児の集団生活を保障する施設保育の必要が問われるようになってきた。幼児の発達を保障するための環境として保育の施設の存在は欠かせないものとなってきた。

5．幼児の発達の条件としての地域

幼児の成長・発達にとって地域のもつ意味も小さくなかった。特に幼児が親から離れ，同世代の幼児の仲間とのかかわりをもつためには，親と子の絆を保ちつつ，そこから離れていく必要がある。そしてこの親離れをしていく最初のステップとして家族の兄弟姉妹の関係がある。そしてさらに地域（近隣）へと関係を広げていくのである。母親から父親へ，さらに兄弟姉妹へと関係が拡大することは，幼児の自立にとって必要なステップであった。この自立へのステップを山のぼりにたとえて表現するならば，母親はさしずめ山のぼりの際のベースキャンプである。幼児はベースキャンプがあるから，第1キャンプの父親のところに行き，さらに第2キャンプの兄弟姉妹のところに行くのである。この行き方も，直線的に

移行するのではなく，第1キャンプからベースキャンプにもどり，それから第2キャンプにいき，また第1キャンプにもどりさらにベースキャンプにもどって，再度その上をめざすというようにである。こうした母親と父親，さらに兄弟姉妹のところを行き来できるには，そうした家族関係が安定している必要がある。

こうした関係の発展として近所の遊び仲間への参加が可能になる。幼児が近所の子どもたちの遊びに参加するための条件としては，親たちの近隣関係が安定していることである。かつての伝承遊びの集団は，そうした状況の中で生まれた。幼児たちは，一人でこうした遊び集団に参加することはなかった。たいてい，兄や姉につれられて参加することが多かった。親が多忙のため，兄や姉に子守をさせて遊びに参加することを認めたからである。年長の子どもたちは自分に妹や弟ができたときは，年下の子どもたちの面倒をみるのが当然と考えていた。年上の子どもたちにとって，年下の子ども集団をまとめてリーダーシップをとることも自然にできたのである。この子どもたちの集団は親から離れて，自分たちで行動する自立した集団であった。

たしかに年上の子どもは，年下の子どもたちの面倒はみてくれたし，一緒に遊んでくれることもあった。しかし遊びによっては，幼児たちの能力ではできないものも多いので，そんなときは，年下の幼児はみそっかす（集団には入れてもらえるけれど遊びのメンバーにはしてもらえない存在のこと）扱いになった。このみそっかすの時代が幼児にとって遊びの仕方や人間関係を学ぶとても大切な時間であった。この時間に幼児たちは年上の子どもの遊びをみてまねる機会を与えられたのである。また，集団生活のきまりを守ることを学んだのである[11]。

しかし今や，そうした伝承遊びを学び，それを展開する集団もみられなくなってしまった。それは伝承遊びが徒弟制度が成立する社会のあり方を反映したからであった。近代社会では学校制度の成立とともにそうした集団は失われていくのである。そうした理由から幼児たちが親と子の絆，家族の絆から少しずつ独立していく過程にこの地域集団に代わるものが必要になってきたのである。

子どもたちの遊び集団が失われた要因としては，いろいろなものが考えられるが，一般的にいえば，第1に子どもたちが自由に集う場としての空き地や神社の境内といったものが失われたこと，第2に子どもたちの生活時間が多忙になり，

塾や、おけいこ、テレビ視聴と多様化し、個別化したため、子どもたちが、いつも一緒にいることが少なくなったこと。第3になによりも大きなことは、大人たちのくらしが多様化し、個別化したため、大人の生活が地域的まとまりを欠き、その結果、子どもたちの生活にも波及してきたこと。このように大人にとっても子どもにとっても、もはや地域が地域としてのまとまりをなくしてしまっているのである。

6．発達の条件としての施設保育

　日本だけでなく、高度に発展した産業社会では、幼稚園や保育所の存在を考えずに、今や幼児の発達を考えることはできなくなっている。そしてこの波は今や、東南アジア、韓国、中国などにも及んでいる。特に婦人の社会労働の増大は、保育所の普及を増大させてきた。

　幼児の発達にとってそうした施設保育の存在は、いわば、当然のことのように考えられているが、それだけに、そこで幼児はどのように発達し、そこで何が育つのかについては必ずしも明らかではない。しかしその点についてフランスの保育所での乳幼児の姿を研究したミラ・スタンバク（Stambak, M.）の事例は参考になる。この事例は生後10か月から24か月の乳幼児を扱ったものである。

　観察①――子どもたちの社会的な交換関係
　ここで二つの場面を簡単に説明したいと思います。
　まず最初の状況ですが、子どもたちに幾つかのあまりなじみのない小物を与えました。チューブ、糸、ビーズ、棒などです。そして、子どもたちに物理的な特性の探索をさせ、そして新しいものをつくり出すというようなことを観察いたしました。
　このような場面では、子どもたちは大変熱心で、言ってみれば、研究者のようでありました。彼らは、これらの物を調べて、組み合わせて、それを何回も繰り返し、問題があればそれを懸命に解決しようとするところが見られました。ほかの子どもたちが存在するということで相互作用が活発に見られております。入り組んだつながりでのいろいろな関連した活動が観察されました。
　グループの一人のメンバーの考え方がほかの子どもたちによって取り入れられております。このいろいろな活動のつながりということの一例をお話ししたいと思い

ます。

　ここでは，ある物が同じ系列の行為を通して二つの機能をもち得るということを発見するプロセスが観察されました。いかにある物をある物の中に入れるかということから，一つの物が容器にもなり得るし内容物にもなり得るということがわかるわけです。

　この場合，クレメンスという名前の子どもの行為から始まっております。みんな，十八カ月前後の子どもたちです。クレメンスが二つのビーズをまず取り上げました。彼女は，一つのビーズをマトリックスに入れて，もう一つはその中に小さな棒を通しました。両方の場合，クレメンスは同じやり方をしております。つまり，何かを何かに入れるということをしているんですけれども，しかしながら，心の中では違う目的を持っているわけであります。ビーズに棒を通すという場合には，ビーズは容器になっているわけですし，また，マトリックスの中に入れますときは，ビーズは内容物になっているわけであります。このことによってクレメンスは，同じ性質の行為によって，ビーズは容れものと内容物という二つの特性をもちうるということを示したわけです。

　その隣におりましたチャールズ，彼はクレメンスが何をしているのかということを見ております。そして今度は，チャールズも同じようなことをチューブを使って発見いたしました。

　チューブの中に棒をまず通します。そしてもう一つの物を持ってきまして，それはリングですが，このリングにチューブを通しました。最初は，チューブは容れ物で，そしてつぎの場合では内容物になっております。チャールズは，クレメンスのしている二つのアクションを見まして，その関係を理解したようです。そして，一つの物が内容物にもなり得るし容器にもなり得るということを理解しました。チャールズは，クレメンスとは違う物を取り上げまして，それを確認したわけであります。

　次の子どもはキャリーンですが，先の二人の子どもたちがやっているのをみまして，キャリーンもいろいろな物を取り上げて，この内容物とそれから容器という関係を調べようとしました。

　彼女は，チューブをリングに通そうと思ったんですけれども，しかし，このリングはチャールズが持っていて，くれませんでしたので，それ以上チャールズから取り上げようとはしませんでした。キャリーンは，チャールズがその遊びを終えるまで待っていたわけであります。そして，そのリングを使わせてもらえるようになって初めて同じようなやり方をしております。

　しかしながら，彼女は，それによりまして，リングとビーズの関係についての違

った関心がでてきています。つまりリングとビーズの関係は，ビーズをリングの中に入れることもできるし，またはビーズの回りにリングを置くこともできるということを彼女は理解しました。そして，このリングといいますのは，真ん中に穴があいているものというふうに考えられますし，また境界を定めるものというふうにも考えられたわけであります。

　キャリーンの関心は，バートランドの関心とも重なっていました。バートランドは四番目の子どもです。この三人の子どもたちがいろいろと探っているときに待っていたのですが，一生懸命のびちぢみの大きいバンド，ゴムバンドのようなものを調べていたのです。

　そして，探究の第一段階でも，バートランドは，これは前に探究した物とは違うということ，そして，とても大きく伸ばすことができるということは知っておりました。

　そして，バートランドはほかの子どもたちと同じように，この対象物を二つの目的のために使いました。まず一つは，このバンドを，その中に大きなものを入れるために使いましたし，また第二番目の目的として，テーブルの上の対象物の周りをバンドで囲むことによって，その空間的な限界線として使いました。

　この一連の出来事は，グループの中の子どもたちが，順々にいろいろ取り上げていった問題の本質をよく示してくれています。そしてこのことは，子どもが抽象能力（本質を抽象する能力）を持っていることを示しています。子どもには，他の子どもたちがつくる行動と対象物の関係を観察し，そこにあるメカニズムを描き出す能力があるのであります。

　この例は，子どもというものは常に社会的な交換関係のなかで活動し，一種のチームを形成していて，ほかの子どもの考えが，相互に刺激的なインスピレーションをつくりだしているということになるのです。

　ほかの子どもを模倣するということ，この複雑なそしてダイナミックな仕組を下敷にしているのですが，これは形成的な役割をもつのであります。それが受け身的な写しであることはいうまでもありません。重要なことは，すべての子どもたちが，最初にとられた行動に対する修正に貢献をしているということ。すなわち，次々の新しい活動が，前の子どもたちのとった活動と関係があるということ。そして，そのチームの子どもたちの活動と連結しているということであります[12]。（傍点引用者）

観察②——子どもたちの社会的能力

　それでは次に，第二の遊びの場面から例をとってご説明したいと思います。

　この場合，対象物も，場面も，違っています。まず，子どもたちに大きな段ボールの箱を与えまして，つぎに空（から）の洗剤の容器を与えました。子どもたちは部屋の中

6．発達の条件としての施設保育

で二時間過ごしました。数個の空の段ボール箱は二人の子どもが中に入るぐらいの大きさでありまして，それから空の洗剤容器が幾つか部屋の中に置いてあります。

　子どもたちが，これらの大きな段ボール箱や，また円筒型の容器で遊ぶ場合，子どもたちは社会的な相互交渉をしているわけであります。たとえば，ピーカーブー（一種のかくれんぼ）とか，対象の交換とか，ボスに従うとか，こういった社会的相互作用をしているわけであります。

　これらのゲームでは，子どもたちの相互作用といいますのは，対話の中で出てくるのであります。すなわち，1人の子どもがほかの人の指示に応えるということ，そしてパートナーがそれぞれ違った役割をとることになります。

　それらの子どもの観察をいたしますと，いくつかの活動が出ておりますし，それらの持続する長さも違っております。私たちは，この記録を通してこれらの子どもが言葉が出る以前に，どうのようにしてお互いが意味していることをわかりあっているのかを知ろうと努めました。そのため，子どもたちが社会的な遊びをするために使っているいくつかの異なった非言語的手段を分析したのであります。

　また，子どもたちが仲間を十分注意するという方法で対人的な関係をつくっていくことに非常に印象づけられました。すなわち，十分認識し，待つのをしんぼうして，イニシアチブをとるとか，また提案を受け入れたり，それから修正したりしているのです。

　つぎに，私たちは，この遊びでの対人関係の交渉というものを分析いたしまして，子どもたちがその意思をどうやって調整しているのか，また，それらの事例にみられる社会的遊びの中で，どのように役割を調整しているかということを理解しようとしたわけです。

　これらの例について，フィルムをお見せできないのが残念ですけれども，これはピーカーブー・ゲームというのを取り上げてみました。すなわち，"いない，いない遊び"でありますけれども，これは長く続いた，発展のある遊びで，十四分も続いています。この場合には，第三番目の子どもが二人の関係の中に入るわけであります。

　対人関係といいますのは，非常に劇的なものでありまして，それぞれの子どもたちの要求は，ほかの子どもたちの要求と対立します。そこで，この対立をお互いに，大人の援助なしで，解決するのであります。

　三人のよちよち歩きの子どもが遊んでいます。セリーヌが十七カ月で，レイラーが十四カ月，マリーが十七カ月の幼児です。さて，遊びでの出来事といいますのは，段ボール箱をめぐって起こったのです。段ボール箱は，片方が開いておりまして，そして，ふたが両方についております。これを開けたり閉めたりすることができる

第2章　幼児期の発達と環境

わけです。

　この相互関係ですけれども，セリーヌが最初にピーカーブーをしようということで始まりました。

　セリーヌは，パートナーを決めているわけではなく，だれか遊ぶ相手が欲しかったわけであります。最初は段ボール箱の中に一人で入っていたのですが，それから微妙な方法で，壁に体をもたせかけまして，そして頭を箱から出しました。すなわち，彼女はこうすることによって，この箱が，見られたり，隠れたりの遊びに使えるということを示しました。彼女はこの活動を二回いたしまして，だれかをパートナーに引き入れようとしました。

　たまたまレイラーがそこを通りまして，そしてセリーヌの動作を見つけました。そして，セリーヌのところに行きました。一緒に遊びたかったわけです。しかしレイラーは，セリーヌがこのゲームをしようとプロポーズしたということがわからずに，むこうへ行ってしまいました。

　セリーヌは，今度は行動を変えまして，レイラーにこういうことをしたいということを示しました。すなわち，ふたを締めました。中からふたを締めたわけです。こうして，今回はメッセージが非常にはっきりと出てきましたので，レイラーもピーカーブーをしようと思ったのです。外からふたをあけて，そしてまたふたを締めたわけです。

　そこに第三番目の幼児が出てきまして，前の二人の相互作用に干渉が入ったわけです。マリーは，この部屋の反対側から来ましたのでセリーヌとレイラーのゲームが見えなかったのです。そして，ちゅうちょなく彼女はセリーヌの隣，箱の中に座ったのです。数秒たってマリーはピーカーブー・ゲームに邪魔をしました。ふたを中から締めたわけです。つまり，彼女は別のことがやりたかったわけです。レイラーは，箱の外側におりましたけれども，この遊びを続けたい，三人でこれを続けたいと思いましたので，マリーを箱から出てこさせようとして，箱のふたをたたきました。しかし，それはむだでした。マリーは中にいたかったわけです。マリーはレイラーを除いてセリーヌだけと遊びたかったわけであります。レイラーはピーカーブー・ゲームにこだわっていましたので，マリーも自分の意思をいっそうはっきりとさせて対話（意思疎通）をはっきりとしたわけです。つまり，マリーはレイラーをたたいたのです。マリーはこのようにして自分の意思を通しまして，レイラーは行ってしまいました。

　このような出来事のなかに，われわれの観察の中での劇的なことがみられるわけです。すなわち，マリーとレイラーとの対立は暴力に至りましたので，その中の一人のパートナーが逃げてしまうということになって行ってしまいました。

46

6．発達の条件としての施設保育

　レイラーが行ってしまった後，マリーは自分の目的を実現することができまして，一人セリーヌと遊んだわけですが，しばらくの間いろいろなことを一緒に笑いながら楽しみました。その間じゅうレイラーは一人でほかのところでうずくまっておりました。心を傷つけられてしまったわけです。しかしながら，後で仲直りの行動が出てきました。

　レイラーが，最初にまず自分から歩みよりをはじめました。つまり，立ち上がり，部屋の周りを歩き，そして紙を取り上げまして，段ボールの方へ移動してきました。マリーとセリーヌはレイラーと一緒に遊ぶことに同意いたしました。そして三人は，短い時間でありましたけれども，ピーカーブーをして遊んだわけです。

　レイラーは，また行ってしまいまして，第二の紙を取り上げ，箱の方へやってきました。この場合は，マリーが段ボールから出てきまして，そしてレイラーに近づき，レイラーは紙を出したわけです。そして二人が出てきまして，今度は紙で遊んだのです。

　初めがよければ終わりがよいということがありますが，重要なことは，マリーは最初，レイラーを拒否したのですけれども，最終的にはレイラーの望みを聞き入れまして，そして一緒に遊んだわけです。ピーカーブー・ゲームを一緒にしたのみならず，レイラーと一緒に遊ぶために友だちのセリーヌをすてたのでした。そのうちに，レイラーとマリーはまた離れていき，そしてこれらの一連の出来事のすべてが終わったわけです。

　この例にみられるように，三人の子どもがお互いに関係を持っており，劇的な方法でお互いに調整し合ったわけであります。これらの子どもの要求は対立し合っていたのですが，ほかの人たちとの対立を修正しようという意欲のあることもはっきりしていたわけであります。

　ここで私たちは，強い社会的なパターンを示すパートナーの意思というものを十分考えに入れることができるという社会的な可能性に注目したいと思います。私たちは，非常に小さい幼児のあそび仲間の関係によって，認知的な，交流の可能な社会的な能力が培われると考えています。すなわち，コミュニケーションに貢献していることは明白であります。言葉を使わなくても，社会的な遊び（ソーシャルプレー）の中での一連の出来事には，あるパターンが認められます。何をするかについて提案をしたり，熱心にすすめたりといった情報が発信され，そして相手に理解されているわけです。

　そしてこれらの遊びで，もっと直接的な社会的な面が多くなれば，一連の出来事はいっそう刺激的であります。対人関係といいますのは，全体的に見ますと，驚くほど調和がとれております。それはあたかも，遊びの参加者たちが，そのすべての

第2章 幼児期の発達と環境

エネルギーをほかの人たちと一緒に行動したいという共通な願いに向けて注ぎ込んでいるかのようにみえるものです。

　この相互関係の微妙さというものは，彼らの要求が非常に強いということの証拠でもあるのです。もちろん，対立は起こります。これらの対立といいますのは，この遊びの中では一時的なものでありますが，同時にその影響は積極的なものとして残ります。子どもたちは矛盾に直面し，その解決のためにいろいろな方略をつくるのです[13]。(傍点引用者)

　この引用文はフランスの保育所における2歳児未満の自由な場面における幼児の実態である。この例からみられるように，幼児同士の交流が，社会的能力ならびに認知能力の育成に大きな役割をもっているのである。したがって，同じ年齢の幼児同士の交流を保障する保育施設を確保することは，家庭や地域での同世代との交流の場の少ない現代の幼児にとって欠くべからざるものといわなければならない。つまり，こうした幼児施設の場で自由な活動の場をつくっていかなければならなくなったのである。

　とはいえ，こうした施設が家庭の機能に完全におきかわるというものではない。むしろ家庭と補い合うことでその役割が遂行できるのである。とはいえ，こういう施設の保育が集団保育の場だからといって，保育者の一方的命令で遂行されるべきものではないことは当然である。先の事例のような幼児の姿は，幼児の自由な活動の場，つまり遊びを通してはじめて現れるのである。

引用文献

1)　小林　登：人間生物からみた母子の関係，子どもの看護　1-2，pp.2-5，メディカルサイエンス社，1985
2)　小林　登：新生児の能力と母と子の絆，河合隼雄・小林　登・中根千枝編：親と子の絆—学際的アプローチ，pp.124〜125，創元社　1984
3)　ブラゼルトン，T.B.：親子相互作用発達の初期四段階，同上書，p.110
4)　岡本夏木：子どもとことば，pp.29〜30，岩波書店，1982
5)　同上書 p.30
6)　同上書 p.46
7)　ジェローム・ブルーナー著，佐藤三郎編訳：乳幼児の知性，p.246，誠信書房，1978
8)　同上書，pp.45〜46

9) ブラゼルトン, T.B.：前掲論文 p.105, 118
10) グドール, J.：ゴンベのチンパンジーにおける母と子の絆, 前掲 2), pp.24 〜 53
11) 小川博久：子ども社会の動向と課題, 森上史朗・安藤美紀夫・井上　肇・大場幸夫・河合洋共編；子ども学研究, pp.230 〜 233, 建帛社, 1987
12) スタンバク, M.：保育所における二歳以下の幼児, 前掲 2), pp.189 〜 193
13) 同上書, pp.193 〜 197

第 3 章

幼児期の発達と遊びの重要性

第3章 幼児期の発達と遊びの重要性

はじめに

　幼児の発達において遊びが重要な役割をしているという指摘は，今や常識となっている。多くの幼児教育者が遊びの重要性をいう。しかし，現実の保育の中で，幼児の遊びが育たないとか，どう援助してよいかわからないともいわれる。いやむしろ，まったく保育者のやらせでやらせておきながら，それを子どもの遊びと称し，遊びとはなにかをまったく問わない保育者も数多くみられる。
　このことは保育の中で遊びを育てることがいかに困難であるかをものがたっている。今回の幼稚園教育要領でも幼稚園教育における遊びの重要性と遊び中心の保育を実現する必要を強調している。そこで本章では，人間にとって遊びとはなにか，幼児期においてなぜ遊びが大切なのか，保育の中で保育者は遊びをどう育てるかといったことについて述べることにしよう。

1．遊びとはなにか

　遊びとはなにかについてはホイジンガ（Huizinga, J.）の定義が有名である。まずそれを引用しよう。

　　遊戯とはあるはっきりと定められた時間空間の範囲内で行われる自発的行為もしくは活動である。それは自発的に受け入れた規則に従っている。その規則は一旦受け入れられた以上，絶対的拘束力を持っている。遊戯の目的は行為そのものの中にある。それは，緊張と歓びの感情を伴い，またこれは＜日常生活＞とは＜別のものだ＞という意識に裏づけられている[1]。

　この定義によれば，遊びは，自分の意志でやろうと思い，そしてそこでやろうとする行為の目的はその行為をやること自体であって，その行為そのものが楽しいからやるといった活動のことである。そしてその行為の楽しさを味わうためであれば，自分たちがつくった規則にしばられることも拒否しないのである。逆にいえば，いくら結果がおもしろくとも，他人に強いられてやる活動，生活のためにやる活動はここには入らないというわけである。
　そこでこのホイジンガの定義に基づいて遊びの特徴をまとめてみよう。まず第

1に遊びは，遊び手が自ら選んで取り組む活動であるということである。これを遊びの自発性とよんでおく。第2に遊びは，遊び手が，他の目的のためにやる活動ではなく，遊ぶことそれ自体が目的となる活動である。鬼遊びをするのは，鬼遊びをしたいから遊ぶのである。これを遊びの自己完結性とよんでおく。第3にその活動自体，楽しいとか喜びという感情に結びつく活動であろうことである。もちろん，ジェットコースターのように途中で，緊張したり，こわかったりすることがあったとしても最終的にそれは楽しい経験なのである。これを遊びの自己報酬性とよんでおく。第4に遊びは，自ら進んでその活動に参加しなければ味わうことはできない。もちろん，テレビをみて楽しむということも遊びといえないことはない。心情的には参加しているのだから。しかし幼児に関していえば，自ら行動をおこして参加することが遊びの重要な要素である。そこで，これを遊びの自己活動性（自主性）とよんでおく。

　さて，こうした遊びの特徴づけには一つ問題がある。それは，具体的な幼児の遊びでは，上のような特色が活動の中にはっきりと形をみせることはないという点である。いいかえれば，上に述べた特色を目安にして，幼児の具体的行動から，これが遊びでこれが遊びではないといった判断はできにくいということである。

　しかし，幼児の遊びを見守り，援助する立場の者にとっては，当事者でない第三者の立場からみて，今幼児が遊んでいるのかいないのか，幼児の遊びの状態，特に幼児の気持ちはどうなのかがわかることは必要である。それがないと遊びへの援助はできないのである。下手に手出しすれば，幼児の活動の自発性，自己活動性を妨げてしまいかねないのである。たしかに，幼児の内面を行動を介して予測することは決して容易ではない。しかし，子どもの当面の活動が遊びといえる活動であるかどうかはとても重要な事柄である。そこで先の遊びの特色の中で，より行動から判断しやすいものをとりあげて，遊びを見とるために定義をしなおしてみる必要がある。

　先に遊びの特色として四つあげたがこの中で，比較的行動に結びついて判断しやすいものといえば，自発性と自己活動性（自主性）であろう。自己完結性と自己報酬性は，遊び手の内面性の深いところにあって，行動には現れないことも少なくない。たとえば，緊張しきって馬をあやつっているからといって，その人が

楽しくないということはいえない。楽しいから乗馬をやっているのである。この場合，行動には，自己報酬性や自己完結性はなかなか現れてこない。

　もちろん，このことは，多かれ少なかれ，自発性や自己活動性にもあてはまる。たとえば，パーテン（Parten, M.）の傍観者遊びとよばれるような活動では，自己活動性という点では，きわめて低い水準にあっても，その状況をよく観察すると，幼児は他の幼児たちの活動に注目しているはずである。心の中では他児の遊びをじっとながめているはずである。その意味において幼児の自発性は発揮されているのである。自発性や自己活動性に関して，こうした幼児の内面の質的な変化をこまかく見とれるようにしないと幼児の遊びを見とり援助することはできない。そこで幼児の遊びをとらえる指標をもう少し明確なものにしていく必要がある。

　そこで，ここでは，発達を念頭におき，先の幼児の遊びの指標，自発性，自己活動性の2点をつぎのように規定した。まず第1に，0歳～3歳までの幼児に関しては，集団活動の中で，自発性，自己活動性が発揮されるというより，養育者（母親や父親を含む）との関係で，自発性，自己活動性が発揮されることが多いと考え，養育者と幼児という関係軸の中で，幼児の具体的行動が，養育者に対し，どれだけイニシアチブがとれたかという点で幼児の活動の自発性，自己活動性を見きわめ，そこに遊びという活動をとらえることにした。こうした関係軸を設定することは，幼児の自発性，自己活動性を具体的にとらえる上で有効である。なぜなら，保育者は幼児を保育する立場，常に幼児を見守り，幼児の安全を保障し，それを援助する立場にある。幼児が保育者との関係の中でどのようにして自発性，自己活動性を獲得していくかを見きわめることは，とりもなおさず，幼児の自発性，自己活動性の芽生えを見守っていくことであるし，幼児の遊びを発達的にみていくことである。

　第2に，3歳前後から5歳までの幼児における自発性，自己活動性の具体的見とりのためには，幼児たちの自主的な集団の中での自発性，自己活動性を考えることにした。もちろん，たとえば，5歳の幼児の遊びが集団との関係でのみとらえられるとはかぎらない。一人で登り棒に挑戦したり，仲間に関係なく，ダンゴ虫をさがすことに熱中する場合もある。しかし，この集団の中での自発性，自主

性は，この時期，施設保育に入る幼児が多くなるということからも，3歳以降に頻繁に現れる活動なのである。

2．幼児の遊びは一つの重要な学びの形態である

　幼児の遊びが自発的で自主的活動であるということは，前節で明らかにされたが，幼児教育（保育）の立場で，遊びを論ずるにはそれでいいのだろうかと疑問をもつ人も多いであろう。なぜなら，教育に関心をもつ人ならば，それでいったい幼児はなにを学ぶのか，それでいったいなにが育つのか，好きなことだけ勝手にやらせていてよいのだろうかといった疑問をもつ人が必ずいるからである。そこでここではその問に答えなくてはなるまい。

　結論からいえば，遊びは，一つの学びの形態であるということである[2]。しかも遊びは，人間が，いや特に高等霊長類が，集団生活をしながら，高度な能力を発揮して生きていくための生きる力を育てる学習の場であるとさしあたり答えておこう。ここでさしあたりというのは，このような答え方は，答えの入口にすぎないからである。生きる力とはなにか，なぜ生きる場なのか等々が答えられねばならないからである。

　人間のように高度な文明をもっている動物においては，子ども時代の負担は大きい。大人になるまでに，そうした文明を学びとらなければ，その文明によって運営されている社会に適応していけない。現代人として生きるために，子どもたちが幼児期から学ぶものは原始時代の子どもとは著しく変わっているはずであり，学ぶ内容も増大しているはずである。しかし，いずれにしろ，人間は，ハチのように本能（遺伝子によって伝えられた能力）だけでは生きられない。とすれば，人間は生まれてから，その能力を手に入れなければならない。その手に入れるという行為が学習である。ではいったいそこでなにを手に入れるか，なにを学ぶのか。

　前に，生きる力を学ぶと述べた。それはいいかえれば学ぶ力といいかえてもよい。常に変化する状況に適応できるように学ぶ力を育てるのである。コアラという動物にとっては，ユーカリの木，しかもその中の特殊なユーカリの木の葉がな

ければ生きていけない。しかし，ニホンザルをニューメキシコの砂漠に放す実験をしたら，数年後，サルは立派にその地に適応して生きていたそうである。ニホンザルはコアラよりもはるかに新しい状況に適応する力がある。それは，ニホンザルの方が学ぶ力が強いから異なった状況に適応して生きていけるのである。

　人間はそれよりもはるかに適応力が大きい。人間は文明をたえず造り変えてきた。同じ日本でも江戸時代と現代とでは，また10年前と今とでは，さまざまなものが変化している。人間はたえず，新しい変化を学び続けて，それに自分を合わせていかざるをえない。ここで必要なことは，今学んだ事柄ではなく，常に学び続けていく力である。

　こうした能力をいったいどのようにして人間は育ててきたのだろうか。同様に，何も知らない幼児は，どのようにして変化する時代の中で，その学び続ける力を身につけてくるのであろうか。その答えがまさに遊びにおいてなのである。文明の始まりは，人類が道具を使うようになってからだといわれている。この道具を使う能力こそ学び続ける能力が生まれる源なのである。たとえば，弓矢を使って獲物をとるという能力を幼児がどうやって身につけるか考えてみよう。

　まず，矢を弓に合わせて飛ばせる技能が必要である。この技能が一応身についたとしよう。しかしそれでは，獲物はとれない。獲物の種類が異なれば，その動物のいる場所も，動く速さも，大きさも異なっている。したがって矢を射る力の入れ方も，射る角度も姿勢も，すべて異なる。こうしたことを一応すべてマスターしないと，すぐれた狩人にはなれない。ということは，弓を射るという活動をいろいろな場面でいろいろな角度でやってみなくてはならない。

　しかし，今日の獲物を自分の弓1本で手に入れなくては，子どもたちがひもじい思いをするといった状態の中では失敗など許されない。生活の手段としての弓矢の使用ではいろいろ試してみるということはできない。

　心理学者ブルーナーによれば，親の庇護のもとにあって，生存のための，のっぴきならない活動に取り組まずにすむことで，子どもが親や周囲の大人の行動を自由に観察したり，自分でさまざまな組み合わせ活動の試行錯誤ができる。こうした機会が「遊び」とよばれる場面であるという[3]。ブルーナーは，遊びの効用についてこういう。

2．幼児の遊びは一つの重要な学びの形態である

　第1に，遊びは，より危険のない状況の中で（親や大人に守られているので──引用者注），自分の行為の結果を均質にしていく手段，つまり学習の手段である。このことは，特に社会的遊びにあてはまる。──中略──「群れの中でやってよいこと，わるいことの規則が多くある。そしてほとんどが年少期に学習される。この場合，規則に反した結果が後になるより厳しく罰せられないのである」（失敗が許される──引用者注）[4]。

　第2は，機能上の圧力があるときは決して試みられることのない行動の組み合わせを試みる機会を与えてくれる[5]。

　このように遊びの機会は，幼児にとっては大人の行動をくり返しみてまねることで失敗を重ねながらもやがて身につけていく機会，つまり観察学習（observation learning）の機会なのである。動物に限らず，乳幼児期の幼児の学習は遊び，つまり観察学習によって成立している。2本足で立つこと，歩くこと，コミュニケーションができること，母国語がしゃべれるようになることなどはすべて観察学習に負うところが大きい。

　ここで先に述べた遊びの特質について述べた点を想い出してほしい。0歳から3歳未満までは主として，養育者と幼児という関係を軸としての自発性，自己活動性が遊び活動だと述べた。これは，この時期の幼児が養育者（母親，保育者）の行動をみてまねるという観察学習の場が幼児の遊びの中心となる場面であるという事実と対応している。幼児が養育者とのかかわりの中で，注目した養育者の行動を自発的活動として，くり返し行うことが幼児の遊びだと考えてよいであろう。

　しかし，幼児がつきあう相手は単一の養育者（母親）から次第に，父親，兄弟，保育者など，複数の大人たちへと広がっていく。それとともに，観察学習の対象も次第に扇形に広がっていく。やがて複数の大人たちに守られて幼児の自発性，自己活動性が発揮される場が生まれ，3歳前後から，幼児の観察学習の場は，幼児たち自身の自主的な集団へと移行し，そうした集団の中で，幼児の自発性や自己活動性が発揮されるようになっていく。

　上のように遊びの発達を概観するならば，幼児の遊びは次のように定義されるであろう。まず，3歳未満の幼児の遊びについて，

　　幼児の「遊び」は，養育者と幼児の関係の中で，主として養育者の技能として伝

承された諸々の子育て行動を幼児が観察学習することによって展開される養育者と幼児との間の自発的なコミュニケーション行動か，あるいは幼児個人による自己活動である。

次に3歳以上の幼児の遊びについては，

　　幼児の遊びとは，幼児集団の中で伝承された知識・技能によって展開される活動のことである（伝承とは子ども集団の成員の間でみてまねる学習＜観察学習＞が成立し，偶然に，成熟者が未熟者に教えるということによって知識・技能が未熟者に伝えられることである）[6]。

では次に，こうした定義に従って幼児の遊びの発達をみてみることにしよう。

3．遊びの発達をどうとらえるか
――3歳未満の養育者と幼児の関係を中心に――

　第2章で，最近の乳幼児の発達研究における母子関係の絆についてはふれた。最初に母子関係を成立させている生まれつきの結びつきは，幼児の成長とともに，次第に随意的な行動，自ら選んで行う行動に発展していく。乳児の選択的行動はすでに乳を飲むという行動に現れていると，ブルーナーはいっている。母乳の出る量の多少によって，飲み方を自らコントロールするという行動の中に，乳児の自発性の芽生えがあるという。

　さらに，養育者とのコミュニケーション行動の中にその現れはみえる。空腹，睡眠，排泄といった自分の生理状態に応じて泣き方を変える。親の側が乳児のそうした発話行為のちがいを感じ分けられる力があると，その分だけ幼児の泣きわけ能力が上手になってくる。

　こうしたコミュニケーション能力は，コミュニケーションの内容だけでなく，コミュニケーションの仕方にもある。たとえば喃語期の赤ちゃんがおむつのとり替えのときなどに示す反応がそうである。親はまだことばのわからない乳児に向かって，たいてい，何か口ずさんでいる。「はい，お待ちどうさま，おしっこでおむつ気持ちわるかったわね。いまとりかえてあげますからね。ほら，気持ちよくなったでしょ。ああ，ごきげんさんね。」

　このよびかけに乳児はどんな反応をするだろう。普通，乳児は親の顔をみなが

3．遊びの発達をどうとらえるか

ら，口元に注目して，「あ～あ～」などと反応する。この反応はことばにはなっていないが親に反応しているという点でコミュニケーションになっている。しかもこの応答は，親のことばかけが終了した瞬間に行われる。同時に手足を動かすという形でも行われる。ここでは，親（養育者）→乳児→母（養育者）という順序で応答関係が成立している。一方が発信者であるときは他方が受信者となり，この相互関係が成立している。つまり，わたし→あなた，あなた→わたしという関係ができているのである。これは，動作主と受容者の役割を自由にとりえることを意味している。ここには，養育者との絆を軸とする関係の中での幼児の自発性の芽生えがみられる。つまり相手のつぎは自分の番であることを知ってその役割を演じているからである。

このコミュニケーション関係から，自己報酬のために行われる活動が現れる。それは親（養育者）に何かを伝えたいという実際上の目的で行われるコミュニケーションではなく，一定の行為を媒介にして，自分が動作主となったり，受容者になったり，相手と交互にその役割を交換すること自体が目的となる自己完結性をもつコミュニケーション，つまり遊びの誕生で，いわば，親（養育者）とのやりとりを楽しむ活動が生まれるのである。その典型的な例がイナイ・イナイ・バーである。レイノルズという心理学者は遊びのことを，行為の内容ではなく，行為の仕方が問題になる活動だといっている[7]。遊びは何かの手段として行われるのではないので，行為の結果よりも行為をどのようにするかが楽しみになる。イナイ・イナイ・バーはそれをやること自体が目的なのである。

しかし，このように楽しみとしてやる行為が結果的には，幼児のことばの発達にある効果をもつことになる。イナイ・イナイ・バーは楽しみのためにやられるから，それはくり返しくり返し行われる。結果としてコミュニケーションの構造――動作主・動作・受容者の関係――が幼児に了解されてくるのである。

同様に，幼児が砂とか積み木とか，スプーンとかいうモノをいじっている場合も，この養育者と幼児という関係を軸に遊びが展開しているのである。幼児とモノとの接触は，9か月ぐらいまでは，幼児の身体にふれたもの，目に入ったもの，耳に聞えた音に，身体を動かして反応するという形である。幼児は手あたり次第，にぎったものを口にもっていったり投げつけたりする。それは意図的にやってい

ることではない。この段階での接触は運動感覚的な接触といえるもので，モノの効用性とは関係ない扱い方をする。エンピツは書くものという意識はなく，ひたすら口にもっていくのである。

　しかし，9か月を過ぎると，養育者と幼児とのコミュニケーション（言語以前）の中に，モノの存在が現れてくる。養育者（親）が動作主として，哺乳びん（対象）をとる（行為）という行動パターンを幼児の前で示すようになると，幼児は空腹時であるがゆえに，この行動に注目せざるをえない。幼児は母親の視線と手の動く先，つまり，哺乳びんに目を注ぐ，親も幼児のこうした動きを察知して，幼時に向かって，「ハイ，ミルクですよ」という。こうして幼児の注目した対象（ミルク）と親の行動は，親と子のコミュニケーションの中でことばをともなうものとして現れる。それとともに，こうしたコミュニケーションがくり返されることで，幼児には，「ミルク」は飲むものというように，モノは効用性をもつものとして認識され，それに沿った扱われ方が習得されていく。

　この傾向は12か月〜15か月ぐらいの間に確立していく。そうなると，手にふれるものはなんでも口にもっていくということがなくなり，モノを目で追い，それをさわったり，たたいたりする探索行動が続いたあと，食器などのオモチャを日常，大人が扱うようなやり方をまねるようになる。たとえば，スプーンを口にはこぶ，カップから飲む，人形を抱くなどである。こうした行動は見た目には幼児が一人でやっているのだから，一人で幼児がモノとかかわりながら習得したようにみえるが，実は，前に述べたように，養育者と幼児のコミュニケーションの中で学んだものなのである。

　3歳未満の幼児の遊びは，養育者と幼児の関係の軸で生まれてきた自発的・自己活動的行動だと前に述べたが，この幼児が人形を抱いたり，カップで水を飲むまねをしたり，スプーンを使ったりすることを幼児が一人でやるということは，これ自体，遊びとよべるものである。なぜなら，それによって，水やジュースが飲めたりするわけではないので，こうした一連の行動は，スプーンを使って食べるまねをしたり，ジュースを飲む動作をすること自体に目的があって，そのこと自体が楽しいからやる。つまり自己報酬的性格をもった行動なのである。

4．幼児の遊びの発達をどうとらえるか
―3歳前後からの集団の中での遊びを中心に―

　幼児が3歳ぐらいになると，施設保育に参加する機会も多く，集団へのかかわりが頻繁になってくる。パーテンの遊びの発達段階によれば[8]，3歳は，平行遊び（同じような活動はするが，お互いにかかわりがみられない状態）から連合遊び（他児とかかわり合うことで同じ活動に参加する状態）への移行がみられる時期だとしている。また高橋たまきの分類でも，3歳は接近（他者に近づいて，他者のそばで独り遊びをする）から，接触（他者のそばで同じ行動をする。他者に物を渡す，奪う，話しかける）が増加する時期である[9]。その意味で，3歳前後を境にして，遊びが成立する社会的条件が大きく変わっていくと考えるべきである。すなわち3歳以前では，養育者と幼児という関係軸（コミュニケーションのやりとりの主要な柱）の中での自発性，自己活動性の蓄えを遊びの発生ととらえた。しかし3歳以後は，幼児の所属する子ども集団（ただしこの集団はインフォーマルなもので，大人が考えるような意図的な組織的集団ではない）の中での自発性，自己活動性の芽生えを遊びの発生と考える必要がある。

　ただ，養育者と幼児という関係軸から，集団の中での複数の幼児同士のコミュニケーションへの移行は，急激にはおこりえない。一見急激にこの変化がおこるようにみえるのは，3歳を境にして幼児が集団保育の場に参加することが多いからである。たしかに，4歳後半から5歳児の遊びでは，幼児たちの自発性や自己活動性は，集団保育の場での集団遊びにおいて発揮されることが多い。たとえば，ある活動に興味をもち熱中する姿が，他の幼児をしてその活動に導き入れる力になっているとか，仲間の興味をひきそうなアイデアをどしどし出す，仲間の要求を調整する力をもつなどが集団の中での自発性や自己活動性を発揮する姿である。

　しかし，集団遊びの中でこうした自発性や自己活動性が発揮されるまでにはいくつかのステップが必要である。そこでもう一度，養育者と幼児との間の関係において成立する遊びに立ち返ってみる必要がある。イナイ・イナイ・バーの例でも示したように，イナイ・イナイ・バーの遊びができるようになるためには，それ以前に，養育者と幼児との間にいろいろなコミュニケーションが行われる必要

第3章　幼児期の発達と遊びの重要性

がある。幼児は自分の楽しみのためにやってみたい行動を養育者の行動の中にみつけ、その行動を注視する（注目する）。それは幼児がいつも一番頻繁にかかわっている相手（養育者）が一番注目しやすく、まねしやすい相手だからである。その意味で、養育者が3歳以前では、最も有力な遊びの情報源である。

幼児は成長するにつれてコミュニケーションの対象が単一の養育者から複数の養育者へと増加するのが普通である。母親とのやりとりから、父親や兄弟とのやりとりへ、さらには、保育者とのやりとりへというようにである。幼児をとりまく周囲の人間とのコミュニケーションは、母親を中心的な軸にしながら、次第に、幼児を起点にして扇形に拡大していく。

こうした幼児のコミュニケーション行動の拡大を保障している条件は、最初の養育者（母親）との関係が情緒的に安定していることである。そういう幼児はその関係を土台として、他の身近な大人たち、父、保育者、兄弟とも安定した関係がつくれるのである。ブルーナーによれば、親子関係の安定した（親から愛されていると感じている）子どもと、そうでない子が病院に入院して長期療養する場合、前者の方がよりよく病院生活に適応できるという。たしかにはじめは、両親と別れるのがつらいので一時的不安定にはなる。しかしやがてより早く、親の代用ともいうべき信頼できる大人をみつけ、安定した関係をつくる能力をもつことができるというのである。

単一の養育者との関係の軸を中心に、複数の関係の軸に広がるための条件は、母親（養育者）との関係の中で、くり返し行われたコミュニケーションによって、コミュニケーションの基礎能力が身についていることである。イナイ・イナイ・バーでみたように、親が動作をはじめて（動作主）、イナイ・イナイ・バーをやる（動作）、それを幼児が受けとめる（受容者）。そのつぎは逆になる。この遊びに含まれている動作主→動作→受容者というコミュニケーション構造を一つの方向ではなく、自分が動作主になったり受容者になったりして展開する。しかも一人の相手ではなくいろいろな相手とやることができる。これは、ワンパターンをくり返しているのではなく、この遊びに含まれるコミュニケーション構造をどんな相手にも柔軟に適用できる能力が身についたことを意味している。それはまさにことばの規則をおぼえてだれとも話ができるようになることときわめて似てい

るのである。

　以上のように幼児とかかわる大人たちとの関係の軸が次第に一人の養育者と幼児という関係から複数になっていくということは、幼児が状況に応じて、適用できるコミュニケーション手段を身につけてきたということである。このことは、幼児の観察学習（みてまねる）の対象が広がってきたことでもある。大人たちのびっくりするような行動やことばを幼児が時々示すのは、幼児がいつの間にか、大人の気のつかない間にいろいろな相手の行動をみてまねているからにほかならない。

　しかし、幼児がいろいろな大人たちとかかわれるからといって、すぐ同じ世代の幼児とかかわり、集団に参加できるわけではない。大人は幼児とかかわるとき、幼児中心にかかわろうとする。いわば、幼児に合わせてコミュニケーションしようとする傾向が大きい。しかし幼児同士の集団では、幼児が動作主となって、となりの幼児に働きかけても、相手がそれを受けてくれるとはかぎらない。つまり、コミュニケーション構造がうまく働かない。だからいくつかのステップをたどってはじめて、集団の中での自発性とか自己活動性が発揮されるようになるのである。

　こうした集団への参加のステップを考えるのにパーテンの遊びの発達段階は参考になる。まずはじめにあげられるのが一人遊びである。これは一人でいろいろなものをさわったりいじったりすることであるが、これはすでに考察したように、養育者と幼児との関係軸の中で展開された共同行動を、幼児が一人だけで再現していることになる。つまり、遊んでいるのである。この段階での遊びは、養育者と幼児という関係を背景にもっていることになる。

　つぎに、現れるのが傍観者遊びである。これは、他者の遊びを傍観している状態である。傍観しているというと否定的イメージが強いが、これは、注視している、興味をもった対象に目がひきつけられている状態で、活動としては遊ぶという状態ではないが、注目していることを自分でやってみる前の状態と考えることができる。この状態がなければ、幼児は遊びをみつけることはできない。

　では、幼児がなぜ他児の行動にひきつけられたのか。一つは、その他児の行動について何がしかの経験をもっている場合である。たとえば、親と公園に行った

ときにその遊びをみたことがあるという場合である。もう一つは，注目している幼児のことを知っていてその幼児の行動に親しさを感じている場合である。

では，幼児はなぜその遊びに加わらないのであろうか。その理由としては，その幼児やその幼児たちの集団に参加することに情緒的な不安があるからである。心はその幼児の活動にひきつけられていながら，気持ちや身体がまだついていかない状態なのである。

傍観者遊びのつぎの段階の平行遊び（他の幼児と類似した活動はするが，直接のかかわりはない）になると，幼児の行動は情緒の面で他の幼児と安定した関係に入る。だからこそ周囲の幼児と同じ行動をとるようになり，同じ場を共有することになる。これは，無言のうちにその幼児が目にみえない，そこの幼児たちの共通の場に参加したこと，集団に加わったことを意味している。しかしそこで行われている活動そのものは，幼児がすでに知っている活動のくり返しだから，周囲の幼児と直接コミュニケーションをする必要はないのである。つまり，類似した活動が平行して展開されるのである。

この状態はさらに，つぎの連合遊び（他児と一緒に同じような活動をする遊び）へと展開するが，それへと移行する過程で，井戸端会議的共同行動とよぶ状況が現れる。たとえば，幼児それぞれが自分の製作活動をしているという点では，平行遊びであるが，幼児たちはだまってそれをしているのではなく，おしゃべりを楽しみながらそれをやっている。しかし，そのおしゃべりは，それぞれの製作活動には無関係なのである。

しかし，他面からみると，そのとりとめのないおしゃべりが，同じ場所で同じ作業をする幼児たちにとって情緒を安定させる働きをしていると考えられる。こうした情緒を安定させるだけのおしゃべりが，製作するとか，演ずるといった活動と結びついて，共通の製作活動やごっこ遊びへと発展するとき，そこに連合遊びが成立するわけである。この段階では，他の幼児はコミュニケーションの相手である。しかし，この連合遊びの段階でも，明確な意図をもってあれをこうしよう，いやこうすべきだといった話し合いの上で遊びを進めていく交渉相手は，一人か二人に限定されている。多くの幼児と随時，コミュニケーションするところまではいっていない。

そうした段階になるのは，協同遊び，組織された遊びの場合である。このレベルになると，幼児はだれとでも，すきなときに目的に合わせてコミュニケーションを行うことができる。つまりみんなで相談して遊びが進められるのである。5歳になって行われるリレーや開戦ドンなどの鬼遊びなどはこの例である。幼児たちは参加するメンバーすべてを頭に入れて，鬼が子を全部つかまえたら交替といったことができるようになり，皆が共通のルールに従って遊びを楽しむことができるようになるのである[9]。

以上述べたように3歳前後からの遊びを支えている集団の中での自発性，自己活動性の発達は，幼児が自分と同世代の他の幼児やその集団へとどのようなステップで参加していくかによって変化していく。いいかえれば，集団の中での幼児の自発性，自己活動性は3歳前後から，集団との関係において発揮され方が異なっていくのである。幼児の遊びの発達を支えているこうしたコミュニケーションの軸や集団の雰囲気が幼児の行動の自由，すなわち，遊びの展開を保障するのに重要な役割をはたしているのである。

5．遊びの発達を保障する保育者の基本的役割

これまで述べてきた幼児の遊びの発達を考えたとき保育者は幼児の遊びにどのようにかかわる必要があろうか。

まず第1にいえることは，幼児の遊びは自発性，自己活動性を土台としているということから，当然のことではあるが幼児自身が遊びの主人公であって，保育者はあくまで援助者であるという認識が重要である。とはいえ，保育者の役割が援助者だからといって，その役割があまり重要ではないということではない。特に3歳未満の幼児の遊びでは保育者と幼児との関係軸が遊びを成立させる場をつくりだすのである。保育者と幼児との間の関係が情緒的に安定したものであることは遊びが成立するのに欠かせない条件である。

第2に，前の条件との関係でつぎにいえることは，遊び始めにおいて，保育者がかりにイナイ・イナイ・バーを始発するにしても，保育者は次第に自分の役割を従属的な立場に移していき，幼児自身が自発性と自己活動性を発揮できるよう

第3章　幼児期の発達と遊びの重要性

に配慮すべきである。幼児自身の発意で遊びが始められ，幼児自ら活動に参加することを通して，自分の活動をやりとげ，そこからその活動することに喜びを発見できなければ遊びとはいえないからである。

　第3に必要なことは，幼児自身で自発的に活動をおこし，その活動にとり組むようになるための環境を用意することである。環境は大きくわけて物的環境と人的環境にわけられよう。この中で，3歳未満の段階で重要なのは養育者という環境である。乳児や1歳や2歳の幼児にとって，幼児との関係の軸をつくっている中心の養育者は，幼児に働きかけていく主要な存在であるだけでなく，幼児が注目し，そこからみてまねる対象であるという意味で最大の環境である。だから，養育者（母親）が幼児に注意を向けていないときもその姿が幼児の視野の中にあるかぎり，最も有力な環境になるのである。

　そしてこの養育者との関係で，保育者とか兄弟といった周囲の存在も，幼児にとって重要な環境（みてまねる対象，そこで自由に安定して振る舞える場）になる。そうした周囲の大人たちが幼児のよき環境になるためには，養育者と周囲の大人たちの関係がよい関係を保っていることが重要である。

　さらに，物的環境のもつ意味も大きい。幼児が自由に触ったり，いじったり，五感を駆使できるような環境の準備が必要になる。そこでの幼児のモノとの接触が，一定のパターンを形成し，コップは飲むためのものとして使う，スプーンはすくって使うというようなことをみたてとして学ぶようになるためには，母親のように中心となる養育者やその周囲の大人たちが，日頃，周囲のモノを扱う姿に注目し，それをみてまねる必要があるのである。

　さらに，3歳以降になると，人的環境として，同世代の幼児やその幼児たちの集団と，その幼児たちの活動（幼児と幼児のかかわり，幼児とモノとのかかわり）が，幼児の注目の対象となり，ここからみてまねるという行動が生まれる。こうして幼児は年齢とともに，豊かな環境からさまざまなことを学習し，遊びの世界に表現するようになるのである。だから，かつての伝承遊びの集団のように，幼児たちが三三五五群れをつくって，自分の好きな遊びに集中し，その姿が継続的に展開されるようなことが可能になれば，そうした姿が，まだ遊びに参加できない幼児にとっては最もすばらしいお手本になっていくのである。

5．遊びの発達を保障する保育者の基本的役割

　ではこうした幼児の遊びに対する保育者のかかわり方は原則としてどうすればよいか。すでに述べたように，保育者は遊びの援助として，幼児たちの遊びが自由にのびのびと行われるような，情緒的安定の場をつくること，よき環境を用意することが重要であるが，それに加えて，保育者は遊びにどう参加するかを考えなければならない。

　これまでくり返し強調したように，遊びは幼児の自発的，自己活動的な営みである。とすれば，保育者が配慮すべきは，幼児の自発性，自己活動性をこわさないで，遊びを援助することである。そこで必要なことは，幼児の遊びの実態を知ることである。いいかえれば活動の展開の筋道を読み，何がおもしろくてこの活動が展開されているのかという幼児の内面を読みとることである。そして幼児がいつどこでどんな場面で保育者の援助を必要としているかを読みとることである。そしてそこで保育者が幼児たちから読みとる遊びの実態は，保育者が幼児の遊びに参加しながら，そこで展開されている活動や，幼児たちの姿から直観的に読みとる点も少なくない。多くの幼児教育学者たちが幼児との間の共感といったことばでよんでいるものである。しかし同時に，遊びの展開を第三者の視点から見守り，遊びの発展がどのようになっているのかを観察すること，時には記録によってとらえることも必要である。なぜなら，鬼遊びなどでは，幼児たちが気づかないうちに遊びがこわれてしまうこともあり，第三者の目でとらえることによってはじめて遊びへの有効な援助の方法がみつかることも多いからである。遊びへの援助は，またその援助が適切であるだけでなく，適時性をもっているか，つまりいいタイミングで入れるかどうかが重要なのである。そしてそれを決定するのが遊びの実態をとらえる直観と冷静に客観的に対象をとらえる力なのである。

引用文献

1) ホイジンガ，J.著，高橋英夫訳：ホモ・ルーデンス，p.58，中央公論社，1973
2) 小川博久：「J.ブルーナーの『発達』観の教育的意義－『未成熟期の性格とその利用』の論構成の検討を通して（2）－」，教育方法学研究会編；教育方法学研究　第7集，p.221，1986
3) 同上書，p.220
4) Bruner,J.S.：The Nature and Uses of Immaturity,K.T.Connolly and J.S.Bruner

第 3 章　幼児期の発達と遊びの重要性

　　 (ed) ; The Early Growth of Competence, pp.21 ～ 22, Academic Press, 1972
5)　同上, p.22
6)　小川博久：子どもの「遊び」についての教育学的考察──子どもの「遊び」に大人はどうかかわりうるか, 日本教育大学協会幼児教育部会編；現代の幼児教育の諸問題, p.72, 川島書店, 1981
7)　ジェローム・ブルーナー著, 佐藤三郎編著：乳幼児の知性, p.78, 誠信書房, 1978
8)　Parten,M.; Social participation among preschool children, Journal of Abnormal psychology,27, pp.243 ～ 269, 1932
9)　小川博久：遊びの発達をどうとらえるか, 小川博久責任編集；年齢別保育実践シリーズ, 第 1 巻～ 6 巻, pp.1 ～ 24, フレーベル館, 1990

第 4 章

保育とはなにか

第4章　保育とは何か

1．保育ということばのなりたち

　普通，幼児の教育といえば，小学校入学以前の子どもを対象にした教育ということになる。だから，「就学前教育」ともいわれる。しかし一般的には，幼児を対象にした働きかけを歴史上，保育とよんできた。なぜ，このことばが選ばれ，使われてきたのだろうか。そこにどんな意味がこめられているのだろうか。このことを考えることで，保育という仕事の本質はなにかを追求してみようと思う。

　一般に保育ということばは，保護の保の字と教育の育の字をとって作られたといわれている。つまり，保育には，幼児を保護するとともに教育するという二つの意味が含まれていることになる。いいかえれば，児童期の教育（具体的には学校教育）にはない独自な役割があるという認識がそこにみられるのである。たしかに幼児の教育を意味する幼児教育でもまちがいはない。なぜなら，教育ということばの本来の意味は学校教育だけではない。家庭にも教育があり，地域にも教育作用がある。しかも，学校における教育の中心が知育におかれがちであるのに対し，家庭でのそれは，自立するためのさまざまな能力の養成や，社会の中で生き，そこに適応していくためのさまざまな習慣（たとえば，挨拶とか食事のマナーなど）の習得も含まれている。一般にしつけとよばれるものが家庭教育の内容である。だから幼児の教育といったからといって，小学校の授業で教えられ，学ぶような内容だけを意味するわけではない。広く幼児期に受けるあらゆる教育作用が幼児教育なのである。

　ではなぜあえて，保育ということばで，幼児教育を語ろうとするのであろうか。その理由の一つは，教育ということばの意味がともすれば，学校教育というものに限定されて一般に解釈されがちだということがいえるのである。

　つまり，学校教育の中心にある授業（教師が教えて児童生徒が学ぶ，そしてそこで学ばれることは，教科とよばれ，知的な内容が中核として成り立っている）と幼児の指導は同じではないというニュアンスが，この保育ということば使いにはうかがわれる。もちろん，学校で行う教育活動は授業だけではなく，学校行事もあれば，特別活動もある。同じ授業にしても，算数や国語といった知的教科だ

けでなく，音楽や体育，道徳教育もあって知育だけではない。学習指導要領でも，知育，徳育，体育の総合的な形成を願っている。しかしそれにもかかわらず，一般に教育ということばから受ける印象は，学校教育において，授業という教育活動を通して知育を行うというきわめて限定されたイメージが一般にある。

そうした教育ということばのイメージをきらって保育ということばが使われるのは，幼児期における教育的働きかけの独自性を強調したいという願いがあるからである。ではその独自性とは何であろうか。一つには，この独自性は幼児期の子どもの発達上の特質に基づいている。すでに第2章で述べたように，幼児，特に乳児は，大人（養育者）の援助なしには，生命を維持していくことができない存在であるという事実に基づいている。つまり，ここに保護ということばを使う必然性がある。とはいえ，親のすることは，下等動物が外敵から，自分の卵や，子どもを庇護するだけではない。ことばを使う能力をはじめとして，人間社会の一員として自立できるように教育をしなければならない。すなわち教育が必要なのである。かくて幼児期の子どもに対する大人の働きかけの内容は，保護し，育てること，つまり保育ということになる。

そこで保育ということばの定義としてはつぎのようになる。

　保育は幼い子どもの生命をおびやかすあらゆる危険から子どもを守るとともに，よりよき人間へと成長させるためのあらゆる手段（行為）を意味する。

この定義からすれば，保育という仕事は，幼稚園や保育所だけではなく，家庭でも，地域でも，あるいは，小児科医院でも保健所でもみられるのである。その意味では，保育というものは，きわめて広い範囲にわたる幼児とのかかわり合いの中にみられるのである。

2．保育所と幼稚園の間に存在する「保育」の意味のずれをめぐって

たしかに幼児教育ということばよりも保育ということばを使った方が，幼児期の子どもに必要な働きかけの特色を語るにはよいかもしれない。しかし，保育ということばが，保護と教育という二つのことばからできているということがわかっても，保育の中味や特色がはっきりするわけではない。なぜなら保護と教育の

関係がはっきりしていないからである。たとえば，2歳児の幼児の世話をする保育者にとって，どこまでが保護でどこまでが教育なのだろうか。幼児と一緒に食事をすることは，保護なのだろうか，それとも教育なのだろうか。保護という面があることはたしかであろう。でも教育という面も否定できないと感ずる保育者が多いのではないだろうか。

このように教育とか保護ということばをせんさくすることにはたして意味があるのだろうかと疑問をもつ人もいよう。しかし，この二つのことばの意味のあいまいさのゆえに，これまで，現場が混乱してきたのである。その代表的な例が幼稚園と保育所の関係であろう。幼稚園と保育所では，保育の意味にずれが生じてしまっているのである。たとえば，山下俊郎は，幼稚園教育における保育の意味をこう述べている。

　対象が幼児であるということのほかに，教育の方法的意味が保育ということばの内容に加わってくるのである。すなわち，相手が幼い，ひよわな子どもであるということは，ただ真っ向から教育内容を極端な言い方をすれば，たたきつけるように与えるということを許さない。小さくて幼くて，ひよわなのであるから，この子どもたちを保護してやり，世話をしながら教育の営みをしていかなければならない。つまり，幼児の教育においては保護と教育が一体となって幼弱な子どもを暖かくつつんでやることが必要なのである。そこでこの保護と教育という意味あいから，幼児教育のことを保育とよびならわす習慣ができたと考えられる[1]。

この山下俊郎の保育の定義は，幼稚園教育が学校教育法で規定された教育活動であるという前提で立てられている。すなわち，まず教育ということばで，義務教育における教育活動を頭に描く。そしてそれと比較したとき同じ教育でも幼児の教育は，幼児にふさわしい方法で行われなければならない。その方法的配慮が，子どもを保護し，世話をすることであるという考え方である。だから幼稚園教育は，保護という方法上の特殊性を含んだ教育だというのである。

これに対し，保育所保育における保育の意味はニュアンスが大きく異なってくる。保育所関係者にとって保育の対象となるのは「保育に欠ける」幼児である。いったい，この「保育に欠ける」幼児とは具体的にどんな幼児をいうのであろうか。それは家庭において病気や就労などの理由から，養育の世話をできない幼児がその対象である。いいかえれば，家庭に子育てを担当する大人がいない幼児の

2．保育所と幼稚園の間に存在する「保育」の意味のずれをめぐって

ことである。ではここでいう「保育に欠ける」という場合の「保育」の意味と，先の山下俊郎の「保育」の意味は同じであろうか。もちろん異なる。山下俊郎の「保育」の意味で「保育に欠ける」幼児といえば，幼稚園に行っていない幼児は皆「保育に欠ける幼児」になってしまう。山下俊郎は保育所や家庭における保育よりも，幼稚園における保育を念頭において「保育」の定義をしているのである。

一方，保育所保育における保育の意味はつぎのように規定されている。

　保護者によって行われている子どもの生命を保護するための営み（食事を与える，睡眠，休息を確保する，危険から守るなど）を，その重要な一つの内容とするものである。保育所は，保護者によるこのような営みの欠けたものを「保育に欠けた」状況とみなし，これを保育所に入れて保育することになっている[2]。

この「保育」の意味には，「保育所保育指針」では「養護」ということばをあてている。だから，保育所の任務は「養護に欠ける幼児」を対象とした仕事だということができる。このように，保育所における「保育」の意味は，山下俊郎の定義とは逆に，養護，つまり家庭における子育ての中で行われることを土台としている。しかし，保育所における「保育」の意味はこの養護の意味に加えて，「教育」の意味がつけ加えられたのである。つまりつぎのようにである。

　保育所は，乳幼児が，生涯にわたる人間形成の基礎を培う極めて重要な時期に，その生活時間の大半を過ごすところである。保育所における保育の基本は，家庭や地域社会と連携を図り，保護者の協力の下に家庭養育の補完を行い，子どもが健康，安全で情緒の安定した生活ができる環境を用意し，自己を充分に発揮しながら活動できるようにすることにより，健全な心身の発達を図るところにある。

　そのために，養護と教育が一体となって，豊かな人間性をもった子どもを育成するところに保育所における保育の特性がある[3]。

このように，養護の意味に加えて教育の意味が加えられた理由は，保育所の保育は0歳から5歳までの幼児を対象としており，その役割はただ単に家庭が幼児をあずける託児にとどまるものではないという考え方があるからである。いいかえれば，小学校就学期までの幼児の発達の条件において，幼稚園児と保育所児の間に差別や格差があってはならないのである。だから昭和38年から3歳～5歳までは，幼稚園教育要領の内容と保育所保育指針の内容の共通化を計っているのである。このように保育所では，養護という機能に加えて，教育の機能がつけ加

えられるという形で,「保育」ということばが成り立っているのである。
　「保育」の意味をめぐる幼稚園と保育所の意味のずれは,前者が教育機関として,文部科学省の管轄のもとに運営されているのに対し,保育所は福祉関係として厚生労働省管轄のもとに運営されているという制度的な相違をそのまま反映している。つまり,保育所は乳児期からの全日保育を念頭におく「養護」を中心にした保育のとらえ方,幼稚園は3歳〜5歳までの半日保育だから,小学校へと連続する形での「教育」を中心にした保育のとらえ方ということになる。
　こうした「保育」の意味のずれを認めることは,正しいことであろうか。たしかに幼稚園での活動と保育所での活動を比べてみればなるほどと思われる相違も少なくない。保育所の場合,1日8時間いて食事,排泄,睡眠,入浴など,普通,家庭で経験する生活上の事柄をここで経験するわけだから,「養護」機能が重視されて当然に思われる。特に3歳児未満の乳幼児を「保育」することを考えれば,なおさらのことのように思われる。
　しかし,3歳〜5歳児の保育になると,今度は逆にこのニュアンスの相違がやっかいになる。なぜなら,幼稚園と保育所の保育はできるだけ共通性を追求しなければならないとされているからである。さらに問題なのは,幼稚園の幼児にせよ,保育所の幼児にせよ,あるいは,家庭で育てられた幼児にせよ,幼児の心身の諸能力が健全で調和をもって育つには,幼稚園の保育,保育所だけの保育を考えるわけにはいかないのである。家庭の保育,幼稚園の保育,保育所保育の相互関係が明らかにされなければならないのである。その点でこのように幼稚園と保育所で「保育」の意味がずれているというのは大変都合がわるい。
　たとえば,幼稚園で保育を受ける幼児が家庭でどのような保育をしておけばよいかといった質問がよくなされる。雑誌でも,入園前の準備といった特集が組まれ,家庭保育と幼稚園の保育とのつながりが問題にされる。また小学校に入学するに当たって,幼稚園はどのような保育をすればよいかといった問題もある。近年,塾がさかんで,幼児の学習塾も多い。先の幼稚園の保育の定義などに従えば,小学校の教育内容を幼児期に合わせて,いいかえれば,教育方法の面で幼児に合わせて教えればよいといった解釈も生まれかねない。そうすると,幼稚園の入園準備のために,幼児を塾に通わせるという形が生まれる可能性も多い。こうした

解釈は，保育所の「保育」の意味や家庭「保育」の意味ともはるかに離れてしまいかねないのである。

3．「保育」における「保護」「養護」と「教育」の関係はどうとらえるべきか

　では，「保育」の意味をどのようにとらえたらよいか，そこでの「保護」，「養護」，「教育」の意味をどうとらえたらいいのだろうか。幼児が健全に調和的に発達するためには，まず，つぎの事実を確認することから始めなければならない。

　幼稚園に通園する幼児にとっても，保育所に通う幼児にとっても家庭の保育は欠かせない。またその他の幼児のための施設の保育も欠かせないとすれば，その各々の保育に共通する意味を保育の意味として決めておかなければ，相互関係を考えていくことはできない。

　「保育」の意味を共通なものとしてとらえるためには，幼児の発達の筋道に沿ってどの年代にも通ずるものでなければならない。0歳児の保育の意味と5歳児の保育の意味がまったく異なってしまっては，「0歳児の保育も5歳児の保育も保育としてしかじかのことが必要です」といった議論ができなくなってしまう。そのためには，教育とは教えることだといったイメージをもつ学校教育の定義を保育に降ろすことはできない。なぜなら，0歳児には，教えるということはほとんどないからである。だからといって0歳児の保育に教育作用がないといった言い方は正しいものではない。

　そこで「教育」，「養護」，「保護」といった「保育」の中味を意味することばのずれの問題点を考える必要が生まれる。事例として食事の指導をあげる。食事は幼稚園でも保育所でも，家庭でも共通な保育課題である。保育所における「保育」の定義にあるように，保護者によって行われている子どもの生命を保障する営みの一つである。それとともに，幼稚園でのお弁当の時間は，「好ききらいをせず，よくかんで楽しくたべる」といった指導のねらいを立て，幼児にその実現を期待する教育活動の時間でもある。

　食事が望ましい教育活動の時間であるためには，家庭でも幼稚園でも保育所でも，先生や友だちと（あるいは家族の人々と），一緒に食事をすることの楽しさ

第4章　保育とは何か

を体験する過程で，自然とマナーが身についていくことが必要である。そのためには食事の時間までに，とてもおなかがすいてしまって，食事が待ち遠しいという体験も必要になる。こうした体験を通して，生命の営みと食事との関係を幼児が気づき，人間関係が豊かになり，食事をするときのマナーや食事の大切さが身についていくこと，そこに食事の人間形成的な意味がある。こうした食事体験をさせることは，幼児がどこにいても共通に必要なことである。その点で家庭と施設のやり方に共通点が求められるべきだし，両者の連携が必要なのである。そしてそのためには，家庭と幼稚園，家庭と保育所における「保育」の意味が異なっていることは，各々の関連を見通すのに大変都合がわるいのである。逆のいい方をすれば家庭での食事と施設での食事の指導について共通点がみえないということは，家庭でこそやるべきこと，保育所や幼稚園で特に強調すべきことなどもはっきりしてこないということである。

　では，保育ということばの意味を家庭にも，幼稚園にも，保育所にも共通な意味をもったものとしてとらえるにはどうしたらよいであろうか。そして，その上で，家庭保育，幼稚園保育，保育所保育の特色を説明するには，「教育」，「養護」，「保護」といったことばの意味をどう考えていったらいいのであろうか。

　結論から先にいうとすれば，保育の中味は，教育の意味と養護の意味があって，そのそれぞれの意味は，それぞれ固有の目的をもった独自の（他の目的と区別される）一連の行為から成り立っているという考え方は正しくないということである。いいかえれば，しかじかの目的でかくかくの行動をおこすことが養護で，別の目的で異なった行動をおこすことが教育だといったいい方ができないということなのである。だから保育の中に養護の領域があって，それは教育の領域と区別されるといったいい方で保育の中味は語られないのである。

　にもかかわらず，二つの領域に分けて考える立場で保育の意味が考えられやすい。かつての六領域などはこうしたとらえ方をした典型的な例であろう。「言語」という領域と「音楽リズム」という領域は各々まったく異なった分野であって，各々独自な教育活動であるととらえられがちであった。こういうとらえ方は，領域を教科と同じものとみなすことを意味している。

　しかし，乳幼児を対象とした働きかけは実際においては，先の食事の世話にも

3．「保育」における「保護」「養護」と「教育」の関係はどうとらえるべきか

あるように，「教育」と「保護」，「教育」と「養護」の各々の所属する行動に整然と分けられるようなものではない。だから「保育」の定義に「養護と教育が一体」であるといった表現があらわれる。つまり二つは分かちがたいというわけである。しかし，それにもかかわらず，他方では幼稚園よりも保育所の方が「養護」の機能が量的に多いといったいい方もみられるのである。

「教育」と「養護」の相違を機能（はたらき）の違いとして述べてしまいがちである。これでは，二つのことばの意味の相違をきちんと考えることはできないし，「保育」の意味もあいまいになってしまう。

そこでもう一度，先にあげた保育の定義にもどってみよう。

> 保育は幼い子どもの生命をおびやかすあらゆる危険から子どもを守るとともに，よりよき人間へと成長させるためのあらゆる手段（行為）を意味する。

保育の定義がこのように広くなされた場合，ここには，おとなが子どもにかかわるほとんどすべての事柄が含まれてしまう。たとえば，普通，保育と区別される医療行為さえも，保育とよんでいいことになる。またこの中に含まれる行為の中には，必ずしも意図的に行われていない行為も含まれることになる。たとえば，特別，考えることもなく乳児を自分の胸に抱いているという行為が，結果的にみれば，保育行為としてよい結果を生むことがある。また逆に教育的に意図的な働きかけとして，行った行為が必ずしも，意図したようにならず，別の結果を生むこともある。幼児期に絵本の読み聞かせを毎日欠かさないで行えば，幼児が絵本好きになったり，文字が読めるようになるという仮説で，ずっと働きかけた結果絵本嫌いになった幼児もいないわけではない。だから簡単に保育の中味を「保護」とか「教育」というようには分けられない。

たとえば，母親がスプーンでスープをすくって乳児の口にもっていく行為は，子どもの生命を保障するための営みだから，これは「養護」行為と断定すべきなのだろうか。たしかに，生命を保障するという観点でみれば，それは「養護」の行為だと解釈できる。しかしその同じ行為が，母親の意図（食べなさい）をその母親の目線と行為から読みとり，自分の口をあけてスプーンに近づける形で，母親の意図に答えるというコミュニケーション過程と考えれば，それは，広い意味での言語形成過程であり，その意味で「教育」行為と解釈できる。その母親の行

為そのものは，母親にとって「養護」を意図して行われた行為でもなければ，ましてや「教育」を意図して行われた行為でもない。またかりに，母親が「養護」を意図して行ったとしても，結果がその通り現れたとか，教育の働きがなかったなどとはいいきれない。「養護」とか「教育」というのは解釈の視点なのである。

　だから，母親が行う幼児への働きかけも，幼稚園や保育所で行われる働きかけも，その行為一つ一つは「教育」の目的でとか，「養護」の目的でといったレッテルがはられる行為ではない。多くの場合，そうすることが幼児を育てる上で経験的に理にかなっているからそうしているにすぎない。朝，幼児たちが登園してきたとき，「おはよう，……ちゃん元気」と保育者は幼児一人一人にことばかけをする。それ自体は，「養護」目的で行われる行為でも，「教育」目的で行われる行為でもない。そうすることが，人と人，幼児と保育者がその日，施設の中で一緒に気持ちよく，親しく生活するのに都合がよいからそうしているのである。

　ただ，そうした一連のあいさつ行為を連続して積み重ねていったとき，そうしたことを保育において大切にするかしないが，幼児のすこやかな育ちに影響があるはずだという仮説が成り立つので，これらのあいさつ行為には，「教育」的意味があると，解釈するのである。だから，食事の世話，着・脱衣の援助といった働きかけは親が行うにしろ，幼稚園や保育所がやるにしろ異なった視点でとらえられるのである。たとえば，排泄の世話，ならびにトレーニングは，「養護」の視点でとらえられるし，「教育」の視点でもとらえられる。以上のことから，「保育」概念の中に含まれる「養護」と「教育」，「保護」と「教育」の意味のずれや，両者の意味の関係は，解釈の視点としてみることで解決することができる。

4．「保育」を異なった視点でみる必要性

　前の節で「保育」の内容ともいうべき「保護」，「教育」，「養護」といったことばは，「保育」を見ていくときの解釈の視点であると述べた。では，なぜ「保育」をそうした異なった視点でとらえることが必要なのだろうか。理由の一つは「保育」という営みがきわめて多様な面から成立している総合的営みだからである。二つ目の理由は，そうした視点で「保育」をみないと，「保育」のとらえ方

が漠然としてしまうからである。

　そこで問題になるのは、先にあげた「保護」と「教育」,「養護」と「教育」という異なった「保育」のとらえ方において両者に共通な「教育」の視点は何かである。これは明らかに義務教育における「教育」のイメージを幼児におろしたものである。だから山下俊郎の定義にあるような「保護」の概念が必要になったのである。つまり幼児の発達にふさわしい働きかけ、いいかえれば、教育的に働きかける際の方法的配慮を示すものが「保護」なのであった。

　そこでこれからは「教育」の意味を「保護」のニュアンスを含める意味で使い，山下俊郎のいう意味では、「保護」ということばを使わないことにする。「保育」のことばの成立に使われた「保護」はむしろ「養護」と同じ意味としてとらえたい。とすれば、「保育」に必要な視点としては、「養護」と「教育」の二つの視点が残る。これはいいかえれば、「福祉」と「教育」の視点といいかえてもいい。この二つの視点は、幼稚園教育にも保育所保育にも家庭保育にも共通に貫かれ、しかも0歳から就学年期まで、一貫して貫かれるべき視点である。なぜか。こうした視点をもって「保育」の過程を長期的視野で把握し、評価することで「保育」の質を異なった視点で評価し、問題点をとりだし改善への方途をみつけられるからである。

　たとえば、保育所の午睡は、幼児の生活のリズムの中での健康維持の手段であると考えるならば、「養護」の視点でとらえられる活動となる。しかし、午睡が幼児の精神安定をもたらし、次の活動への幼児の取り組みをより豊かにするための手だてと考えれば、それは「教育」の視点でもみることもできる。しかし一見したところ、この二つの視点のどちらをとっても、保育者のかかわり方としてはさして違いはないと思われるかもしれない。しかし、1週間の午睡、1か月の午睡の時間の積み重ねが幼児にとってどんな意味をもつかを考えたとき、この活動を健康維持という視点、つまり「養護」の視点でとらえることはとても重要なことである。

　同様に、午睡の後にどういう活動を組み立てるか、一日の生活の中で、午睡の時間の設定が幼児の活動への取り組みにどういう影響があるかを考えることは、「教育」的視点でとても大切である。近年、幼稚園での長時間保育が多くなって

きている。午睡の時間を含まない午後の保育活動が幼児にとって望ましいものであるかどうか真剣に考える時期にきている。午前の保育時間に比べて午後は遊びへの取り組みが，幼児にとっても保育者にとっても，活力の低いものになりがちだという報告がある[4]。午睡の時間の有無が幼児の活動の教育的意義を高めたり低めたりするのである。

　保育所で日常行われる午睡という活動をこのように異なった視点でみていくことは，「保育」全般にわたって必要なことである。特に，重度の障害児の「保育」のような場合，その幼児に健常児のような発達可能性がないと決めてかかって，それを「養護」の対象ととらえることは，かえって「養護」の質を低め，単に生命を維持させる最低レベルの援助で終わるということもありうる。逆にたとえいかなる障害があろうと，その子はその子なりの生を充実する権利があり，それを充実することを求めることは，広い意味での「教育」であるといえよう。そしてそう考えることは「養護」の質をも高めるであろう。この二つの視点は，「保育」に欠かせないものなのである。

5．「保育」の意味の二重性とその相互関係

　「保育」の意味がきわめて広いという点で考えておくべき内容の区別として，親が日常しているように，ただかわいいと思うから自然にやってしまう行為（例，毎朝，赤ちゃんがめざめると，思わず抱きあげて頰ずりしてしまう）にも，保育者が意図的に幼児の達成すべき事柄を設定し（例，着・脱衣ができる），それをめざして働きかけるという行為にも，あてはめられる。このように「保育」ということばは自然発生的行為も計画的行為も含んでいる。ではなぜこの二つをまとめて把握する必要があるのであろうか。

　その一つの理由は，子どもの成長発達は，意図的に子どもの将来を考えて，そこに到達させたいために計画的に働きかけるといった行為によってだけ生みだされるものではない。目にみえない，しかも一見つまらないと思われる日常の行為の積み重ねが幼児の発達を大きく左右することが多いからである。

　こうした事実はすでに過去の思想家によってくり返し指摘されている。たとえ

5．「保育」の意味の二重性とその相互関係

ば，ルソーは教育を①自然の教育（能力と諸器官の内部発展），②事物の教育（さまざまな経験），③人間の教育に分け，人間の意図的な配慮による教育の限界を指摘した。すなわち，①自然の教育は人間の意志を越えたもの，つまり，自然の摂理に支配されている。②事物の教育は，人間がそうしようと意図して成立することもないわけでないが，偶然の出来事によって成立することがほとんどである。この①と②の土台の上ではじめて，意図的な働きかけである人間の教育は達成されるというのがルソーの考えである。

この考え方は，やがてペスタロッチのいう"生活が陶冶する"という主張につながるのである。幼児期の子どもの成長発達をみてみると，母親が行う無意識の日常行為の積み重ねが幼児の発達をうながす大きな条件になっていることがわかる。このように幼児をとりまく，大人たちの生活全体が幼児の発達を規定しているという意味で「保育」ということばを広くとらえることが必要なのである。

とはいえ，幼児をとりまく生活のすべてが「保育」ということばを適用する範囲になるからといって，生活イコール保育というわけではない。なぜなら，生活全体を「経済」という視点でとらえることも可能だからである。つまり，「保育」は生活全体をとらえる一つの視点だということができる。

そこで，筆者は「保育」ということばを改めて次のような意味で使いたいと思う。

　保育とは一つに乳幼児の子どもを対象として大人（親，保育者等）が子どもの生命の安全を保障し，幼児の健全な発達を意図して働きかけるあらゆる働きかけと，それを成立させるための条件づくりを意味し，二つには，上のような意図的な働きかけではないが，結果的に幼児の発達を大きく規定していると思われる子どもをとりまく人的環境（大人たちのくらし方，考え方）や物的環境の形成作用を意味している。

この定義に従えば，幼稚園や保育者の幼児への意図的かかわり方も「保育」だし，幼稚園や保育所での保育者たちの職場環境や人間関係も，母親や父親が，毎日，風呂に子どもと入ったり，食事の世話をすることも「保育」ということができる。前者は，意図的行為としての「保育」という意味で狭義の「保育」であり，後者は，そうするのが当たり前のことだとして世代から世代へと伝承されてきた

ことが，結果として幼児の発達をうながしていると考えられるものであり，広義の「保育」といえる。

では，「保育」の意味をこのように狭い意味での「保育」と広義での「保育」の二つの視点を結びつけてとらえることがなぜ必要なのだろうか。普通保育に関係する人が問題にするのは，狭い意味での「保育」である。当然のことながら，保育者は明確な意図をもって幼児とかかわっており，教育的意図が実現されるのを望むからである。しかし，前にも述べたように，保育者の意図がいくら明確であるからといって，結果が意図した通りに生ずるとはかぎらない。意図的教育作用としての狭義の「保育」が成功するか否かは，常に多くの無意図的条件，つまり広義の「保育」に支えられていることが多い。保育者が幼児に働きかける作用の背景には保育者と幼児の人間的つながりが濃いかどうかが問題になる。それゆえ，保育者が自分の意図的働きかけが正しいかどうか判断したり，反省したりするには，目標の正しさや，自分のとった方法が適切であったかどうかを問題にするだけでは不十分である。幼児と保育者の関係を支えている目にみえない背景を問い直してみなければならない。

たとえば，親が子に好き嫌いをしないで食事をしてほしいと願い，その意図で幼児の食事の世話をする。ここには狭義の「保育」行為がある。この働きかけが成功するか否かは，「指導」の正しさ—目標，方法の妥当性—だけでなく，父母の日常の食事態度とそれを支えている食事観が大きな力をもつ。筆者がイスラエルのキブツ（集団農場）でみたように，食事は人間が生命を維持するための欠かせない仕事あるいは義務という食事観が徹底しているところでは，好き嫌いをいったら食べることは許されない。2歳児がスープを拒否したら，代わりに生ニンジンが与えられるのである[5]。一方，日本のように，お子様ランチの類の工夫をして，何とか幼児の食べる気を引いて食べてもらおうという食事観では，食事に対する根本思想が異なるので，好き嫌いがなかなか改善されにくい。

このように「保育」の意味を広い視点でとらえることは，狭義の「保育」の成否がいかにさまざまな条件に支えられているかを知るために必要である。またこれまで気がつかなかった生活習慣の中に，幼児の発達をうながす知恵がひそんでいることを発見し，それを意図的な「保育」へと転用することができる。たとえ

5．「保育」の意味の二重性とその相互関係

ば，イナイ・イナイ・バーのような乳幼児との遊びが，幼児と大人のコミュニケーションの発達をうながし，これを通じて，「私」「あなた」といった人称の意識が育ってくるといった知見は，子育ての方法（狭義の「保育」）として採用され，母親に代わる保育者によって実践されることになる。

　また，これまで無関係だと思われていた事実が，実は広い「保育」の視点からみて大きな意味をもつといった発見も，狭い意味での意図的「保育」を望ましい方向にくみ変えていく可能性を示してくれる。たとえば，母親の育児不安が大きくクローズアップされる今日，専業主婦の近隣との交流の一つである井戸端会議が母親の孤立感を解消し，他の母親の子育ての事例から，子育ての方法を学び（事例認識），自分の欲求不満の解消に役立つという意味で，育児不安解消に役立っているといわれる。

　こうしたデータは，母親の子どもへの意図的なかかわり方（狭義の「保育」）より以前に，自分のくらしを孤立から救おうとする意志として働く。そしてその結果として子どもへの意図的かかわりのまずさが，自分の精神衛生の問題にあったことに気づいて改善されていく。これまで井戸端会議などは主婦のひまつぶしか，専業主婦の意識のレベルの低さのシンボルのようにみなされてきた。しかしそれが，母親の精神衛生とかかわるという発見は，「保育」を広い意味でとらえる必要性を端的に示している[6]。

　幼児の発達はこれまで未分化だといわれてきた。このことは，幼児の発達を保障していく幼児教育者にとってはとてもやっかいな問題なのである。なぜなら，それは幼児のもっている諸能力がどのようにして形成されてきたのか確定しにくいという意味でもあるからである。算数の学力のように，かけ算の仕方を原理的にしっかり教えれば，一定の能力が身につくというように，教えることと，身についた能力の対応関係が成り立ちにくいということである。

　たとえば幼児の「音楽」能力の発達は「音楽」能力をのばすための意図的な働きかけ（指導）の結果だというような単純な図式はなり立たない。幼児にとって「音楽」能力とはなにか，それをつくりあげている要素はなにかが単純にはきまらないからである。文化の相違によって「音楽」の意味も，能力の考え方も異なるからである。要するに幼児教育の場合，意図的働きかけとしての狭い意味の

第4章 保育とは何か

「保育」は広義の「保育」への反省、いいかえれば、これまで幼児に対し、どのような意図的、無意図的な働きかけがなされたかということへの省察を前提にしてはじめて妥当性が成立する。これが「保育」を二重構造でとらえる理由である。

このことは、見方を変えれば、幼児をとりまく環境が幼児の発達を生みだすことを強調しているのである。別のいい方をすれば、生活のもつ「保育」機能なのである。新幼稚園教育要領も、保育所保育指針も、生活と不可分な形で「保育」をとらえようとしている点では共通性をもっている。そうした生活の土台の上で、保育者の意図的な働きかけとしての「保育」があるのである。そして、この意図的「保育」は、高校や大学の授業のように、生活と切り離されるものでなく、遊びにしても、お弁当にしても、おかたづけにしても、それらが幼児自身の生活となっていくことが望ましいのである。

引用文献

1) 山下俊郎：保育学概説，恒星社厚生閣，1972
2) 岡田正章：教育と保育，岡田正章，平井信義編：保育大事典1，p.9，1983
3) 厚生省児童家庭局：保育所保育指針，p.20，1999
4) 須田勝代：私立幼稚園のサービス運営の実態──長時間保育，スクールバス，給食は家庭保育の幼稚園依存を助長する──，昭和60年東京学芸大学幼稚園教員養成課程卒業論文，1985
5) 小川博久：キブツの生活と幼児教育，全国乳幼児福祉協議会編：乳幼児保育，40-6（昭和50年8月）p.4，1976
6) 多摩市「のびのび育つ子」編集委員会編：のびのび子育て井戸端会議，pp.71～118，教育史料出版会，1987

第 5 章

保育の思想と保育制度の変遷

第5章　保育の思想と保育制度の変遷

1．わが国の保育制度の発生

　わが国にはじめて公立幼稚園が生まれたのは，明治9年（1876年）であった[1]。それは現在のお茶の水女子大学附属幼稚園の前身，東京女子師範学校附属幼稚園であった。ドイツで生まれた幼稚園がアメリカではじめて開かれたのが1855年であった。それよりおくれること21年後に日本に幼稚園が生まれたのである。これは考えれば驚くべきことであった。なぜなら，日本が鎖国のもとで，ヨーロッパ文明とは異なった文化の中で，ヨーロッパとは異なった政治形態をとっていたにもかかわらず，明治政府という近代ヨーロッパに似た近代国家を設立してわずか10年たらずで幼稚園という仕組みを導入したからである。

　明治政府は富国強兵という目的のために義務教育制度を発足させた。明治5年に始まった義務教育制度はすべての国民に教育機会を与えて，国民一人一人がそれによって向上をはかるためのものだという名目ではあったが，その実際の目的は，農業中心の自給自足経済で生活していた多くの国民を資本主義的な商業経済の中に導き入れ，近代国家の国民として養成するためのものであった。富国強兵，殖産興業の担い手になるためには国民一人一人が一定の知識（兵隊として近代武器の操作や，近代の戦争に適した組織をつくることのできる能力）をもたなければならなかった。したがって，その意味で国家目的に合致するものであった。だからこそこの学制は，徴兵令などと並行して強力に遂行された[2]。そのため，児童の時期からすでに大切な労働力とみなされていた農民の子どもは，学齢期にその労働力とならなくなるだけでなく，学校へ行くことで，学費までとられてしまう。明治11年に全国に学校焼打事件がおこっているのは，この学制が国民一人一人のためというより，国家目的であったことを証明するものである。

　こうした時代背景の中で明治9年に日本ではじめての幼稚園ができた。この意味はなんであろうか。少なくとも，多くの民衆にとってこの幼稚園の存在はあまり関係のないものであった。とすれば，この幼稚園の創設は，明治政府が近代国家としての体制を内外に誇示する一手段であり，欧米の教育体制を模倣して日本の教育制度を体系として整えようとする試みに過ぎないものであった。したがっ

2．西洋における保育の思想の系譜と制度の変遷

てこの幼稚園を利用する人々は，明治政府に関係をもつ特権階級の子弟で，人力車に乗って，女中つきで登園したといわれている。

しかし，現代のように，幼稚園教育，保育所保育が当然のこととされる時代からみれば，こうした西洋の幼児教育思想を具体的な実践としてはじめて導入したという点で，先がけの意味をもつものである。しかし，と同時にそのことは伝統的なわが国の子育ての歴史に異なった流れを導入したということでもある。そうした二重の意味で，明治9年の東京女子師範学校附属幼稚園の設立を位置づける必要がある。

そしてそのためには，簡単に，西洋の幼児教育の歴史をたどる必要があるであろう。

2．西洋における保育の思想の系譜と制度の変遷

1）西洋における幼児教育思想の成立⑴──近代的子ども観の成立──

西洋における幼児教育思想の成立をいつの時代におくべきかはいろいろ議論のあるところであるが，大きな流れでくくると三つの点にしぼられるであろう。一つは，近代的子ども観の成立の過程であり，もう一つは，福祉政策としての施設保育の歴史であり，三つ目は母親教育としての幼児教育の流れである。この三つの統合の地点に現代の幼稚園・保育所の成立があると考えられる。

まず第1に近代的子ども観の成立を語るにはルネッサンスのヒューマニズムの人間観にまでさかのぼることができよう。そこでは来世のために人間が生きるのではなく，現世の生き方，いいかえれば人間の心と身体の双方が人間にとって重要だとされるようになったからである。ヒューマニズム（人間中心主義）は，ギリシャ・ローマの古典文化に帰れという形で，人々が心と身体をもつ人間を愛しはじめたことを意味している。具体的には，それは，中世のイコン絵画のように記号的・象徴的宗教画から，ボッティチェルリの「ヴィーナス」の誕生のような女性の肉体の美しさをギリシャの女神に託して描くようになったという変化にあらわれている。子どもと大人の区別はそうした身体の変化へのまなざしが重視されるようになったことと関係している。そして人間の身体の変化へのまなざしは，

子どもから大人への変化をとらえ，その変化の段階（発達）に意味を見いだすことにつながる。しかし，発達の変化が時間推移とともに客観的に観察され，学問の対象としてとらえられ，そしてそこから生まれた見方が利用されるようになったのは近代学校の成立のあとである。

　やがてこの発達への関心は，子ども期の発見という形で，天才的思想家，ジャン・ジャック・ルソー（Rouseau, J. J. 1712〜1778）の思想の中に最もきわだった形であらわれてくる。ルソーは著書『エミール』の中で，封建的な絶対専制君主制のもとにありながら，きたるべき市民社会で自立できる人間のあり方を考え，その人間の形成のあり方を述べた[3]。

　ルソーによれば，子どもの時代は，大人の時代の準備ではない。当時の大人社会はルソーが求めている社会ではないからである。ルソーは理想社会の人間として育つよう子どもに期待し，その結果，むしろ文明に毒されない子ども社会の子どもの生き方の中に理想を求めようとした。それは子どもの発達を「自然」と称してこれに大人が手を加えることを極力排そうとした。消極教育といわれるゆえんがここにある。子どもは，神の摂理によって変化の筋道が決まっている発達に従いながら，（それはちょうど，樹木が日の光を求めて，光の方向に成長していくように）子ども自身が五感を使って行動し，生きるためのさまざまな経験を重ねていく。ここに教育の本来の役割がある。

　したがって幼児期において最も大切なのは自分の五感を使って，環境の中で生きぬく力を養うことである。過剰の欲望に左右されてしまうのではなく，動物のように，生きるために必要な欲求を満たし，時には抑制することも学ぶことである。こうした能力を養成する場が幼児にとっては遊びである。遊びの中で，身体を鍛え，身体を使い込むことを覚え，社会的な行動の基準や善悪の区別を学ぶのである。したがってわれわれ大人の役割は子どもの行動や子どもの発達をよく観察し，それを援助することである。

　このように，子どもの教育を大人の価値や知識を子どもに伝達するという立場ではなく，子ども自らが生きる中で獲得していくのだという立場で考える発想こそ，ルソーによって確立された近代の教育思想における子ども観である。こうした思想の系譜がペスタロッチ（Pestalozzi, J. H. 1746〜1827），フレーベル

(Fröbel, F. W. A. 1782～1852)，モンテッソーリ（Montessori, M. 1870～1952）と受けつがれて，現代の幼児教育思想の中核に位置づいているのである。

　この中でフレーベルの幼児教育思想は，多くの幼児教育の実践に与えた影響という点で見逃すことはできない。フレーベルの思想は宗教的なものである。すなわち，この世のすべてのものには一つの永遠の法則が宿っている。そしてこの法則を働かしている原動力が神である。それゆえ人間の教育はこの人間に内在する神性（法則）を十分に発現させることであるという。こうした神性を発現させる手段が教育であるが，この教育の方法は，その法則の現れを見守り，保護することであるという。ここにルソー以来の消極教育の伝統をみることができる[4]。

　そしてフレーベルは人間の発達の中で幼児期が一番大切だと考えた。「なぜならこの時期は，周囲の人々や外界の事物と統合し合一するものの最初の発達，あるいは人々や事物を解明し，その内部的本質をとらえるための最初の出発点を含んでいるからである」[5] いいかえれば，人が周囲の環境とかかわって，それと一体化したり，あるいは物事の本質を明らかにしたりする人間の本質（精神）が生まれてくるからだというのである。そしてこの時期で最も大切なものは遊びであるという。遊びは幼児の内面を自分で表現したもので，最も純粋な精神が生みだしたものである。だから，この遊びを親は援助しなければならない。このことを通じて，幼児の天賦（生まれつき）の能力が目ざめ，それに応じて身体の諸々の器官が訓練されるというのである。さらに，その能力は身体的なものから，周囲の環境の中の小石や板切れ，木の葉などを発見するという知的なものに広がっていく。さらに，そうした外界への知的目ざめは，自分の頭の中の記憶やイメージの結びつきや数の世界のように観念の世界を強め発展させるように働く。フレーベルはこうした考え方を実現するために幼稚園をつくり，その考えを実現するために恩物とよばれる遊具をつくった。この恩物はやがて，フレーベルの理念の実現にはむしろふさわしくないものという評価を受けるに至ったが，フレーベルの教育理念はモンテッソーリやアメリカの児童研究（child study）に受けつがれ，現在の保育の理論へと発展していくのである。こうした変化は近代社会の出現とともに生まれた近代学校制度の成立なくしてはありえなかったといえる。

2）近代幼児教育思想の成立(2)——集団保育施設の創設——

　幼児のための学校，集団保育施設を最初につくった人はフランスのルーテル派牧師ジャン・オーベルラン（Oberlin, J. F. 1740～1826）だといわれている[6]。1769年，あみもの学校（école à tricoter）の一部として，最も幼い子どもの学校（ècole des plus jeunes ou commencants）を設けた。ここでは悪い習慣をなくし，服従し，誠実で，秩序を身につけることを習慣づけ，字を習い，フランス語でものの名前をいえるといったことを目標とした。オーベルランの学校設立の目的は荒廃した村を復興させることであったが，教育観や子ども観は決して新しいものではなかった。しかし，集団保育施設の創設という意味で新しい時代を切り開いたといえる。

　現代の集団保育施設の性格に近いものをつくりあげたのは，ロバート・オーエン（Robert Owen 1771～1858）である。オーエンは1816年自分が工場主であったニューラナーク工場村の性格形成学院[7]（The first institution for the formation of the infant and child character）の一部に幼児学校（infant school）をつくり，1歳～6歳までを収容した。そこで，合理的に考え行動できる身体的・知的に形成された人間の形成をめざした。

　なぜ，オーエンはこのような学校をつくったのであろうか。1770年前後からイギリスは産業革命の時代に入った。水力から火力エネルギーの開発によって工場生産が拡大し，多くの人々が都市に集中し，賃金労働に従事するようになった。産業革命は，農奴の家内生産を中心とする問屋制家内工業から，都市における工場制手工業（マニュファクチュア）を経て，工場制機械工業に変わることになり，労働は単純労働に変わった。企業主たちは，低賃金で単純労働に使える低年齢の子どもたちを苛酷な労働条件で長時間雇うことを考えた。そのため，ディッケンズの小説『オリバー・ツウィスト』に描かれたような悲惨で，非行化した子どもの姿が多くみられるようになった。オーエンもこうした長時間労働に使われて苦しめられている子どもの立場を救うため，議会で証言している。

　この性格形成学院はそうした子どもたちの救済のための施設という意味をまずもっている。しかしそれだけではない。その学校の中で子どもたちが共同生活を行い，集団生活の中で連携し，親しみ合うことを通して理想とする人間を形成す

ることが求められたのである。「合理的に考え行動できる人間」というのがその理想であった。この理想は産業革命によって生みだされた階級差別，貧困，児童の虐待などの諸問題を解決し，平等で連帯し合う人間の形成であった。

そしてそれを実現する内容・方法としては，刑罰を排し，文字や書物を使わず，軍事教練などを教えたという。こうしたオーエンの試みは子どもがおかれている現実の悪条件から救い出し，理想とする環境条件をつくることで，幼児たちの体験教育を保障しようとするもので，モンテッソーリの子どもの家の設立という発想へと継承されていき，現代の保育所保育の発想の原点になったものである。

しかし，他方，こうした集団保育施設創設の背景にはアダム・スミスが述べたように，そしてのちにベル・ランクスターシステムとして現出した近代教育制度の成立があり，「子ども」を具体的生活の場から切り離して教育するという考え方があったのである。

3）近代幼児教育思想の成立(3)
——母親への啓蒙の手段としての幼児教育論——

幼児のための学校をつくるという発想は，オーベルランやオーエンのように社会改革の意図を含んだものだけではない。ヨハン・A・コメニウス（Commenius, J.A. 1592～1670），フレーベル，モンテッソーリには，母親たちに幼児の教育はかくあるべしというモデルを示すという意味での幼児教育の思想がある。

まず，コメニウスは『幼児の学校』という本の中で，「母親学校」について述べている。これは0歳～6歳までの幼児を対象にしている母親が幼児に対しどのようにふるまうべきかを語ったものである。だから厳密にいえば，家庭教育の書というべきであろう。しかし，この家庭教育をそれに続く児童期の国語学校，その後の少年期のラテン語学校，大学という学校体系に位置づけた点は注目すべきであろう。なぜなら，母親の子育ては私事的なものとして自然に，無意識に生活の一部と考えられがちな状況の中で，それを意図的・計画的な人間形成の一環としてとり入れたからである[8]。

こうした考え方を具体化してみせたのがフレーベルであった。フレーベルはカイルハウ学園の経営者として『人間の教育』という彼の主著を著した若い時代の

経験，その後，ブルクドルフの孤児院長時代（1835～1836年）に附属国民学校を設け，そこに4歳～6歳の幼児学校を含めていた経験から，1839年6月，ブランケンブルクに「幼児教育指導者講習科」を設けたとき，ここの講習生のための実習所として，村の6歳以下の幼児を集めた「遊戯および作業所」を設けた。それを次の年，「一般ドイツ幼稚園」（Der Allgemeine Deutche Kindergarten）と名づけた[9]。

この名前が示すように，ブランケンブルクの小さな村の幼児の教育施設があまねく，ドイツ全体に普遍的な意味をもちうるのは，その幼稚園の実践が，家庭教育を完全に行うことができるようにするための母親実習の場だったからである。フレーベルは恩物という遊具を考案して，母親教育を具体的に示そうとしたのである。

フレーベルがこれほど，母親の啓蒙のために，幼児教育の現場を求めたのは，産業革命がおしよせたことによって，それまでの伝統社会が維持してきた家族の絆やそこでの道徳がくずれ，家庭が崩壊していく姿が多くみられるようになったからである。しかしこうしたフレーベルの意図とはうらはらに，幼稚園の発展は，家庭教育とは無関係に制度として拡大し，やがて現代のように家庭教育機能の弱体化とともに，家庭教育機能を代替するようになっていくのである。

3．わが国の幼児教育制度成立の前史

1）江戸時代の子育て思想──支配層の思想

前節まで述べてきた西洋における幼児教育の思想の流れは，明治9年の東京女子師範学校附属幼稚園の設立を契機にわが国に入ってくるのであるが，そうした外国の思想がどのような形で受けとめられ発展したかは，それまでの日本人の幼児観や幼児教育思想の流れを無視しては考えられない。そこでその流れを大まかにたどってみると，そこに二つの大きな流れが考えられる。その一つは江戸時代の支配層であった武士階級を中心とした子育て思想である。もう一つは，子育て思想というより，民衆の習慣の中にあった子育ての伝統であった。こうした二つの流れと先にあげたヨーロッパの近代の幼児教育思想はどのようにかかわり，明

治以降の幼児教育の歴史をつくっていくのであろうか。

　まず，武家社会を支配した子育て思想は，封建社会の政治体制を支えてきた儒教思想と深く結びついていた。子どもは，「家」を存続させ，家制度をつくってきた，子が親に従い，孝行するという関係，長幼の序（長男，次男の順序），女が男に従うという男尊女卑の秩序に従って育てられ，家の外では，臣は君主に忠義をつくすという関係を守るように育てられた。これが家の地位と財産を守り，封建的な政治の秩序を守り育ててきた。そして子育てにおいては，それは家訓（家庭教育の原則を書いたもの）として残っている。たとえば，『東照宮御消息』[10]（家康の言葉が書かれている）はその一例である。しかしこうした子育ての目標となる儒教思想やそれに基づく秩序は，子育てにおいて無理矢理教え込まれたわけではない。そこには，日本の子育て思想における独自の知恵が発揮されたことも否定できない。たとえば，徳川家康の家訓にみられる発達観は，植物の生長になぞられるという点ではルソーやフレーベルにみられる発達観と共通であるし，人間は本来，身分に関係なく形成可能であるという見解は，本多正信の伝記である『本佐伝』にみられるし[11]，同様に林子平の『父兄訓』には，人間は本来，善であって，教育のお手本である親のよしあしによって，また教育によってよくもわるくもなるという教育重視の発想がある[12]。

　また子育ての内容，方法に関していえば，香月牛山の『小児必用養育草』のように，幼児を観察し，幼児の発達段階に沿った子育てを具体的に述べ，子どもの遊びの重要性を指摘したものがある[13]。

　そしてなかでも注目すべきは，佐藤信淵の『垂統秘録』にみられる幼児教育（福祉）施設の構想である[14]。江戸幕府の後半に至ると，商業経済が普及しはじめ，各藩大名は，藩財政の悪化から，年貢の徴収が次第に苛酷になり，農民たちは生活の困窮から，間引きや堕胎が通例になりはじめる。この頃の子育ての書が一方的に間引きをいましめることしか書かなかったのに対し，佐藤は，農民が子殺しをするのは貧困のしからしむところであって，問題は，政治を行う支配者の農政の貧困にある。だから，養生所をつくって子どもを養うべきだと述べ，保育所の類する「慈育館」なるものを提唱した。さらに，4，5歳から7歳ぐらいまでの幼児が遊びなどの活動をする場として幼稚園に似た「遊児廠（ゆうじしょう）」を提唱する。

この提案は，フレーベルが幼稚園をブランケンブルクにつくったのと同時代であり，実現こそしなかったが，思想的な試みとして注目に値する。しかしこうした江戸時代における子育ての思想や教えは明治期に継承されることもなく忘れ去られていったのである。

2）わが国の子育ての習俗──民衆の子育て

　わが国の子育ての歴史にはもう一つ忘れてはならない伝統がある。それは，一般民衆の間に伝えられてきて，現在もわずかながら生き続けている子育ての習俗である[15]。たとえば，子どもが生まれると，約1か月後に必ず近くの神社（氏神様）にお宮参りに行くという風習などがそれである。また七五三の風習も同じである。こうした習俗の意味を明らかにしたのが柳田国男であり，またそこから発展したものが民俗学の研究であった。

　こうした子育ての習俗は独特な子ども観や発達観に支えられていた。それは"7歳までは神のうち"とよばれるものであった。子どもは農業に従事するムラという共同体の中に各々の家の子として生まれる。子どもは祖先の霊の生まれかわりであるとされ，7歳までは神からの授り物として大切に育てられる。そして妊娠から出産，成長の過程に節目を設けて親は幼児の所属するムラ（共同体）の人々にその子どもが一員として認めてもらうような儀式を行って，ムラの人々との絆(きずな)を強くする。妊娠後，5か月目の帯祝い，誕生のときに設けられる取り上げ親，へその緒を切ってくれるふすうぎ親，親が乳を飲ませる前に乳付けをしてくれた乳付け親などの仮りの親を設けて共同体のメンバーとして認知してもらう工夫をしているのである。これは単に共同体の人々と仲良くやっていくという友好の絆をつくるだけでなく，徒弟制度などでもいわれる親方と子分というように，「オヤ」と「子」の関係は，実の親子関係から拡大されて，地域共同体の社会秩序（上下関係），仕事の指揮系列にも発展するものであった。

　子どもは，誕生後にやってくるさまざまな通過儀礼（成長の節目をその地域の人々と行事として祝い，その成長のしるしとする行事）を通して成長するとともにムラ共同体の一員として共同体に組み入れられ，やがてムラを支える一丁前（一人前）の自立した大人になるのである。誕生後3日目に行う袖のある産着(うぶぎ)に

手を通す「三日祝い」，7日目に行う「お七夜」（ここで名前をつけ，共同飲食をして子どもを社会的に承認してもらう），30日ごろに行う〈宮参り〉（地域の守り神，氏神に氏子として認めてもらう），初節句，食初め（100日ごろ，大人と同じものを食べる儀式），3歳の紐落し（着物の附け紐をとって帯にする），5歳のはかま着，7歳の氏子入り。ここから子ども社会への仲間入りが始まる，これまでは，神の子だったのが，ここから氏子つまり，村の正式メンバーとして子ども組に入り，さまざまな行事に参加するのである。

　ムラの子どもたちにとっては，こうした通過儀礼を周囲の人々にやってもらうことからやがてムラの年中行事を先輩たちと一緒にとり行うようになっていく。このムラの行事への参加の過程がとりもなおさず，一人前のムラの人間として自立し，共同体のメンバーになるための教育の場であった。子どもたちは，子ども時代の遊びの場，通過儀礼の場，行事参加の場にあって，周囲の人々の立居振舞をみてまねることで成長していく。みてまねる（まねぶ）ということが子どもたちの学習の方法であった。それはいわば群れの教育，群れによる体験学習の場であったのである。こうした過程で子どもは将来一人前のムラビトになるようにしつけられ，「世間」を学んでいったのである。ここには，生活を通じて一人前に自立していくための子育ての知恵がひそんでいる。

　しかし，こうした生活の中の子育てのシステムは，明治期に入ってからの近代学校の導入により切り崩されていく。子どもたちは，学校に行かされることによって別の人間形成の場に立たされるのである。たとえば，子ども組は7歳以降15歳ぐらいまでの異年齢の子どもたちが，村の祭や行事（特に子ども組が主催するどんと・さいのかみ祭など）の準備，執行，後始末をすべて子どもの自治で行うための組織であるが，これは，やがて，子ども会や少年団，ボーイスカウトなどにとって変わられ，今や消滅の方向をたどっている[16]。このように，明治以降の外国の幼児教育制度，義務教育制度の導入は，日本の伝統的な子育て習俗とも袖を分かち，時には，そうした習俗をこわして発展してきた。

第5章　保育の思想と保育制度の変遷

4．第二次世界大戦前・後の幼児教育制度と思想

1）戦前の幼稚園の歴史

　先に述べたように，明治9年に始まった幼稚園教育の歴史は，制度としての普及が徐々に進められていった。第1期（明治30年）までに，222園，園児数約20,000弱，第2期（大正15年ごろまで）の終わりの大正15年には，1,066園，園児数，94,422名，第3期（昭和15年前後まで），園数1,989園，園児数178,251名と著しい増加をみせてきた[17]。しかし，戦後の普及率と比べれば，幼稚園はまだ一部の人々の教育施設でしかなかった。いいかえれば，上から下へと降してきた教育制度であった。したがって，幼稚園教育制度の成立を支えてきたフレーベルの思想がここで十分に花開いたとはいえなかった。特に第1期の明治30年ごろまでの幼稚園教育の内容は，外国文化の受け売りであり，未消化なものであった。

　明治9年の東京女子師範学校附属幼稚園の実践を支えた人々は，日本人と結婚し，フレーベルの保育者養成機関出身であった松野クララ，豊田芙雄，近藤浜で園長（監事）は関信三であった[18]。この人々の中で豊田芙雄のその後の経歴をみれば，この初期の幼稚園の役割が明らかになるであろう。豊田は，明治12年，鹿児島県幼稚園の設立にあたり，晩年，女子教育に貢献したといわれている[19]。つまり，初期幼稚園の役割は，女子教育のモデルとしての役割だったといえよう。いいかえれば，この時代の女子教育の理想は「良妻賢母」主義であった。東京女子師範学校自体が「良妻賢母」を校風とし，そこで行われる幼稚園教育は，集団保育の施設というよりも，望ましい母のあり方を教えるモデルとしての役割が課されていたといってよいであろう。そしてこの当時，創刊された『婦人と子ども』という雑誌にこの幼稚園に関する記事が多く記載されたが，この雑誌の目的は，「良妻賢母」主義を普及するという点にあったのである。したがって，明治初期の幼稚園の歴史は，先に述べた西洋幼児教育思想の中で，母親への啓蒙の手段としての幼児教育思想という流れを引きつぎ，そこに，江戸時代から引きつがれてきた儒教的な家中心の子育て思想を入れ込んだものということができる。そこに

4．第二次世界大戦前・後の幼児教育制度と思想

は和魂洋才という共通の発想をみることができる。

　したがって西洋幼児教育思想の中で西欧的な近代的幼児観が曲がりなりにも日本の思想家に引きつがれ，日本的土壌の中で開花するのは，幼児教育の第2期（明治末期から大正15年），第3期（昭和元年から昭和15年）になってからであった。この時期に重要な役割を果たしたのは，倉橋惣三であった[20]。倉橋の思想がペスタロッチやフレーベルの思想に深く迫り得たのは，彼が附属幼稚園の幼児たちを若い時代から観察し続けたこと，彼がクリスチャンとしてキリスト教的な精神を理解しえたことに要因がある。

　倉橋は大正6年に附属幼稚園の主事となり，子どもと共に生活する中で，「生活を生活で生活へ」ということばで誘導保育論を展開した。保育の中ではなによりも重視すべきことは，幼児の自発的生活，幼児同士の相互的生活が水の流れのように必然的に展開することである。保育者の役割はこの流れを見守り，この生活の流れが，断片的で，刹那的にならないよう援助して，より筋道のたったものへと高められていくことが大切である。そうした幼児の生活は遊びが中心であるから，そうした遊びの系統的な展開を通じて幼児にとって教育的に大切なものが形成されるのだというのが倉橋の根本思想である。この思想と実践は，西洋の近代的幼児観に基づく幼稚園教育が日本的土壌の中で日本的な形ではじめて花開いたものということができる。倉橋は子ども一人一人の尊厳ということについてこう述べている。

　　人間は一人として迎えられ，一人として過せらるべき，当然の尊厳をもっている。ただし人間ばかりではなく，宇宙の一物といえども，もの皆個体の存在をもっているのであるが，人間において，特にその尊厳をもつ。－中略－すべての人間は，その個性を尊重せられる権利をもつとともに，まずその前に，一人として迎えられる尊厳をもっている。この意味において，一人を一人として迎えないことは，人間の尊厳をおかすことである。一人の一人たるを忘れるのは，人間に対する最も根本的の無礼である[21]。

このように人間の尊厳を唱い上げた倉橋はまさに西洋の近代幼児観を体現するにふさわしい幼児教育思想家のようにみえる。

　しかしその倉橋がやがて戦火の激しくなる昭和10年代に入ると，日本人の精神とか皇国民練成の道に全面的に賛成し，戦争協力の積極的担い手になっていく

のである。先の個人の尊厳を唱い上げる思想とファシズムの全体主義とは本来，相入れない関係にあるはずなのに，倉橋は自分の保育思想の変化や矛盾に気づいていないかのようなのである[22]。

　倉橋のこうした変化はルソー，フレーベルに始まるヨーロッパの近代幼児教育観が日本に導入されたことの結末を示している。ヨーロッパの教育制度の導入は，伝統的な子育て思想をまったく無視して行われたが，その日本的土壌での開花が倉橋だとすれば，上述のような事実は，西洋近代幼児観を支える個人主義思想が，倉橋の成育歴の中にひそむ日本的伝統である共同体感情によってふみつぶされたということになる。日本というムラ共同体の一員である倉橋は最終的にフレーベル以来のヨーロッパの近代幼児教育観をすてて，ムラの一員であることを選んだのである。こうした倉橋の体質は，戦後における倉橋イズムを通して残存していくのである。

2）戦前の保育所保育の歴史

　ロバート・オーエンがつくった性格形成学院というような保育施設は，明治政府の頭の中には，まったく存在していなかった。貧しい民衆のために，労働から手を抜けない父母のために日本で最初に子どもの保育を保障しようとしたのは，明治23年，新潟市に住む赤沢鍾美，仲夫妻のつくった「守孤独立幼稚児保護会」という名の託児所であった。また同じ年，筧雄平が鳥取県気高郡美穂村下味野に農繁期のために季節託児所を開設した[23]。さらにその後の保育所保育に大きな影響を与えた二葉幼稚園が東京・麴町に野口幽香，森島峰によって開設された。時，あたかも日清戦争後の資本主義経済の発展によってわが国にも都市に住む工場労働者が発生し，都市スラムで貧しい生活を送るようになっていた。この二葉幼稚園の実践の注目すべき点は，子どもを単にあずかるだけでなく，幼稚園（保育所，のちに二葉保育園と改称する）の生活に計画性と秩序を設けることで，子どもと父母の生活そのものを立てなおそうとした点である[24]。

　こうした社会福祉の立場からの託児施設は明治期においてはまったく個人の篤志家の善意に依存するのみであった。この託児施設が普及しはじめたのは大正期に入ってからであった。大正3年に30園あった託児所は大正15年には273園

4．第二次世界大戦前・後の幼児教育制度と思想

になっていた。これは，第一次世界大戦後の一時的好景気で，都市に流入した労働者が，大正中期ごろから始まった不景気で困窮し，ロシア革命などを引き金に世界で高まる労働運動の影響で不穏な空気になっていた。新潟，富山に端を発した大正7年の米騒動は各地に波及しはじめた。こうした情勢を押さえる意味で公立の託児所も大正8年大阪で生まれた。以後，昭和19年に至るまで，託児所は増え続け，この年には，2,184園に達している。

こうした施設上の増加の動向の中で，託児施設をオーエンが試みたように，望ましい人格形成の場としていこうとする試みも昭和初期ごろから現れはじめたのである。

たとえば，無産者託児所（昭和6年）。東大セツルメント（大正15年），奥むめおの婦人セツルメント（昭和5年），平田のぶの子どもの村保育園（昭和6年）これらはいずれも，貧しい人々の生活改善と向上，婦人の解放等をめざすものであるとともに，保育においては，子どもたちの生活訓練，子どもたちの自治を目標としてかかげた。

こうした動きの中で東大セツルメントの果たした役割は大きい。ここから，浦辺史らが中心となって『児童問題研究』が創刊され（これは2年足らずで警察によって廃刊に追い込まれる。），それが戦後の保育研究にも影響を与える保育問題研究会の発足（昭和11年）へとつながっていく。その中心的役割を果たしたのが浦辺史や城戸幡太郎であった[25]。

城戸の理論は倉橋と並んで戦前の保育史，特に保育所保育を支えた理論といってよい。城戸は倉橋らの児童中心主義を批判し，それは児童の自己中心性と資本主義社会の利己的生活を放置するものだとする。それゆえ，子どもを「共同生活」へ高める必要を説く。子どもは道具（技術）を使って自分の問題を解決し，その中で生活訓練を行いつつ，社会的協力の必要を学ぶといった共同生活が幼児には必要だという。この生活訓練から社会的協力に至る過程で必要なものとして，談話があり，生活の演劇化があり，遊びにおけるルールの獲得があるというのである。

この城戸の集団保育理論にはオーエン以来受け継がれてきた「集団保育」の原型をここにみることができる。この「集団保育」の理論は戦後，保育問題研究会

の再発足とともに，「伝え合い保育」の理論として発展することになる。しかし城戸の理論もまた，倉橋と同様，ファシズムの支配のもとで，戦争協力の道を歩むことになっていった。それは，城戸自身の集団観の中に，個の自立を前提としない日本的なムラ共同体，個人とムラ共同体の運命を一体と考える心情があったからだともいわれている。城戸の場合も，まったく西欧的発想のもとで幼児教育理論を展開したが，無視したはずのムラ共同体＝日本国共同体の発想が根底にひそんでいたともいえる。その意味で戦前の幼児教育の歴史は，ヨーロッパの文化の一つとして移植された保育の諸制度や実践が，制度としては，拡大充実したものの，幼児観や人間観としては必ずしも根づかず，日本の土壌にあるムラ共同体の精神に反逆された歴史とみることができる。

3）戦後の保育の歴史と課題

戦後の保育の歴史は戦時下において戦争協力に走った過去の歴史への反省と戦前の保育の遺産と課題をどう引きついでいくかの二つの課題を背負っていた。

まず，保育制度の面では，幼稚園と保育所が別々の形で発展したことに対する反省であった。この問題は，戦前，昭和元年の幼稚園令に幼稚園と託児所を一体化する構想として出されたが，内務省の二元化論にあって実現しなかった。戦後，昭和21年に倉橋らが中心となって，1歳〜3歳までを保育所とし，4歳〜6歳までの2年間を幼稚園とし，このうち5歳〜6歳を義務制という案が提出された。これは日本教育会保育部会の「幼児保育刷新方策（案）」という形で出された。これは，幼児の養護と教育という機能を統一的にとらえ，幼児の生活そのものを望ましいものに保障しようとする倉橋の願いであった[26]。

しかし，アメリカの教育使節団の勧告によって幼稚園が学校教育体系に位置づけられることになり，結果的に予算面で，義務制も，幼保一元化も消滅し，旧厚生省は，児童福祉法を制定し，保育所行政を引きついでいくことになった。

その結果，制度的に別枠であっても内容的に共通するものを作ろうとする試みとして，「保育要領」の策定が試みられ，連合軍最高司令部民間情報部顧問，ヘフアナン（Heffernan, H.）の指導で，倉橋らが中心に「保育要領」が生まれた。したがって，保育内容に関しては一元化が試みられたのである。

4．第二次世界大戦前・後の幼児教育制度と思想

　この内容としては，幼児一人一人の興味と関心を大切にし，自由な遊びを中心とした幼児の１日の生活の流れがゆったりと展開するような保育が目標にされた。そして登園に始まって，朝の検査（健康チェック），自由遊び，間食と昼食，休息と昼寝，集団遊び（例，ハンカチ落し），排便，排尿，帰りじたくと，１日の保育の流れが示されていた。これは，戦前の倉橋らの保育理論を継承し，戦後の新教育の経験主義教育を反映するものであった。

　さらにこの「保育要領」で注目すべきことは，この「保育要領」は手びきとして出され法的拘束力をもたなかったことである。つまり，幼稚園でも保育所でも，これを参考にして自由に研究ができたのである[27]。

　しかし，「保育要領」のこうした自由で保育界全体を視野に入れた包括的な案も時代の推移とともに受け入れられなくなっていった。いいかえれば，その変容は，制度的に幼稚園と保育所の機能を二元化する方向であった。

　まず，昭和26年に児童福祉法が改正され，「保育に欠けるものが保育所に入所すること」が決められ，幼稚園と保育所を一元化する方向は制度的に断たれた。さらにこれに追いうちをかけるように，昭和31年に幼稚園教育要領が決められ，幼稚園教育の国家的基準が明確にされるとともに，内容的には，幼稚園教育の内容と小学校教育の内容に一貫性をもたせようとしたのである。そして保育内容は小学校の教科との関連を考えて六領域（健康，社会，自然，音楽リズム，言語，絵画制作）が決められた。

　こうした変化は，教育に対する国家統制の強化が朝鮮戦争後，さまざまな法律に現れたことと対応するものであった。こうした国家統制は，終戦直後の自由な教育行政や教育上の発想がまたぞろ，抑制されることを意味し，戦前の保育の歴史と重なるところもあり，保育行政や人々の実践がその担う人々や民衆の生活と一体化していないことを物語るものであった。

　その後，昭和39年に幼稚園教育要領は再度，改訂された。その結果，国家的基準性はさらに法的に強化されたが，内容的には，幼小の一貫性を急ぐあまり，幼稚園教育の独自性が失われたことへの反省から，幼児の発達特性や幼児の生活の実態に合わせて指導できるように変更された。その要点は，「望ましい経験」を具体的に提示することで，保育者がさせる活動中心の保育になりがちだったの

で，これを「望ましいねらい」を提示するにとどめ，保育者によるねらい達成のための自由な活動や選択を認めたことである。そしてさらに，平成元年には幼児の主体的生活を保障するための遊び中心の保育を主張する幼稚園教育要領へと改訂されたのである。思うにこれは，戦前の倉橋理論，さらには，戦後の保育要領の基本理念への再回帰と解釈することもできよう。

そして，平成10年度の改訂では，前回の改訂における「遊び中心の教育」を基本方針として引きつぎながら，次の文言がこれに加えられた。

　その際，幼児の主体的な活動が確保されるよう幼児一人一人の行動の理解と予想に基づき，計画的に環境を構成しなければならない。この場合において，教師は，幼児と人やものとのかかわりが重要であることを踏まえ，物的・空間的環境を構成しなければならない。また，教師は，幼児一人一人の活動の場面に応じて，様々な役割を果たし，その活動を豊かにしなければならない。

これは，過去10年間の実績において，遊び中心の教育が，遊びに対する教師の役割が不明確であったことから，放任と誤解されることが少なくないことに対する反省に基づいていると思われる。

一方，保育所保育の方は，保育の二元化を前提として進められていたが，昭和38年に文部省初等中等教育局長と厚生省児童局長との連名で3歳児以上の幼児に関しては，幼稚園教育要領に従うことが望ましいとされ，昭和40年に保育所保育指針が発刊された。この処置は，保育の二元化にともなうさまざまなひずみを保育内容に関して解消しようとする処置であったが，一方では，保育所，幼稚園行政の二元化を恒久化するための手だてでもあった。かくて幼稚園と保育所の二元化に基づく保育の実状はさまざまな課題を解決しえぬまま，現代の状況へと入っていくのである。

現在，保育所・幼稚園の二元化は新しい局面に入っている。少子化，家庭の子育て不安，女性の社会労働への参加希望の増大などの要因で，託児への父母の要求は増大しつつある。厚生労働省はこうした状況を受けて，子育て支援策を打ち出した。保育所入所条件の大幅緩和をするとともに，長時間保育や夜間保育の機会を増加させ，民間の無認可の託児施設にも財政援助をするという動きをみせた。

これに対し，幼稚園も，少子化の中で経営改善の施策として預かり保育を実施

しつつある。これは，子育て不安にある母親を支援し，少子化における経営改善を求める私立幼稚園からの要望でもある。

　このように厚生労働省・文部科学省とも子育て支援についてはお互いの障壁をできるだけ低くするという施策で一致しているかにみえる。しかし，中央官庁の統廃合でも両省庁は一本化しない。たしかに託児業務では歩調をあわせても，保育（幼児教育）における二元化は未だ解消したとはいえない。しかし，現在，地方自治体の財政難を理由に理念なき，幼・保の一体化が進み，現場の保育士を困惑させている。

引 用 文 献

1) 津守　真・久保いと・本田和子：幼稚園の歴史，p.202，恒星社厚生閣，1959
2) 土屋忠雄：明治前期教育政策史の研究，pp.76〜77，講談社，1943
3) J. ルソー，今野一雄訳：エミール上・中・下，岩波文庫，1972
4) 岩崎次男編：世界教育史大系 21，幼児教育史 1，pp.200〜249，講談社，1974
5) 津守　真・久保いと・本田和子：前掲書，p.93
6) 岩崎次男編：前掲書，pp.78〜83，ならびに，津守　真・久保いと・本田和子：前掲書 pp.52〜56
7) 梅根　悟：世界教育史，pp.279〜310，光文社，1985
8) コメンスキー，藤田輝夫訳：母親学校の指針，玉川大学出版部，1986
9) 岩崎次男編：前掲部，p.208
10) 山住正己・中江和恵：子育てと子育ての書，1，2，3，東洋文庫，第 1 巻，平凡社
11) 同上書 1，pp.10〜17，67〜85
12) 同上書 1，pp.86〜93
13) 同上書 1，pp.287〜306
14) 同上書 3，pp.292〜298
15) 我妻　洋・原ひろ子：しつけ，pp.20〜36，弘文堂，1974
16) 宮本常一：家郷の訓・愛情は子供と共に，宮本常一著作集 6，pp.131〜149，未来社，1967
17) 津守　真・久保いと・本田和子：前掲書 p.249
18) 上笙一郎・山崎朋子：日本の幼稚園──幼児教育の歴史，p.16，理論社，1976
19) 津守　真・久保いと・本田和子：前掲書，pp.263〜264
20) 上笙一郎・山崎朋子：前掲書，pp.24〜27
21) 倉橋惣三：倉橋惣三選集 2，pp.35〜36，フレーベル館，1965

第 5 章　保育の思想と保育制度の変遷

22)　宍戸建夫：日本の幼児保育――昭和思想史――，pp.17～62，青木書店，1988
23)　上笙一郎・山崎朋子：前掲書，pp.26～35
24)　上笙一郎・山崎朋子：光ほのかなれども――二葉保育園と徳永恕，朝日新聞社，1980
25)　宍戸建夫：前掲書，pp.206～236
26)　宍戸建夫：日本の幼児保育――昭和思想史――，下巻，p.14，青木書店，1988
27)　同上書，p.43

第 6 章

保育制度成立の根拠と特質

第6章　保育制度成立の根拠と特質

1．幼稚園・保育所設立の法的根拠

　現在，わが国の保育制度は，幼稚園と保育所の二つからなっている。幼稚園の目的は，学校教育法第77条の規定にこう述べられている。「幼稚園は，幼児を保育し，適当な環境を与えて，その心身の発達を助長することを目的とする」。さらに第78条にはこの目的に沿った具体的目標がかかげられている。
(1)　健康，安全で幸福な生活のために必要な日常の習慣を養い，身体諸機能の調和的発達を図ること。
(2)　園内において，集団生活を経験させ，喜んでこれに参加する態度と協同，自主及び自律の精神の芽生えを養うこと。
(3)　身辺の社会生活及び事象に対する正しい理解と態度の芽生えを養うこと。
(4)　言語の使い方を正しく導き，童話，絵本等に対する興味を養うこと。
(5)　音楽，遊戯，絵画その他の方法により，創作的表現に対する興味を養うこと。
　さらに第79条「幼稚園の保育内容に関する事項では前2条の規定に従い，監督庁が，これを定める」とあり，学校教育法第106条の規定により，文部科学省がこの監督庁になっている。そして文部科学大臣は学校教育法施行規則に従って幼稚園教育要領を定め，この第77条の目的と第78条の目標に沿った保育内容，方法を定めているのである。
　ここに幼稚園という施設が運営される法的根拠があるが，この根拠をさらに法的にさかのぼると，学校教育法の前提にある教育基本法の第1条「教育は人格の完成をめざし，平和的な国家及び社会の形成者として，真理と正義を愛し，個人の価値をたっとび，勤労と責任を重んじ，自主的精神に充ちた心身ともに健康な国民の育成をめざして行われること」という理念を反映している。そしてさらにそれをさかのぼると憲法第26条「すべての国民は，法律の定めるところによりその能力に応じて，ひとしく教育を受ける権利を有する」にたどりつくのである。
　これに対し，保育所設立の法的根拠は児童福祉法第24条に「市町村は，保護者の労働又は疾病その他の政令で定める基準に従い，条例で定める事由により，その監護すべき乳児，幼児又は第39条第2項に規定する児童の保育に欠けると

ころがある場合において，保護者から申込みがあったときは，それらの児童を保育所において保育しなければならない」として国および地方公共団体が保育所を設置する義務を規定し，第39条で「保育所は日日保護者の委託を受けて，保育に欠けるその乳児又は幼児を保育することを目的とする施設とする」とあって，保育所の設置目的を述べている。以上のように保育所は厚生労働省を監督官庁とする福祉施設である。こうした施設を設置しなければならない法的根拠をさかのぼってみると，児童福祉法第1条で「すべての国民は，児童が心身ともに健やかに生まれ，かつ育成されるように努めなければならない」といい，第2条で「国，及び地方公共団体は，児童の保護者とともに，児童を心身ともに健やかに育成する責任を負う」という規定にたどりつくのである。そしてその規定の背景は，幼稚園設置の法的根拠と同様に，教育の分野での教育基本法に相当する児童憲章にいきつく。特に「1. すべての児童は，心身共に健やかにうまれ，育てられ，その生活は保障される」「2. すべての児童は，家庭で正しい愛情と知識と技術をもって育てられ，家庭に恵まれない児童には，これにかわる環境が与えられる」の二つの条文が重要なかかわりをもつ。そしてこの一連の法的な規定の大前提が憲法であることは，いうまでもない。

　なかでも憲法第11条の「国民はすべての基本的人権の享有を妨げられない。この憲法が国民に保障する基本的人権は，侵すことのできない永久の権利として，現在及び将来の国民に与えられる」［基本的人権の宣言］。また，同第13条「すべて国民は個人として尊重される。生命，自由及び幸福追求に対する国民の権利については，公共の福祉に反しない限り，立法その他の国政の上で，最大の尊重を必要とする」［個人の尊重，生命，自由，幸福追求の権利］。さらに第25条「すべての国民は，健康で文化的な最低限度の生活を営む権利を有する」「国はすべての生活面において，社会福祉，社会保障及び公衆衛生の向上及び増進に努めなければならない」［人間らしく生きる権利，国の社会保障義務］，同じく第26条「すべての国民は，法律の定めるところにより，その能力に応じて，ひとしく教育を受ける権利を有する」［教育を受ける権利］などの規定が，幼稚園・保育所の設立ないし運営を支えている法律上の根拠なのである。

2．幼稚園と保育所の法的規定上の相違

　以上みてきたように，幼稚園も保育所も，憲法に規定された国民の権利規定と，それを国や公共団体が保障すべきだという規定によって成立している点は同じである。しかし，すでに明らかなように，幼稚園は教育行政に所属し，保育所は福祉行政に所属し，監督官庁も文部科学省と厚生労働省に分かれている。さらにその法律上の規定の相違をみてみると，憲法や教育基本法，児童憲章の段階までは，子どもの生命と生活を守るという精神において共通している。しかし，学校教育法と児童福祉法のレベルになると，神田伸生が指摘するように，幼稚園の規定と保育所の規定に相違がみられるのである。

　「それは，幼稚園に関しては，幼稚園教育の目的・目標について明確に規定されているにもかかわらず，保育所には，施設設置の目的はあっても，そこでなにをめざしてなにを行うかについての規定がないということである。いいかえれば，幼稚園教育については，目的，目標，方法，内容について法的規定があるのに，保育所の場合，保育所の設置という条件整備の目的しかかかれていない」[1]。もちろん，保育所の基本的な，内容，方法は児童福祉施設最低基準第35条に次のようにある。「保育所における保育の内容は，健康状態の観察，服装等の異常の有無についての検査，自由遊び及び昼寝の外，第17条第1項に規定する健康診断を含むものとする。」そして，この内容を具体化したものが，保育所保育指針の内容となっている。

　このように，幼稚園教育と保育所保育についての法的規定は，前者は学校教育法第77条，78条に条文として，教育目的と目標の規定があるのに，保育所保育の場合，施設の目的は法的に保障されてはいるが，そこでの保育の目的については神田が指摘するように保育所保育指針に述べられているにすぎない。

　これは両者の施設目的が違うということからしていかにも，当然のようにみえる。しかし，保育ということばの意味について考察したように，いかなる施設であれ，家庭保育であれ，保育という営みについて共通の理解に立たなければならない。そして，幼稚園の幼児であれ，保育所の幼児であれ，同じ発達年齢にある

幼児は幼児期にふさわしい教育，つまり保育を受ける権利を有する。それは憲法の規定からも明らかである。だからこそ，昭和38年，文部省初等中等教育局長（旧職名）と厚生省児童家庭局長（旧職名）との連名によって「幼稚園と保育所との関係」についての通達が出され，3歳児以上の幼児に関しては，幼稚園教育要領に従うことが望ましいとされたのである。この考え方は，この度の幼稚園教育要領の改訂にともなって保育所保育指針が改訂されたことにもあらわれている。

　それにもかかわらず，保育所の設置において幼稚園の設置の法的規定とは異なった法的規定がなされているということはなぜであろうか。その理由は，明治9年に日本ではじめて幼稚園が開設されて以来，幼稚園における教育と保育所保育は同じ年齢の幼児たちを対象に多く共通目的をもった活動を行っているにもかかわらず，また，幼児の発達を保障するという共通の目標があるにもかかわらず，幼稚園は教育施設で，後者は福祉施設であるという区分が行政的に公然化してきたことによる。その結果，幼稚園が教育施設として保育目的，内容，方法が決められたのに対し，福祉施設である保育所は幼児の生命の安全保持，健康維持は主張しても保育の目標，内容，方法については，教育に属する内容であるがゆえに，その点についてはあいまいにされるという傾向があったことは否めない。しかし近年，子育て支援策を中心に両施設の区別が制度的にあいまいになっている[2]。しかし，そのことは，両者の教育や文化の区別がなくなったということではない。

3．法的規定の差が生みだす保育所の諸問題

　このことは，第4章「保育」ということばの意味のところで指摘したように，「保育」の意味のずれとして現れ，そのことが，「保育に欠ける幼児」を対象にするという保育所の機能ともかかわってきたのである。すなわち，保育所は家庭における養育が十分できない幼児のための補助的役割にすぎないという認識につながっていったのである。幼児期，特に3歳以下の幼児の保育は本来，家庭の機能であり，主として母親の責任だという伝統的な考え方が潜在的に強く残っていた。しかもそれはもともと私事に関することで公共の仕事ではない。それを公共がやるということは母親の代理をすることであって，いわば，子守りの代わりといっ

た考え方が，家庭保育の補助手段であるという主張に入りこんでいたのである。

その結果，保育所がもっている幼稚園教育と同様の機能をも無視しがちであった。たしかに3歳以上の年齢の幼児を対象にする場合，その保育内容は，幼稚園と共通にすべきだという昭和38年の文部省初等中等教育局長と厚生省児童家庭局長の通達はあった。そしてこの点については，この通達の意義は大きい。ただしそれは，両者の関係についての全体的見直しをはかるものではなかった。むしろ別の点では逆に両者の相違を強調し，正当化しようとするものであった。

つまり，このことは，保育所と幼稚園の相違と共通性についてきちんと整理し，その位置づけを考えたものではなかった。そのため両者の関係は今なお，多くの問題を未解決のままにすることになっているのである。

まず第1は，保育者の専門性に関してである。保育所は0歳から5，6歳までの年齢の乳幼児を対象にしている。それに対し，幼稚園は主として3，4，5歳である。異なった発達年齢を扱う範囲の広い保育所の方が，多くの専門的知識や技能が要求されるはずである。また第2に幼稚園は半日保育である。それに対し，全日保育の保育所の方は，前者よりの多様な活動や処置が含まれている。食事，排泄，午睡など，健康保持，栄養といった面も学んでおかなければならない。いいかえれば，幼稚園と同じ保育内容の他に終日，生活上の養護が要求される。たとえば，小児保健等，幼稚園教員養成では必修ではないものが必修になっている。

それにもかかわらず，幼稚園教員養成よりも保育所保育士養成の方が簡単な資格条件になっている。つまり，保育士の方が専門性において低く押さえられていたのである。保育士資格は大学に2年以上在学して62単位以上を修得した者か，高校卒業後2年以上児童福祉施設で児童の保護の実務経験をもつ者が，各県の公共団体が実施する保育士試験を受けてパスすれば資格が得られるのである。しかし，現在は幼稚園教諭と保育士の両方の免許が取得できる短大や専修学校を卒業した者が幼稚園教諭や保育士になるケースが多く，保育士試験の受験者は保育士免許のない大学卒や短大卒の人が受験するケースが多いので，学歴上の差はほとんどなくなっている。将来，保育士試験制度の廃止が予想される。

それにもかかわらず，幼稚園教諭と保育所保育士の労働条件や研修条件の格差は残っている。全日保育の保育士にとっては，労働時間が長く，したがって研修

3．法的規定の差が生みだす保育所の諸問題

時間がとりにくい。幼稚園の場合，幼児を帰した後の時間は研修時間として設定することができる。また，夏休み期間も研修期間として設定できる。一方保育所保育士の場合，約7日間の休暇はとれるが，そこを研修期間として設定しにくい。しかし，労働時間や条件に関しては，多くの問題をかかえているとはいえ，保育士の立場は改善されてきている。逆に幼稚園で私立の場合，経営の立場から幼稚園教諭の労働条件を低く抑えたり，結婚を理由に退職を迫るところもあり，その種の私立幼稚園の水準の低さの要因ともなっている。

このように，保育士と幼稚園教諭の専門性についての考え方のずれは，現状では多様でどちらが良いとか悪いとかは，一概にいえない。

ただ，現在，子育て支援という立場から，保育士の資格や質的向上の要求があり，四年制の大学に保育士の養成を認可する動きが厚生労働省にある。その専門性とは，父母と保育所との連携をはかり，子育て支援を円滑に進めるコーディネーターとしての保育士，もう一つは保育士の保育能力を高めるスーパーバイザーとしての保育士である。

しかし，現実の保育所では長時間保育の影響と地方財政の悪化により，保育士の採用制限のため保育士の研修時間が減少しつつある。また，労働条件も私立保育所，無資格保育者を容認する私立の託児施設など，託児業務の民営化に従い，保育士の専門性がおびやかされている面もあることは否めない。

他方，幼稚園では公立幼稚園教諭の場合，労働条件や研修条件の安定性のゆえに，高学歴保育者が多く，研修の面でも時間的に恵まれている面があった。しかし，少子化対策として打ち出された子育て支援事業は厚生労働省・文部科学省の協力のもとに展開されてきたが，地方自治体の財政悪化が引き金となり，民営化の圧力が大きくなり，私立幼稚園との競合も各地でみられ，廃園，統合の動きもみられ，財政上の理由から公立保育所との人事交流や財政上の一本化の動きもみられるようになってきた。このような動きの中で，これまで公立幼稚園が行ってきた研修活動や，その時間的保障，あるいは教育委員会による指導体制を不平等だという口実で，保育所並みに平均化しようとする動きもある。

他方，私立幼稚園においては，各県や各ブロックで講演会などの研修は相変わらず行われているが，保育現場を舞台とする研修会は個別の努力を惜しまない

第6章 保育制度成立の根拠と特質

個々の少ない幼稚園で行われるのみである。短大卒や保育専門学校卒の新人保育者を採用し，結婚とともに退職させるとか，二十代前半に就職期間を限定し，低賃金で採用し，回転率を速くして，経営上の工夫に専念していく園も少なくない。こうした幼稚園教諭に対する専門性の意識は決して高いとはいえない。

以上のような格差をより高い水準の方向に一本化する努力なしに，遊び中心の保育の実現はおぼつかない。

保育所と幼稚園の法的規定上の差から生まれた問題点としてもう一つ大きな問題は「保育に欠ける」ということばの解釈をめぐって生じてくる。児童福祉法による保育所への入所の措置基準（児童福祉法施行令第9条の3）によれば，次の5点があげられている。

〔保育所への入所措置基準〕
第9条の3　法第24条第1項の規定による保育の実施は，児童の保護者のいずれもが次の各号のいずれかに該当することにより当該児童を保育することができないと認められる場合であって，かつ，同居の親族，その他の者が当該児童を保育することができないと認められる場合に行うものとする。
1．昼間労働することを常態としていること
2．妊娠中か，あるいは出産後，間がないこと
3．疾病にかかり，若しくは負傷し，又は精神若しくは身体に障害を有していること
4．同居の親族を常時介護していること
5．震災，風水害，火災その他の災害の復旧に当たっていること
6．前各号に類する状態にあること

改正以前の規定（昭和23年）はその時代背景を考えれば，第二次大戦後の混乱の中で，いずれも貧困という事態が想定されていたと思われる。しかもこの規定に相当する事例は，すべて核家族である。いかに貧困であれ，大家族の家庭では同居の親族その他の者がその児童の保育に当たることができるからであった。核家族で貧困で上の5つの点に該当せざるをえないものといえば，主として都市住民が想定される。しかも，普通の状態であれば，女性（母親）は家事労働に従事する存在であったので，いずれにせよ，貧困者の幼児を対象にすることが暗黙の前提であった。共働きで仕事につく必要性のある人は，2人で働かなければ，

3．法的規定の差が生みだす保育所の諸問題

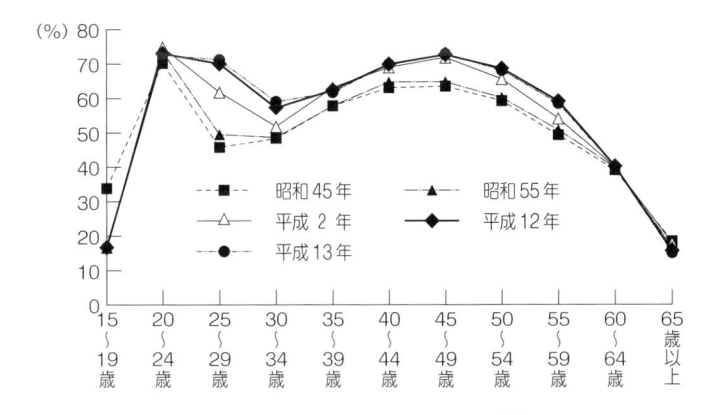

図6-1．年齢階級別女子労働力の推移
日本子ども家庭総合研究所編『日本子ども資料年鑑』2003年版　KTC中央出版　71頁より

表6-1．雇用者における女子の比率　　　　　　　　　　　　　　　　（％）

年　　次	昭和50年	昭和60年	平成2年	平成7年	平成9年	平成15年
雇用者の女子比率	32.0	35.9	37.9	38.9	39.5	41.1

資料：総務省「労働力調査」による。平成15年のデータは筆者が加筆

暮していけない人ということであった。

　しかし，時代の変化とともに，この「保育に欠ける」状態の内容が必ずしも貧困とは関係をもたないものも増えてきた。今回の規定（平成10年　政令24）において，その最も端的な現れは，1の規定である。夫婦が健在の場合，共働きが前提にされており，女性の社会労働への参加が増大してきた。この傾向は現在，男女雇用機会均等法の制定と日本経済の状況を反映して益々増大したが，バブル崩壊後は停滞のきざしをみせている（表6-1，図6-1参照）。この事実は，1のケースの増加を意味している。

　では，現在，保育所はこうした社会的需要に答えるものになっているであろうか。まず保育所の数をみてみよう。児童福祉法の規定によって，また児童福祉施設最低基準に従って設置された公立保育所の数は平成7年～11年にかけて横ばい状態か，あるいはわずかに減少傾向にある（図6-2）。

　それに対し，入所者数は平成7年と平成11年を比べると

第6章　保育制度成立の根拠と特質

　　平成　7年　　入所定員数　1,923,697　　入所者数　1,600,597（83.2％）
　　平成11年　　入所定員数　1,914,877　　入所者数　1,809,679（94.5％）
しかし，平成13年には1,949,899と微増している。

　これは出生率の低迷を考えると，入所条件の緩和と託児業務の民営化によるところが大きい。しかし，これは託児の条件が改善されたことを意味しているわけではない。

　まず問題点としてあげられるのは，史上最低の合計特殊出生率（一人の女性が一生の間に生む子ども数の平均）に下げ止まりがみられないということである。これは将来，若い労働力が確保されず，人口比に占める老人層の増加を考えれば，年金制度それ自体が成り立たなくなるということにもつながるのである。政府は2004年に少子化対策大綱を策定し，次世代育成支援のための行動計画を策定し，全自治体や企業に計画遂行を義務づけている。

　こうした子育て環境の改善策は少子化に歯止めをもたらすであろうか，まず，図6-2を参照してみよう。たしかに保育所やそこへの児童数は上昇している。しかし，注目すべきは，21世紀に入ってからあたりで幼稚園と保育所で児童数の数値が逆転していることである。一般の父母の中に，知的早期教育を求める声は大きい。そしてこれまで教育面では幼稚園を選ぶという親は多かったのである。（もちろんこうした親の見方を正当化するわけではない）にもかかわらず，保育所を選ぶ親が多くなったという事実はなにを意味するのであろうか。幼稚園に対し，長時間保育を求める声が多く，多くの私立幼稚園がその要望に答えるという形で対応したり，給食や園による送迎バスを用意したりする私立幼稚園の立場を考えると，保育所を選ぶ親の立場は明らかである。できるだけ子育ての負担を軽くしたいということなのである。つまり，子育て回避の現れといえるのである。これで，合計特殊出生率の上昇は望めるであろうか。

　一方，女性の労働市場への参加の増加という事態に対応して，子育ての環境改善は可能になっているであろうか（図6-1参照）。

　こうした状況に対処するために厚生労働省は引き続いて，規制緩和を拡大しようとした。保育所開設にあたって入所幼児の定員を30人以上としている設置条件を，定員20人以上でも開設可能であるというように引き下げるほか，自己所

3．法的規定の差が生みだす保育所の諸問題

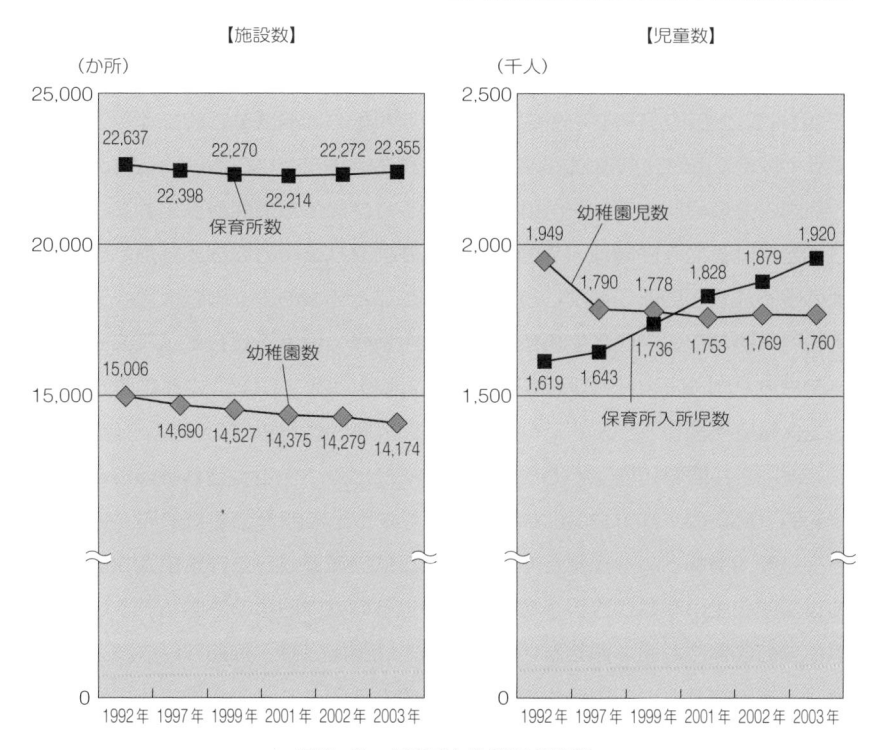

【施設数】（か所）

- 保育所数: 1992年 22,637, 1997年 22,398, 1999年 22,270, 2001年 22,214, 2002年 22,272, 2003年 22,355
- 幼稚園数: 1992年 15,006, 1997年 14,690, 1999年 14,527, 2001年 14,375, 2002年 14,279, 2003年 14,174

【児童数】（千人）

- 幼稚園児数: 1992年 1,949, 1997年 1,790, 1999年 1,778, 2001年 1,828, 2002年 1,879, 2003年 1,920
- 保育所入所児数: 1992年 1,619, 1997年 1,643, 1999年 1,736, 2001年 1,753, 2002年 1,769, 2003年 1,760

図6-2．保育所と幼稚園の推移

保育所　各年度4月1日現在　社会福祉行政業務報告
幼稚園　各年度5月1日現在　学校基本調査報告書
出典　全国保育団体連絡会・保育研究所編『保育白書』2004年　草土文化　9頁より

　有を原則とする保育所の土地・建物を貸供方式でも認める。また①都市部など，待機児童の多い地域にあっては，低年齢児を4割以上入所させる。②入所児童の8割以上が低年齢で，かつ，0歳児が1割以上いるなどの基準を満たす場合には，定員要件を引き下げて積極的に認可保育所と位置づける。夜間保育所は所在地を問わず定員条件を20人以上とする。また，これまで設置主体は自治体か社会福祉法人が原則であったが，これも撤廃し，民間参入を促進していくというものであった[3]。

　こうした施策はエンゼルプラン（平成6年）のもとで施行された。ここには，国家的施策としてのエンゼルプランの背景に，小さな政府の発想，民営化政策と

しての一面が色濃く反映されている。そこでエンゼルプランとはなにかをみてみることにしよう。

　平成6年12月16日に文部省，厚生省，労働省，建設省の名で「今後の子育て支援のための施策の基本方向について（エンゼルプラン）」という方針案を発表した[4]。この内容は，少子化傾向が続く中でこれへの対策として子育て支援策が必要だということである。その理由としては，晩婚化の進行と出生率の低下の現状の中で，女性の職場進出にともなう子育てと仕事の両立の難しさ，育児の心理的・肉体的負担・悪い住宅事情による出生動向の低下，教育費などの子育てコストの増大といった事情が少子化をますます増大させているという認識から，子育て支援策を提言している。その基本理念は「子どもを持ちたい人が持てない状況」を解消し，安心して子どもを生み育てることができるような環境を整えること。そのために国，地方公共団体，地域，企業，学校，社会教育施設，児童福祉施設，医療機関などあらゆる社会の構成メンバーが協力してシステムを構築する。その際，子どもの利益が最大限尊重されるよう配慮することである。

　基本方針ならびに重点施策としては，

(1)　仕事と育児との両立のための雇用環境の整備

(2)　多様な保育サービスの充実

(3)　安心して子どもを生み育てることのできる母子保健医療体制の充実

(4)　住宅および生活環境の整備

(5)　ゆとりある学校教育の推進と，学校外活動・家庭教育の充実

(6)　子育てにともなう経済的負担の軽減

(7)　子育て支援のための基盤整備

　これらはいずれも保育と無関係ではないが，保育所のあり方とかかわって特に関連をもつのが，(2) 多様な保育サービスの充実，の中味である。それは次頁以降に示す資料 (1)，資料 (2) の通りである。

　このプランをみると，保育の現状を克服する抜本的提案のようにみえる。しかし，現実には多くの問題点を含んでいることが明らかになっている。その第一は，厚生労働省の福祉政策の根本的見直しが財政上の問題とかかわって生じているという事実である。中曽根内閣以来，行政改革と民間活力の利用ということが一貫

して主張されてきたが，近年，保育所が利用者側からみて十分機能していないという認識から，保育所措置制度の根本的見直し論が浮上した。

措置制度とは，児童福祉法，児童福祉法施行令，児童福祉法施行規則，保育所入所措置条例準則などにより，「保育に欠ける」と認定された乳幼児を市町村長の責任において，保育所への入所の措置をとり，その乳幼児の成育の責任の一端を引き受けることをいっていた。

厚生労働省と財務省は1992年12月の官報速報で国が負担している1,100億

資料(1)

多様な保育サービスの充実

①保育システムの多様化・弾力化の促進
　保育所制度の改善・見直しを含めた保育システムの多様化・弾力化を進める。その際，駅型保育，在宅保育サービス等の育成，振興を図る。
②低年齢児保育，延長保育，一時的保育事業の拡充
　ア．低年齢児受け入れ枠の拡大
　　育児休業制度の定着，女性就労の増加等に伴い入所希望が増大すると見込まれる0歳児から2歳児までの低年齢児について，入所を必要とする低年齢児を保育所に受け入れられるようにする。
　イ．延長保育の拡充
　　通常の保育時間（おおむね午後6時まで）を超えて保育時間の延長を行う保育所を誰でも利用できるよう都市部を中心として普及整備する。
　ウ．一時的保育事業の拡充
　　母親が病気の時に緊急に児童を預けたり，仕事の都合で一時的な保育が必要なときに利用できるための一時的保育事業を普及整備する。
③保育所の多機能化のための整備
　延長保育，乳児保育，相談指導等の多様なサービスを提供するため，保母配置の充実等を図る。
　また，保育所が，地域子育て支援の中心的な機能を果たし，乳児保育，相談指導，子育てサークル支援等の多様なニーズに対応できるよう施設・設備の整備を図る。
④放課後児童対策の充実
　昼間保護者のいない家庭の小学生（主に1年から3年）を対象に，児童館，児童センターや実情に応じ学校の余裕教室などにおいて，健全育成を行う放課後児童クラブを身近に利用できるようにする。

資料(2)

緊急保育対策等5か年事業

当面の緊急保育政策等を推進するための基本的考え方

平成6年12月16日
大蔵・厚生・自治3大臣合意

1. 近年の女性の社会進出の増加等に伴う保育需要の多様化等に対応するため，当面緊急に整備すべき保育対策等の基本的枠組みを別紙の通り策定し，以下の点に留意しつつ，これらの事業の推進を図ることとする。
   (1) 低年齢児（0～2歳児）保育，延長保育，一時的保育の拡充等ニーズの高い保育サービスの整備を図るとともに，保育所制度の改善・見直しを含めた保育システムの多様化・弾力化を進める。
   (2) 保育所が乳児保育，相談指導等多様なニーズに対応できるよう施設・設備の改善・整備を図る。
   (3) 低年齢児の受入れの促進及び開所時間延長の促進のため保育所の人的な充実を図るとともに乳児や第3子以上の多子世帯等の保育料の軽減を図る。
   (4) 核家族化の進行に伴い，育児の孤立感や不安感を招くことにならないよう地域子育てネットワークづくりを推進する。

2. 平成7年度予算編成において，低年齢児保育の促進，開所時間延長の促進，多機能保育所の整備等について公費約250億円（うち国費約125億円）の財源を措置することとする。
   (注) このほか，厚生保険特別会計において，国費55億円（公費110億円）の財源を措置。

(別紙)

当面保育対策等として緊急に整備すべき目標

(平成11年度末の目標)

1　多様な保育サービスの充実――――――保育サービス等推進緊急5か年事業
   (1) 低年齢児（0～2歳児）保育　　　　　60万人
   (2) 延長保育　　　　　　　　　　　　　7,000か所
   (3) 一時的保育　　　　　　　　　　　　3,000か所
   (4) 乳幼児健康支援デイサービス事業　　 500か所
   (5) 放課後児童クラブ　　　　　　　　　9,000か所

資料(2) つづき

2 保育所の多機能化のための整備
　(1) 多機能化保育所の整備　　　　　　　　　　　　　1,500か所
　(2) 乳児保育，延長保育などの多様な保育サービスを提供するため，保育所の人的な充実を図る。

3 子育て支援のための基盤整備
　　地域子育て支援センター　　　　　　　　　　　　3,000か所

以上のほか，地方公共団体が地域の特性に応じて自主的に実施する保育対策等を支援する。

「緊急保育対策等5か年事業」の概要
（整備目標等）

	平成6年度予算		平成11年度
・低年齢児（0～2歳児）保育	45万人	→	60万人
・延長保育	2,230か所	→	7,000か所
［おおむね午後6時以降の保育］			
・一時的保育	450か所	→	3,000か所
［緊急・一時的な保育］			
・乳幼児健康支援デイサービス事業	30か所	→	500か所
［病気回復期の乳幼児の保育］			
・放課後児童クラブ	4,520か所	→	9,000か所
［主に小学校低学年児童に対する放課後の児童育成］			
・多機能化保育の整備		5年間で	1,500か所
［保育所の改築時に育児相談スペース等を整備］			
・地域子育て支援センター	236か所	→	3,000か所
［育児相談，育児サークルの支援などを行う保育所等］			

・乳児保育，延長保育などの多様な保育サービスを提供するため，保育所の人的な充実を図る。
・乳児や多子世帯の保育料の軽減を図る。

　　　＊全保育所数　約2万3千か所，入所児童数，約159万人
　　　　　　　　　　　　　　　　　　　　　（平成6年4月1日現在）

資料(2) つづき

(平成 7 年度予算における対応)

① 緊急保育対策等 5 か年事業の初年度として，公費約 250 億円（うち国費約 125 億円）の追加財源を措置。（このほか，特別会計において国費 55 億円の追加財源を措置：総計で公費約 360 億円）

② これにより，乳児保育，延長保育等を推進するための制度を創設

	平成 6 年度予算		平成 7 年度予算
(イ) 低年齢児保育促進事業の創設	0 か所	→	800 か所
［0～2 歳児の受入れに積極的な保育所にさらに保母一人を配置］			
(ロ) 産休・育休明け入所予定モデル事業の創設	0 か所	→	1,400 か所
［産休・育休明けの乳児入所枠が確保された保育所に助成］			
(ハ) 開所時間延長促進事業の創設	0 か所	→	3,763 か所
［長時間開所し，早朝・夕刻の保育ニーズに積極的に対応する保育所にさらに保母一人を配置］			
(ニ) 乳児，多子世帯の第 3 子以降等の保育料の軽減			
(ホ) 保育所施設整備費（従来分の別枠）			
(ヘ) 児童育成基盤整備等推進事業の創設	都道府県		
［都道府県・市町村が行う地域の実情を踏まえた児童育成のための総合的な施策の推進に助成］	0 県	→	10 県
	市町村		
	0 市町村	→	100 市町村

③ このほか，5 か年事業の初年度として，以下の施策を推進

(イ) 低年齢児（0～2 歳児）保育	45 万人	→	47 万人
(ロ) 延長保育	2,230 か所	→	2,530 か所
(ハ) 一時的保育	450 か所	→	600 か所
(ニ) 乳幼児健康支援デイサービス事業	30 か所	→	40 か所
(ホ) 放課後児童クラブ	4,520 か所	→	5,220 か所
(ヘ) 地域子育て支援センター	236 か所	→	354 か所

3．法的規定の差が生みだす保育所の諸問題

資料(2)つづき

緊急保育対策等5か年事業の整備目標の考え方

事　項	目　標　値 (6年度→11年度)	考　え　方
1．低年齢児（0～2歳児）保育	45万人 →60万人	過去のトレンドに基づき伸長した入所者数を確保するとともに，待機児童を解消できる水準
2．延長保育	2,230か所 →7,000か所	東京23区及び人口30万人以上の市に所在する保育所の2か所に1か所及びその他の地域に所在する保育所の4か所に1か所で延長保育を実施できる水準
3．一時的保育	450か所 →3,000か所	東京23区及び人口30万人以上の市に所在する保育所の4か所に1か所及びその他の地域に所在する保育所の10か所に1か所で一時的保育を実施できる水準
4．乳児健康支援デイサービス	30か所 →500か所	人口10万人以上の都市に10万人当たり1か所設置できる水準
5．放課後児童クラブ	4,520か所 →9,000か所	小学校低学年の児童のうち，共働きの核家族世帯等（パート等は除く）であって，近所に祖父母等保護者に代わる者がなく，放課後児童クラブの利用が必要な児童（全国で対象年齢児童の概ね1割弱）の全てが利用できる水準
6．多機能化保育所の整備	5年間で1,500か所	昭和40年代前半に整備された保育所について，乳児保育，子育てサークル支援等の多様なニーズに対応できるように整備
7．地域子育て支援センター	236か所 →3,000か所	各市町村に1か所設置できる水準

円の公立保育所保育士の人件費（措置費）を一般財源化して地方負担とする方針を決め，自治省との折衝に入った。これは国費抑制のために，規模の大きな社会保障関係経費を少なくすることを目的としている[5]。この方針の背景には，両親がそろっていて，かつ経済的に余裕ある家庭の乳幼児が保育所に入所していて，「保育に欠ける乳幼児」を選定する措置制度が十分機能していないという認識があった。「保育に欠ける」という視点から「保育を必要とする」視点に変換して，保育所機能をもっと柔軟にすべきだという要求があった。そのためには，保育機能を国の措置制度から解放し，民間活力に依存すべきであるという要求にも支えられていた。

　しかし，この方針は自治省の保育所制度それ自体のあり方の検討なしにはすべきではないという反対にあい，1995年1月に保育問題検討会が発足し，措置費の問題，入所の自由契約制の導入，保育所でのサービスの向上について検討することになった。しかし，措置制度の維持か，まったくの自由契約制にするかについては，結論がでず，エンゼルプランにおいても直接入所導入の必要性を強調はするものの，統一した方針はまだでていなかった。そこで，平成6（1994）年の緊急保育対策等5か年事業では，現在の認可保育所の機能を多様化し，拡大していくという方向と，かつてのベビーホテルなどの無許可保育所や，育児産業を多様な保育要求に答える施設として認可し，財政的に助成していくという2本立てが含まれることになった[6]。これにともない，平成9年に児童福祉法が改正になり措置制度も申し込み制になり，入所の規制緩和となった。

　この一連の厚生労働省案をみると「エンゼルプラン」と名づけられているように，保育制度の未来に明るい展望が開かれているようにみえる。しかし，一つひとつ検討してみると，多くの問題をかかえていることがわかる。

　まず第1に国費削減の状況の中で，財政上の保障が今後とも維持されていくかということである。かりにそれが形式的に実施されていくとしても，こうしたさまざまな保育の多様な機能を実施する専門職を質的に確保することは現実に，不十分であることは明白である。現在の地方公共団体は，福祉や教育の分野で専門知識をもった人材を，専門職として採用するだけの財政基盤をもっていない。逆にいえば，大学における教育や福祉関係の修士課程卒業生の就職先は現在まった

3．法的規定の差が生みだす保育所の諸問題

く保障されていないことにもあらわれている。

　第2に，資料(1)(2)にあるような多機能化保育の整備とか，地域子育て支援センターが十分に機能するためには，地域の父母との交流の実績と実態の把握が不可欠である。こうした点でのノウ・ハウ（知識・技能）を持たないとき，それは単なるお役所業務になる可能性も大きい。公民館や児童館での母親講座の実績が教育・福祉行政に十分に反映されているとはいえない現在，これらの施設設置が，母親たちの保育要求を充足させるとはかぎらないのである。

　地方公共団体の施策が多くの障害をかかえている現在，エンゼルプランの中で民間の保育産業や無認可保育所がバブルの崩壊による労働力の不足の解消，初期の財政援助の大幅縮小で，拡大は一時的に抑制されはしたものの，措置制度と保育所認可制度の規制緩和や，この政策の財政的支援とともに，今後，拡大のきざしをみせていく可能性もある。特に，「駅型保育モデル事業」はその典型である。この施設は市町村の認可に関係なく，保育料を基盤として運営されるのであるが，ここに財団法人を介して国の補助金が支給されるわけである。

　この事業の問題点の第1は，地域の児童福祉に対する公的責任を骨抜きにする可能性があること。第2にこの施設の運営に関係する問題で，施設面での最低基準や保育者の資格条件などが決められていない。このことは保育の質の保障や保育者の専門性の原則を無視する状況をつくりだす可能性が大きい。

　現在，保育事業を営利事業の一つとして大手の受験産業などが参入し，競争原理で運営に走りだしている。市場原理の際限のない導入は，児童福祉法の子どもの権利保障をおびやかす可能性も大きい。

　こうした状況の中で，厚生労働省は2001年から5か年計画の少子化対策を進める「新エンゼルプラン」を発足させた。その詳細は表6-2の通りである。

　これは少子化対策として始まった前述のエンゼルプランが1999年度で終了することから，2004年までの新たな目標として達成を目ざしたものであった。このほか，2002年度から学校完全週休2日制となるにともない，土曜日に通信衛星を使って，子ども向け番組を配信する「子ども放送局」も全国で5000か所（現行1300か所）に増やす目標も掲げた。

　こうしたプランが実施されることは，たしかに望ましいことである。しかし今

第6章 保育制度成立の根拠と特質

表6-2．2000（平成12）年度を初年度とする新エンゼルプラン～2004（平成16）年度まで

2003（平成15）年度予算　　　2004（平成16）年度予算（案）
《347,430百万円　　→　　246,871百万円》

	2000年度（平成12）	2001年度（平成13）	2002年度（平成14）	2003年度（平成15）	2004年度（平成16）	2004年度目標値
○低年齢児の受入れの拡大	(59.3) 59.8万人	(62.4) 61.8万人	(64.6) 64.4万人	67.4万人	70.4万人	68万人
○延長保育の推進	(8,052) 8,000か所	(9,431) 9,000か所	(10,600) 10,000か所	11,500か所	13,100か所	10,000か所
○休日保育の推進	(152) 100か所	(271) 200か所	(354) 450か所	500か所	750か所	300か所
○乳幼児健康支援一時預かりの推進	(132) 200市町村	(206) 275市町村	(251) 350市町村	425市町村	500市町村	500市町村
○多機能保育所等の整備	(333) 305か所 【11'補正 88か所】 計393か所	(291) 298か所 【12'補正 88か所】 累計779か所	(345) 268か所 【13'1次補正 83か所 13'2次補正 76か所】 累計1,206か所	268か所 【14'補正 48か所】 累計1,522か所	268か所 累計 1,790か所 総計 【2,180か所】	計2,000か所
○地域子育て支援センターの整備	(1,376) 1,800か所	(1,791) 2,100か所	(2,168) 2,400か所	2,700か所	3,000か所	3,000か所
○一時保育の推進	(1,700) 1,800か所	(3,068) 2,500か所	(4,178) 3,500か所	4,500か所	5,000か所	3,000か所
○ファミリー・サポート・センターの整備	(116) 82か所	(193) 182か所	(262) 286か所	355か所	385か所	180か所
○放課後児童クラブの推進	(9,401) 9,500か所	(9,873) 10,000か所	(10,606) 10,800か所	11,600か所	12,400か所	11,500か所
○フレーフレー・テレフォン事業の整備	(39) 39都道府県	(43) 43都道府県	(47) 47都道府県	47都道府県	47都道府県	47都道府県
○再就職希望登録者支援事業の整備	(24) 24都道府県	(33) 33都道府県	(47) 47都道府県	47都道府県	47都道府県	47都道府県
○周産期医療ネットワークの整備	(14) 13都道府県	(16) 20都道府県	(20) 28都道府県	37都道府県	47都道府県	47都道府県
○小児救急医療支援の推進	(51) 240地区	(74) 240地区	(112) 300地区	300地区	300地区	13年度） 360地区 2次医療圏）
○不妊専門相談センターの整備	(18) 24か所	(24) 30か所	(28) 36か所	42か所	47か所	47か所

(注) 1　2004年度予算（案）額には，三位一体の改革により，公立保育所運営費を除いた額を計上している。
　　 2　待機児童ゼロ作戦を推進するため，2004年度においては，保育所の受入れ児童数を約5万人増加させることとしている。
　　 3　多機能保育所等の整備の2004年度目標値累計2,000か所及び2004年度の総計【 】については，少子化対策臨時特例交付金による計画数390か所を含む。
　　 4　2000年度，2001年度及び2002年度の上段（ ）は実績値。

全国保育団体連合会　保育研究所編『保育白書』2004　195頁より

3．法的規定の差が生みだす保育所の諸問題

回のエンゼルプランの実現度を見ずしては簡単に喜べることではない。その点のデータを示すと[7]，

1）保育所運営費・低年齢層受け入れ枠の拡大　97％
2）多機能保育所の整備　107％
3）延長保育の促進　100％
4）一時保育の促進　50％
5）地域子育て支援センター　50％
6）放課後児童健全育成事業　100％
7）乳幼児健康支援一時預り事業　90％

のようになる。この中で2）と3）は民営の保育所が達成したものである。また4）一時保育の促進と5）地域子育て支援センターの割合が50％であったことは，これらの施策が親の子育て不安を解消するのに十分役に立っているとはいえない。さらに，他のデータを詳しく見てみるとエンゼルプランの実施後も待機児童の数値は変わっていない。むしろ微増しているということになり，改善される方向に向かっていない。そして，全国的にみれば，平成14年4月1日の段階で，26,383人が残っている。

そして，この待機児童の多い地域は表6-3にあるように大都市に集中している。

一方，こうした認可保育所へ入所を待ちきれず，そうした認可条件を充たしていない無認可施設に入所する幼児も2003年3月1日現在で，178,944人おり，これは，1,920,591人のうちの9％を占めている。

ここで問われるのは，こうした託児施設の保育条件である。働く女性にとっては，自分の労働条件によって施設が十分に答えてくれるかが問題になるはずである。まず親の立場からすれば，経営主体別の特別保育の実施状況が問題になるはずである（表6-4参照）。

全体的に，親の立場に答えるまでの数値に達していないことは明らかである。しかも，ここで注目すべき点は，こうした親のニーズに答えるという対策が民営の保育所に依存していることである。このことは，一連の子育て支援策における国側の立場を明らかにしている。それは，この施策を推進するにあたって，国家

125

第6章　保育制度成立の根拠と特質

図6-3．待機児童数の推移

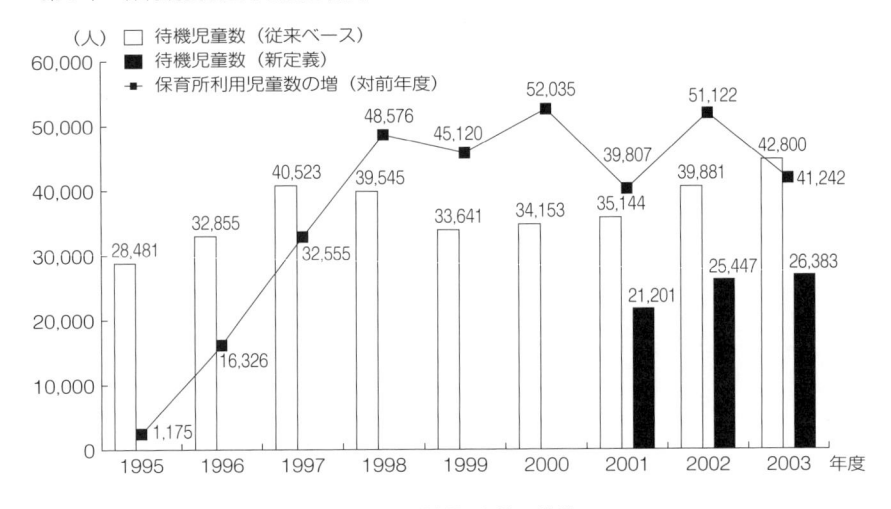

（人）
- □ 待機児童数（従来ベース）
- ■ 待機児童数（新定義）
- ―●― 保育所利用児童数の増（対前年度）

年度	待機児童数（従来ベース）	待機児童数（新定義）	保育所利用児童数の増
1995	28,481		1,175
1996	32,855		16,326
1997	40,523		32,555
1998	39,545		48,576
1999	33,641		45,120
2000	34,153		52,035
2001	35,144	21,201	39,807
2002	39,881	25,447	51,122
2003	42,800	26,383	41,242

（注1）各年4月1日現在（以下，各年に係る数値は，特段の表示がない限り，すべて4月1日現在）
（注2）2001～2003年度については，保育所入所待機児童の定義の変更をうけて，従来のベースのものと，新定義に基づく数値を2つ図示した。なお，新定義は，①ほかに入所可能な保育所があるにもかかわらず，特定の保育所を希望して待機している場合，②認可保育所へ入所希望していても，自治体の単独施策（いわゆる保育室等の認可外施設や保育ママ等）によって対応している場合は，待機児童数から除くとしている。
全国保育団体連合会・保育研究所編『保育白書』2004　草土文化　10頁より

予算を出来るかぎり，制限し，民営化を促進することで，この目標を達成しようとする方向である。たしかに，新エンゼルプランは，表6-2に示されるように，広汎な分野にわたって考えられている。しかし，この表に示された平成15年度と16年度の予算案の差をみれば，明らかである。平成16年度は減額されており，それは，保育所運営費（措置費）国家予算の推移を見れば明らかである。

このように，子育て支援策は国家的重要事項として策定されながら，財政的基盤については，民営化の推進という姿勢は明らかである。

以上の施策の基本方針から問題にされるべき点は，幼児の生活や育成条件の劣

表6-3．待機児童数の多い市区

1	大阪市	1337
2	横浜市	1140
3	神戸市	1076
4	川崎市	705
5	名古屋市	618
6	千葉市	604
7	福岡市	433
8	広島市	357
9	京都市	241
10	札幌市	197（単位人）

平成14年4月1日
厚生労働省雇用均等児童家庭局保育課「保育所の状況（平成14年4月1日）等についてより筆者が作成

3．法的規定の差が生みだす保育所の諸問題

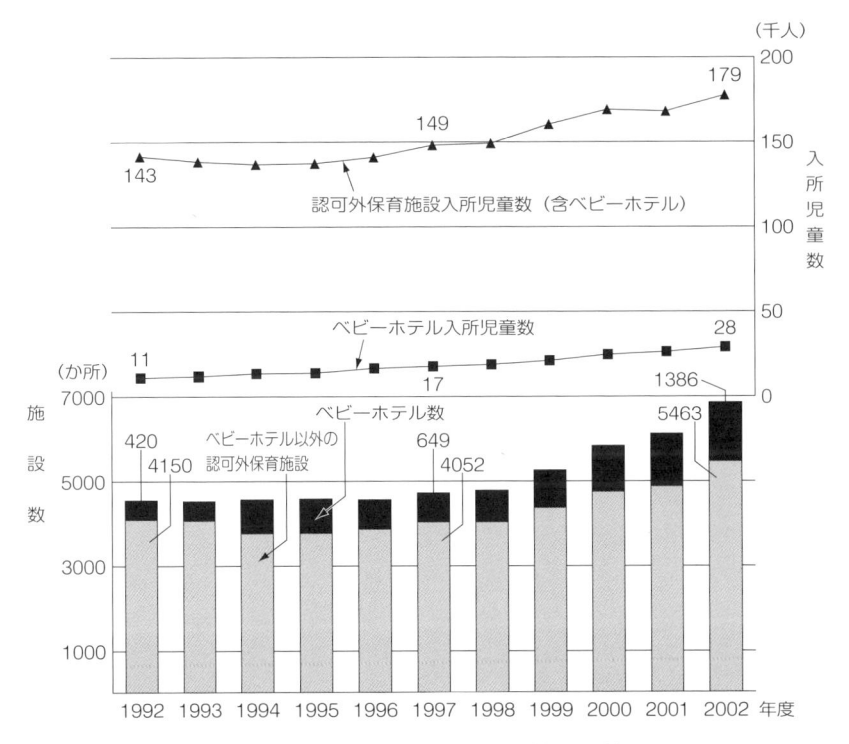

図6-4．ベビーホテル・認可外保育施設の状況

(注)・施設数・児童数は都道府県等が把握した数
　　・その他認可外保育施設については，1992年度は2月1日現在，1993年度から1999年度までは各年度1月10日現在，2000年度は12月31日現在，2001年度以降は3月31日現在。
　　・ベビーホテルについては，1992年度は3月31日現在，以降はその他認可外保育施設と同じ。
前出『保育白書』2004　14頁より

悪化である。たしかにこの数年，認可保育施設の増加も認められる。これは，措置制度の緩和により，これまで認可保育所としては認められない施設さえも認可の対象としたということである。園庭のないビルの五階が駅に最寄りであるということで認可保育所として認可された例を筆者は知っており，ここは，土建，建築関係のディベロッパーを自称している会社が経営している。他方で，少子化のために，良心的な経営をしてきた幼稚園が廃園に追い込まれ，公立幼稚園は人件費削減を理由に，トップダウンの形で，保育所との統合を迫られている。ここには，家庭保育の重要性を配慮して設立された幼稚園の存在理由を問い直す姿勢は

第6章　保育制度成立の根拠と特質

表6-4．公民別特別保育事業の実施状況（平成13年）

(カ所)

区　分	合　計	公　営	民　営		区　分	合　計	公　営	民　営
保育所数	22,218 〔100.0〕	12,599 〔56.7〕	9,619 〔43.3〕		延　長　保　育	9,431 〔42.4〕	2,883 〔22.9〕	6,548 〔68.1〕
定員(人)	1,937,132 〔100.0〕	1,087,367 〔56.1〕	849,765 〔43.9〕	実	休　日　保　育	271 〔1.2〕	27 〔0.2〕	244 〔2.5〕
入所児童数 (人)	1,828,312 〔100.0〕	955,377 〔52.3〕	872,935 〔47.7〕	施	地域子育て支援 センター事業	1,791 〔8.1〕	870 〔6.9〕	921 〔9.6〕
入所率(%)	94.4	87.9	102.7	状	一　時　保　育	3,068 〔13.8〕	907 〔7.2〕	2,161 〔22.5〕
				況	乳児保育促進事業	5,066 〔22.8〕	1,809 〔14.4〕	3,257 〔33.9〕
					障害児保育事業	6,369 〔28.7〕	3,736 〔29.7〕	2,633 〔27.4〕

(注) 1　平成13年4月1日現在。実施状況は平成13年度交付決定ベース。
　　 2　〔　〕は実施率：全保育所数に対する実施保育所数の割合。
日本子ども家庭総合研究所編「日本子ども資料年鑑」2003年版　KTC中央出版　287頁より

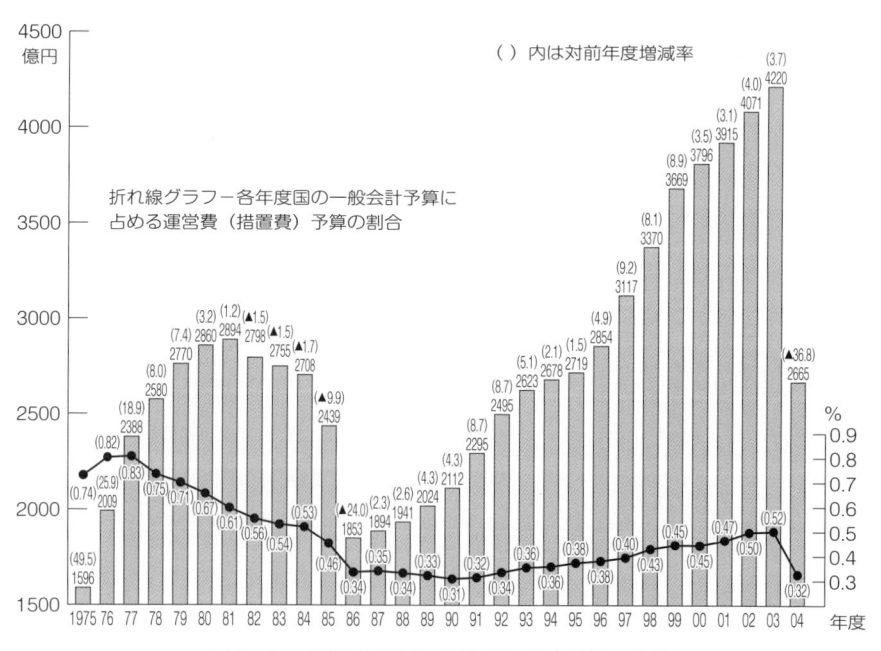

図6-5．保育所運営費（措置費）国家予算の推移

前出『保育白書』2004　8頁より

128

3．法的規定の差が生みだす保育所の諸問題

うかがわれない。今，自治体は財政難を理由に公立幼稚園と公立保育所を統合しようとし，国側も合同施設の創設を名目に各自治体の立場を推進しようとしている。そしてそれを民営化しようとするところも増えている（表6-6）。幼児一人一人の発達を保障するための保育者の保育の

表6-5．緊急保育対策等5か年事業達成度
〈1999年度〉

◆保育所運営費・低年齢児受け入れ枠の拡大	97％
◆多機能保育所の整備	107％
◆延長保育の促進	100％
◆一時保育の促進	50％
◆地域子育て支援センター	50％
◆放課後児童健全育成事業	100％
◆乳幼児健康支援一時預かり事業	90％

資料）朝日新聞2000年2月21日付朝刊

営みの質を問う議論は今やこの子育て支援事業の中で喪失の危機にあるといわざるをえない[8]。

さらにまた以上のような保育施策の実施にあたっては，家庭の保育力をも考慮しなければならない。多様な子育て支援策によって家庭の保育力や責任が喪失していくような結果は許されない。これまで保育所も幼稚園も家庭と保育施設の連携に心をくだいてきた。しかしこうした施設の拡大が親の就労への希望からのみ託児を引き受け，親と子のかかわりを希薄化する方向で事業を拡大するとしたら，子どもの形成にとっても決して望ましいことではない。親の多様な保育要求に答えるべく，多様な保育施設がつくられること自体否定すべきことではない。しかし，このことが親の育児力を高めることなしに，子育て支援策の究極の目的である，出生率の増加につながるのであろうか。もちろんその答えはノーである。

親の育児力の増大は，上述のような子育て支援策を通して，何よりもまず，親が自立することである。そしてそれは，子どもと向きあい，子どもの育成に自信と愛情をもつことであり，それを通じて自らの子育て責任を痛感することである。

表6-6．保育所と幼稚園の施設の共用化
（2003年5月現在　文部科学省調べ）

	公　立	私　立	計
合　築	62　（47）	20　（12）	82　（59）
併　設	20　（21）	13　（ 8）	33　（29）
同一敷地内	47　（37）	54　（46）	101　（83）
計	129（105）	87　（66）	216（171）

（注）（　）内は，2002年度5月現在。
前出『保育白書』　17頁より

そしてそうした自己を確立するための最も大切なこやしは，幼児の自立である。幼児が精神も身体もすこやかに成長し，子育ての楽しさや喜びを親に発見させてくれることである。幼稚園や，保育所保育における役割はそうした幼児の自立的人間形成を促進することであった。ここに幼稚園や保育所が努力すべき保育の質があったのである。特に幼稚園の半日保育は，親と子の自立した相互関係の形成のために，家庭との連携に腐心してきたのである。

　現在，推進中の幼保の一元化（一体化）はこうした理念上，実践上の議論を全く無視して，またそうした実践上の責任を負う保育者の立場を無視し[9]，総合施設の建設という方向（外枠を固める）に進行している。そしてこの方向を正当化する根拠は地方自治体の財政危機を回避することだけである[10]。子どもや親の自立的関係づくりを無視するこうした政策が将来の豊かな子育て環境をつくることで，出生率の向上を生みだす可能性は少ない。

4．法的規定上から生ずる幼稚園の諸問題

1）幼稚園経営にかかわる諸問題

　一方，幼稚園の方も多くの問題をかかえている。幼稚園の教育時間は1日4時間を標準とし，幼児の心身の発達の程度や季節に応じて園長が定めるとされている（幼稚園教育要領）。この規定により，近年，私立幼稚園において，幼稚園の保育時間が長くなり，保育所の保育時間に近い幼稚園も現れている。そしてバス通園，給食，長時間保育は，私立幼稚園経営の基本条件にすらなっている。こうした傾向は，父母の要求がそこにあるからである。

　この背景を分析してみると，まず，第1にわが国の幼稚園児の中で私立幼稚園に通園する幼児は平成7年で，3歳児は全体の95.8％，4歳児79.7％，5歳児72.4％，全体で79.6％と大多数の幼児が私立幼稚園に通園していた。そしてこの私立幼稚園の設立は，ベビーブームの48年あたりを契機に昭和59年まで増えつづけ，48年には7,373園だったものが，昭和59年には8,919園にふくれ上がっている。しかし，平成7年には8,639園となり，さらに平成11年5月では8,497園と422園減少している。一方，園児は，ベビーブームの昭和

4．法的規定上から生ずる幼稚園の諸問題

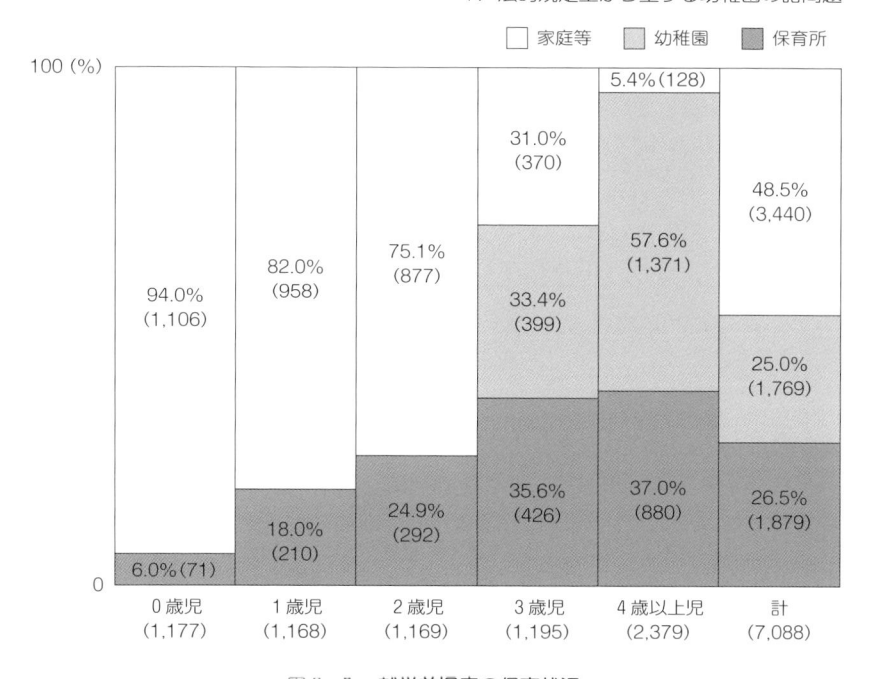

□ 家庭等　■ 幼稚園　■ 保育所

図6-6．就学前児童の保育状況

（注）（ ）内は児童数　単位：千人
（資料）保育所入所児童数：厚生労働省保育課調べ（2002年4月1日現在）
　　　　幼稚園児数：学校基本調査（文部科学省（2002年5月1日現在））
　　　　就学前児童数：国勢調査（総務省統計局（2001年10月1日現在））
前出『保育白書』2003年　8頁より

48年，209万2,000人をピークに，平成15年には139万2,640人と約70万人も減っている。

この傾向は就園率で平成15年には変化をみせ，5歳児の減少はさらに増大し，4歳児が減少傾向に転じ，3歳児の上昇率が低く横ばい状態になりつつある。この過程で5歳児の就園率は国公立私立幼稚園全体でいえば，平成2年からの10年間60％台で下降をたどり，平成11年に58.8％，4歳児は56.2％→56.7％から52.3％に下がり，3歳児は20.1％→29.7％と9.6％のアップを示している。この就園率では年少の上昇に支えられてはいるが，園児数は昭和53年の249万7,895人をピークに，平成15年には，176万494人に減っていて，いまや園の経営状態を考えざるをえない状況となってきたのである。

第6章 保育制度成立の根拠と特質

表6-7. 幼稚園数及び幼稚園児数

(2002年5月1日現在:学校基本調査報告)

区分		合計	国立	公立	私立
幼稚園数（園）		14,279 (100%)	49 (0.3%)	5,820 (40.8%)	8,410 (58.9%)
在園児数	計（人）	1,769,096 (100%)	6,804 (0.4%)	363,281 (20.5%)	1,399,011 (79.1%)
	3歳児（人）	398,626 (100%)	1,203 (0.3%)	36,867 (9.2%)	360,556 (90.4%)
	うち前年度間入園者数（人）	22,407 (100%)	24 (0.1%)	465 (2.1%)	21,918 (97.8%)
	4歳児（人）	657,316 (100%)	2,793 (0.4%)	138,909 (21.1%)	515,614 (78.4%)
	5歳児（人）	713,154 (100%)	2,808 (0.4%)	187,505 (26.3%)	522,841 (73.3%)
教員数（本務者）（人）		108,051 (100%)	322 (0.3%)	25,866 (23.9%)	81,863 (75.8%)

(注)・四捨五入の関係上，合計が100%にならない場合がある。
・「前年度間入園者数」は，前年度の満3歳の誕生日以降に入園した幼児数である。
前出『保育白書』2003年 14頁より

　また，減少する出生率のかげりが幼稚園経営に現れてくるのが，昭和60年で，それまで，増えていた設置数が減りはじめたのが昭和60年から，廃園数が昭和60年16，昭和61年21，昭和62年が29，昭和63年が29と増え続けている。平成11年には，昭和60年よりも406園が廃園となっている。この傾向は公立幼稚園でも昭和61年から始まっている。なお，平成15年の幼児教育の普及状況によると幼稚園の普及率が減り（昭和55年を100とすると95%），保育所は多少増加している。この結果，各園が生き残りをかけて経営戦略にしのぎをけずることになる。

　バス通園，給食，預かり保育，長時間保育は，だから幼児の発達の保障をするという教育的配慮というよりも，そうした経営上の施策といえる。こうした配慮がなぜ父母に受け入れられるかといえば，多くの理由があるが，大きなものとしては，第9章の現代社会と保育の諸問題でも指摘するように，母親の育児不安が考えられる。母親たちは幼稚園にわが子をあずけることで育児から解放されるということが，またそれだけでなく，母親の就労への要求が高まってきたということがある。専業主婦のパートタイマーも増加しており，幼児をもつ多くの専業主婦がこの影響下にあることも否定できない。

　以上のように，現在，私立幼稚園は，経営上の必要から家庭保育の機能を代替するという役割において，保育所と競合する形をとりつつある。そして，やはり経営基盤の確立の面から，3歳児の就園率をアップさせるべく，文部科学省をあ

げて取り組んでいる。また，先に述べたエンゼルプラン策の施行以降，幼保共に行う子育て支援事業の推進の名のもとで展開される措置制度の規制緩和や民間による託児事業の拡大は，少子化という状況の中で保育事業の自由化という意味で，親のニーズの多様化に答えるというスローガンにより，保育の質を問う声がかき消される感がある。

2）幼稚園の預かり保育
⑴ 指導計画作成上の留意事項

平成10年，幼稚園教育要領の改訂によって，幼稚園は保育所とともに子育て支援事業に参加することを法的に正当化したのである。いわゆる預かり保育の実施である。

〔幼稚園教育要領〕
第3章　2　特に留意する事項
   ⑸ 幼稚園の運営に当たっては，子育ての支援のために地域の人々に施設や機能を開放して，幼児教育に関する相談に応じるなど，地域の幼児教育のセンターとしての役割を果たすよう努めること。
   ⑹ 地域の実態や保護者の要請により，教育課程に係る教育時間の終了後に希望する者を対象に行う教育活動については，適切な指導体制を整えるとともに，第1章に示す幼稚園教育の基本及び目標を踏まえ，また，教育課程に基づく活動との関連，幼児の心身の負担，家庭との緊密な連携などに配慮して実施すること。

上記の⑸⑹の点について幼稚園教育要領解説書には，次のように述べられている。

⑴ **教育課程にかかわる教育時間の終了後に行う教育活動の必要性**

幼稚園が活動する時間は，必ずしも4時間に限られるものではなく，その施設や機能はそれ以上に開かれたものである。教育課程に係る教育時間外の教育活動は通常の教育時間の前後や長期休業期間中などに，地域の実態や保護者の要請に応じて，幼稚園が希望者を対象に行う教育活動であり，従来から幼稚園が行ってきた活動でもある。また，このような活動は，職業等はもっているが，子どもは幼稚園に通わせたいという保護者に対する必要な支援策であるとともに，通える範囲に幼稚園しかないような地域においては欠かせないものである。

(2) 指導体制の整備

　教育課程に係る教育時間の終了後の教育活動を実施するに当たっては，教師が学級数に対応した人数しかいない場合などには，新たな人員を確保するなどして適切な指導体制を整えることが必要である。

　また，この活動の実施方法としては，①日ごとや週ごとに担当者を交代させる方法，②一定の者を担当者として決める方法，③①，②を組み合わせた方法など，多様な方法が考えられる。いずれの方法をとるにしても，幼稚園教諭免許を有する幼稚園の教師の指導と責任の下に行うことが必要である。その際，場合によっては，地域の育児経験者などを補助者とすることも考えられる。

　さらに，通常の教育活動を担当する教師とこの活動を担当する教師が日ごろから合同で研修を行うなど緊密な連携を図るとともに，両方の活動とも幼稚園の教育活動であり，それぞれの担当者がそれぞれの教育活動を等しく担っているという共通理解をもつことが大切である。もとより，日々の実践に当たっては，教育課程に係る教育時間中の幼児の活動内容，幼児の心や体の健康状態などについて引継ぎなどによって情報を共有することが必要である。

(3) 実施上の配慮事項

　教育課程に係わる教育時間の終了後に行う教育活動は，幼稚園の教育活動であり，幼稚園教育要領第1章1　幼稚園教育の基本，及び2　幼稚園教育の目標を踏まえて実施することが必要であり，そこで示されている基本的な考え方によって幼稚園で行われる教育活動全体が貫かれ，一貫性をもったものとなるようにすることが大切である（第1章第1節　幼稚園教育の基本，第2節　幼稚園教育の目標を参照）。

　また，この活動については，保護者の事情によって，例えば，毎日希望する場合又は週の何日かを希望する場合，あるいは，幼稚園の設定した終了時間よりも早く帰ることを希望する場合など様々なケースが考えられるが，できるだけそれぞれの要請にこたえるよう弾力的な運用を図ることが必要である。なお，その場合でも活動時間が夜遅くに及ぶことがないようにすることが大切である。

　教育課程に係る教育時間の終了後に行う教育活動の指導計画の作成と，実施の上では，主として次のようなことに配慮することが必要である。

① 教育課程に基づく活動との関連

　　教育課程に係る教育時間の終了後の教育活動を行うに当たっては，教育課程に係る時間中の活動との関連を図ることが必要である。例えば，教育課程に係る教育時間中に，室内での遊びを中心に活動を行った場合には，教育課程に係る教育時間の終了後に行う教育活動において，戸外で自然に触れたり，体を動かして遊んだりすることを積極的に取り入れることが必要となろう。また，幼児が夢中に

なって遊びに取り組んでいる場合には，教育課程に係る教育時間の終了後に行う教育活動においても幼児は同じ活動をやってみたいと思うこともあろう。

　教育課程に基づく活動との関連を図るということは，必ずしも活動を連続させることではない。教育課程に係る教育時間中における幼児の生活や遊びなど幼児の過ごし方に配慮して，教育課程に係る教育時間の終了後の教育活動を考えることを意味するものであり，幼児にとって充実し，無理のない１日の流れをつくり出すことが重要である。

② 　幼児の心身の負担

　まず，配慮しなければならないのは，幼児の健康と安全についてであり，これらが確保されるような環境をつくることが必要である。また，家庭での過ごし方等により幼児一人一人の生活のリズムや生活の仕方が異なることに十分配慮して，心身の負担が少なく，無理なく過ごせるように，１日の流れや環境を工夫することが大切である。特に，入園当初や進級当初においては，幼稚園生活に対して不安感や緊張感が大きい幼児もいるので，家庭生活との連続性を図りながら，幼児一人一人の居場所づくりを行うことが重要である。さらに，幼児の心や体の健康状態，季節などに配慮して，必要に応じて午睡の時間を設けたり，いつでも幼児が休めるようにくつろげる場を設けたりすることも大切である。

③ 　家庭との緊密な連携

　幼稚園と保護者がともに幼児を育てるという意識をもち，幼児の家庭での過ごし方や幼稚園での幼児の状態等について必要に応じて保護者と情報交換するなど家庭と緊密な連携を図ることが必要である。また，教育課程に係る教育時間の終了後に行う教育活動の対象となる幼児については，幼稚園で過ごす時間が比較的長時間となるので，家庭における教育が充実するよう家庭への働き掛けを十分行うことが大切である。

　これまで幼稚園の１日の教育時間は４時間を標準とすることという規定が幼稚園教育要領の第１章総則３教育課程の編成の(3)にある。これは幼稚園が教育機関であるということと，その教育活動は家庭教育と補い合って（連携して）成立するものだという考え方があったからである。しかし，現実には，保護者の要請から私立幼稚園などは，保育時間を経営上の理由で，午後まで延長して経営するケースも少なくなかったのである。

　今回の，いわゆる預かり保育の規定は，保育所の託児事業である子育て支援と

いう政策に共同歩調をとるという立場から，これまで行ってきた延長保育を教育課程にかかわる教育時間外の教育活動として正当化し，さらに父母が働いていて，なおかつ，子どもを幼稚園に通わせたいとする保護者にも門戸を開こうとする試みである。いいかえれば，幼児の教育活動の場である幼稚園という特色を生かして子育て支援を行うのだという主張がここにはみられるのである。

そして，その主張を具体化するために(2)指導体制の整備の中で教育活動であるにふさわしい人材として幼稚園教諭の免許をもつ教師を確保し，通常の教育活動を行う教師との合同の研修，同等の教育的価値づけ，通常の教育活動との情報の交流の必要をあげているのである。

さらに，(3)実施上の配慮事項としては，幼稚園教育要領第1章の1幼稚園教育の基本，2幼稚園教育の目標に準拠し，一貫した教育活動として行うこと，その上で保護者の利用のあり方に弾力的に対応することとして，幼稚園の教育活動であるという特色と子育て支援策の一環であるという二面性を強調している。

また，次の①教育課程に基づく活動との関連でも，教育課程にかかわる教育時間中の活動との連携を図りつつ，教育時間終了後の教育活動の特色を生かすべきこと，そして，そのためには，②幼児の心身の負担を考えて，一人一人の生活リズムに合わせながら，幼児一人一人の居場所を見つけてあげること，その点から，健康状態や季節に配慮して昼寝の時間を設けたりすることも必要だとして，これまで保育所で行ってきた生活の仕方を取り入れようとしている。

そして最後に，③幼稚園教育が本来教育活動として家庭教育との連携を図るという原則が維持されるよう「家庭における教育」が充実するよう家庭への働きかけを訴えている。

(2) 子育て支援としての預かり保育の問題点

以上，原則的半日保育である幼稚園教育が預かり保育を子育て支援の立場から行うに当たって，幼児期の教育という原理原則を強調しつつ，これまでの延長保育を子育て支援の実績として，正当化しながら，教育活動としての一貫性と保護者の要求に柔軟に対応していくという主張は，政策としては一応形を整えている。

しかし，現実には，克服すべき問題点も少なくない。たとえば，子育て支援策は日本の幼稚園教育を支える私立幼稚園にとっては，少子化の中で経営上の改善

を図る上で，具体的な援助手段である。事実，平成11年10月30日に東京新聞夕刊に発表された「少子化対策臨時特例交付金」(総額2,000億円)が平成11年度補正予算に盛り込まれ，各自治体に保育所入所待機児童のために交付された。第1次分は1,500億円であるが，その多くは設備整備費になったという。この交付金は政治的バラマキ予算という声も多く，ハード面で使われることが突出していて，少子化対策にはならないという意見も多い。

　少子化対策としての子育て支援策は上述のように，保育所や幼稚園の経営上の改善策には貢献したとしても，幼稚園教育が教育活動としての価値をもつための努力は，解説書の主張が実現するほどにはなされていないのである。たとえば，預かり保育担当者の人材確保の問題，研修権を保障する問題，教育時間中教育活動と時間外の活動との連携の問題など幼稚園教育の教育活動としての特色を生かす物的・経済的条件整備はほとんど無いに等しい。その結果，預かり保育を含め，託児促進という厚生労働省主導の子育て対策に文部科学省も競合化する動きは見えているが，どんな保育が望ましいのかといった議論は失われつつある。こうした状況からみて，経営に奔走するあまり，望ましい保育のあり方への配慮が欠落する心配もある。にもかかわらず，経営上，実施を迫られている。

(3) **幼稚園・保育所の保育のあり方**

　このように，幼稚園の保育のあり方が保育所と実質的に似てきているということは，単純に喜ぶべきことではない。その理由として①保育所がこれまで積み重ねてきたような全日保育の経験の実績が幼稚園にないこと，午前保育―昼寝―午睡―午後の保育といった生活リズムが幼稚園にないので，給食後の保育の展開の仕方が保育者に把握できていないこと，②3歳児保育のような家庭生活と結びつきの強い年齢の場合，家庭との連携が十分であるか，もしくは0，1，2歳児の段階からの幼児の発達の姿が十分に把握されていないと，不適応児が生まれやすいこと，その点で幼稚園がもっと経験を積み重ねていく必要がある。③保育者の研修時間が圧迫されることなど，望ましい保育を考えていくためには，多くの問題点をかかえているのである。

　今後，幼稚園と保育所の関係は，単に両者の役割を公式的に別のものとしたり，逆に制度的に幼保を一元化すればすべては解決すると考えるのではなく，現実に

第6章　保育制度成立の根拠と特質

行われている施設保育と家庭保育の現実をふまえ，そこに共通の保育の理念をみすえ，その上で制度の改革を迫っていくべきであろう。

引 用 文 献

1) 神田伸生：保育の原理と課題　pp.80〜89　白鷗社　1986
2) 全国保育団体連絡会・保育研究所編：保育白書2004　10頁　草土文化　2004
3) 東京新聞「2004年までに育児支援法拡充」1999年12月18日付夕刊
4) 厚生労働省家庭局：利用しやすい保育所をめざして　p.44，p.45　pp.47〜49　1994
5) 市町村福祉の時代到来　保育所措置費のあり方はこれでよいか，エンゼルプラン資料1，2，『現代保育』5，vol.41，チャイルド社　1993
6) 全国保育団体連絡会・保育研究所編：保育白書1995　特集　国民の求める保育所とエンゼルプラン，pp.6〜8，p.176，pp.179〜181，p.182，1995　草土文化
7) 朝日新聞「エンゼルプランの達成度まとまる」2000年2月21日付朝刊
8) 小川博久「今日の乳幼児の危機と保育の問題」　日本保育学会共同研究委員会保育基本問題検討委員会最終報告」pp.160〜165　2002
9) 小川博久「幼保の一元化をどう論じ，対処すべきか――少子化対策につながる子育て支援の視点から」　広島大学研究年報第25巻　pp.1〜9　2003年
10) 小川博久：幼児教育の充実に向けて－原点の見直しを」スペース社編「保育の実践と研究」9-3，冬期号　2004

第7章

保育の具体的展開

第7章　保育の具体的展開

はじめに

平成10年に幼稚園教育要領が改訂された。また平成11年には保育所保育指針も改訂された。そこでこれらの改訂の基本的考え方をふまえて、保育を具体的に展開するにはどうするかを考えてみよう。

幼稚園教育要領も保育所保育指針も保育についての基本的考え方は変わっていないが、幼稚園教育要領の場合、旧教育要領よりも、保育の基本的考え方がより鮮明にされた改訂となっている。保育所保育指針の方は、改訂の契機の一つに幼稚園教育要領があるので、まず、幼稚園教育要領の方からみていくことにする。

1．幼稚園教育要領の基本的考え方

1）環境の重要性

幼稚園教育要領にある「1．幼稚園教育の基本」には、次の文章がかかれている。

　　幼稚園教育は、学校教育法第77条に規定する目的を達成するため、幼児期の特性を踏まえ、環境を通して行うものであることを基本とする[1]。

この文章が示すように幼児の教育は環境を通して行うものである。ではなぜ、環境を通して行うのか、ここでいう環境とはなにか、幼稚園教育要領の第3章「指導計画作成上の留意事項」の中には次の文章がある[2]。

　　幼稚園教育は、幼児が自ら意欲をもって環境とかかわることによりつくり出される具体的活動を通して、その目標の達成を図るものである。

この文は環境を通して行う教育の本質を考える上でとても重要な指摘を含んでいる。まず、第1に、環境とは、幼児が何もしないでいても、外から加えられる直接の刺激ではない。環境は幼児をとりまいているさまざまな事物や人や空間や文化である。しかしそれらは、幼児に向けられて働きかけているわけではない。そのとりまいている物や人に向かって、幼児が意欲をもって取り組むことではじめて、幼児に有益なものとなるのである。たとえば、保育室にある積み木が、幼児の環境となるのは、幼児が意欲をもって（積み木で遊びたいと思って）積み木

が置かれている場所から積み木をとりだすときである。つまり，環境は幼児が主体的に意欲をもって取り組むことで，教育的なもの，幼児の人間形成に役立つものとなるのである。

　だから，環境による教育というのは，いいかえれば，幼児の主体的意欲的なまわりの世界への取り組みによって達成されるということになるのである。とはいえ，まわりの世界と取り組むだけでは，主体的活動は達成されない。積み木で遊ぼうと思って自ら積み木に取り組み始めても，すぐいやになりやめてしまうこともあるからである。いいかえれば，積み木で遊ぼうと自ら考えてそれとかかわっても，すぐギブアップしてしまうのでは，環境による教育ではない。環境との取り組みを通して，幼児の主体的な，具体的活動が展開されなければならないのである。積み木で遊びはじめたら，その積み木を使う活動がそこに展開され，その活動が持続することが望ましいのである。いいかえれば，幼児がその活動の展開の仕方を自分で決定し，進めていくという意味である。こうした幼児自身の活動の展開を通してはじめて幼児教育の目標は達成されると述べているのである。

２）遊びの重視

　環境による教育の考え方は別の見方からすれば，それは幼児の自発的・自主的活動による教育，いいかえれば，遊びによる教育ということになる。したがって幼稚園教育の基本を示す三つの柱はつぎのようになっている。

①幼児は安定した情緒の下で自己を十分に発揮することにより発達に必要な体験を得ていくものであることを考慮して，幼児の主体的な活動を促し，幼児期にふさわしい生活が展開されるようにすること

②幼児の自発的活動としての遊びは，心身の調和のとれた発達の基礎を培う重要な学習であることを考慮して，遊びを通しての指導を中心に第２章に示すねらいが総合的に達成されるようにすること

③幼児の発達は，心身の諸側面が相互に関連し合い，多様な経過をたどって成し遂げられていくものであること，また幼児の生活経験がそれぞれ異なることを考慮して，幼児一人一人の特性に応じ，発達課題に即した指導を行うようにすること[3]。（傍点，引用者）

この3点はいずれも,幼児の自発的・自主的活動,すなわち,遊びを中心とした保育,さらにいいかえれば,環境による教育の考えをいいかえたものであるということができる。

まず,①では,幼児が自分を発揮することでさまざまな体験をすることの重要性を指摘する。そしてそれはいいかえれば,幼児が主体的な活動を通して,幼児期にふさわしい生活を送ることなのだといえる。たとえば,幼児が夢中になって砂に取り組み,砂遊びをする姿は,他人に強制されたり,保育者に命じられたりしてやることでは生まれない。幼児が砂の感触に誘われ,水とたわむれることに喜びを感ずるからこそ熱中するのである。幼児が砂遊びをすることで生き生きとした表情をみせ,その活動で満足することで,幼稚園の生活が楽しくなることは,幼児が主体的な活動を通して幼児期にふさわしい生活を展開したことになるのである。こうした体験は,幼児の心が安定していないとできない。この情緒の安定を保障してあげるのが保育者の役割にほかならない。このように考えれば,この①は遊びによる保育を強調していると解釈できる。

つぎの②はまさに遊びそのものの重要性を指摘したものといえる。この中で重要なことは,幼稚園教育の目標を具体化した「ねらい及び内容」,つまり五領域の「ねらいと内容」がこの遊びを通して総合的に達成されるとしたことである。いいかえれば,「領域」はこれまでの幼稚園教育要領でも,小学校の「教科」とは性格が異なるものであることが強調されていた。しかし,多くの現場でこれを教科的に扱い,領域「健康」の時間で,「健康」のねらいに合わせた指導と活動を行うというように解釈されることが多かった。特に昭和39年度施行の「音楽リズム」,「絵画制作」,「健康」の領域では,特定の指導をする園もあった。幼稚園の中には「専門」の指導者を雇って特別な指導をする園もあったし,現在でもある。

しかし現行幼稚園教育要領では,そうした領域の扱いがふさわしいものでないことを明確に述べているのである。つまり,どの領域でも,幼児の遊びを通して展開されるべきだというのである。

最後の③は幼児一人一人の個性的な違いや発達上の特質を尊重して保育すべきだという主張である。幼児一人一人が自分の興味にあった活動を選んでそれを遂

行するのが遊びであり，幼児一人一人を尊重しようと思えば，必然的にとられる活動形態は遊びである。したがって，ここでも遊びの活動によって保育が行われるべきことを主張しているのである。

3）生活を通じての保育の重要性

今度の幼稚園教育要領の改訂でも重視されているもう一つの点は，生活を通しての保育ということであろう。すでに述べたように幼稚園教育の基本の三つの柱のうちの①に幼児の主体的活動をうながすことによって幼児期にふさわしい生活が展開されること，③では幼児の生活経験がそれぞれ異なることへの配慮が述べられている。第1章の2，幼稚園教育の目標の前文では，「幼稚園教育の基本に基づいて展開される幼稚園生活を通して，生きる力の基礎を育成するよう学校教育法第78条に規定する幼稚園教育の目標の達成に努めなければならない」と述べている。第1章の3，教育課程の編成では，①で「幼稚園生活の全体を通して第2章に示すねらいが総合的に達成されるよう，教育期間や幼児の生活経験や発達の過程などを考慮して具体的なねらいと内容を組織しなければならないこと。この場合においては（中略），入園から修了に至るまでの長期的な視野をもって充実した生活が展開できるように配慮しなければならないこと[4]」とある。

さらに，第2章のねらい及び内容では，「各領域に示すねらいは幼稚園における生活の全体を通じ，幼児が様々な体験を積み重ねる中で相互に関連をもちながら次第に達成に向かうものであること」とある。そして各領域の説明，ねらい，内容，内容の取り扱いのいずれの項にも生活ということばが使われている。

- ●領域「健　　康」「健康な心と体を育て，自ら健康で安全な生活をつくり出す力を養う」
  - ね　ら　い (3)　健康，安全な生活に必要な習慣や態度を身に付ける。
  - 内　　　容 (5)　健康な生活のリズムを身に付ける。
    - (6)　身の回りを清潔にし，衣服の着脱，食事，排泄など生活に必要な活動を自分でする。
    - (7)　幼稚園における生活の仕方を知り，自分たちで生活の場を整える。
  - 内容の取扱い (4)　基本的な生活習慣の形成に当たっては，幼児の自立心を育て，

幼児が他の幼児とかかわりながら主体的な活動を展開する中で、生活に必要な習慣を身に付けるようにすること。

●領域「人間関係」　「他の人々と親しみ、支え合って生活するために、自立心を育て、人とかかわる力を養う。」

　ねらい (1)　「幼稚園生活を楽しみ、自分の力で行動することの充実感を味わう。
　　　　 (3)　社会生活における望ましい習慣や態度を身に付ける。
　内容 (10)　友達と楽しく生活する中できまりの大切さに気付き、守ろうとする。
　　　 (12)　高齢者をはじめ地域の人々など自分の生活に関係の深いいろいろな人に親しみをもつ。
　内容の取扱い (1)　教師との信頼関係に支えられて自分自身の生活を確立していくことが人とかかわる基礎となる……。
　　　　　　　 (3)　道徳性の芽生えを培うに当たっては、基本的な生活習慣の形成を図るとともに、幼児が他の幼児とのかかわりの中で他人の存在に気付き、相手を尊重する気持ちをもって行動できるようにし、……。
　　　　　　　 (4)　幼児の生活と関係の深い人々と触れ合い、自分の感情や意志を表現しながら共に楽しみ、共感し合う体験を通して、高齢者をはじめ地域の人々などに親しみをもち、人とかかわることの楽しさや人の役に立つ喜びを味わうことができるようにすること。また、生活を通して親の愛情に気付き、親を大切にしようとする気持ちが育つようにすること。

●領域「環境」　「周囲の様々な環境に好奇心や探究心をもってかかわり、それらを生活に取り入れていこうとする力を養う。」

　ねらい (2)　身近な環境に自分からかかわり、発見を楽しんだり、考えたりし、それを生活に取り入れようとする。
　内容 (2)　生活の中で、様々な物に触れ、その性質や仕組みに興味や関心をもつ。
　　　 (3)　季節により自然や人間の生活に変化のあることに気付く。
　　　 (8)　日常生活の中で数量や図形などに関心をもつ。
　　　 (9)　日常生活の中で簡単な標識や文字などに関心をもつ。
　　　 (10)　生活に関係の深い情報や施設などに興味や関心をもつ。
　内容の取扱い (4)　数量や文字などに関しては、日常生活の中で幼児自身の必要感

1．幼稚園教育要領の基本的考え方

　　　　　　　　に基づく体験を大切にし，……
●領域「言　葉」
　ね　ら　い (3)　日常生活に必要な言葉がわかるようになるとともに，絵本や物語などに親しみ，先生や友達と心を通わせる。
　内　　　容 (5)　生活の中で必要な言葉が分かり，使う。
　　　　　　 (7)　生活の中で言葉の楽しさや美しさに気付く。
　　　　　　 (10)　日常生活の中で，文字などで伝える楽しさを味わう。
　内容の取扱い (3)　幼児が日常生活の中で，文字などを使いながら思ったことや考えたことを伝える喜びや楽しさを味わい，文字に対する興味や関心をもつようにすること。

●領域「表　現」
　ね　ら　い (3)　生活の中でイメージを豊かにし，様々な表現を楽しむ。
　内　　　容 (1)　生活の中で様々な音，色，形，手触り，動きなどに気付いたり，楽しんだりする。
　　　　　　 (2)　生活の中で美しいものや心を動かす出来事に触れ，イメージを豊かにする。
　内容の取扱い (2)　……幼児が生活の中で幼児らしい様々な表現を楽しむことができるようにすること。
　　　　　　 (3)　生活経験や発達に応じ，自ら様々な表現を楽しみ，表現する意欲を十分に発揮させることができるような……[5]
　　　　　　（傍点，引用者）

　第3章の指導計画作成上の留意事項にも生活という言葉が重視されている。筆者が整理してみると，一般的留意事項の中で，(1)「幼児の発達に即して一人一人の幼児が幼児期にふさわしい生活を展開し……」，(2)ア「具体的なねらい及び内容は，幼稚園生活における幼児の発達の過程を見通し，幼児の生活の連続性，……を考慮して，……」を尊重すること，具体的活動は，ウ「幼児の生活の流れの中で様々に変化するものであることに留意し，……」，(3)「幼児の生活は，入園当初の一人一人の遊びや教師との触れ合いを通して幼稚園生活に親しみ，安定していく時期から，やがて友達同士で目的をもって幼稚園生活を展開し，深めていく時期に至るまでの過程を様々に経ながら広げられていくものであることを考慮し，……」，(4)「……より具体的な幼児の生活に即した週，日などの指導計画を作成し，（中略）幼児の生活のリズムに配慮」すること，(7)「幼児の生活は，

145

家庭を基盤として地域社会を通じて次第に広がりをもつものである……，（中略）幼稚園における生活が家庭や地域社会と連続性を保ちつつ展開されるようにすること。その際，（中略）幼児が豊かな生活体験を得られるように工夫すること。」，(8)「幼児期にふさわしい生活を通して，創造的な思考や主体的な生活態度などの基礎を培うようにすること」などが述べられている。

　また，特に留意する事項でも，(2)「障害のある幼児の指導に当たっては，（中略）集団の中で生活することを通して全体的な発達を促す」こと，(4)「行事の指導に当たっては，幼稚園生活の自然の流れの中で生活に変化や潤いを与え」ることなどが指摘されている[6]。（傍点，引用者）

　以上のように，生活ということばは，今度の幼稚園教育要領でも，最も重要なことばといえる。そしてそこでは，生活は保育が展開される場（環境）であり（生活の中で），保育を展開する方法（生活を通して）であり，かつそれは，保育で幼児が学ぶべき内容「生活に必要なことば」であり，幼児が達成すべきねらい（幼児期にふさわしい生活を展開する）でもある。このようにくり返し生活ということばが強調されるということは，逆のいい方をすれば，小学校以上の教育のように，生活から切り離された空間（教室）で，生活に直接関係のない内容を，生活とかかわらせないで（教科書等を使って）子どもに教えるといったスタイルで，幼児教育は行われるべきではないことを主張しているのである。生活とは本来，総合的なもので，そこにあらゆる要素が含まれている，いいかえれば，幼児は環境（自分をとりまいている世界）に主体的に取り組むことで学んでいくのだということと同義なのである。環境と主体的に取り組んで展開されていく活動の流れをわれわれは生活とよんでさしつかえないからである。

2．保育所保育指針の基本的考え方

　幼稚園が学校教育法に規定されている教育機関であるのに対し，保育所は，児童福祉法に基づき保育に欠ける乳幼児を保育する児童福祉施設であることはすでに述べた通りである。

　したがって，保育所保育指針の中で，「ここに入所する乳幼児の最善の利益を

2．保育所保育指針の基本的考え方

考慮し，その福祉を積極的に増進することに最もふさわしいものでなければならない」とあるのも当然である。それゆえ，保育所保育指針における保育目標のつぎのア〜カの中で，アだけは保育所独自の目標であるが，あとのイ〜カまでは幼稚園教育要領の目標と同じものである。

　ア　十分に養護の行き届いた環境の下に，くつろいだ雰囲気の中で子どもの様々な欲求を適切に満たし，生命の保持及び情緒の安定を図ること。
　イ　健康，安全など生活に必要な基本的な習慣や態度を養い，心身の健康の基礎を培うこと。
　ウ　人との関わりの中で，人に対する愛情と信頼感，そして人権を大切にする心を育てるとともに，自主，協調の態度を養い，道徳性の芽生えを培うこと。
　エ　自然や社会の事象についての興味や関心を育て，それらに対する豊かな心情や思考力の基礎を培うこと。
　オ　生活の中で，言葉への興味や関心を育て，喜んで話したり，聞いたりする態度や豊かな言葉を養うこと。
　カ　様々な体験を通して，豊かな感性を育て，創造性の芽生えを培うこと[7]。

次の保育の方法についてはどうか。アは保育所の特色を表したものであるが，イ〜オまでは幼稚園教育要領と基本的に同じである。

　ア　一人一人の子どもの置かれている状態及び家庭，地域社会における生活の実態を把握するとともに，子どもを温かく受容し，適切な保護，世話を行い，子どもが安定感と信頼感を持って活動できるようにすること。
　イ　子どもの発達について理解し，子ども一人一人の特性に応じ，生きる喜びと困難な状況への対処する力を育てることを基本とし，発達の課題に配慮して保育すること。
　ウ　子どもの生活リズムを大切にし，自己活動を重視しながら，生活の流れを安定し，かつ，調和のとれたものにすること。特に，入所時の保育に当たっては，できるだけ個別的な対応を行うことによって子どもが安定感を得られるように努め，次第に主体的に集団に適応できるように配慮するとともに，既に入所している子どもに不安や動揺を与えないように配慮すること。
　エ　子どもが自発的，意欲的に関われるような環境の構成と，そこにおける子どもの主体的な活動を大切にし，乳幼児期にふさわしい体験が得られるように遊びを通して総合的に保育を行うこと。
　オ　一人一人の子どもの活動を大切にしながら，子ども相互の関係づくりや集団活

第7章　保育の具体的展開

動を効果あるものにするように援助すること[8]。(以下略)

　以上のイ～オまでの項目をまとめていえば，イは，発達課題に従うことと個性の尊重，ウは生活の流れの重視，エは，自発的・意欲的活動を生みだすための環境の配慮をすること，いいかえれば，遊びを通しての総合的指導を行うこと，オは，一人一人の活動を大切にしながら子ども相互の関係づくりや集団活動を効果あるものにすることである。これらはいずれも，幼稚園教育要領で重視されている点である。イ，ウ，エの3点はそのまま，幼稚園教育要領の基本の柱と対応している。なお，オの，個人の活動の重視と集団活動への配慮は，文としては幼稚園教育要領にはない。しかし，領域「人間関係」の内容の取扱いには，集団生活の中で自己を発揮するようにすべきだという主旨の事柄があるので，この点も幼稚園教育と変わる点ではない。

　また，アにおける乳幼児の家庭や地域における実態の把握と子どもを温かく受容し，保護することという内容は，特に保育所に課されている重要な課題ではあるが，このことが幼稚園で行われなくてよいということではなく，幼稚園にとっても必要な課題である。さらに，ウの後半の部分「特に，入所……」の内容も，幼稚園児の入園当初に求められるべき援助である。特に，3歳児の4月当初の保育課題として重要なものである。

　この保育所保育指針でもう一つ特筆すべき点は，保育の目標，保育方法と並んで，保育の環境の項目が大項目として立てられていることである。そこではこうかかれている。

　　保育の環境には，保育士や子どもなどの人的環境，施設や遊具などの物的環境，さらには，自然や社会の事象などがある。そして，人，物，場が相互に関連し合って，子どもに一つの環境状況をつくり出す。
　　こうした環境により，子どもの生活が安定し，活動が豊かなものとなるように，計画的に環境を構成し，工夫して保育することが大切である[9]。

　これまでみてきたように，幼稚園教育要領と保育所保育指針は保育の目標，保育の方法，保育の環境の面で基本的な考え方は共通的なものをもっていると確信できる。もちろん，具体的な保育活動においては，半日保育と全日保育というような生活リズムの相違，3～5歳と0～5歳といった対象年齢の相違があること

から，当然，異なった点も少なくない。しかしそれによって保育の目標や基本的な保育の方法が変わらないということは望ましいことといわなければならない。なぜなら，どちらの施設を幼児が選んだとしても，3～5歳の幼児にとっては，同質の発達条件が保障されなければならないからである。

3．乳幼児にとって保育施設や保育者や幼児たちはどんな環境なのか

1）情緒的環境としての保育者

今，一人の幼児が入園（入所）してきたとしよう。その幼児にとって幼稚園（保育所）はどんな所であろうか。幼児にとって最初に目に入るのは，おそらくモノではなく人であろう。そこは，自分の知らない大人がいるところであり，自分と同じぐらいの幼児たちがいっぱいいる所である。だから，多くの幼児にとってそこは，緊張感を抱かせられたり，恐怖心を抱かせられる場であるはずである。

でも，その幼稚園や保育所に自分のお兄ちゃんやお姉ちゃんが通っているとしたら，幼児にとって緊張感や恐怖心はかなりやわらげられるにちがいない。また，いつも近所で遊んでいる仲間の幼児が一緒であっても，その効果は同じであろう。しかし，そうはいってもやはり，親から離れて長時間（保育所の場合は特に）生活する場である以上，緊張をともなわずにはいられないだろう。中には，親と離れるのがおそろしくて何時間も，何日も泣いている幼児もいる。

そうした幼児たちが施設の生活に適応するには，まず，保育者との出会いがうまくいくことが必要であろう。だからこそ，保育所保育指針の保育方法のアには，保育者は「一人一人の子どもの置かれている状態及び家庭，地域社会における生活の実態を把握するとともに，子どもを温かく受容し，適切な保護，世話を行い，子どもが安定感と信頼感を持って活動できるようにすること」[10]とあるのである。

これは保育者が，家庭における人的環境（主として母と子の絆の関係やそれをとりまく家族の人々と幼児との関係がつくり出すもの）と幼稚園や保育所における人的環境との間ができるだけ連続的になるようにするための配慮である。

親との間だけ親しい関係をつくっている幼児にとってみれば，他の幼児や保育者とは，急には親しくなれない。いいかえれば，気持ちの上でしっくりとしたや

149

りとりのできない相手である。幼児が親とだけではなく、兄弟とも情緒的に安定した関係をつくり、近所の子どもや近所の親たちとも目線や表情、ほほえみなどの安定したやりとりができれば、幼稚園や保育所の保育者や他の幼児たちとも親しく気持ちを交換する能力をもっていることになるのである。もし、親と子の関係自体が安定していないとしたら、そういう幼児を引き受けた保育所や幼稚園の保育者の苦労は倍加するはずである。なによりもまず、安定した関係を五感で共有するレベルからやっていかなければならないからである。そういう幼児の場合、保育者とも目を合わせることができず、緊張感で、保育者の服にしがみつくとか、保育室内を走りまわって決して一箇所にとどまっていないとか、逆にある場に居たまま、そこから一歩も動こうとしないという状態になるのである。

　施設保育は幼稚園にせよ保育所にせよ、幼児の生活のリズムを大切にするということがいわれている。家庭における親と子を中心とする人的環境と施設保育における人的環境との間の落差を小さくして、幼児の生活のリズムを筋の通ったものにするのがまず必要な保育者の役割なのである。

　しかし、こうした保育者の役割は入園（所）してきた幼児全員に対し、いっぺんに同じ方法を適用するという形で行われるものではない。保育所保育指針の保育の方法のウの項目の後半にも書かれているように、「できるだけ個別的な対応を行うことによって子どもが安定感を得られるように努め、次第に主体的に集団に適応できるように配慮するとともに、既に入所している子どもに不安や動揺を与えないように配慮すること」[11] が必要なのである。このように保育者は、施設保育に入園（所）当初、特に3歳未満の幼児の場合、幼児のやりとり（ことばだけでなく、ことば以外のコミュニケーションも含めて）を通じて、幼児が安定できる生活の場、つまり環境をつくらなければならない。保育者は幼児が施設教育において安定できる人的環境の要素といえるのである。

2）学習環境（モデル）としての保育者や幼児の仲間たち

　幼児期における学習のおもなものは、児童期の学校で行われる教授―学習とは異質なものである。教師のことばによる伝達や教科書やその他の参考資料を読むことから学ぶという学習とは異なり、体験による学習である。幼児の周囲にある

3．乳幼児にとって保育施設や保育者や幼児たちはどんな環境なのか

すべてのものが学習の対象になる可能性がある。その中で最も身近にあって，一番最初に学習の対象になるのが，幼児の心の安定を支えてくれる養育者（母親や父親，または保育者）である。1）で述べたように，保育者は，幼児にとって情緒の安定を確立させてくれる相手であり，同時に認識の対象である。しかしそれは保育者が意図的にこれを教えようとするからではない。養育者（保育者）が意図的に幼児に教えようとするしないにかかわらず，保育者と情緒的に安定したつながりができていれば，幼児にとって保育者の行動は，自分を相手にした行動であろうと，第三者に向かってとった行動であろうと，興味の対象になり，それをみてまねるという学習の対象になる。

このように保育者の行動が幼児に向かって何かを指示したり，幼児の行動を援助したりする場合を除いて，なに気なしにした行動，他の幼児に向かって働きかけた行動も，幼児にとって環境として働く。なぜなら，幼児がそうした行動の存在に気づき，自分からすすんで（主体的に）その行動をみてまねよう，自分もやってみようとする場合，それは保育者の行動が環境として働いたことになるからである。こうみてくると，幼児との間に精神的絆が確立している保育者の行動のすべては，幼児の視野にさらされている限り，幼児の学習対象となりうることになる。たとえば，職員室での他の保育者との世間話さえもがである。

同様に，同じクラスの幼児たちの行動，園全体の幼児たちの行動も幼児にとって学習の対象になりうる。この場合，学習対象になるのは集団の場合も個人の場合もありうる。そして対象の年齢は，年長になるにつれて，年上の子どもを対象にする傾向は大きくなる。

対象にされる幼児たちは自分たちのやっていることが他の幼児に注目されているということに気づいたとしても，そのために自分の行動を変えたりすることはない。幼児たちはただおもしろいからやっているにすぎない。みている子のために働きかけるということはない。こうした幼児たちの姿は，みてまねようとする幼児にとっては，とてもすぐれた環境である。とはいえ，他人の遊びをみている子にとってその遊びは，直接働きかけてくる刺激ではない。興味をもってみつめている幼児にとってはじめて直接の刺激になる。そして，それは幼児の行動を発動させるものとなりうるというわけである。主体的に取り組まなければ，学習の

対象にならない。

　砂場遊びでの他の幼児の動き，カセット・テープの音楽に合わせてリズム体操をしている幼児たちの姿，木工に熱中している子どもの様子などは，参加していないが注目している幼児，参加しているが迷っている幼児にとってとてもすぐれた環境ということになる。

　一般に，遊びは幼児の自発的・自主的活動だといわれている。この幼児の自発性や自主性はどうして保障されるのであろうか。保育者が教えるという行動は自発性，自主性を奪う可能性が大きい。しかし多くの保育者は放っておいたら幼児は何もできない，だから教えざるをえないという。このジレンマは容易にはとけない。たしかに遊び方を知らなければ，遊べないし，盛り上がらない。

　幼児の遊びの自発性，自主性を保障してきたのは，伝承遊びが成立していた，つまり遊びが伝承されてきたからなのである。いいかえれば，幼児の活動の自発性や自主性は，遊びを伝承する過程，つまり学習の過程で保障されていたのである。幼児は遊びを教わるのではなく，周囲の幼児がやるのをみてまねたのである。みてまねるとは，自ら興味をもって他人のやることをみつめ，それを自分が試行錯誤しながら学びとっていくことなのである。

　新しく入園してきた幼児の周囲に同じ年齢の幼児たちの遊びが人的な環境（モデル）として，豊かに展開されていれば，保育者が教えるということからくる弊害（遊びの自発性，自主性を奪う可能性）は少なくてすむのである。しかしこのことは決して容易ではない。なぜなら，クラス全員の遊びが十分育っていれば，幼児の遊びも育つといっているにすぎないからである。

　そこで幼児たちの遊びが育つ，自発的・自主的活動によって保育が展開されるようにするにはどうすればよいかをつぎに考えることが必要になる。それには環境としての，モノの役割を考える必要がある。

3） 物的・空間的環境と保育の展開

　これまで，保育という仕事においては，保育者が幼児一人一人とどうかかわるかということが重視されてきた。そのことはとても大切なことである。しかし，保育という営みが幼児一人一人の主体的な環境への取り組みとして行われるよう

3．乳幼児にとって保育施設や保育者や幼児たちはどんな環境なのか

になると，環境をどう整えるかということがとても重要なことになる。

　そこでまず，幼稚園，保育所の施設を頭に描いてみよう。園庭，保育室，遊戯室，テラス，職員室，用務員室，便所，物置等，すべて幼児にとって環境である。いわば，施設全体が環境なのである。いいかえると，そこが幼児の共同生活の場である。これを幼児の生活空間とよんでもよいであろう。

　幼児の生活空間にとって第1の条件は，その空間で幼児が自立的に行動できることである。具体的にいえば，基本的生活習慣行動が身につくこと，施設保育の生活時間のリズムに沿って生活できることである。このことを別のいい方をすれば，園の生活の勝手がわかることである。たとえば，上ばきと下ばきの区別がつくこと，自分のくつ箱にくつが入れられること，自分のロッカーで着がえができること，自分でトイレに行けること，手を洗えること等である。

　こういう能力が幼児の身につくには，どこに何があるかがわかること，トイレ，ロッカー，手洗いなどの場所がきまっていて，それが幼児の身体の大きさに合っていて，自分で使いやすいことなどが必要である。

　これに加えて必要な第2の条件は幼児自身の自分の居場所（心が安定できる場所）があり，それが決まってくること。それは文字通り，幼児にとってのオリエンテーション（入門）になるのである。オリエンテーションということばの語源をしらべると，意味は，東方を向く→方位を決める→自分の位置を決める→入門するという形に変化して生まれたものである。幼稚園や保育所の中で自分が行動するときに必要な物や場の位置がわかり，自分の心が安定できる場がきまるということは，その幼児がその施設の生活に入門できたということを意味し，集団生活に適応できる状態に立つことを意味している。

　こうした保育室やその他の施設の空間や設備のあり方は幼児の生活の中で最も中心になる遊びにおいても考えられなければならない[12]。まず，図7-1をみてほしい。

　保育室は幼児たちの生活が始まる場であるとともに遊びが展開する中心的な空間である。ここで保育室は図7-1が示すように，小学校の教室とは大きく異なっていることに気づく必要がある。保育室は教室ではない。いいかえれば，教師が中心となって，子どもたちに主としてことばによるコミュニケーションを働き

かけていく場ではない。幼児たちが三々五々群れをつくったり，一人だったりして，自分の好きな活動を展開するための空間なのである。だから保育室という環境の原型は教室ではなく居間なのである[13]。

　図7-1をみればわかるように，保育室の中に積み木のある場所，絵本のある場所，ブロックのある場所，製作のできる場所，ままごとのできる場所がきめられている。幼児たちがここの生活になれるにつれて，次第に勝手がわかってくる。いいかえれば，幼児の頭の中に，保育室の部屋の様子と，そこに置かれている遊具の位置がイメージとして定着してくるはずである。そしてそれは，幼児の頭の中に，あそこにいけば積み木がおいてあって，積み木遊びができるとか，製作コーナーにいけば，自分が使いたい道具や素材が手に入る。だからあそこで遊ぶことができるという予測性をつくりあげる。これは幼児の頭の中に遊びのマップ（地図）をつくりだすことだということができる[14]。このようにして幼児は自分の好きな遊具を自分の好きな空間で選ぶことができるようになる。これを遊びの拠点づくりとよんでおこう。幼児は遊びにおける自発性や自主性の原則を自分で遊びの道具や場を選ぶという具体的行為で実現するのである。こうした選択行為こそ，幼稚園教育要領の中の「幼児自ら主体的に環境と取り組む」ことを具体化する行為なのである。

　このように，遊具の配置する場所を決め，幼児の自主的な活動の場をその遊具のおかれている付近に幼児たちが設定するように仕向けること，また，その場として保育室の隅が利用されることは，幼児の精神的安定を保障する面でのぞましいことである。なぜなら，幼児たちの活動の安定性は，壁で囲われるがゆえに中央よりも隅の方にあるからである。しかしそれだけでなく，保育室を広く使い，中央の部分の空間をゆったりと確保することで，他の幼児たちの存在や遊びを知る機会にもなる。これもまた，みんなが集まって遊んでいるという実感を育てることになり，幼児たちの安定感を育てることになる[15]。

　また，まだ遊びに入れない幼児にとっては遊びの展示場が目の前に展開されていて，幼児たちの遊びのレパートリーが幼児の遊び場と直結しているので，目のつけどころ（どこに目をつければ，遊びをぬすめるか＝みてまねられるか）がわかることになり，遊びを覚えやすくなる[16]。

3．乳幼児にとって保育施設や保育者や幼児たちはどんな環境なのか

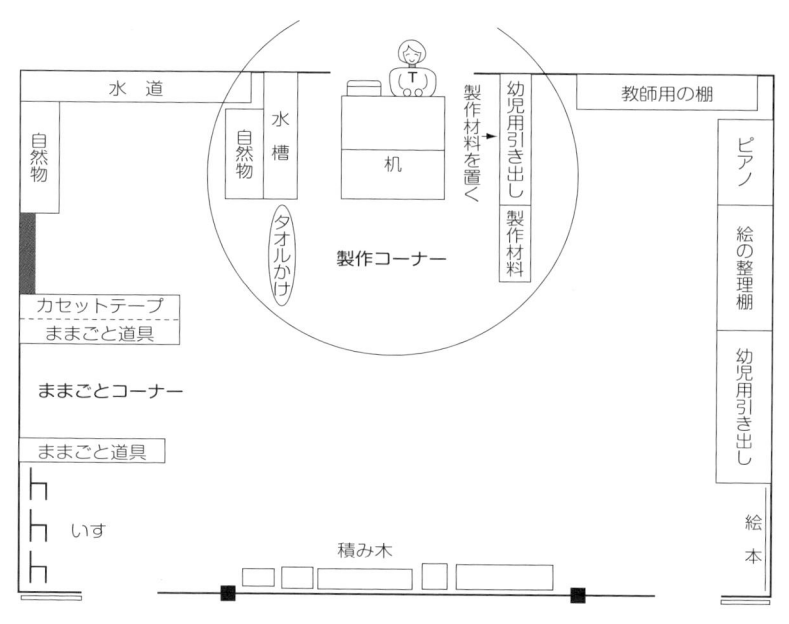

図7-1．環境づくり
＜例：保育室の環境設定・5歳児4月＞
製作コーナーは保育室全体が見渡せる位置に作る。

　また，遊んでいる仲間にとってみれば，自分たちの遊びのイメージが，自分たちの遊びの拠点（空間）と結びつくため，空間の持続性によって遊びのイメージが持続されやすくなる。つぎの日やってきても，その場が残っていることで遊びがこわれてしまいにくくなる。こうした拠点の形成には保育者の参加が大切な要素である。保育者は幼児の遊びの拠点がモノと人とそれをつなぐ空間の三つの要素が含まれていることを知るべきである。

　さらに，遊びが持続することによって，あの場所でだれだれちゃんたちと○○遊びをしたいというように，遊びの場，メンバー，遊びの内容についての有機的なつながりができる。それはことばにならないところで遊びの共通項が増大することであり，ことばのコミュニケーションの中で共通化をはからなければならない遊びのテーマとか課題といったことがすれ違いになったり，ぶつかり合ったりすることが少なくなる。かりにその点での相違点が生まれたとしても，それで遊

第7章 保育の具体的展開

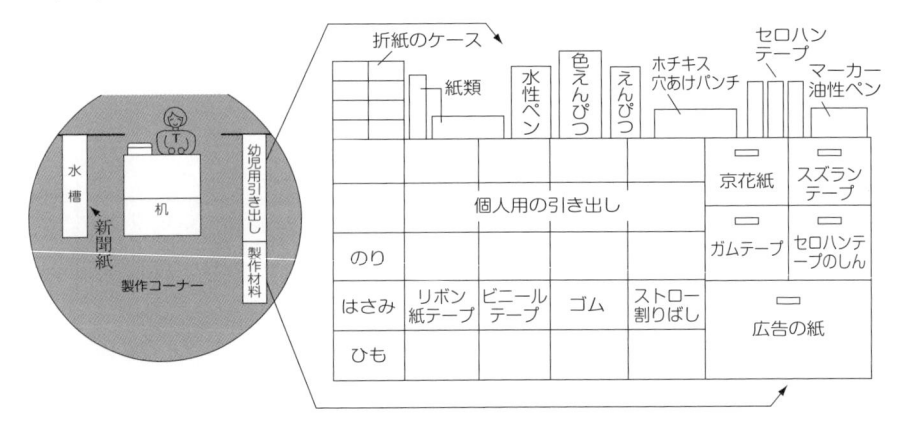

図7-2. 環境づくり

- 材料は取りやすいように準備する。セロハンテープ，ホチキスなどは人数を考えて用意し，置く場所はいつも同じところに置く。
- 作るときは必ず製作コーナーで作るようにする。製作コーナーに来ることで，他の遊びの様子を知り，お互いに情報交換ができる。また，保育室とみんなのへやの遊びにつながりをもつための重要な役割がある。
- 一人でも参加することができ，ものにかかわることで友達とのかかわりがうまれる。
- 製作コーナーに行けば先生がいるという安心感を幼児がもつ。

びが簡単にこわれてしまうことが防げるのである。要するに幼児たちが自ら選択して遊びを起こし，それを自主的に展開することが容易になるような環境構成が必要なのである。

　最後にこのような環境構成が保育者にとってもつ意味を考えてみよう。自由な活動の場面では，保育者は幼児のためのよき援助者でなければならない。よき援助者というのは，幼児たちの自発的な活動選択とその自主的展開を保障するものでなければならない。保育者の働きかけで一時的に活動が活発になるようにみえても，保育者がそこを立ち去ったときに，その活動が消えてしまうものであってはならない。その場合，その遊びを自主的に展開する力が幼児に育っていないことになるのである。だから保育者の働きかけが幼児の活動の展開にとって必要だと判断され，なおかつ，それが幼児の自主性（主体性）を損わないかぎりにおいて働きかけること，これが援助の本質である。

　では，援助とは具体的にどうすることか。原則的にいえば，保育者は幼児の活動を導くというより，幼児が自ら選んだ活動の後についていって必要なときに助

けるということになる。後についていくということは、幼児たちの取り組む活動がどう展開していくか、幼児がどういうつもりでそれをやっているのか、この活動は今のままで十分展開していけるのかなどについて、幼児の遊びの実態を把握して、その活動の未来について予測ができることを意味する。そして、必要な援助はタイムリーになされなければならないのである。

　しかし、このことは容易なことではない。一つのグループや個人の行動をみていくだけならば、まだ容易であろう。しかし、図7-1のように、幼児の活動がいくつかのグループに分かれ、それぞれの遊びの展開の様子もちがうのである。砂場の遊びとままごとでは、グループの組み方も遊びの展開のペースも同じではない。このように、質の異なった遊びが一日の保育の中で同時進行で展開する。保育者はそれぞれの遊びに参加する幼児の実態を把握しつつ、適時必要な援助をするのである。どのグループが、どの子どもが今、保育者の援助を必要とするのかという診断が必要とされる。そのためには、幼児たちの自由な遊びの実態が保育者の頭の中に把握されていなければならない。保育者がいつも働きかけてばかりいれば、その間に他の遊びの実態は把握できにくくなるのである。また、他のグループへの必要な援助のタイミングも失ってしまう。もし、遊びのグループがあまり多すぎると、保育者は、グループをまわり切れず、見落としてしまう幼児もでてくる。

　先のような環境構成を考えるということは、上のような保育者の援助のむずかしさをより容易にするための手だてでもあるのである。

　幼児たちが自分たちの遊びにふさわしい場所、つまり、それぞれの拠点で遊びのグループを形成し、自主的に遊びを展開してくれれば、保育者は、各々の遊びグループの実態を観察することで把握しやすい。幼児が友だちや遊具や場所にこだわって遊んでくれている間、保育者はそこに参加せず、その遊びをみつめ、その実態をつかみやすくなる。幼児の遊びと環境との関係が保育者の頭の中で、イメージとしてとらえやすくなると、どのグループの遊びをみつめ、どのグループの遊びに参加すべきかという援助の優先順位が、保育者にとらえやすくなる。自由な活動ではこのようにして、環境構成とそこを拠点とする幼児の自主的な遊びの持続的展開に助けられてはじめて、幼児に必要な援助を必要なときになしうる

のである。そうした環境構成を欠いた自由な保育は放任になるか，最終的に保育者が自分のペースでまとめていくような教師指導型になるかのいずれかに分裂するのである。

4．指導計画とはなにか

　保育という営みが，意図的な活動，いいかえれば，幼児の発達を保障し，望ましい人間として成長してほしいという願いに基づいて行われる活動であるかぎり，指導計画というものがある。つまり，その願いを実現するための計画的な働きかけの仕方というものがある。そしてその計画の基本は，幼稚園教育要領や保育所保育指針に書かれている。そしてその計画の内容はある目標を実現するために，保育者がいつ，どんな形で，幼児に働きかけるかということからなっている。またその計画の立て方は，時間の幅に従って，短い方から，時間計画（時案），日計画（日案），週間計画（週案），月間計画（月案），学期計画（期案），年間計画などとよんでいる。そうしてこれらの総称として一つの園でほぼ確定したものを教育課程と幼稚園ではよんでいる。それぞれの期間での指導計画については，後にふれるとして，幼稚園，保育所における指導計画の特色についてまず述べておくことにしよう。

　まず第1にいえることは，保育所の場合は当然のことであるが，幼稚園教育要領・保育所保育指針でも強調されていたように，指導計画の中に流れている考え方は，幼児の生活のリズムを大切にするということである。家庭の生活にリズムがあり，幼児もその中で自分の生活のリズムをつくっている。起床の時間，食事の時間，睡眠の時間各々が，毎日，変更なく，規則的に流れていくことは，幼児の健康保持の必要条件であるだけではない。心の安定にとっても不可欠である。この原則は0歳児においても，5歳児においても変わらない。また，1日の保育，週の保育，年間の保育というように時間の幅を広げていっても変わらないのである。だから，幼児の年間計画は季節の変化（四季の変化）を基調として計画が立てられるのである。幼児たち一人一人の心身が環境の中で健全な発育をとげていくためには，そうした季節的変化のリズムに適応していくことが必要だからでも

ある。また，年間の計画の中に園生活の節目ともいうべき行事が組み込まれているのも同じことである。

　行事は本来，人々のくらしの節目をなすものであった。行事と日常生活の区別を人々は「ハレ」と「ケ」ということばでしていた。「晴着」を着るということばにみられるように，行事の日は，毎日の生活からみれば特別な日であった。日常生活を続けていると，「ケ」がつみ重って「ケガレ」が生ずるので，これをはらして，新たな出発点を設けるための特別な日が「ハレ」であった。たとえば，秋祭りはたいてい，収穫の祭りであった。毎日の農作業の結果，生まれた収穫を祝う祭りが秋祭りである。だから，行事は日常生活の積み重ねの結果生まれる特別な日であり，また日常生活を一新して新しい出発に備えるための日である。

　同じことが保育の中での行事にもいえる。行事は日常の保育の積み重ねの上に成り立ち，しかも園生活の中で特別な日でもあり，あしたからまた新しい気持ちでつぎの日の活動ができるようにするためのものである。たとえば日常の保育を犠牲にして運動会のために準備するとしたら，それは行事の本来の意味ではなく，みせるための行事，営業のための行事である。日常の保育で幼児たちの中で盛り上っていったリズム活動や鬼遊びなどが，運動会のレパートリーになるべきなのである。

　と同時に，運動会は日常の保育の日と異なり，幼児にとって特別の日，待ちに待った日というイメージで受け入れられることも必要である。幼児たちの心の中にいつもとは異なる高揚感が生まれ，日ごろできそうもないことがやれてしまうといった気持ちになれば，この行事を一つ一つくぐりぬけることで，周囲の大人たちも，幼児自身もひとまわり大きくなったように感ずるのである。

　このように考えれば，行事の設定は，年中行事の性格と同時に，子どもの発達を保障していくための，昔の人々の工夫の一つである通過儀礼としての働きをもつことになる。七五三や元服（現在の成人式）のように，それらの行事を行うことを通して，子どもの成長発達の節目を囲りの大人も，子ども自身も自覚したのである。ちなみに，幼稚園や保育所でも，お誕生会や，子どもの日のお祝いのように，通過儀礼に近い行事も含まれているのである。このような点からみれば，指導計画は，タイム・スケジュール（時間の区切りに沿って活動の割りふりを考

えたもの)としての性格をもっている。指導計画は，幼児たちの規則正しい生活のリズムを尊重するという意味でのみタイム・スケジュールなのであって，大人から与えられた時間割ではないのである。

しかし，この時間割という性格は幼児一人一人の心の中の時間の流れを細かく制約するものであってはならない。保育という仕事は幼児自身の主体的な活動の展開を援助する形で展開されなければならないことはすでにくり返し述べてきた通りである。とすれば，先のタイム・スケジュールは，1日の流れ，週の時間の流れ，さらに月，期，年間といった時間の大きなくくりを示すものではあるが，1日の流れの中では，幼児自身が自由に選んで過ごす時間であることが望ましいのである。

この意味で，小学校の授業時間のように，いろいろな教科内容と限定された時間の中で学習していくといった形はとるべきではない。なぜなら，そこでは子ども自身が自分で活動の展開をコントロールするという意識がもちにくく，教師にやらされている活動ということになりがちである。幼児自身が自分で活動を選びそれを展開するという気持ちがもてるように，ゆったりと時間が流れるような配慮がなされるべきである。そしてその点では，指導計画は，タイム・スケジュールという性格を克服しなければならない。いいかえれば，工場の生産計画のように，一定時間に一定の仕事を仕上げ，決められた成果を生みだすといった計画の意味とはまったく異なるのである。このことは特に，計画が日案，週案のように短い時間のスパンで立てられるときには考慮すべきことである。では，そこではどのように計画の意味を考えていくべきであろうか。

私はそれを幼児に対するよりよき援助を考えるためのイメージ・トレーニングとしての指導計画とよびたい[17]。イメージ・トレーニングなどというと，奇異に感ずる人も多いであろう。しかし，よく考えると，これまで保育の世界では，それをきちんと考えていたことがわかる。それは指導計画を時案，日案，週案などとよんでいたことで証明される。案とは，頭の中で考えたこと，つまり，イメージとしてつくりあげたものという意味である。案のもう一つの意味は，そのイメージはただでっち上げたものではなく，今日，これから始まるであろう幼児の活動や保育者の援助に対する予想ということである。今日はここで書かれた通り

に，保育者がやりますということを宣言したものではない。それはせいぜいこのようになれば望ましいと思うという保育者の願いという形でイメージ化されたものである。そしてその願いは，そのようになる可能性が高いという予測の表現でもある。もし指導計画が，保育者の願いとそれを実現する手だてだけを書いたものであったとすれば，それは結果的に，保育者の考え通りに幼児を動かすことになってしまうし，幼児の活動を予測する必要はなくなってしまうであろう。

　ではなぜ，幼児の活動を予測する必要があるのであろうか。前の節でもふれたように，保育者の援助という仕事は，幼児の活動の流れを跡づけ，幼児の活動の方向性を予測し，必要なときに援助することだと述べた。保育者の援助がおしつけやおせっかいにならないためには，幼児自身が何を意図し，その活動がどう展開されるかを見定めること，つまり幼児の活動の路線を確認することが必要である。そしてその路線はこれまでの幼児の実態をみとることによって明らかになるのである。

　具体例に沿って考えてみよう。表7−1と図7−3は，幼稚園の指導案（日案）の一例である。まず図7−3をみると，幼稚園の環境図に幼児たちの遊びの拠点が矢印で図示され，それぞれの遊びの展開と予想，それに援助の内容が示唆されている。そして，前日までの遊びの様子が総括されている。これをみれば，保育者は今日の遊びにどう取り組むべきかを幼児の実態に合わせて決定することができる。そしてまた保育が終了したあと，今日の保育の実態と自分の予測がどうくい違っているか，その結果，援助の仕方がどう変わっていったかを知ることができる。その意味で，この日案は，保育実態をよくとらえることができ，そこから，幼児の今日の遊びの予測を具体的に立てられるという点で優れている。加えて，幼児の活動の実態が，保育室の空間上の展開として描かれていることも，実態を把握しやすくしているとともに，保育者の援助を具体的にするのに役立っている[18]。

　このように遊びを中心とする指導案を従来の指導案（日案）のほかにつくることは，保育者の援助行動にとって，より具体的な情報を提供してくれる。というのは，表7−1のように従来の指導案の場合，日案による1日の流れや，幼児の実態の記述は必要な部分であり，そこから，全体的・総括的なとらえ方はできる

けれども，各々の遊びグループの人的構成やその変動，遊び方のイメージの展開の様子などは164頁の記述（図7-3）の方が具体的でわかりやすい。それゆえその点がわかればわかるほど保育者の援助はたしかなものになるのである。

　指導計画の中で，もう一つ大切な点は指導目標との関係であろう。上のような形で，幼児の実態の把握→予測→援助というサイクルの中では，指導目標をどう考えるかがぬけ落ちているからである。保育は幼児の望ましい発達を助長する意図的働きかけであり，だとすれば当然，指導目標が先にあって，そこから指導内容が決められ，それにふさわしい活動が決められるのではないかといった議論が生ずるからである。

　それに対する答えとしては，たしかにその通りである。しかし，指導目標や指導内容を保育者が想定したとしても，それを実現するのは保育者ではなくて，幼児自身なのである。新幼稚園教育要領の指導計画作成上の留意事項をもう一度，思い起こしてほしい。具体的目標の達成は，「幼児が自ら意欲をもって環境とかかわることにより作り出される具体的活動を通して」実現されるのである。だから保育者の役割は，幼児自らが具体的活動を作り出すように援助することなのである。

　とすれば，保育者の役割はそのねらい（指導目標）が具体的活動の中で，どう実現されたかを診断することなのである。先の指導案で具体的にいうならば，週のねらい「自分なりに試したり工夫したりしながら，いろいろな物を作って楽しむ」が保育の中でどう実現されたかどうかは，幼児の具体的活動の実態に即して診断されなければならない。

　そこで，図7-3の＜製作＞（車作り）の実態を見てみると，空き容器や色画用紙，折紙などを使っていろいろな物を作ることを楽しんでいるとあり，幼児たちがねらいの動きを実現しつつあることを教えてくれる。

　このように幼児の活動を援助しつつ，その都度，保育者は幼児の実態を指導目標に照らして診断し，そのねらいが実現されるような活動が生まれるよう援助するのである。では，そうした実態に即した評価（ねらいに従って実態を診断すること）に基づいて，指導計画が立つようにするにはどうすればよいであろうか。

4．指導計画とはなにか

表7-1．指導日案（例）

```
                                           平成10年7月16日（水）
                                           在　籍　男児2名　女児6名　計8名
4歳児さくら組指導案                          指導者　Y
```

1．期のねらい
　○いろいろな遊びに興味をもち，やってみようとする。
　○気の合う友達と遊ぶ中で，自分の思いを伝えながら遊びを十分に楽しむ。

2．7月の学級の実態
- 6月は体調を崩しての欠席者が多く，ようやく復調したものの再び欠席したり，疲れたような冴えない表情で登園したりなど，蒸し暑い気候もあってか，体調が整わない幼児が目立つ。
- プールでの活動を割り当ての時間に行うために遊びが途切れたり，七夕に向けての課題活動が入ったりして，好きな遊びの時間が十分に確保できないことが多かったが，そのような中で，いろいろな材料を使って自分が考えた物を作ったり，2～3名の友達と中型積み木を構成したりして楽しむなど，興味をもっていることに取り組んでいる。
- 製作では，家庭から集められた様々な空き容器などを使い，「船」を作って水に浮かべたり，「動物」を作って連れて歩いてごっこ遊びをして楽しんでいた。ほとんどの幼児が，教師や友達が作った物を真似して自分で作ろうとしていた。ハサミやセロハンテープなどの使い方も個人差があるが，自分でやりたいことを実現するために一生懸命使いこなそうとしている。
- 積み木での遊びは，「お化け屋敷」「中にもぐれるお家」「迷路」など，年長児が大型積み木でしていたことを真似て，中型積み木で再現していることが多い。囲うだけの場作りから，立体の構成になり，中にもぐる，上をわたるなど動いて楽しんでいる。また，「ここは〇〇ね」「わたしは〇〇」と自分の思いを友達に伝えながら，一緒に遊ぶことを楽しんでいる。
- ビニールプールや屋内プールでの水遊びでは，水を恐れる幼児はなく，全員がのびのびと全身を使って楽しんでいる。また，サッカーごっこでも思いきり身体を動かして楽しんでいるが，興味のもち方はそれぞれ違いがある。
- K　男…大人の評価を気にする。
- T　男…いざというときに自分を抑えて譲ってしまう。
- A　子…今のところのびやかに過ごしている。
- M　子…だいぶ力はついてきたが，まだまだ教師の手助けが必要である。
- S　子…M子の双子の妹，なかなか素直に自分をだせない。
- S　男…淡々としているが自分のしたいことははっきりもっている。
- I　子…力はそれなりにあるのだが，自立や人とのかかわりの面で課題がある。

3．週のねらいと指導内容
　○自分なりに試したり，工夫しながら，いろいろな物を作って楽しむ。
　○一学期が終わることを知り，夏休みに期待をもつ。
- 興味をもったことに自分からかかわって遊ぶ。
- 遊びの中で，自分がしたいと思ったことを動きや言葉で先生や友達に伝え，一緒に遊ぶ楽しさを感じる。
- 自分で考えた物を作ったり，友達や先生の真似をして作ったりする。
- 一学期が終わることを知り，自分のロッカーや共有の道具などを自分たちできれいにしようとする。
- 夏休みについて先生や友達と話しながら，期待をもったり，安全な過ごし方を知ったりする。

4．日のねらいと指導内容
　○自分なりに試したり工夫したりしながら，いろいろな物を作って楽しむ。
　○友達や先生に自分のしたいことを伝えて，一緒に遊ぶ楽しさを味わう。
- 興味をもったことに自分からかかわって遊ぶ。
- 使いたい材料を見つけて遊びに使う物を作る。
- 自分のしたいことを言葉や動きで友達や先生に伝える。
- 自分のしたいことを受け入れてもらう喜びを感じる。

5．本日の生活の流れ

8：50	9：00	10：50	11：05	11：20	11：30
○登園する ・所持品の始末をする ・飼育物の世話をする	○好きな遊びをする ・製　作 ・積み木で遊ぶ ・水を使って遊ぶ	○片付ける	○学級活動をする ・歌を歌ったり，絵本を見たりする	○降園準備をする	○降園する

第7章 保育の具体的展開

＜中型積み木＞（もぐれるお家，道路）

☆ 3，4名で，自分たちの場を構成して，楽しんでいる。周りを囲った平面から，立体的な構成に変わってきている。⑪男 ⑭男 らが中心になって，作り始めることが多い。もぐれるお家，迷路，道路など，自分たちの中で動いて遊べる場を作ると思われる。

♡
- 場を作り始めるときは，勢いがあり，友達と「どこに置くの？」「ここに置いて」など，思いを伝えながら楽しんでいるので，その姿を見守る。「○○ちゃんは，こうしたいんだ」と動きの確認をしたり，工夫していることを認めたり，「どうなるんだろう？」と期待を伝えたりしながら作る過程を十分に楽しめるようにする。
- 「ここは○○ね」「わたしは○○」と，イメージやしたいことを出していることを受け，それが周りにも分かって，一緒に遊んでいる楽しさにつながるように「そう○○なんだ」と繰り返し，イメージに合いそうな物を出したりする。

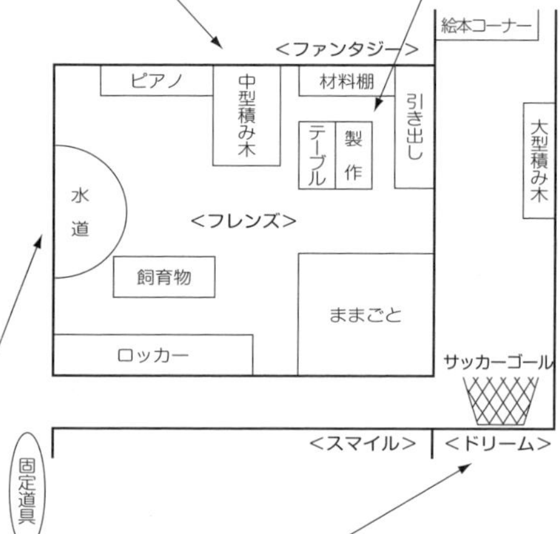

♡
- 遊びの様子を見ながら，なかなか動き出せない幼児がいたら，「夏休みのしおり」で紹介している動く船を作って，遊べる場を用意する。

＜製作＞（車作り）

（空き容器や色画用紙，折紙などを使って，いろいろな物を作ることを楽しんでいる）1週間ほど前に ⑤子 が車を作ったのをきっかけに，3，4名の幼児も車を作りだした。そのときは，手で押して動かしていたが，今回は動く車なので，さらに興味をもって作り始めると思われる。

♡
- 作りたいと思った幼児が，自分から作りだせるように，タイヤ，竹ひご，片手で扱えそうな大きすぎない箱などの材料を，製作コーナーの目につきやすいところに出しておく。
- ほとんどの幼児は，友達や教師の動きを見て真似して作ったり，自分なりの工夫を加えたりしているので，その取り組みを認め「自分の車」ができたという喜びにつなげていく。
- やりたい気持ちはあるのだが，技能が伴わずにあきらめてしまいがちな幼児 ⑭子 ⑪子 には手を貸したり，うまくいくポイントを知らせたりして最後まで作りあげ，それで遊んで楽しめるようにする。
- 作った物で遊ぶ楽しさを味わえるように，動かして試せる場を積み木などで作ってみる。
- 自分の作りたい物を黙々と作っている幼児には，周りの動きを知らせるが，無理に車作りに誘わずに，その子なりの思いを十分に満足させられるようにする。

（部屋の配置図）
＜ファンタジー＞ 絵本コーナー
ピアノ／中型積み木／材料棚／製作テーブル／引き出し／大型積み木
水道／＜フレンズ＞／飼育物／ままごと
ロッカー／サッカーゴール
固定道具 ＜スマイル＞ ＜ドリーム＞

＜サッカーごっこ＞

☆ ワールドカップの刺激もあってか，5歳児がしていたときに，自分から仲間に入れてもらったり，そばで見ていたりした。ゲームになると入れてもらえないこともあったので，ゴールが空いているときに，思い思いにボールをけり入れたり，キーパーになったりして楽しんでいる。

♡
- サッカーの真似ごとをする。ボールをける，シュートして点を入れる，友達や先生と動くなど，楽しんでいることは様々なので，まずは，それが十分できるようにボールの数やゴールの場所など工夫する。

＜5歳児の宇宙船ごっこや O.H.P.の遊びに興味をもつ＞

☆ 前々週に宇宙船ごっこにお客さんとして入れてもらったり，誕生会でO.H.P.を使った出し物を見せてもらったりして，興味をもっている。誘われると，やってみたいという気持ちをもつと思われる。

♡
- 互いの遊びの状態を年長組の担任と話し合いながら，参加の仕方や，かかわり方を決めていくようにする。人数が少ないので，互いに盛り上げられるようにしたい。

図7-3．環境の構成と教師の援助
☆ 前々日までの様子と予想される幼児の動き　♡ 教師の援助

5．幼児の実態把握の方法としての記録の重要性

　すでにみてきたように，指導計画の立案（日案）には，幼児の実態の把握が重要であることがわかった。そこで実態把握の方法が問題になるのである。保育者は毎日，幼児に働きかけている。いわばその意味では保育の当事者である。当事者である保育者は幼児の活動はかくあってほしいという願いを常にもっている。だから援助者としては，幼児の活動が常に気がかりである。保育者の願いに逆行する行動に対してはどうしてもそれを阻止したいという気持ちになりがちである。こうした保育者の気持ちは，幼児の活動に関心を払っているからこそ生ずるのであってそれ自体は誤りではない。

　しかし，こうした保育者の気持ちをすべて肯定してしまうと，幼児の自主的な活動を阻止したり，幼児の気持ちを無視したりして，保育者の願いだけを押しつけたりしがちである。前の節で環境が重要だといったのは，幼児が自主的に環境と取り組んでいるとき，たとえば，砂遊びに熱中しているとき，保育者は，幼児に働きかける必要はない。そこでの保育者の役割は，幼児の砂の活動が成功しているかどうか，そこでの幼児の内面はどのように働いているかどうかを判断することである。

　こうした判断をするときの態度は，必ずしも幼児のやっていることがうまくいくように指導することではない。たとえば，砂の山にトンネルをつくることに取り組んでいる幼児が成功するようにいろいろアドバイスすることが保育者の役割だとはかぎらない。なぜなら，そのことは，結果として保育者のいう通りやっただけのことで，幼児自身が自力でやりとげたことにならないからである。ここで必要なことは，幼児が自分の力で成功するにはどうすればよいかと，第三者の目で客観的に観察することである。でなければ，幼児の気持ちに共感したとしても，幼児の気持ちを実際の活動の中で実現させる適切な援助はみつからないし，わるくすると，保育者の願いの方に一方的に引っぱってしまうことにもなる。幼児の活動をなぜ第三者の目でみるかといえば，幼児の気持ちに共感するだけでなく，その気持ちを幼児自ら実現するための適切な手だてをみつけだすためであり，必

要とあれば，これを援助するためである。先の指導案（表7-1，図7-3参照）には，中型積み木（もぐれるお家，道路）の実態が次のように書かれている。

　①3，4名で，自分たちの場を構成して，②楽しんでいる。①周りを囲った平面から，立体的構成に変わってきている。①T男，K男らが中心になって，作り始めることが多い。③もぐれるお家，道路など，自分たちの中で動いて遊べる場を作ると思われる。②場を作り始めるときは，勢いがあり，友達と「どこ置くの？」「ここに置いて」など，思いを伝えながら楽しんでいるので，④その場を見守る。④「○○ちゃんはこうしたいんだ」と動きの確認をしたり，工夫していることを認めたり，「どうなるんだろう？」と期待を伝えたりしながら作る過程を十分に楽しめるようにする。（以下略）

　上の日案における子どもの遊びについての記述では，①が前日の幼児の遊びの具体的事実で，②が①の事実に基づく幼児の内面についての解釈である。そして③が①と②から予想される幼児の今日の姿であり，④はそれに対する保育者の援助の仕方である。

　このように，＜中型積み木＞の場でのごっこ遊びへの援助の仕方が具体的に決まるには，①と②にみられるように，前日の遊びについての具体的な把握が必要なのである。そしてそれには今日の遊びについて保育終了後，保育日誌なり，週案に記録をとることが必要なのである。保育後に，1日の幼児の遊びについて思い出し記録をとることがつぎの日の遊びをより具体的に予想しうることになり，ひいては，ふさわしい援助の仕方をみつけることにもなるのである。

　そこで，そうした幼児の実態把握がつぎの日の日案作成に役立つような週日案の一例を紹介しよう[19]（表7-2，表7-3，表7-4参照。注：この週日案と先にあげた日案との関係はない）。それは週日案の中で反省の項目にその日の記録が書き込まれ，そこで考察が加えられ，今日の保育の問題を明らかにする。そしてその反省の項目での記録と考察がつぎの日の幼児の実態になり，その日の保育が行われる。それは矢印の方向で行われる。このように，保育→記録→考察（実態の予測と援助の手だて）→つぎの日の実態の予測→保育というサイクルが表7-2のように確立する必要がある。

　この表7-3，表7-4は，通常の週日案に「仲間関係の動き」「遊びグループの実態」という項目を設け，幼児の集団的動きを継続的にみていこうとするもの

である。こうした工夫を重ねることにより，幼児の実態が文字記録からだけでなく，図示された記録から，イメージ・マップとして保育者の頭の中に入り，つぎの日の遊びを予測することになる。こうした工夫こそ，保育者の適切な援助を保障するのである。

第7章　保育の具体的展開

表7-2．連続性のある週日案（2年保育4歳児）

10月20日〜10月25日

月日	10／20(月)	10／21(火)	10／22(水)	10／23(木)
日のねらい	○グループの課題が分かり、自分なりの考えをもって、友達の考えを言ったり、友達の考えを聞いたりして活動を進めるおもしろさを知る ★よく見て描く ★新しい素材にふれる	★新しい素材にふれる	★友達と1つの方向にむかって取り組む構えをもつ	
幼児の活動	(8：45)登園する 気の合う友達と目的をもって遊ぶ おばけやしきごっこ 新体操ごっこ 筋肉マンごっこ 新しい素材にふれる ★友達の顔を描く （割りばしペン・墨汁） 「ももいろのきりん」 (11：30)降園する	ガラス面を構成する ★秋の実をつくる（セロハン、モール） (12：00)●弁当を食べる ●体を動かしてあそぶ、泥川 「ももいろのきりん」 (1：00)	(11：00)●新体操をみんなにみせる ★誕生会を開く相談をする （遊びのグループを中心に考えよう・やっている遊びを活かそう） ●車つくり（台車を使って） 泥川→開戦ドン 「ももいろのきりん」 (11：30)	○誕生会にむけてグループで準備に取り組む ・出し物の準備
留意点	○土曜日のココ活動がスムーズに行われるように、幼児の様子をみながら、忘れている幼児に声をかけたり、必要な材料をあらかじめ用意しておいたりする。	○おばけやしきごっこで年少児を呼ぶ。トラブルがおきたとき、何が問題なのかを明確にしてやり、ひとつの点について考えを出し合う経験をさせる。	○おばけやしきの課題が不明確になると思うが、よしきを中心に次の課題をみつけられるように、動きを見極めて援助する。 ○女児のグループの力関係をまず見守る。	○学級全体で共通の課題活動からはずれがちなよてとし、よういちに注目。彼らの動きを活かしながら合流させていきたい。 《誕生会にむけてのグループ活動に取り組む》

168

5．幼児の実態把握の方法としての記録の重要性

表7-3．週 日 案（仲間関係の動き）

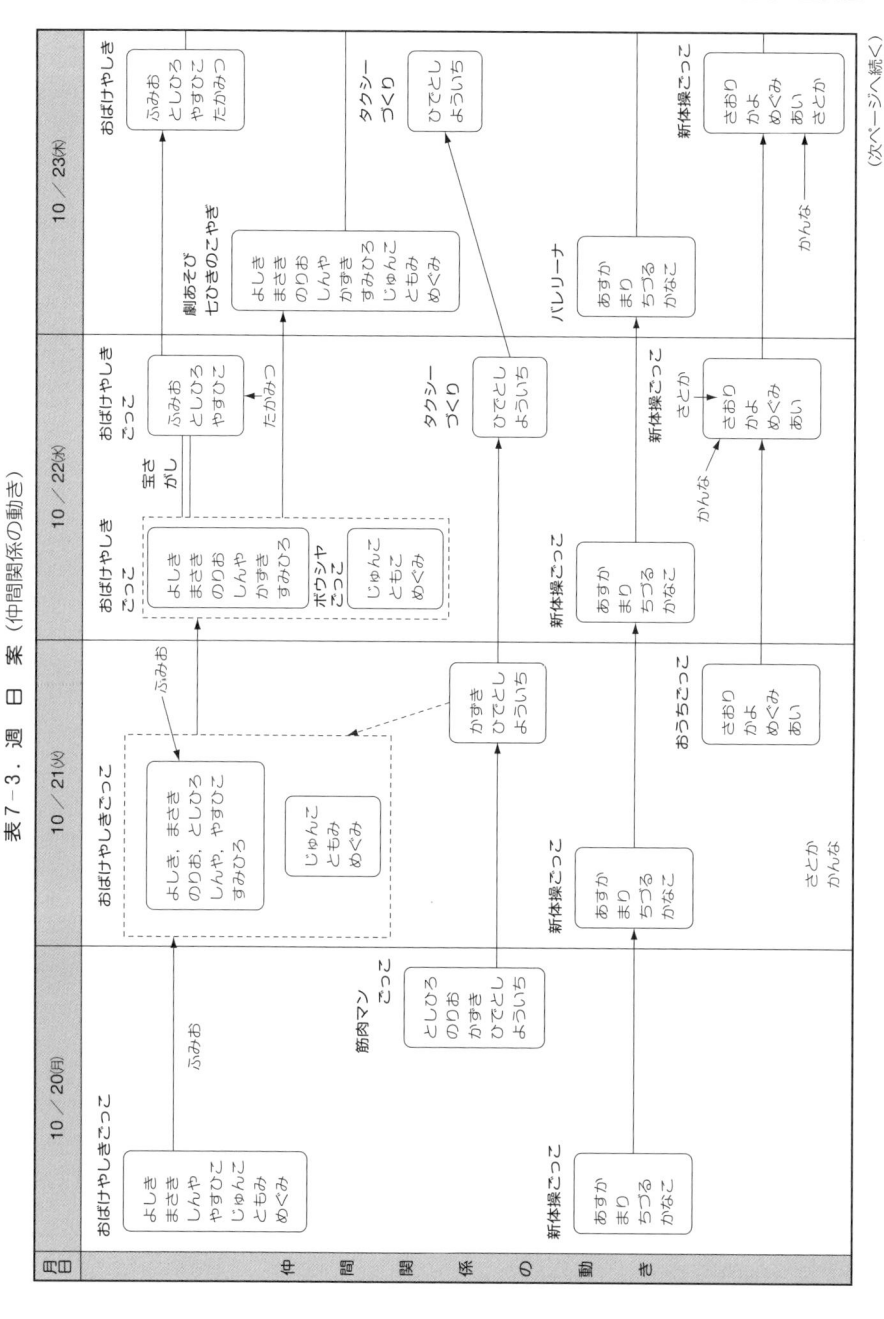

月日	10／20(月)	10／21(火)	10／22(水)	10／23(木)
仲間関係の動き	**おばけやしきごっこ** よしき まさき しんや やすひこ じゅんこ ともこ ぬくみ	**おばけやしきごっこ** よしき、まさき のりお、としひろ しんや、やすひろ すみひろ 　 じゅんこ ともこ ぬくみ	**おばけやしきごっこ** よしき まさき のりお しんや かずき すみひろ 　 ポウシヤごっこ じゅんこ ともこ ぬくみ 宝さがし	**おばけやしきごっこ** ふみお としひろ やすひこ たかみつ 劇あそび 七ひきのこやぎ よしき まさき のりや かずき すみひろ しゅんこ ともこ ぬくみ	**おばけやしき** ふみお としひろ やすひこ たかみつ
		ぶみお		
	筋肉マンごっこ としひろ のりお かずき ひでとし しょういち		**タクシーつくり** ひでとし しょういち	**タクシーつくり** ひでとし しょういち
		かずき ひでとし しょういち		
	新体操ごっこ あすか まり ちづる かなこ	**新体操ごっこ** あすか まり ちづる かなこ	**新体操ごっこ** あすか まり ちづる かなこ	**バレリーナ** あすか まり ちづる かなこ
		おうちごっこ さおり かよ ぬくみ あい	**新体操ごっこ** さおり かよ ぬくみ あい	**新体操ごっこ** さおり かよ ぬくみ あい
		さとか かんな	かんな	さとか かんな

（次ページへ続く）

第7章　保育の具体的展開

表7-4. 週日案（遊びグループの実態）

月日	10/20(月)	10/21(火)	10/22(水)	10/23(水)
あすかのグループ	○土曜日に家でみたVTRでみた新体操のイメージが明確で、登園後すぐに振り付けづくりを始める。中間の所属意識も強いが、ちづるが主にリードしており、ちづるの考えを考えることが多い。相手の考えを考えて話すようにくり返し指導していく必要がある。○園歌のテープを出す。皆慎んで聞き、スミカルなため、心温っしていたメロディーも歌えそうである。	○「新体操の見せ合いをする」というのが期待のもてる目的となっており、昨日の続きをすぐに取り組むことができた。さおりのグループの様子を見に行ったり、休憩と言って家に入ったりして、自分たちで遊びに変化をつける姿がみられた。まりが体操の中でとても良い動きをしていた。もっとちづきを認めてやり、まりの存在をグループの中にもっと位置づけてやらなければならない。とりあげて認めてやれば良かったと思う。	○今日は、何ら明確な目的がなかにもかかわらず、朝から4人が集まってダンスを踊る。踊ること自体が楽しいという感じでけさき組の女児が見てくれたこともがもみになっていたようである。振り付けはできたので、身につけるものの工夫をしようという方向になってきている。	○朝から服装のことを気にし、どういう格好にしようか、という課題の中心であった。友達同士、助け合い、できないり、ボンを互いにやってやろのではなく、教師に次々と援助を求めてくる姿が多い。できるだけグループ内に返していくようにしているが、何回もまりが泣く、という状態で自己を主張することができないことをくみとってやりたい。
さおりのグループ	○ホールで見せ合うことをしていたが、リボンに割りバシをつけただけで目的もなく保育室にやってきたので新体操のビデオを見せる。曲に合わせて踊るを決める）ことが目的になった。○あすかの見せるうグループができたことは、目的に刺激を与えることになり、良かった。	○さおりのグループでは、おいの課題意識の持続が非常に短く、一方さおりがとてもしっかり意識をもって取り組む幼児であるため、〈やる、やらない〉でトラブルが何回も生じる。もっと頻繁に関わってやり、「やらなければ」という方向にもっていくべきである。	○〈かよ、めぐみ〉の2人組は、他のグループに関心を示したり、刺激を受けて遊びを変化させていくとどカが弱い。リボンダンスがいやになり、園庭にブランコに出ていったり、集まりになってピアノをひいたりしているので、ホールで平気でピアノをひいているので、ホールで平気で遊んでいたりする。さおりの課題意識が負担にならないように留意しながら他の幼児のイメージをうけさせていく経験もさせたいと思うので、課題にむかって取り組む姿をついに認めていきたい。	○さおりが欠席のため、誕生会にむけての活動に取りかかりが遅い、ふみあちのグループにもいい刺激をうけるが、まだおちらのグループで遊びえることなど、台詞とか、まだ自分たちが遊ぶ人気せる実態で、人に見せると思って考えるため、という思考をするのはもうすこし自分たちが遊びこんでからではないかと思う。

5．幼児の実態把握の方法としての記録の重要性

表7-4．週 日 案（つづき）

月日	10／20(月)	10／21(火)	10／22(水)	10／23(木)
グループの動き	**おばけごっこのグループ** ○土曜日に始まったばかりなので、まだきちんとした客を呼べる形になっていない。自分たちで楽しみたい気持が強い。車を出して欲しいと言われていたが、用意することができなかった。しかし、かえって車がなくて良かったと思う。台車がなくなったことで、基本的な形づくりができなくなってしまったと思う。具体的な形のもたせないが、（年少を呼ぶ、どうしたらおもしろいか、あぶなくないか）この遊びを進めさせていきたい。このグループは特にごっこ遊びの経験が少ないので、遊びをおもしろくしていく方法（おばけの話し方、かくれ方など）を具体的に示していく。	○客がいっぱい来て、満足感を得たようである。まだ目分のとるべき役割をとれずに遊びに行って、その間は休みにしてしまうという姿もみられたが、そういう人を困るのは待っている人だと、いうことを体験することができた。次の少人数のときの活動の時に生かされるのではないか。 ふみお、さとかについて ○2人とも年少児とのかかわりが深いため、遊びがみつからない時、年少児の方へ流れていく傾向がある。満足度を計りながら年長同士考えを出し合って工夫して遊びに活動に誘う。	○土曜日からのメンバーは興味をなくしはじめており、雨が降っているにもかかわらず、女児はなわとび、男児はサッカー、野球をやるという。雨が降った時にはその状況に合わせた遊びをしてもらいたいという思いがあったので、他にどんな遊びがあるか、じっくり話し合う。話しているうちに、おたがいのイメージが明確になってきて、宝さがしごっこをする、という共通のイメージをもつことができた。思いきっておばけやしきの活動をやって良かったと思う。 ○おばけやしきごっこに遅れて参加してきたとしひろ、ふみお、たかみつを加えて、あらたに活動が始められる。 誕生会に招く取り組む目的がもてたので、自発的に進めることができるのではないかと思われる。 ひでとし、しょういち→ ○学級全体で取り組む課題に対し、主体的に参加しない。他の幼児から［遊んでばかりで］と言われる。 子どものいう遊んでばかり、というのは、課題にむかおうとしないということか。	○「7ひきのこやぎ」をストーリーに沿って遊んでみるには、ナレーションなど教師の援助が必要。しかし、その他の時も、ずっとやぎの唱名をかぶってグループの所属意識を強くもって遊ぶ姿がみられた。グループの所属意識を強くもって遊んでもらいたい。この劇ごっこやらの幼児の願いであり、1学期末からの意欲を持続させて取り組むことができるものと思われる。

（以下略）

（河辺貴子「実践に結びつく保育の方法」森上史朗・大場幸夫、吉村真理子監修、『保育計画・形態を見る目』PP.190〜191、フレーベル館、1988から引用）

6．保育における評価

　保育は，保育者が幼児の健全な発達を願い，意図的に働きかける行為である。したがって保育の営みには，保育目標があり，それをめざして保育が営まれる。したがって日々の保育に対しては，この目標に即して評価が行われるのは当然である。しかし保育の評価は，小学校や中学校で行われているようなテストによる相対評価とは本質的に異なっている。

　保育の特色として一人一人の個性を大切にし，それが十分に生かされるものであることが求められている。そのことは，まず発達のとらえ方にあらわれる。発達上の特質は年齢である程度の普遍性をもっていることはたしかである。しかし幼児の場合，そうした発達上の一般的な特質よりも一人一人の発達上の歩みを尊重するという原則がある。一人一人の発達上の速度は幼児によって時期によって，また幼児の心理的な側面（知能とか情緒とか社会性とかいう側面）によっても異なる。その異なる面を尊重しようとすると，評価は必然的に個人内評価（その幼児だけに適用される評価で他児との比較を前提にしていない）となる。

　また，幼児の心理的諸側面（例，情緒と知能）はお互いに未分化ではっきりと分けられない。したがって，保育の目標も，達成目標（行動目標，例，○○をすることができたか）といった客観的に達成水準を測れるようなものでないことが多い。いわば，態度目標である。たとえば，「気の合う友だちと共通のめあてをもって遊び，自分のイメージを表現できたか」，「身体をリズムにのせて動かすことを楽しんだか」といったものがほとんどである。こうした目標は，一人一人の，あるいはグループの遊びの具体的姿がわからないと，それが実現されたかどうか診断（評価）できない。それゆえ，一人一人の幼児の動きや，遊びグループの実態に合わせて評価せざるをえない。つまり個人内評価しかないのである。

　しかも，この絶対評価は，幼児の活動が終了したときにのみやられるものではない。「気の合う友だちと共通のめあてをもって遊び」という文言だけでも，連続して，継続的に幼児の姿を追っていなければ，その幼児が本当に気があっているのかどうか，共通のめあてをもって遊んでいるかどうかはわからない。つまり，

幼児の継続的な実態把握が，幼児への客観的評価を保障するのである。とすれば，毎日幼児の実態をとらえ，援助するという日常的な保育の営みは，評価とは別のことではない。いいかえれば，日常の保育の営みは，評価を含まずには行われないのである。

　最もわかりやすい例として養育者（保育者）と乳児との相互交渉があげられる。幼児の表情に親や保育者が働きかけるとき，笑顔を向ける。このほほえみは乳児を心情的に受け入れるという一種の評価行為である。砂場の山にできたトンネルをみて「できたね」と幼児に語りかけることと同じことである。こうして保育者の毎日の幼児との応答そのものが幼児の発達を保障するための評価行為である。

　それに対し，幼児が保育者にほほえみかけることも，私はあなたを気に入っているという幼児の側からの評価になっている。こうした相互の肯定的評価のやりとりがよき関係を保育者と幼児の間につくりあげるのである。そしてこの関係は，保育者が幼児に対し，幼児が保育者に対し，保育者と保育者との間で，幼児と幼児の間で行われる。つまり，保育の評価は常に相互的である。そして保育者は自分の保育を反省し，自分の保育を評価する。こうした評価活動の総体が保育の営みなのである。それゆえ，保育における幼児の評価は，毎日の保育の営みをふり返ることでその妥当性がたしかめられるのである。

引用文献

1) 文部省：幼稚園教育要領，厚生省：保育所保育指針（原本）p.3，チャイルド本社，1999
2) 同上書　p.2
3) 同上書　p.3
4) 同上書　pp.3〜4
5) 同上書　pp.5〜11
6) 同上書　pp.12〜14
7) 同上書　pp.20〜21
8) 同上書　p.21
9) 同上書　p.21
10) 同上書　p.22
11) 同上書　p.21

第7章　保育の具体的展開

12)　小林裕子：環境作りの工夫，小川博久責任編集，戸田雅美・河辺貴子編：四～五歳児の遊びが育つ――遊びと保育者，p.150，1990
13)　平成10・11年度，千代田区教育委員会協力園，千代田区立麹町幼稚園研究紀要：幼児の生活が広がる―環境とのかかわりを通して，pp.14～15
14)　小川博久：施設環境，岡田正章・平井信義編：保育学大事典　第1巻，pp.129～146，第一法規，1983
15)　小川博久編著：保育実践に学ぶ，pp.213～225，建帛社，1988
16)　同上書　pp.213～225
17)　小川博久・立川多恵子：再考・指導計画とは，保育専科，9-6，pp.37～41，フレーベル館，1981
18)　阿部ゆう子：研究保育　4歳さくら組指導案，千代田区立千代田幼稚園，園内研究紀要　一人一人が育つ保育，p.16，1998
19)　河辺貴子「実践に結びつく保育の方法」森上史朗・大場幸夫・吉村真理子監修「保育計画・形態を見る目」pp.190～191，フレーベル館，1988

第8章

望ましい保育者の資質とはなにか

第8章　望ましい保育者の資質とはなにか

1．専門性とは

　さまざまな専門職といわれるものの中で，医者，法律家などは高い専門性をもつといわれてきた。そのため，そうした専門家を養成するためには，高い教育水準が必要だとされ，ヨーロッパでは中世の時代から大学に医学，法学，神学の専門コースがあった。この傾向は今も続いている。
　一方，普通教育の教師，看護師，保育者等は，近年，専門的職業だといわれながら，専門的職業であるという評価は前者ほど得られていない。それゆえ，こうした職業につく人の資格は前者に比べて低く，そのための養成期間も短いものであった。特に保育者の専門性は低く評価され，幼稚園教師の場合は高校卒業してから2年間，専門学校か短大で資格をとればよいとされてきた。さらに保育所保育士の場合，短大卒程度で保育士試験をパスすれば，保育士になれるのである。
　もちろん，優れた保育者になるために，より高い教育を受けることが必要だとはいいきれない。しかし，専門性の高さは，そのための専門教育の高さによって決まるという常識からみれば，上で述べた資格条件は保育者の専門性を世間が高く評価していないことになる。
　こうした世間の評価はどこから生まれたのであろうか。その理由の一つは，医者や法律家という職業は古くから，数少ない特定の能力をもつ人々によってしか行うことができないとされてきたことによる。つまり希少価値なのであった。そしてこのことはこうした職業が近年に至るまで男性によって専有されていたこととも関係がある。さらに現代でこそ，こうした職業は人々の日常生活に欠かせないけれども，昔はこうした職業は，何か問題が生じたときに，その役割が発揮されるのであって，日常的にはあまりかかわりがないのである。健康な人のことを医者知らずというようにである。このことと関連して重要なことは，この法律家や医者の役割は時には人の生命にかかわる決定，人の運命を左右する決定をすることである。したがって彼らの判断や行動が他人の運命や生命に明らかな結果となって現れるのである。そうしたことがこうした職業の専門性に対する意識と責任を高めたといえるのである。

一方，保育者や教師の専門性はどうか。たとえば，義務教育の教師の専門性に対する意識はとても低いものであった。近代のヨーロッパにおいて，庶民の教育としての初等教育の普及は19世紀後半になってからであった。それ以前の初等教育の教師は，社会的地位からいっても，能力的にみてもきわめて低く，また社会からも蔑視されていたと梅根悟は『世界教育史』の中で述べている[1]。

　その理由は，庶民の教育を対象とした初等教育そのものが，支配階級から認知されていなかったことによる。また，初等教育が義務教育として認知されてからも，庶民の教育を対象とする教師の専門性は高いとはいえなかった。その理由の一つは，教師の数が大変多く，他の人間と代替可能であるから希少価値性が乏しいこと。二つは，婦女児童が蔑視されていた時代の中で，この仕事が女・子どもを相手にする仕事だということ。いいかえると，子どもは大人と比べて知的に劣っているという前提から，それほどの専門性は要求されないということ。三つは，教育という仕事の結果が出しにくいことから，その専門性を客観的に評価することが困難であるということなどであった。四つは，教育の仕事は医者や法律家と異なり，日常的な仕事であり，無医村に求められる医者のように，生命にかかわる緊急事といった問題状況が生まれてはじめて，その必要不可欠さが痛感されるというものではない。その点からも教師の専門性は認識されにくいものであった。

2．保育という仕事の専門性はなぜ認められにくいか

　保育者の専門性が認められにくい理由は，上にあげた教師の専門性が認められにくいのと，ほぼ共通である。しかし保育者の場合，さらに加えて，次の事情がある。それは，幼児の教育（保育）は子育てと不可分であり，その意味で保育という仕事は，家庭の問題であり，それは本来，公共の問題ではないという認識（子育ての私事性）に由来するものであった。それに加えて，子育ては，女のする仕事であり，男の仕事とは認められなかった。女が子を生み，育てることは当然のことであり，それ自体は母性本能といわれるように本能のなせるわざであり，専門性とはまったく対極にあるものとされたのであった。何の専門性がなくとも，女であれば，その本能によって子育てやその援助はできるはずだと考えられた。

江戸時代，貧しい農家の子女にとっては，他の比較的豊かな家庭で子守りをすることがよくある修行の形式であった[2]。幼稚園の保育者，保育所の保育士が公共の施設の専門職として成立してからもなお，この専門性を高く評価する傾向は少ない。現在でさえも，保育者を幼児の子守りのように認識している人も少なくない。

3．保育者の専門性とはなにか

　それでは，保育者の専門性をどう考えたらいいのであろうか。現在，多くの保育者は短大卒が多い。これを4年制にすべきであるという意見がある。たしかにその通りである。幼児教育（保育）の仕事はある面でみれば，小学校教師より困難な側面をもっており，そのための専門的研修が必要だからである。しかし，保育者の資格をとるための専門教育の期間を増やすまえに，保育における専門性とはなにかをもう一度考え直してみる必要がある。

　医学や法学の専門性，科学技術の専門性は一般大衆が日常生活を営んでいくために必要な知恵を土台としながらもそこから離れ，それとは異なったことばや論理を使うことで発展してきた。いいかえれば，それらは，科学の論理，学問の論理を使って，医学の専門の知識を蓄積してきた。医者になるためには，自分の身体についての常識的な名前ではなく，白血球，リンパ腺，ヘモグロビンなどといった専門のことばで，常識よりもはるかに進んだ理解を人間の身体や健康について獲得し，人々の健康問題の解決をはかってきた。だからそれを身につけなければ，病気を治療する能力，つまり専門性は身につかないのである。

　とはいえ，そうした知識を身につければ，立派な医者になれるというわけではない。実際に，患者を診断し，治療をするということについて実践から学ばなければならない。そのために医学教育にはインターン制度というのがある。この点では，教育や保育も同じである。教師には教育実習があり，保育士には，保育実習がある。だから，保育者も医者のように，専門的知識を学校で学び，実習をするという点では，医者の専門教育と変わるところはないといえるかもしれない。しかし問題はやはり，保育者にとっての専門的知識は医学のような科学的知識と

同じだといえるだろうか，ということである。

4．保育者にとって専門的知識とはなにか

　前の節で，医学の専門的知識は，一般の人々の常識や知恵を土台としながらも，そこから離れた知識の体系を生みだすことで成立してきたと述べた。これと同じことが保育の世界でもいえるのであろうか。医学の普及は，一般の人々が病気になったとき，自分で治そうとはせずに，医者にその後をゆずり渡すことで発展してきた。都会から無医村に医者がくることになれば，多くの患者が救われる代わりに，その村に代々伝えられた民間の医療の知恵は次第に姿を消していくのである。

　このような事態は保育において考えられるであろうか。現実には，親が子育てについて，保育者に全面的に依存してしまって，自分はほとんどなにもしないという例もしばしばみられる。しかしそれでは，幼児の健全な発達は保障されないし，幼児の情緒的発達にゆがみを残す可能性もある。少なくとも，現在の幼稚園において，また家庭保育の代替機能をもつ保育所においてさえも，保育という営みを施設と家庭との連携において遂行するということは保育の大原則である。そうだとすれば保育者の専門的知識も親の子育てにおける保育の知識も生活の知恵と共通な場をもたなければならないし，共通点を含むものでなければならないということができる。むしろこうした共通点は，知識でもあるとともに態度だともいえるのである。

　ここでなぜ，知識だけでなく，態度であるかといえば，家庭保育の親と施設保育の保育者とは実践の面で日常的に，しかも多面的にかかわり合っているからである。医者が患者の病気を治療する場合，医者は病気を治すという点で患者やその家族と一致点があればよい。病気の内容や治療過程についてすべて共通理解をする必要はない。たとえば医者が無口でほとんど情報を患者やその家族に語らなくても，健康が回復するということが患者や家族に伝わっていれば，それが望ましいかどうかは別として，それですむことも多い。

　保育者の場合，このようなわけにはいかない。幼児の健全な発達は保育者の働

第8章 望ましい保育者の資質とはなにか

きかけだけで可能になるわけではない。保育者の役割は幼児の健全な発達を保障する上で重要ではあるが一条件でしかない。親も同様である。家庭全体も友だち関係も大切な条件である。しかも，それらは幼児にバラバラに作用するものではない。だから保育者はそれらの相互関係をできるだけ見直すことが必要になる。保育者の専門性は，幼児に特定の作用を及ぼすことにあるのではない。家庭と保育施設での保育の連携がとれること，自分のかかわり，幼児同士のかかわり，環境全体の幼児の影響等のさまざまな働きが総合されて，幼児の健全な発達をうながすようにすること，いいかえれば，幼児に及ぼすさまざまな働きかけが全体としてよく作用するように調整する能力にこそ，保育者の専門性があるといわなければならない。そしてその専門性は，親の子育ての知恵を無視することなく，それと科学的知識をどう結びつけるかを考えることのできる力なのである。つまり幼稚園教育要領の文章にあるように，生活による生活を通しての保育が実現できる力でなければならない[3]。

5．保育者としての資質を構成する要素としての生活力

1）よき生活者であること

第2章のところで述べたように，乳幼児の発達を保障する環境としてまずはじめは母と子の絆（きずな）が重要であり，さらにそうした関係を支える環境として家庭の機能があった。乳幼児は母と子の絆を土台にして，父と子の関係へ，さらに兄弟姉妹の関係へと広がっていくのである。そしてこの関係の延長として，施設保育での保育者と乳幼児の関係があり，幼児同士の関係があるのである。

いいかえると，父母や家族が幼児をあやすのは，父母や家族の愛情であるのに対し，保育者が幼児をあやすのは，職業上のテクニックであるというように簡単に区別することはできない，ということである。親と子のかかわりは，自然な形で行われる。親は自分の子どもの健全な成長・発達を願っていても，毎日の子育ての行為を計画的に，望ましい結果を予測して働きかけようとはしない。どう育てればいいか，いろいろ悩んだとしても，毎日の子育ては，習慣的に無意識に行われる。

5．保育者としての資質を構成する要素としての生活力

　逆にいろいろ思い悩んだりして，母親あるいは父親が不安になったりすると（最近そうした親が多くなりつつある）[4]，そうした親の心理が幼児の発達に障害になることも少なくない。親や家族が平常心で毎日の生活のリズムをきちんと守って生活することが，幼児の生活のリズムを保障し，幼児の情緒的安定を保障する。

　このことは，保育者にとっても同様である。前述のように，幼児は園だけで生活しているのではない。このことは，幼児が一日のうちの最も長い時間を過ごす保育所においても同様である。現在，保育所では家庭との間で幼児の成長・発達について情報交換するための家庭連絡帳の重要性がいわれている[5]。同様に，保育者もまた，親と子の絆の延長線上に，精神的な絆を幼児との間に確立する必要がある。そしてそのために必要なのは，幼児をあやしたり，遊んだりするテクニックよりもむしろ，親が幼児とともに過ごす生活に喜びを見いだすのと同様に，保育者もまた，幼児たちと過ごす生活に保育者自身が喜びと生きがいを見つけられるかどうかである。幼児と共に生きる生活者であることが必要なのである。

　とはいえ，乳幼児と共に過ごす生活は楽しいことばかりではない。おまけに複数の幼児をかかえ生活の世話をすることには多くの苦労もつきまとう。まず毎日の保育の仕事はくり返しが多い。特に乳児の保育になると，食事，排泄，睡眠等，毎日くり返される仕事がほとんどである。そしてこの変哲もない毎日のくり返しを丁寧にやることが乳児の心身の健全な発達を保障するのである。このことは原則として年長児になっても変わらない。だからこそ，新しい幼稚園教育要領や保育所保育指針では，生活ということばがくり返し強調されているのである。幼児もまた自立した生活者となるための訓練を家庭であるいは幼稚園や保育所でしなければならないのである。そしてその方法は，ことばで教えられるとか，本を読んで学ぶというよりも，まわりの人々のすることをみてまねる形で学習していく。保育者の食事，排泄，睡眠をはじめとする生活上の世話も，やがては，自力で身につけるようになるために行われる。そうした保育者の世話自体が幼児がそれをみてまねるためのモデル（お手本）になっているのである。いいかえれば，保育者が幼児たちと共に同じ生活空間で長期間生活を共にする場合，保育者が意識するしないにかかわらず，保育者の行動は，幼児の視線の対象となり，幼児の行動

モデルになる可能性は大きい。保育者がよき生活者として行動できることは，保育者として大切な資質といわなければならない。

2）保育者と幼児にとって生活とはなにか

　保育所保育指針や幼稚園教育要領の中で強調されている生活という言葉は一見してわかりやすいことばであり，多くの人に受け入れられやすいことばである。しかしよく考えてみるとなかなかむずかしい。たとえば，50年前の生活と現在の生活では随分違ってしまっている。しかしそのいずれも生活とよんでいる。そこで生活の意味をつぎのように一応定義しておこう。生活とは，生物が個としてあるいは集団として生きていくために，周囲の環境とかかわって，生きるための手段を獲得し，それを使って生命を維持する過程をいう。

　生活をこのようにとらえた場合，注意しておくべきことは，第１に，幼児の生活は，大人の生活の中でしか成立しないということである。幼児の生活は大人の養育者の助けなしに成立しない。だから，大人がどういう生活スタイルをとっているかに大きく左右される。第２に，それにもかかわらず，大人の生活と幼児の生活とは同じではなく，幼児には独自な生活スタイルがあるということである。それを尊重してあげないと幼児の健全な発達は保障できないということである。第３に，この生活を営む過程には一定の様式があるということである。

　この三つの視点から保育者がとるべき基本的姿勢は，幼児の生活のリズムの独自性を最大限に尊重しつつ，大人の生活のリズムとの間の調整を行っていくことであろう。たとえば，誕生直後は，ミルクを飲む時間の幅も約３時間おきであるが，次第にこの幅が広がっていき，やがて大人の食事のリズムに合うようになっていく。睡眠時間においても同じようなことがいえる。これは乳児が大人と一緒に生活していく過程で大人の生活のリズムに合った生活を学習していくのである。保育者は乳幼児のこうした適応の過程が無理なくスムーズに行われるように援助する者でなければならない。とすれば生活者としてどういう資質が要求されるであろうか。

3）生活者としての資質条件(1)
──人的環境としての保育者の情緒的安定性──

　第2章と第3章でも述べたように，乳幼児の発達において養育者と乳幼児との絆(きずな)が重要であることが指摘された。養育者と乳幼児の間で目と目が出会い，笑顔の交流がみられ，そこにことば以前のコミュニケーションが成立することが，乳幼児の養育者に対する反応をきめの細かいものにし，またそれを聞きわける保育者の受けとめ方もきめ細かくなる。たとえば，親の側が乳児の泣き声について，排泄を知らせるものか，空腹を知らせるものか，眠気を知らせるものかの弁別ができればできるほど，乳児の泣き方も目的によって泣きわけることができるようになるといわれている。タカイ・タカイ，イナイ・イナイ・バーなどはそうした養育者とのコミュニケーションを豊かにする遊びである。こうした関係に自然に取り組むことのできる資質は，保育者が人的環境として乳幼児との間に情緒的に安定した関係をつくるための能力である。

　こうした能力は特定の人間がもっている特殊な能力ではない。それは，通常の家庭で育ち，両親から，近隣の人々から愛されて育った人間ならば，潜在的にだれでももち合わせている力である。ちょうど，野生のサルが子を生むと，自分の子どもをどう育てるかを知っているようにである。しかし，隔離されて育ったサルが子を生んでも，まったく育てないという。かれらは，育つ過程で，子を生み育てる姿をみて学んでいないのである。現代の女性も男性もその大多数は成長の過程で親から愛された経験をもつ者である。しかし，親の子育てをみた経験をもつ若者は少ない。それは自分が受けてきた愛情と同じものが，他の存在，つまり幼児に向けられる姿をみていないということなのである。それゆえ，現代の若い世代は子育ての実践，いいかえれば，養育者と乳幼児が共にくらす生活の実態を知らないのである。実習等を通じて，自分が幼児期に受けた親のいつくしみは，このようなものであったかということを再発見する必要があるのである。保育者の資質として，乳幼児とともに生きる生活者体験を実習の機会にもつ必要があるのである。

4）生活者としての資質条件(2)
──幼児の生活・遊び環境の構成者として──

　幼児の自主性を育てることは，保育の最も重要な目的の一つであることは，いうまでもないことである。具体的にいうならば，幼児が保育者に一つ一つ指示されたり，援助されたりしなくても，自分で生活習慣上の行動ができること，自分がやってみたい遊びに自ら取り組み，遊び仲間をつくり，お互いに交渉し，遊びを展開できることである。

　こうした保育の目的は，保育者が一方的に幼児にことばで教えるという形で達成されるものではない。幼児一人一人が自分の判断で行動し，しくじりを重ねながら最後までやりとげるとか，周囲の幼児や，保育者の行動を見習いながら，正しい行動にたどりつくといった経験が幼児に与えられるべきなのである。とすれば保育者は幼児が次第に自立できるような援助をする必要がある。そのための保育者の資質は，幼児が活動に自ら取り組めるように環境を構成できる力である。

　これまで保育室は小学校の教室のように考えられてきた。教室は教師が中心となってことばによるコミュニケーションで学習活動を展開させる場である。したがって教室は四隅よりも中央が中心の空間である。しかし保育室は幼児たちの居間であり，作業場なのである[6]。居間や作業場で必要なことは，道具の置き場所，心を安定させて取り組めるような作業にふさわしい空間を考えること（例・四隅の利用），そしてそこで作業の手順がわかるように整理整頓を行うことである。このことは幼児たちが生活習慣上の行動を身につけたり，遊びを自主的に行う際にも必要な知恵である。

　そしてこの種の生活の知恵は実際に多忙な家事に従事している主婦や，職人として手作業に従事している人には自然に身についている感覚である。たとえば，道具の置く位置を変えない。壁を背にして作業しやすい場をつくる。いつでも勝手がわかるようにしておく。台所をお勝手といったのはこのことに由来する。保育者は幼児たちが保育室の空間について勝手がわかるような工夫をするのである。それはすなわち，幼児の自立的な行動を援助することになるからである。そしてまたそうした保育者の生活行動は，幼児たちの行動モデルにもなっているからである。これは生活者としての一つの資質である。しかし，こうした生活者として

の資質条件も失われつつある。なぜなら家庭生活が省力化され，合理化されたため，労力を使って生活空間を自主的に運営管理する経験のない若い世代が増加しつつあるからである。このことも，実習の中で身につけなければならない大切な資質である。

5）生活者としての資質条件(3)──幼児集団のリーダーとして──

　施設保育は原則として集団保育の場である。保育者は一人一人の幼児の発達を見守る責任があるとともに，集団全体が共同生活を通じて，幼児相互によい影響を与え合うような集団のあり方を追求しなければならない。

　とはいえ，この幼児の集団は大人の組織集団のように役割関係や力関係，あるいは集団の成員がきっちりきまっている集団ではない。幼児たちが毎日，幼稚園や保育所の中で同じ時間を同じ空間で過ごし，時に個別の活動をしたり，時にグループになったり，時に全員が同じ行動をしたりする比較的自由で開かれた集団である。

　保育者は毎日の保育の中で，幼児たちが各々どういうグループをつくっていて，今なにをやっているかについて，また自分のクラス全員の動きが全体としてどのようになっているかが直観的に把握されている必要がある。でなければ，その中の一人の幼児の動きに注目しその幼児と豊かな対話をする余裕などできはしないのである。新卒の保育者の場合，一人の幼児にかかわってしまうと，その間に他の幼児たちの動きの中でどんな問題が起こっていようと，まったくわからなくなってしまうとか，また逆に，全体の幼児を対象にしていると，一人一人の幼児の動きに目がいかなくなる傾向がある。それは望ましい保育のかかわりとはいえない。

　そこで集団の動きをとらえつつ，一人一人の幼児とも豊かなかかわりができなければ，望ましい保育者とはいえない。ではそうした動きをこれまでどのように生活の中で学んだのであろうか。かつて伝承遊びが盛んに行われた頃，年長になるにつれて遊び集団のリーダーの役割をはたした。いや，生活集団のリーダーといった方が正しいであろう。家事で手が放せない母親は，まだ家の働き手というには，もの足りない子ども（小学生の高学年ぐらい）が遊びに行くのを許す代わ

りに，幼児年齢の子どもの子守りをさせた。子どもたちの集団は幼児から小学校高学年の子どもまで，異年齢で構成されていた。年長の子どもは，この異年齢の子どもたちを束ねて遊びに出かけるのである。というより，この集団は年長の子どもにとっては，面倒をみてあげる対象であり，その面では生活集団といってもよかった。しかしひとたび，遊びをその中でやろうとする段になると，すべての子どもを遊びに参加させたわけではなかった。遊びを知らず，十分にできない幼児も，"みそっかす"にして自分たちだけで遊んだのである。"みそっかす"にとっては年長の子どもの遊びは，あこがれの的であり，お手本とすべきモデルであった。しかし，"みそっかす"がいつも"みそっかす"になっていたわけではない。遊びによっては，メンバーの数をそろえるためにも，参加させざるをえなかった。その際，年長児は幼い子に遊び方を教える先生であった[7]。

　子どもの時代にこういう経験をもっている保育者は，幼児集団に対し，その全員を視野の中に入れ，その中のグループ関係や個の動きをとらえることができるはずなのである。

　しかし，今やこうした伝承遊びの経験のない世代が保育者を志望することも多くなってきた。したがって，生活グループとしての幼児集団の面倒をみるだけでなく，時には遊びのモデルになったり，あるときは，遊びを教える援助者になるといった多様な役割を自然にこなすというわけにはいかなくなりつつある。そして，このことも，実習の中での，体験課題としなければならなくなっている。子どもとの共同生活の中で，自分とは世代の違う幼児との間のつきあい方，集団へと働きかける方法，集団の中での個へのかかわり方など[8]，ことばだけでなく今や体験として獲得しなければならない。今や保育者の資質を養成する場を改めてつくらなければならない時代なのである。

6．保育者の資質を構成する要素としての知性

1）幼児を理解する力

　幼児への保育者のかかわりは原則として幼児の自主性を尊重するものであるべきである。第3章でふれたが，幼児の遊びの指導は小学校における授業の指導

（教授―学習）と原則的に異なったものである。つまり援助である。援助とは幼児自ら取り組む活動を幼児が必要とするときに助けるものであり，結果として幼児が自立していき，最終的には他者の助けを必要としなくなるようにすることである。もし助けることで，幼児が自分でやろうと決意している態度をくずすことがあれば，それは余計なおせっかいになるのである。だから援助がまさに援助としての役割をはたすためには，その援助が適切なものであるだけでなく，幼児のその時点での援助としてまさに適時であったかどうかというタイミングの問題が大切なのである。

　ではそのための条件はなにか。一つは幼児が取り組んでいる活動における幼児の内面が読みとれているかどうか。いいかえれば，幼児自身がこの活動をどうしたいのか，どういう課題をもっていて，その課題追求の状態に満足しているかどうかを判断することである。保育者は日頃こうした観点をもって幼児とつきあっている。だから，「あの子はやる気のある子よ」とか，「内気だから，自分を出せないの」などといった判断をして援助の必要を感じている。

　この幼児の内面を読むという仕事を，保育者は普通直観的に行う。幼児の活動もグループのつながりも，刻々変化している。だから，そうした幼児の内面の読みとりも，瞬間瞬間で行うことが多い。幼児の内面の一瞬の変化から，その幼児の気持ちをかぎわける。そこで，ベテラン保育者は異口同音に，保育者に必要なのはこの幼児の内面を読みとれるセンスであり，感性だという。

　たしかにこの見解は一面では正しい。しかしこの感性重視は，二つの問題を含んでいる。一つは，幼児の内面的な読みとりが主観性に依存するので，それが本当の幼児の内面であったかどうか，誤った思い込みをしていないかといった見直しを欠く面があること。二つは，かりに幼児の内面が読みとれたとしても，幼児の気持ちと実際の活動との間にずれがある場合は，幼児の気持ちは満たされないことがある。その場面，幼児の気持ちだけに共感したとしても，幼児の気持ちを満たすような援助はできない。たとえば，5歳児が船を浮かべて，それにゴムバネをとりつけて走らせようとするとき，つくり方によっては，幼児の走らせたいという気持ちが満足されないつくり方もある。その場合，幼児の気持ちにのみ共感するだけでなく，つくり方が目的を実現できるものであるかどうか見極めなけ

第8章 望ましい保育者の資質とはなにか

ればならない。

　したがって幼児理解はただ単に保育者の日常感覚で幼児の内面を読むだけでなく，その内面が具体的な行動の中で，どう具体化し，実現していくのか，はたして成功可能な課題かどうか，を見極めなくてはならない。こうした能力は自然に身につくものではなく，努力して身につけるものである。多くの母親や父親の場合，愛情をもってかかわっているという前提から，わが子の性格について思い込むがゆえに，わが子の行動をしっかりと見とどけようとしない傾向がある。その結果，非行などの理由で学校や警察で注意されたりすると，青天のへきれきで「うちの子にかぎって，そんなことってあるものですか」といった発言がとび出すのである。

　保育者は援助者の役割を職業として選んでいる者である。それゆえ，他人の子どもに対する理解に対し，より確かな理解をもつ必要があるのである。さらに保育者は一人の子どもではなく複数の子どもを相手にしている。そのためともすれば，幼児一人一人の動きを見落としがちにならざるをえない。幼児の内面理解をたしかなものにするためには，幼児一人一人に対する保育者の感性による読みとりをより具体的な幼児の活動理解によってたしかめていかなければならない。幼児が砂場で砂遊びに取り組んでいる姿をみて，この子は砂遊びに夢中になっていると幼児の内面を保育者が読んだら，そこで終わるのではなく，さらにその幼児が砂とどのように取り組んでいるかを具体的な行動のレベルで理解する必要がある[9]。

　とはいえ，幼児がいつどこでなにをどうしたかといった行動の理解は，保育しながら身につけることはとてもむずかしいことである。なぜなら，幼児とかかわることに関心のある保育者には，そうした第三者になったつもりで幼児の行動を客観的に追跡することはむずかしいからである。それは子どもにこうあってほしいと願う気持ちの強い親が子どもの行動の行く末をみていられず，「そうではないでしょ，こうやらなくちゃ」などと余計な口出しをしてしまうのに似ている。

　そこで自分の幼児に対する主観的な読みとり（例；あの子は遊びに集中できないようだ）を仮説として，その仮説が本当かどうか，それが本当とすれば，どうしてそうなるのかを探るためには具体的な行動を客観的に読みとっていかなけれ

ばならない。保育者の保育姿勢の中に，幼児の内面的な状況に対する主観的読みとりを確かめ，幼児の具体的行動の中で検証していく姿勢を確立しなければならない。こうした資質を養成するためには，保育者自身の姿や幼児の行動について記録をとり，幼児がどこでだれとなにをどうしたかを記録にとどめ，そこから考察によって幼児の内面を明らかにするための訓練が必要である[10]。それゆえ保育記録をとることは，保育者の幼児理解の力を高めるための方法として不可欠である。

こうした訓練を得て保育者は子どもへの当事者でありつつ，第三者のまなざしを持つことができるのである。

2）保育者自身を理解する力

保育の記録をとることは，幼児の実態がわかるだけではない。保育者自身の保育を照らすことにもなる。くり返しいうように保育者の計画通りに幼児を導くことは保育の本来のあるべき姿ではない。幼児が自ら取り組む活動を援助することに保育者の役割があるとすれば，保育者の幼児理解が正しいこと，いいかえれば幼児の内面が理解でき，幼児の活動の未来が的確に予想できることが，幼児に対する援助を幼児にとってふさわしいものとする条件が一つ整ったことになる。しかし，それで十分というわけではない。援助の仕方が適切でないと幼児の活動を広げ，発展させることにはならない。具体例でみてみよう。

Aという幼児がいつも遊びに入れないでうろうろしている。しかしこのところ，砂場の近くにいって砂の遊びをじっとみている。この様子をずっとみつめていた保育者は，Aがこの遊びに興味をもっているので，きっと遊びに入りたいのだ，砂遊びをしたいのだとAの内面を読む。この判断が正しかったとする。そこで保育者はAに，「Aちゃん砂遊びしよう」と誘う。それを聞いたAはプッと顔をそむけてそこから離れてしまう。Aはなぜ，率直に保育者の誘いを受け入れなかったのだろうか。考えられることは，保育者の発言で，Aは自分の立場を意識してしまったということである。

保育者のこの援助には，Aの性格についての読みが足りなかったのである。このように，幼児の内面が読めても，援助が成功するかどうかはわからない。こ

うしたことは，保育場面では，数多くみられる。なぜなら，保育者が援助の対象に入れておかなければならない幼児の数は1人ではなく，複数であること，しかも，保育者は幼児を一人一人をみるだけではない。遊び場面では集団の動きを把握しなければならない。ごっこ遊びなどは，複数の幼児がグループでやっている遊びである。この遊びを理解するためには，一人一人の参加の仕方や幼児の心を知る必要があるが，しかしそれだけではない。この遊びの状況の診断が必要になる。

たとえば，あるままごと遊びについて，つぎのように考えたとする。このごっこは盛り上がっていない。むしろ，下降線をたどっている。この遊びを楽しんでいる幼児Bにとっては，とても楽しみにしているこのごっこ遊びの空間がこわれてしまうことはとても残念であろう。そこで保育者が，その遊びに入ろうとする。その結果保育者が入ることで，停滞していた遊びが少し活気を盛り返した。しかし結果的にみると，保育者がその遊びを離れて，他の遊びに参加すると，そのごっこ遊びはこわれてしまった。保育者の働きかけがとても強い影響を与えたため，保育者のイメージや働きかけなしにはその遊びの場がつまらなくなってしまっていたのだ。そのことに保育者は気がつかなかった。保育者の援助は，結果として幼児たちが自力で遊びを発展させていくのに有効に働かなかったことになる。

こうした事例は保育場面には無数にある。保育者の幼児一人一人に対するねがいが幼児自身のとる活動の中で，あるいは集団の遊びの中で，具体的に実現されたかどうかを見極め，明日の保育に生かすことは保育者の仕事には欠かせない。いいかえれば，それは幼児の変化だけをみることではない。幼児の活動の流れに対し，自分の働きかけがどのようにかかわったかを反省することである[11]。

1日の保育をふり返って反省すること，それは1日の幼児たちの動きを頭の中にイメージとしておこし，それに対する自分の働きかけがどのように幼児になされ，その結果，幼児たちの動きはどうなったか，保育者自身の今日の動きはどうであったかをふり返ることである。それは心の中のブラウン管に幼児の動きと自分の姿を映しだして，自分のあり方を理解し，明日の保育への糧とすることである。幼児の自主的活動を援助することが保育の本質である以上，このような形での保育者の自己理解は欠かせない。自分を知ることは保育者の大切な資質であ

る[12]。己を知るということはソクラテス流にいえば，最も大切な知性である。

3）文化（保育内容）を媒介する力

　小学校教師にとって教育内容の準備，学習は大切な仕事の一つである。教材研究とよばれているものがそれである。同様に保育者にとっても保育内容の研究は欠かせない。小学校以上の学校教師は教科書や教師用指導書，参考書などと首っ引きで明日の授業の準備をする。保育の場合，教科書，教師用指導書はない。保育者にとって保育内容は保育者が教えることだけでなく，幼児が取り組んでいる活動，遊びの内容である。また，保育者が無意識にやりつづける遊びの姿も幼児にとっては保育内容である。いいかえれば，幼児が環境とかかわる姿にこそ保育内容が含まれている。たとえば，幼児が当番活動でモルモットのかごの掃除をしていた。そこで幼児たちはモルモットのうんちのついている新聞紙を「きたない，うんちきたない」といいながら，うんちをさけるように掃除していた。そこで筆者はモルモットのうんちを一つ手にとって手のひらにのせた。すると，当番をしていた男の子たちの中から「わーっきたない」「へんなおじさんだ」と口々にさけんだ。そこで筆者は，そのモルモットのうんちを鼻に近づけて匂いをかぐ。すると幼児たちはますます興味をもったり，汚ながったりしている。そのうち，ある幼児が筆者のまねをする。そしてさけんだ。「このうんち，くさの匂いだ」そこで筆者はひとりごとのように「どうしてくさの匂いがするのかな」というと，幼児の中から「草を食べるからだよ」という意見がとびだした。そこで筆者が「そうか，草を食べているから草の匂いがするんだ」と感心する。すると，当番活動に参加していた幼児全員が好奇心にかられて，うんちを手のひらにのせて匂いをかぎだした。そしてモルモットのうんちが草の匂いのすることを確認し，食べ物とうんちの関係を実感した。最後にこのグループの中で一番ふとっている子が，「先生このうんち，うちにもって帰ってお母さんにこの匂いかがせるから，ビニール袋に入れて」という。降園のとき，ビニール袋をもったその幼児は筆者のところにやってきて「おじさん，今日はとてもおもしろかった。ありがとう」といった。

　この事例での筆者の幼児へのかかわり方には，保育内容についての筆者の考え

第8章 望ましい保育者の資質とはなにか

方（教材解釈）がひそんでいる。それは幼児の動物の世話に対する筆者の考え方である。より具体的にいうならば、多くの幼稚園でみられるうんちに対する幼児の認識や対応に筆者が問題を感じていたからである。一般的に幼児たちはうんちは汚いと思っている。しかし、動物は食べれば必ず、うんちを出す。うんちが出なければ、動物は死んでしまう。だから幼児たちに、食べたものと、うんちはつながっている。生きるということは食べることと、うんちを出すことなんだということを動物の世話の中でわかってもらいたい。そしてできれば、うんちは汚いという見方だけでなく、うんちがそれからどうなっていくのか。うんちがくさって木の葉などに作用して腐植土（ふしょくど）という土になる。それが植物が育ついい土になっていく。そこまで幼児の認識が発展していってもらいたい。それが筆者（保育者）の願いである。

　しかし、筆者は、ことばでそれを幼児に教えようとは思わない。それは、幼児が生活の中で気づいてもらいたいのである。筆者の教材観は保育者の幼児に対する自然な対応の中にかくされている。しかし、幼児のうんちへの対処の仕方を大きく変えるような刺激（手のひらにうんちをのせる）として表されたのである。幼児に直接ことばで伝えないからといって保育内容の研究が必要でないといった偏見が一般にあり、「幼稚園や保育所の先生は楽でいいな、幼児と遊んでいればいいんだから」といった見方が小学校の先生にさえもみられる。しかし、事実は逆である。

　たとえば、鬼遊びを幼児がやるがうまくいかない。楽しくない、なぜか。そんなとき、保育者はどうしたらいいか、保育者は鬼遊びのおもしろさはどこからくるのか、この鬼遊びを保育内容として研究することは必要である。幼児たちは鬼と子の役割がわかっているか、「追う―逃げる」という関係の緊張感を楽しんでいるか。安全地帯の位置や数は遊びのおもしろさに役立っているか等、今展開している鬼遊びの実態を鬼遊びの構造に照らして診断し、適切な援助の仕方を工夫しなければならない[13]。保育内容の研究は広くいえば、幼児の文化を深く理解することであり、狭くいえば、保育における活動材（学習材）を幼児に提供するためのものである。これも養成されるべき保育者の大切な資質であり、知性である。

4）文化（保育内容）を表現する力（モデルの役割）

　幼児が遊びだそうとするとき，幼児の心をつき動かすのは，自分もやってみたいと思う対象である。たとえば，上手なサッカーの選手の技を見ると自分もやってみたいと思うだろう。

　幼児はまわりの幼児の姿の中にそういうモデルを見つけ，あこがれて遊びだすのである。もし，そういうモデルが見つからず，遊びたいという気持ちが幼児にないように思えるとき，保育者がモデルを務めることは大切である。

　そんなとき，保育者はまず，自分がやろうとすることに精神を集中し，気を入れてやることが必要である。幼児にやろうと誘ったりすることはモデル性を弱めてしまう。まわりの子どもの視線を感じていても迎合せず，自分の動きに集中する。そして，その動きが表現力を発揮すると，まわりの幼児の気持ちを引きつけるに違いない。気を入れることで，子どもの気を引く，そうしたモデル性をもつことが大切である。

引 用 文 献

1) 梅根　悟：世界教育史，pp.255〜271，光文社，1955
2) 宮本常一：宮本常一著作集6，家郷の訓・愛情は子供と共に，pp.18〜26，未来社，1975
3) 文部省：幼稚園教育要領，p.3，フレーベル館，1990
4) 牧野カツ子：乳幼児をもつ母親の生活と〈育児不安〉，家庭教育研究所紀要3，pp.34〜56，家庭教育研究所，1982
5) 金田利子：乳児期における家庭保育と集団保育の関連に関する総合的研究Ⅵ，日本保育学会大会研究論文集，pp.442〜443，1989
6) 小川博久：施設環境，岡田正章他編；保育学事典，pp.129〜146，第一法規，1983
7) 小川博久：子ども社会の動向と課題，森上史朗他編；子ども学研究Ⅰ，pp.226〜237，建帛社，1987
8) 小川博久他編著：保育実践に学ぶ，pp.294〜303，建帛社，1988
9) 小川博久：遊びと保育者，小川博久責任編集；4〜5歳児の遊びが育つ(5)　遊びと保育者 pp.40〜59，フレーベル館，1990
10) 小川博久他編著：前掲書，pp.256〜291
11) 津守　真：保育における体験と思索，pp.9〜10，大日本図書，1980
12) ランゲフェルト，和田修二監訳：教育の理論と現実——教育科学の位置と反省，pp.138〜192，未来社，1972

第8章 望ましい保育者の資質とはなにか

13) 小川博久：鬼遊びの構造(1)──「追うと逃げる」の行動特性の分析──，日本教育大学協会幼児教育部門会編；幼児教育研究，1983年版，pp.81〜102，川島書店，1982

第 9 章

現代社会と保育の諸問題

第9章　現代社会と保育の諸問題

1．情報化社会の特色

　幼児一人一人の表情や姿はおよそ何千年もの間，変わらないもののように思われ，聖母マリアとキリストの母子の姿を描いた近世絵画などにみられる母子のいつくしみ合う姿などからは，時代を越えて感動を誘うのは，そこに変わらぬものがあるかのように思いがちである。

　しかし一方で，幼児の日々の生活や遊びなどをみてみると，今の大人たちが幼児であった時代の生活とは著しい変化がみられる。大都市においてはなによりもまず，幼児をとりまく生活の景観が変化している。この変化に心をうばわれている人は昔とずいぶん変わってしまったというかもしれない。では田舎はどうか。景観の上では30年前とさほどの変化はみられないとすれば，そこには何の変化もないのだろうか。幼児をとりまく環境の変化を問題にするとき，そうした景観の変化の大小にかかわらず，今の社会の特色をとらえる必要がある。そこでまずとりあげなければならないのが，今の社会を特色づける情報化社会という用語の意味である。

　今から30年前の幼児は降園後，友だちと遊ぶ約束をするときには，友だちの家に訪ね合ったり，いつも友だちがいると思われる場所にでかけていくという形がとられた。

　しかし今は違う，今は携帯電話で友だちと遊ぶ約束をしたりする。幼児の頃から電話で用件をすますことを知っている。出張先の父親に電話でおみやげの注文をする。実際に品物を手に入れたり，行動を起こしたりする前に，電話で品物の内容や行動の仕方を決定するのである。そして今や，多くの若い世代や子どもたちが携帯電話をもっている。こうした生活スタイルは，幼児の生活にまで行きわたっているということは，情報化社会のあり方が幼児のくらし方を規定しているということなのである。なぜなら，モノ（例；おみやげ）が実際にとどけられる前に，また，行動が起こされて事態に変化がおこる前に，電話による音声という情報を使ってモノの移動や事柄の変化をコントロールするというシステムに幼児が組み込まれているからである[1]。

情報化社会のこの特色は大人の生活には広くかつ深く入り込んでいる。消費生活の面では，キャッシュカードで給料を受納したり，電話で旅行の予約をしたりすることから，留守番電話，洗濯機の操作，電気釜の操作に至るまで，生活のいろいろな面で情報処理先行型のくらしがある。

　このことは生産活動の面ではもっと徹底して進んでいる。企業間の取引きなど，現ナマの札束をもち込んでやることなど今はない。コンピュータによる情報処理ですむ。国際為替市場，株の取引きなど，数字の上で買ったり売ったりするつもりで，数字上の情報処理をすれば済む。その結果，まだ工場は生産操業をしているのに，取引きの上では，破産となり，取引きが中止されてしまうこともある。

　こうした情報の流通の先取りによって社会が動くことを可能にしているのがコンピュータである。コンピュータは多くの情報を蓄積し，人間がそれを操作することで，物事の変化や結果を予測し，望ましい結果を最も効率的に導きだす働きをしてくれる。幼児たちがこの新しいメディア（媒体）に親しみはじめている。

　おかげで，われわれの生活の多くのむだが省かれ，失敗が少なくなり，労力が省かれ，より安楽なくらしが生まれた。もはや，この生活の流れに逆らってくらすことはできないし，幼児もこの中で生きざるをえない。新幹線があるのにわざわざ鈍行でいく人はいないし，さまざまな家庭内電気製品を使わずに，ぞうきんで掃除したり，電気を使わずにマキでごはんをたく人はほとんどいない。

２．情報化社会の中の家庭環境の変化

　情報化社会はわれわれの生活を効率的にそして安楽にするのに役立ってきた。しかし一方でこの情報化生活は，大人をはじめ幼児をとりまく生活環境のあり様を大きく変化させた。その一つは，家庭環境の変化である。先に述べたように家庭生活がさまざまな情報処理を組み入れた電気製品によって営まれるということは，一面からいえば，家庭生活が消費行為によってのみ運営されるということでもある。人々のくらしは，働いて稼いだ賃金によって営まれる。衣食住はもちろんのこと，娯楽，スポーツ，教育，医療，冠婚葬祭に至るまで，企業にお金を払って運営される。そしてそこで働いている原則はできるだけ，労力を使わないで

快適なくらしをという原則である。したがって今では，家庭の運営上のサービスまでもお金で買われるようになっている。たとえば，食事はできるだけ，加工されたもので，省力化してすます，外食にたよるという傾向である。

情報化社会の原理である情報処理を先行させて労力を少なくして最大の効果を生むという考え方は，モノとの接触，実際に行動を起こすことなどの，具体的世界との接触を疎遠にしていく傾向を生みだすのである。なぜなら，人間の実際の行動によって生まれる労力こそ，人と物の世界を具体的につなぐ手段だからである。

また，先のような省力化の論理は人間関係にも現れる。人と人とのつきあいは，身ぶり，手ぶり，表情，ことば，身体接触等，多様なレベルで行われる。そこには，交流の過程でさまざまなものがかかわり合う。人と人が出会うことでことばにならないいろいろな面での交わりがなり立つ。それらは結果には現れないようにみえるが，人間関係の絆をつくる大事なこやしになっている。

情報処理が先行する社会では，人と人がコミュニケーションを交わすには目的がある。交わる過程で生まれてくるさまざまなかかわりのニュアンスよりも，何を伝えたいか，うまく伝わったか，用件は十分に伝わったかが重視される。電話の方が直接会うよりもはるかに目的的なかかわりが可能である。お互いの表情とか，身ぶりは相手に伝わらないからである。

こういう状況の中で，近隣同士が交わる必然性はますます少なくなっている。各家庭の運営が消費行為によって行われるようになればなるほど，各家庭でのモノの扱い（衣食住の処理）やサービスの面で近所の人と交わる必要性はない。なぜなら，隣人と食物や衣類を分かち合ったり，出産などの行事で労力を分かち合ったりするよりも，金を出して食料や衣類を手に入れサービスを買うことが多くなるからである。そしてそういう目的がないとき現代人は隣人とかかわることはかえってうとましく思う傾向さえあるのである。つまり近所づきあいは成立しにくいのである。別のいい方をすれば，消費行為によって生活維持に必要なモノとサービスを手に入れられるかぎり，各家庭は，相互に独立し，他の家庭の助けを借りずにくらしているのである。それは，あたかも，固い貝殻を作ってくらしている貝のようなものである。

この状態を孤立というか，独立というかは見方によって異なるであろう。ただこうした家庭環境の変化は，家庭生活の自立性が失われつつあることをも意味している。多くの都市生活者の場合，家庭が生産活動と切り離されているので，衣食住に関するモノを手に入れることは，消費行為に依存せざるをえない。そしてそれらのモノの加工（料理をつくる，服をつくるなど），再生産（修理する）やその他のサービス（教育，娯楽など）までも，消費行為に依存することは，家庭生活の営みの中で，自らつくり上げられていたものを，すべて外注するという形になるのである。たとえば，娯楽面で，テレビに依存すると，家族の趣味の相違によってチャンネルの争いになり，結局，複数のテレビを使ってこれを解決するという形になる。こうした解決は家族の連帯をも弱める結果になる。このことは親と子の関係にも反映する可能性も大きい。家庭にひきこもって，ファミコンやパソコンに熱中する子どもや，外で遊ばず，ついにはひきこもりになってしまう子どももふえてきた。

3．情報化社会での地域の喪失

　前の節で家庭同士が孤立して関連が薄いという話をした。このことは近隣関係があまり深くないということにもなる。そしてひいては地域のまとまりの喪失にもつながるのである。というのは地域というのは，単なる地図上の区域ではない。地域は政治上の単位でもない。同じ村に住んでいても，住民同士のまったく交わりのない所があれば，地域とはいえない。地域はそこに住んでいる人たちの間に，生活や文化の上での交流があり，まとまりがあって，一つの人格のような特徴を示したものである。具体的にいえば，言語，生産活動，消費生活の活動，生活習慣，考え方，芸能，娯楽，宗教等の共通点が多ければ多いほど，地域としてのまとまりを示す。このまとまりの強さを示す指標を地域性とよぶことにする。

　こうした地域性の濃いところとしては，中国の雲南省の南，インドシナ半島に近い，少数民族の集落や，インドネシアのバリ島などがあるが，わが国のように産業の発達した国にはみられない。それらの人々は，共通のことばを話し，共通の生活様式をもち，自給自足的生活で，共通の宗教のもとで，生活習慣，思想，

芸能、娯楽などほとんど共通であり、したがって人々はお互いに交流し、共同行動をとりながら生活している[2]。

　それに対し、現代の都市生活者はどうか。同じ日本語を使い、その多くがサラリーマンとしてデスクワークに従事し、家庭では、ほとんど消費行為が中心で、スーパーマーケットで買物をし、テレビをみて、旅行やゴルフに行くことなどが娯楽であるといった具合に画一化されている。毎日の自分の生活信条は無宗教で、テレビのキャスターらの考え方に影響されやすい傾向をもつ。

　この二つは共通点を多くもつ人々の集まりであるという点では同じであるが決定的に異なる点をもっている。すなわちお互いの共通性を確立する方法が決定的に異なっている。バリの人々は生産の仕方、日常生活の送り方、あらゆる面で人々は共同の目的のために、共同して行動している。人と人とが、コミュニケーションを交わす必要性が相互にあってつながりや共通の世界が成立しているのである。

　一方、都市生活者の場合、人々はお互いに他の人々とのかかわり合いを求めていないし、そのかかわり合いも少ないということである。同じ団地内にいても、そこで似たような生活の仕方をしていても、お互いに関係がないと思っていて、つきあいもない場合が多い。だから、そこは地域としてのまとまりは少ないのである。

　こうしたまとまりのなさは、子どもたちの生活でも同じである。子どもたちが一緒に集まって遊ぶ場所も、時間も、年とともに少なくなっている。学校から帰って、塾やおけいこ、テレビ視聴、テレビゲーム操作とやることにさほど差がないのに、子どもたち同士はお互いに出会うことが少ないし、またその必要性もなくなっている。なぜなら、どれ一つとして友だちの存在なしにはできないものはないのである。こうした幼児の成育の環境は幼児の発達にどういう影響をもたらすだろうか。

4．幼児の成育環境の変化と子育て上の問題点

　結論としていうならば、前述のような家庭や地域の環境が生みだしたものは、

4．幼児の生育環境の変化と子育て上の問題点

母子関係の情緒的安定をこわす要因となる可能性が大きい。つまり母親の育児不安傾向の増大である。まず，家庭の家事が省力化され，母親が子どもとの関係に力を入れる余裕がでてきた。このことは必ずしもプラスの影響となっていない。つまり過干渉として現れている。

前述のように，情報化社会は，情報を先行させて，より成功の可能性の高い行動を予知し，失敗行動をさけて能率的によい結果を求めようとする傾向であった。実際，親たちは，家事を省力化することと同じ論理で子育てを行う可能性も大きい。生活全般が省力化されている中で，子育ての仕方もマスコミや本を読んで学ぼうとしがちである。昔のように親や近隣の人々の子育てをみてまねる機会も失われているのである。

こうしたみてまねる学習に地域の果たしていた役割も大きかった。

たとえば，井戸端会議などは，同じ立場に立つ主婦が日常生活のさまざまな感情，特に不満などをぶちまけ合うことで，主婦であり，母親である立場の精神衛生を維持するのに役立ったといわれている。たとえば，子育ての体験がはじめての母親が，抱きやすいつぎのような不安が解消されていった例もある。夜泣きが止まない幼児をもつ母親は，もしかしたらどこか悪いのではないかという不安にとりつかれる。そんなとき経験の豊かな母親から「『泣く子は育つ』というよ」と聞かされ，安心することで，母親の心が安定し，そのことで夜泣きもおさまったという。他の母親の体験から得られるさまざまな事例報告は，子どものさまざまな変化を受けとめ，それに対処する実践的知識と心情を育てるのに役立つのである。ここには事例認識の効用がある[3]。そしてこのことは父親においても同じである。

しかし，そうした地域のつながりがない現在，育児書や育児相談，雑誌といったところから子育ての情報や不安解消の手だてを得ようとする。ところがこうした育児書の情報は最大公約数的なものからなっている。したがって親は平均値に左右され，自分の子どもの行動が逸脱したと考えると，それを平均値の方におしもどそうと考える。自分の子どもが平均から逸脱したと考えるやいなや，親は不安に落ち込む。平成10年に告示された中央教育審議会答申も家庭教育の危機として，このことを述べている。

第9章　現代社会と保育の諸問題

　子育てに試行錯誤経験のない親は，育児書の記述を絶対化し，試行錯誤過程で子育てを学んだ親のように幼児の変化の振幅に対する適応性がない。
　また情報先行型の行動型の親は，誤りのない必ず成功するような行動パターンを幼児にたどらせようと考えるあまり，行動抑制傾向の強い子育てをするようになる。つまり失敗をおそれるあまり，「ダメよ，○○してはいけない」といった抑止型の働きかけ，命令的子育てが増加し，たえず子どもに注意をしてしまう傾向を生む。親の不安が大きければ大きいだけ自分の不安を解消するために，子どもに親が正しいと考える行動をとらせようとする。
　またこうした親の子育て傾向は子どもの将来に対する不安を解消するために，より小さい年齢から，子どもの将来の成功を願って，幼児の教育に未来投資を行う。それによって生命保険のように未来の安心を買うのである。しかし，子育てに試行錯誤体験の少ない親は自分が専門家でないから無力だと思い込む。そこで，日常的な子育てでの適切な判断力を「専門家」にたよるのである。その結果，消費行為として，子どもを保育施設にあずけたり，水泳教室，ピアノ，知的早教育などのおけいこ，塾に早くから行かせようとする。
　この傾向は家庭生活の中に幼児がみてまねることで獲得できるような親たちのモデル行動が貧困になりつつあり，地域で行われた近所遊びなどの伝承遊びが失われつつあるのと対応して急速に増大しつつある。
　親たちや大人たちの幼児に対するかかわり方は子どもの将来志向的であるため次第に抽象的なことば中心の情報を伝達することに重点をおくようになってきたのである。いいかえれば，小学校における「教え―学ぶ」といった形での学習の仕方が幼児期から強調されるようになってきている。

5．知的早教育を支持する圧力とその必然性

　幼児の早教育，特に知的早教育への要求は最近国の内外で顕著になった現象である。しかし，この傾向は幼児期のみの現象ではない。情報化社会において，新たな科学技術が加速度的に開発され，新しい知識が生みだされ，蓄積されてきた結果である。大人は新しい知識に追いついていけばよいが，新しい世代は古くか

らある基礎的知識にはじまって現代科学の最先端まで学ばなければならない。このことが高等教育から義務教育へと知育の重視を強いているのである。そしてこの動きは，人間がことばを獲得した時点ではじまっている。それを少したどってみよう。

　人間社会は動物社会とは異なる文化を蓄積してきた。そしてそうした文化を使用し，次の世代に伝達するために，言語を使用してきた。こうした言語の使用は結果として幼児や子どもの教育の場をますます抽象的な世界に導き入れる働きをしてきた。たとえば，ブッシュマンのような狩猟生活で言語が中心の役割をしていない社会では，教育の現場は，親が狩をする現場と同じであり，子どもはそこに参加するだけで十分であった。親の狩の姿をみているだけで，どうすれば，生きるための食物がえられるか学習することができた。こうした場面には，行為者（父親），行為（矢で野鳥を射る），対象（野鳥），位置（森の中），属性（野鳥や弓矢の性質），方向（ねらった野鳥のいる方向）などが含まれていて，子どもはそこにいて見ているだけで状況がわかるのである。だから，ことばはいらない。

　一方，ことばに貯えられた文化内容（本）を子どもに学ばせるのは容易ではない。なぜなら，言語は行為者をとりまく状況（上で述べた場合に含まれた要素）や，それにともなう行動から離れていく方向に進む。その結果，言語使用者の注意を環境から引き離してしまう。たとえば，「狩猟生活」ということばは，どんなに具体的なことばを使ったとしても，いつ，どこで，だれが，なにを，どのようにといった具体的場面を離れて，ことばでその意味が語られる。そのおかげで特定の場所での特定の行為としての狩だけでなく，多様な形の狩を，またそれで成り立っている社会を共通なものとして理解することができる。そしてその言語普遍性によって学習のおもな媒体となった。ブルーナーはこういう。

　　言語は，益々脱状況化された形式で，人間にとって知識を伝達する媒体になった。そして書き言葉の出現がこの傾向をさらに増大させることになったことはもちろんである。知識伝達のこの様式が確立されるようになると，教授が成立する場としての学校が発明される条件が整ったのである。学校は進化史においてごく最近の発達であり，歴史的意味においてさえもそうである[4]。

　ブルーナーがいうように，学校は具体的な生活場面から離れた抽象化された観

念の世界，ことばによって媒介された世界を伝達する役割をもつ場として（特に書き言葉）成立した。それはライル（Ryle, G.）のことばをかりれば，Knowing how（やり方を知る）から離れて Knowing that（……であることを知る）へと学習の焦点が移行したのである。たとえば，ハンマーの使い方を体験を通して知ることが Knowing how だとすれば，「ハンマーをたたくことは，克服されるべきある水準（レベル）の抵抗以上の力が使われること」であるということを学ぶのが Knowing that である。このようにいいかえることで，同じ作用を他の手段で実現する道が開かれてくる。つまりハンマーと同じ機能をもつ工作機械の発明である。こうして科学技術が発展してきた。いいかえれば，それは「特定の問題の解決をより単純な一般的問題の単なる事例とし，それによって知識を増大させること」であった。近代学校における「教え―学ぶ」授業形態は，まさに科学技術の基礎となる抽象的概念を効率的に教える場として実にふさわしいものとなってきたのである。

このように考えれば，知的早教育をめざした「教え―学ぶ」という授業形態が，幼児期までおりてくるのは，歴史的必然といえなくもないのである。

6．幼児の学習の本質と知的早教育への対応

しかし，第1，2，3章ですでに述べたように，幼児期の学習は，主として観察学習（みてまねる）である。子ども自らが親や仲間の行為を選んで（注視して），それをモデルにみたてて，みてまねるのである。この学習は，情報化社会を生み出した授業形態（教え―学ぶ）によって行われるのではない。学習者自らの動機で，身体を使って試行錯誤しながら，時間をかけて行われる。この学習は子どもの学ぶ意欲は保障するが，学習の仕方が効率的ではなく，ことばや数字によって表される文化内容の学習には適していない。むしろ生活の中のさまざまな技能を学ぶのに適している。遊びの学習は子ども自らの動機で身体で習得されていくものである。子どもは，こうした学び方の時間を過ごさなくては，生きる意欲をもって社会に適応する存在にはなりえない。高度な情報化社会でもこの事実には変わりはない。

6．幼児の学習の本質と知的早教育への対応

　したがって，知的早教育への要請が大人社会からあったとしても，それだけの理由で，「教え―学ぶ」という授業の学習形態を幼児期に導入することは幼児の発達を無視したものとなる。では，そこで問題になることはなにか。

　まず第1にいえることは，抽象的で一般性のある概念（数字や文字言葉で表される世界）を重視して，「やり方を知る」（Knowing how）という具体的知識を軽視することである。いいかえれば，一般化された知識（Knowing that）は簡単に「やり方を知る」知識に移行できると誤信することである。たしかにわれわれの日常生活には，ブッシュマンの親が子どもに狩を習わせるような場面は少ない。しかし，大人の生活はそうであっても，乳幼児の世界は違う。前述のように乳幼児は，抽象的概念の世界ではなく，具体的な Knowing how（やり方を知る）世界で生きているのである。大人の世界が科学技術の発展でいかに合理化され，情報化されても，幼児の発達は，ブッシュマンの子どもが狩の現場で狩を習うのと同じ学び方を通過せざるをえないし，それを省略するわけにはいかない。とはいえ，現代には，ブッシュマンのような親と子の共同の生活の場も，ブッシュマンが狩をするような自然も存在しない。前述のように，幼児は情報化された社会で生活している。みてまねて自分で動きまわって，体験を通じて学ぶまえに，情報の上でだけ子どもはいろいろなことを知ってしまっている。実際に動きまわる前に知識として「世界」を認識する生活，キーで情報（記号）を操作するだけで，映像の上での生活が変化するのを知っている生活の中にいる。それは匂いや多様な音，肌ざわり，遠近感のある風景などが混じり合った世界ではなく，整理され，人工化された世界である。

　家庭生活の中で親と子の関係は生活の知恵を学ぶ場ではなくなりつつある。親との関係は見て学ぶという形の学習の場ではなくなりつつある。親も言葉で子どもを育てようとしがちになる。しかし，幼児は親の言葉だけでは動かない。親は子育てがつらくなり，結局，子どもの教育を他人まかせにしようとする。その結果，教育を消費行為の一つとして考える傾向にある。いわゆる専門家まかせの教育である。

　幼児の発達にとってこうした環境が望ましいわけはない。目と耳と匂いと肌ざわりで春の到来を感ずるような生活，自分でみてまねて，繰り返すような学び方

を保障することが幼児教育のまず第1の課題である。この点は幼児教育の変わらぬ目的にはちがいない。しかし、そういう学び方、経験の仕方がますます困難な条件（情報化社会）にいるからこそ、この課題にはわれわれ大人が意図的にかつ、条件そのものを確保するといった構造的取り組みでやる必要がある。たとえば、羽根木プレイパークのような自然環境と人的環境（集団づくり）の両面においてである。新しい幼稚園教育要領で環境への自発的取り組みを通じて遊びが強調される理由がここにある[5]。

　しかし、課題はそれだけではない。前述のように、子どもたちはこの情報化社会に生き、この社会を担っていく存在である。今さらブッシュマンの世界への後もどりはできない。前述のように、情報化社会は、科学技術という抽象的観念が支配するというだけの社会ではない。そうした科学の抽象的観念はコンピュータというメディアによってわれわれの日常生活をとりまく具体的環境になっている。子どもたちは、コンピュータの原理（ソフトウェア）を知らなくとも、キーの押し方を学べば、そうした具体的環境に変化を与えられる。テレビゲームをいじる子どもは、自分の力の限界をこえて無限に自分のイメージを拡大したような錯覚に支配されることもありうる。しかし、一度、コンピュータが故障してしまうと、そのときは、自然の中のブッシュマンよりはるかに無力になってしまう。自分が欲しい情報を得るための操作ができるくらいでは、情報化社会でわれわれ人間が主体的に生きることはできない。

　それゆえ、情報化社会に適応するだけでなく、この社会に主体的に生きるためには、特定の目的のために、パソコンの操作ができるというだけでは十分ではなく、コンピュータのソフト原理を理解できる人間になる必要がある。いわゆるコンピュータ・リテラシイ（読解力）というのはこうした能力をいうのである。

　しかし、コンピュータ・リテラシイは、単にコンピュータ・マニアになってパソコンばかりにらんでいる存在をいうのではない。『コンピュータ新人類の研究』という本の著者野田正彰は、ハッカーとよばれるコンピュータ・マニアたちには、コンピュータのパズル的思考や数学的思考の美しさに没頭するあまり、友人とか異性といった自然や社会環境との有機的つながりへの想像力を喪失しているという[6]。コンピュータ・リテラシイは、前に述べた遊びの中での意志決定の経験な

どと結びつくものでなければならない。なぜなら，コンピュータの操作という情報処理が自然とか人間とかの具体的現実にどう波及するかを見通すことができなければならないからであり，さもなくば誤った情報処理で人間の運命をも狂わせないともかぎらないからである。しかし，幼児期の段階でどの程度のどんな内容のコンピュータ教育を幼児にどんな形で与えられるべきかは，まだ不明の段階である。ただ，さまざまな具体的場面での遊びの体験が十分に保障されるならば，幼児たちがテレビゲームに熱中することやさまざまなメディアを自分で操作することは，決して非難されるべきではないであろう。グリーンフィールド（Greenfield, P.）が指摘しているように，テレビゲームの操作には複数の視点からの視覚情報を統合する能力を必要とするような空間認知が含まれているといわれる。結論としては，伝統的主張である遊びを中核とする保育とともに，新しいメディアと幼児との接点にさぐりを入れ続けることである。さしあたり，これしか情報化社会での幼児教育の手だてはなさそうである。

7．幼児期の学習の特質や発達を保障する環境としての幼稚園・保育所の課題

　幼稚園・保育所は以上のような状況の中でどんな課題を担わされているのか。施設本来の任務として，保育にたずさわることはもちろんのことである。この中で保育所は，親子関係の連続性において，養育者（保育士）と幼児との精神的安定を確立し，初期の幼児の生活習慣行動の発達をうながす場である。しかし，養育者（保育士）と幼児との精神的安定の確立は，親の役割にとって代わるというわけにはいかない。それはあくまで家庭での親子関係との結びつきにおいて行わなければならない。保育所と親との相互連絡が必要な理由がそこにある。もし親が育児に逃げ腰で，育児不安がある場合，幼児の精神的不安が発生しやすく，園の集団生活にも適応できないことも多い。特に，現代のように，家庭が孤立化し，「地域性」が喪失した状況の中で，近隣の幼児との遊びによる交流が失われてきた現在，幼稚園や保育所での，集団生活の体験，なかでも，遊び体験のもつ意味は大きい。幼児たちは集団生活の中で，みてまねる学習を通じて社会性やその他

の諸能力を獲得することが多い。

　しかし、そうした集団生活による学習が幼稚園や保育所の保育の力、保育者の指導力だけで形成されると考えることは正しくない。いまだ「地域」としてのまとまりが強くのこり、親同士の交流があって、近隣の子どもたちの遊びもみられるところでは、幼稚園での集団生活そのものが、保育者の力というより、幼児たちの自力で形成されているのである。いいかえれば親同士の人間関係のネットワークが、幼児たち相互の交流を強化し発展させる土台となるのである。そこで「地域」の教育力についてもう一度整理してみよう[7]。

　先に「地域性」の存在が母親たちに井戸端会議の場を提供し、親たちの育児不安を解消する役割を提供したことを述べた。「地域」の教育力の第1は子育ての不安を解消する知恵を伝承する力にあった。

　さらに、第2に母親や父親の幼児理解もこの「地域性」に依存するところが少なくない。近隣の人間関係のネットワークが密な場合、周囲の人間がその子どもを知っていることになる。ということは、その子どもが「地域」の中で行動する場合、どこでだれとなにをしたかについての情報は、多くの人々にキャッチされる可能性が大きい。もしそこで社会的に逸脱行動が行われたときには、それはすぐ親の知るところとなる。こうしたシステムは子どもの行動の自由を奪う可能性も多いが、一方では、子どもの安全な成長を保障することにもなる。都会での子どもの誘拐事件などは、こうしたシステムの欠除、家を出たらだれもその子を知らないという状況の産物でもある。子どもがいつどこでなにをしていたかを知ることは、幼児理解にとって重要なことである。親が子どものそばにつきっきりでいなくてもよい条件がここにはあるのである。

　幼児の発達に及ぼす家庭、「地域」の役割の三つめは、幼児の自立と社会性の発達への寄与である。子どもは、はじめ、親と子の絆を中心として発達するが、親と子の関係が安定すると、やがて親離れしていく。この過程は、親との絶えざる身体接触の段階では、まず注視行動によって外界に関心を向けはじめる。やがて動けるようになると親の存在が視野に入る範囲まで、親から離れ、さらに親の姿が実際にそこになくても、そこにいると信じられるかぎり、安定して外の世界と交わるというように、時間的空間的に親から離れて行動するようになる。

7．幼児期の学習の特質や発達を保障する環境としての幼稚園・保育所の課題

　こうした自立の過程は人間関係にもみられる。一番親しい存在である母親から二番目に親しい父親へ，さらには，次に親しい兄弟との交わりへ，さらに近隣の人々との交わりへというように，親の人間関係のネットワークをたどりつつ，一番親しい人との接触から次第に，親しさがうすい人との接触へと広がっていく。このようにして子どもは，次第に，気がつかないうちに親から自立した行動がとれるようになる。これも親や家族との間にさまざまな人間関係のネットワークがある，つまり「地域性」があることによって可能になる。幼稚園の入園などで，不安を訴える幼児の多くは，一人っ子で，したがって親と，幼児がこうしたネットワークをもたず，親と子だけの孤立した生活を続け，いきなり入園という形で，親離れの機会にぶつかったことによることが多い。

　また，幼児が自立し，社会性を身につけるのに，子どもの遊び集団が果たした役割も大きい。かつての伝承遊びの集団では，年長者が親に代わって，幼児の面倒をみながら，子どもに，さまざまな社会規範（世の中のきまり）を伝えていく。幼児はこれをみてまねる形で学んでいく。こうした集団ができるのも，大人社会が「地域性」を強くもっていればこそである。

　今やこうした「地域性」は失われつつある。

　現代の都市環境の中では，家庭の孤立や「地域性」の喪失をなげいても仕方ないことである。それは現代の経済体制がつくりだした生活スタイルだからである。したがって望ましい保育を創造するには，「地域」を幼稚園・保育所を中心につくっていくほかはない。そして，幼稚園・保育所は，「地域」づくりの核としての条件を備えている。その条件としては第1に教育（保育）という仕事は子どもを育て，その子どもの発達をうながすという点で，親も保育者も同じ区域の中で共通の目的をもちうるということ，第2にこの目的達成には，保育施設側も親も協力をせざるをえないこと，第3に，親同士の相互の交流をもつことが，より充実した保育を保障することになること，などがあげられる。

　しかし潜在的にはこうした条件をもちながら，現実には，幼稚園や保育所側が孤立した家庭や「地域性」の喪失の影響のために，さまざまな問題をかかえた幼児と，独力で対応しなければならない状況も少なくない。

　また逆に現在の幼稚園・保育所などの施設保育のあり方が「地域性」を回復す

るような方向に動いていない場合も多い．特に，私立の幼稚園経営のように私的利益を確保せざるをえない場合，現代の親の一般的傾向すなわち，子育てに自信がなく，不安を感ずる度合いが高ければ高いほど，子育てを他者（専門家）に依存しようとする傾向に幼稚園や保育所側が便乗することも大いにありうる．これは，たとえば，3歳児保育の普及，バス通園，長時間保育，給食といった幼稚園教育におけるサービスの増大は，親の子育てを他方に依存し，省力化しようとする傾向と対応している．この傾向は先に述べた「地域」・家庭と施設保育の望ましい関係をつくる方向には向かわない可能性も大きい．

施設保育が上記のような傾向を否定し，子育てに必要な家庭と地域のネットワークづくりの中心に位置づけられるならば，施設保育の本来のあり方を保つことができるであろう．それには，父母や保育関係者の協力体制が必要である．

しかし，最近の親の育児不安の傾向は，育児ノイローゼのケースになることも多く，親はできるだけ早く，子育てから解放されたい，子育てのストレスを取り除きたいと思っている．そうした状況を救うための国策がエンゼルプランとして行われつつある．厚生労働省は保育所の措置制度を緩和し，子育て支援の様々な業務を展開しつつある．一方，幼稚園も預かり保育を実施し，託児業務は今や，広く普及されつつある．これは，国の少子化対策でもある．いわば親の育児不安を託児事業によって解消しようとする努力である．しかし，中央教育審議会の答申が家庭教育の弱体化を警告したように，家庭教育の力がこの施策によって強くなるということは必ずしもいえない．

親が子育てを消費行為として金を払って託児業務に依存しようとすればするほど，家庭の教育力は弱体化するだろう．幼児教育施設の教育は家庭教育との連携なしには成り立たないのである．つまり，親の子育て責任を明確にし，親が子育てのつらさ，楽しさを共有できることが大切なのである．

今こそ，両者の連携のあり方を模索する必要がある．

引 用 文 献

1) 小川博久：情報化社会における幼児教育，全国国立幼稚園長会編；幼稚園じほう，16-10，

7．幼児期の学習の特質や発達を保障する環境としての幼稚園・保育所の課題 pp.4～11，1989
2) 小川博久：保育実践に学ぶ，p.170，建帛社，1988
3) 小川博久・小川清実：親の養育態度と社会参加の意義，日本保育学会；保育学年報，1985年版，家庭の養育態度，pp.19～27，フレーベル館，1985
4) 小川博久：ブルーナーの「発達」観の教育的意義——「未成熟期の性格とその利用」の論構成の検討を通して(2)——，教育方法学研究会編；教育方法学研究，第7集，pp.209～229，1986
5) 小川博久：前掲書1)，pp.9～11
6) 野田正彰：コンピュータ新人類の研究，pp.372～396，文藝春秋，1988
7) 小川博久：前掲書2)，pp.175～177

索　引

あ

合図行動　30
愛着　33
預かり保育　102, 132, 133, 136, 210
遊び　48, 52, 53, 55, 56, 57, 58, 59, 67, 89, 141, 142, 152
遊びの自己活動性（自主性）　53
遊びの自己完結性　53
遊びの自己報酬性　53
遊びの自発性　53
アダム・スミス　91

い

家制度　93
生きる力　55
育児ノイローゼ　210
育児不安　83, 132, 201, 208, 210
一時保育　125
一般ドイツ幼稚園　92
一夫多妻制　16
イナイ・イナイ・バー　33, 36, 59, 61, 62, 65, 83, 183
今西錦司　25
意味世界　34
イメージ・トレーニング　160

う

運動会　159

え

駅型保育モデル事業　123
『エミール』　88
援助　187
園生活　159
エンゼルプラン　115, 116, 122, 123, 125, 133, 210
延長保育　125, 136

お

応答性　34
オーエン　90, 91, 98, 99
オーベルラン　90, 91
岡本夏木　30, 34
鬼遊び　67
親子関係　35, 62
親離れ　209
オリエンテーション　153
音楽リズム　76
恩物　92

か

開戦ドン　65
核家族　40, 112
学習　17, 31, 57
学習材　192
学習指導要領　71
家族　23
家族関係　41
香月牛山　93
学校完全週休2日制　123
学校教育　70, 71, 75
学校教育法　72, 106, 108, 146
学校制度　41
家庭　40, 48
家庭環境　197, 199
家庭教育　70
家庭保育　76, 138, 179
家庭連絡帳　181
環境　66, 67, 140, 141, 146, 153
環境構成　156, 157, 158
観察学習　19, 31, 57, 63, 204

き

規制緩和　114, 122, 133
城戸幡太郎　99
基本的人権　107
基本的生活慣行動　153
義務教育　79, 177
義務教育制度　86, 95
吸啜反射　29
教育　70, 71, 72, 74, 75, 77, 78
教育基本法　106, 107, 108
教育実習　178
共感　67
教材解釈　192
教師の専門性　177
行政改革　116
協同遊び　65
共同行動　35
魚類　11
近代学校制度　89
近代社会　89

212

索　引

く

グドール　40
倉橋惣三　97, 98, 100
グリーンフィールド　207

け

「ケ」　159
経済　81
携帯電話　196
けんか　4, 5
言語　76
言語世界　36

こ

合計特殊出生率　114
口唇探索反射　29
厚生労働省　102, 103, 107,
　108, 114, 117
公民館　123
公立保育所　129
公立幼稚園　86, 111, 127,
　129
コーディネーター　111
個人内評価　172
子育て　10, 15, 16, 19, 20,
　21, 28, 37, 40, 72, 83, 92,
　94, 95, 177, 202, 205
子育て支援　111, 135, 136
子育て支援策　102, 129
子育て不安　102, 103
ごっこ遊び　166, 190
子ども会　95
子ども観　87, 88, 94
子ども組　95
子ども集団　61
子ども放送局　123
コミュニケーション　16, 32,
　36, 57, 59, 60, 61, 62, 64,
　65, 150, 155, 183, 184,
　198, 200
コミュニケーション行動　58
コミュニケーションシステム
　15
コミュニケーション能力　58
米騒動　99
コメニウス　91
五領域　142
コンピュータ　197, 206, 207
コンピュータ・リテラシイ
　206

さ

財務省　117
佐藤信淵　93
サラリーマン　200
産業革命　90, 91, 92
3歳児保育　137, 210

し

慈育館　93
シグナル行動　30, 31, 35
刺激　32, 33
施設保育　40, 42, 55, 61,
　138, 150, 179, 185, 209,
　210
自然環境　206
七五三　94, 159
しつけ　70
児童館　123
児童期　150
指導計画　158, 159, 160,
　161, 162, 165
児童研究　89
児童憲章　107, 108
児童福祉施設　146
児童福祉施設最低基準　113
児童福祉法　100, 101, 106,
　107, 108, 112, 113, 117,
　122, 146
自動歩行反射　29
市民社会　88
社会性　5
社会的遊び　57
社会的能力　48
自由遊び　101
週案　160, 166
就園率　131, 132
就学前教育　70
週日案　166
就巣性　14, 21
集団遊び　101
集団生活　4, 207, 208
集団保育　48, 61, 99, 185
儒教思想　93
出生率　116, 129, 130, 132
種の存続（保存）　20, 23
少子化　102, 114, 116, 127,
　133, 136
少子化対策　111, 123, 137,
　210
少子化対策大綱　114
情動の共有　35
少年団　95
消費行為　197, 199, 205
情報化社会　196, 197, 198,
　201, 202, 204, 206, 207
食事観　82
初等教育　177
私立幼稚園　111, 114, 130,
　132, 135
事例認識　83, 201
新エンゼルプラン　123, 126
新生児　28, 29, 30
人的環境　66, 149, 150, 183,
　206

213

す

スーパーバイザー　111
スタンバク　42
ステーブルトン　38
砂場遊び　152

せ

性格形成学院　90, 98
生活　146
生活者　182, 183, 184
生理的早産　21, 22, 23, 25
脊椎動物　10
全日保育　110, 137, 148

そ

早教育　202
草食動物　14
ソクラテス　191
組織された遊び　65
措置制度　117, 122, 123, 133
ソフトウェア　206

た

体育　71
大家族　40
待機児童　115, 125
胎児　28, 29
対象世界　36
胎生　12, 15
タイム・スケジュール　159, 160
対話　31
タカイ・タカイ　183
高橋たまき　61
託児施設　125
託児所　98, 99, 100
探索行動　33

ち

男女雇用機会均等法　113
地域　199, 201, 208
地域子育て支援センター　123, 125
地域性　207, 208, 209
知育　71
地球環境　20
父親の参加　39
乳付け親　94
知的早教育　202, 204, 205
注意構造　17, 18
長時間保育　79, 102, 130, 132, 210
徴兵令　86
鳥類　12, 13

つ

通過儀礼　94, 95, 159
伝え合い保育　100

て

テレビゲーム　200, 206, 207
テレビ視聴　42
伝承遊び　41, 66, 152, 202

と

東京女子師範学校附属幼稚園　86, 87, 92, 96
東大セツルメント　99
動物の子育て　10, 14, 19, 20
徳育　71
都市生活者　199, 200
徒弟制度　41
豊田芙雄　96
取り上げ親　94

な

なわばり　16
喃語期　58

に

肉食動物　14
二次的就巣性　21
日案　160, 161, 165, 166
2本足歩行　22, 24
乳児　2
乳児期　39
乳幼児　42, 110
乳幼児期　57
認可保育所　115, 122, 125, 127
人間関係　41, 198
人間中心主義　87
認知能力　48

ね

ネットワーク　208, 209
ねらい及び内容　142, 143

の

脳の発達　21, 22

は

パーテン　54, 61, 63
バウァー　33
バス通園　210
パソコン　199, 206
爬虫類　11, 12, 13
発情期　18
発達　37, 172
発達課題　148
発達観　94
発達段階　61
母と子のかかわり　2

214

索引

林子平　93
「ハレ」　159
晩婚化　116
反射行動　29
半日保育　110, 148
反応行動　30

ひ

ひきこもり　199
微笑の共有　35
一人遊び　63
ヒューマニズム　87

ふ

ファシズム　98
ファミコン　199
福祉　79
福祉施設　109
富国強兵　86
ふすつぎ親　94
二葉幼稚園　98
物的環境　66
不適応児　137
ブラゼルトン　29, 38
ブルーナー　33, 35, 56, 58, 62, 203
フレーベル　88, 89, 91, 92, 93, 94, 96, 97, 98

へ

平行遊び　61, 64
ペスタロッチ　81, 88, 97
ベビーブーム　130
ベビーホテル　122
ベル・ランクスターシステム　91

ほ

保育　2, 5, 6, 7, 10, 29, 52, 55, 70, 71, 73, 74, 75, 77, 78, 80, 82, 83, 84
保育記録　189
保育原理　2
保育士　103, 110, 111, 178, 207
保育士試験　110
保育室　153, 154, 161, 184
保育実習　178
保育者　3, 4, 5, 6, 32, 48, 52, 62, 65, 67, 72, 149, 151, 152, 156, 165, 173, 188
保育者の専門性　176, 177, 178, 180
保育所　3, 4, 32, 40, 42, 71, 72, 74, 75, 78, 80, 100, 106, 107, 108, 110, 113, 179, 181, 207
保育所措置制度　117
保育所への入所措置基準　112
保育所保育　72, 76, 79, 87, 102, 108
保育所保育指針　73, 84, 102, 108, 140, 146, 147, 148, 149, 150, 158, 181, 182
保育制度　106
保育内容　192, 193
保育に欠ける幼児　109
保育の環境　148
保育の評価　172
保育問題研究会　99
保育要領　100, 101
ホイジンガ　52
傍観者遊び　54, 63, 64
ボーイスカウト　95
保護　70, 71, 72, 75, 77
母子関係　58, 201
母子相互作用　30

哺乳類　12, 13, 15, 28
ポルトマン　14, 21, 22

ま

学ぶ力　55
マニュファクチュア　90
ままごと遊び　190

み

みそっかす　41, 186
民営化　126

む

無産者託児所　99
無認可保育所　123
ムラ共同体　100
群れ社会　16

め

メディア　197, 206, 207

も

モデル　19, 150, 152, 181, 182, 186, 193
モンテッソーリ　89, 91
文部科学省　74, 103, 106, 108

や

夜間保育　102
夜間保育所　115
柳田国男　94
山下俊郎　72, 79

ゆ

遊児廠　93
誘導保育論　97
指しゃぶり　28

215

よ

養育者　7, 32, 34, 62, 151, 173, 207
養護　73, 74, 75, 76, 77, 78
幼児　4, 6, 7, 32, 34, 37, 48, 52, 56, 62, 142, 165
幼児化　25
幼児期　7, 55, 71, 89, 109, 146, 150
幼児教育　19, 55, 70, 71, 141, 206
幼児教育思想　87, 89, 92, 96
幼児教育者　52, 83
幼児の生活空間　153
幼稚園　40, 42, 71, 72, 74, 75, 78, 100, 106, 108, 110, 179, 207
幼稚園教育　52, 72, 79, 87, 96, 108, 141
幼稚園教育要領　52, 73, 84, 101, 102, 106, 130, 133, 135, 136, 140, 143, 146, 148, 154, 158, 180, 181, 182, 206

幼稚園教諭　110, 111, 112, 136
幼稚園経営　130
幼稚園保育　76
幼保一元化　100, 130

ら

ライル　204

り

リズム体操　152
リズムの共有　35
離巣性　14, 21, 24, 28
領域　142
領域「環　境」　144
領域「健　康」　143
領域「言　葉」　145
領域「人間関係」　144
領域「表　現」　145
良妻賢母　96
両生類　11, 12
リレー　65

る

類人猿　17, 18

れ

ルソー　81, 88, 89, 93, 98
ルネッサンス　87

れ

霊長類　15, 16, 28
レイノルズ　59
レスポンス行動　30, 31, 35
連合遊び　61, 64

ろ

六領域　76, 101

わ

和魂洋才　97

21世紀の保育原理

2005年4月15日　新訂第1刷発行
2008年4月 1 日　新訂第3刷発行

著　者　　小川博久
発行者　　宇野文博
発行所　　株式会社　同文書院
　　　　　〒112-0002
　　　　　東京都文京区小石川5-24-3
　　　　　TEL　　(03)3812-7777
　　　　　FAX　　(03)3812-7792
　　　　　振替　　00100-4-1316
印刷・製本　日本ハイコム株式会社

© Ogawa Hirohisa. 2005
Printed in Japan　ISBN978-4-8103-1325-3
●乱丁・落丁本はお取り替えいたします

〈監修者紹介〉
無藤　隆（むとう たかし）
　　　白梅学園大学大学院特任教授
　　　文科省中央教育審議会教育課程部会幼児教育部会 主査
　　　内閣府子ども子育て会議 会長　等歴任

《 幼稚園教育要領 改訂
保育所保育指針 改定
幼保連携型認定こども園教育・保育要領 改訂 》について

編集・制作　株式会社　同文書院

112-0002
東京都文京区小石川 5-24-3
TEL03-3812-7777　FAX03-3812-8456

う努め，園児の生活の連続性を考慮すること。

5　地域の実態や保護者の要請により，教育を行う標準
的な時間の終了後等に希望する園児を対象に一時預か
り事業などとして行う活動については，保育教諭間及
び家庭との連携を密にし，園児の心身の負担に配慮す
ること。その際，地域の実態や保護者の事情とともに
園児の生活のリズムを踏まえつつ，必要に応じて，弾
力的な運用を行うこと。

6　園児に障害や発達上の課題が見られる場合には，市
町村や関係機関と連携及び協力を図りつつ，保護者に
対する個別の支援を行うよう努めること。

7　外国籍家庭など，特別な配慮を必要とする家庭の場
合には，状況等に応じて個別の支援を行うよう努める
こと。

8　保護者に育児不安等が見られる場合には，保護者の
希望に応じて個別の支援を行うよう努めること。

9　保護者に不適切な養育等が疑われる場合には，市町
村や関係機関と連携し，要保護児童対策地域協議会で
検討するなど適切な対応を図ること。また，虐待が疑
われる場合には，速やかに市町村又は児童相談所に通
告し，適切な対応を図ること。

第3　地域における子育て家庭の保護者等に対する支援
1　幼保連携型認定こども園において，認定こども園法
第2条第12項に規定する子育て支援事業を実施する
際には，当該幼保連携型認定こども園がもつ地域性や
専門性などを十分に考慮して当該地域において必要と
認められるものを適切に実施すること。また，地域の
子どもに対する一時預かり事業などの活動を行う際に
は，一人一人の子どもの心身の状態などを考慮すると
ともに，教育及び保育との関連に配慮するなど，柔軟
に活動を展開できるようにすること。

2　市町村の支援を得て，地域の関係機関等との積極的
な連携及び協働を図るとともに，子育ての支援に関す
る地域の人材の積極的な活用を図るよう努めること。
また，地域の要保護児童への対応など，地域の子ども
を巡る諸課題に対し，要保護児童対策地域協議会など
関係機関等と連携及び協力して取り組むよう努めるこ
と。

3　幼保連携型認定こども園は，地域の子どもが健やか
に育成される環境を提供し，保護者に対する総合的な
子育ての支援を推進するため，地域における乳幼児期
の教育及び保育の中心的な役割を果たすよう努めるこ
と。

2　事故防止及び安全対策
　　(1)　在園時の事故防止のために，園児の心身の状態等
　　　を踏まえつつ，認定こども園法第27条において準
　　　用する学校保健安全法第27条の学校安全計画の策
　　　定等を通じ，全職員の共通理解や体制づくりを図る
　　　とともに，家庭や地域の関係機関の協力の下に安全
　　　指導を行うこと。
　　(2)　事故防止の取組を行う際には，特に，睡眠中，
　　　プール活動・水遊び中，食事中等の場面では重大事
　　　故が発生しやすいことを踏まえ，園児の主体的な活
　　　動を大切にしつつ，施設内外の環境の配慮や指導の
　　　工夫を行うなど，必要な対策を講じること。
　　(3)　認定こども園法第27条において準用する学校保
　　　健安全法第29条の危険等発生時対処要領に基づき，
　　　事故の発生に備えるとともに施設内外の危険箇所の
　　　点検や訓練を実施すること。また，外部からの不審
　　　者等の侵入防止のための措置や訓練など不測の事態
　　　に備え必要な対応を行うこと。更に，園の精神保
　　　健面における対応に留意すること。

第4　災害への備え
　1　施設・設備等の安全確保
　　(1)　認定こども園法第27条において準用する学校保
　　　健安全法第29条の危険等発生時対処要領に基づき，
　　　災害等の発生に備えるとともに，防火設備，避難経
　　　路等の安全性が確保されるよう，定期的にこれらの
　　　安全点検を行うこと。
　　(2)　備品，遊具等の配置，保管を適切に行い，日頃か
　　　ら，安全環境の整備に努めること。
　2　災害発生時の対応体制及び避難への備え
　　(1)　火災や地震などの災害の発生に備え，認定こども
　　　園法第27条において準用する学校保健安全法第29
　　　条の危険等発生時対処要領を作成する際には，緊急
　　　時の対応の具体的内容及び手順，職員の役割分担，
　　　避難訓練計画等の事項を盛り込むこと。
　　(2)　定期的に避難訓練を実施するなど，必要な対応を
　　　図ること。
　　(3)　災害の発生時に，保護者等への連絡及び子どもの
　　　引渡しを円滑に行うため，日頃から保護者との密接
　　　な連携に努め，連絡体制や引渡し方法等について確
　　　認をしておくこと。
　3　地域の関係機関等との連携
　　(1)　市町村の支援の下に，地域の関係機関との日常的
　　　な連携を図り，必要な協力が得られるよう努めるこ
　　　と。
　　(2)　避難訓練については，地域の関係機関や保護者と
　　　の連携の下に行うなど工夫すること。

第4章　子育ての支援

　幼保連携型認定こども園における保護者に対する子育て
の支援は，子どもの利益を最優先して行うものとし，第1
章及び第2章等の関連する事項を踏まえ，子どもの育ちを
家庭と連携して支援していくとともに，保護者及び地域が
有する子育てを自ら実践する力の向上に資するよう，次の
事項に留意するものとする。

第1　子育ての支援全般に関わる事項
　1　保護者に対する子育ての支援を行う際には，各地域
　　や家庭の実態等を踏まえるとともに，保護者の気持ち
　　を受け止め，相互の信頼関係を基本に，保護者の自己
　　決定を尊重すること。
　2　教育及び保育並びに子育ての支援に関する知識や技
　　術など，保育教諭等の専門性や，園児が常に存在する
　　環境など，幼保連携型認定こども園の特性を生かし，
　　保護者が子どもの成長に気付き子育ての喜びを感じら
　　れるように努めること。
　3　保護者に対する子育ての支援における地域の関係機
　　関等との連携及び協働を図り，園全体の体制構築に努
　　めること。
　4　子どもの利益に反しない限りにおいて，保護者や子
　　どものプライバシーを保護し，知り得た事柄の秘密を
　　保持すること。

第2　幼保連携型認定こども園の園児の保護者に対する子
　　育ての支援
　1　日常の様々な機会を活用し，園児の日々の様子の伝
　　達や収集，教育及び保育の意図の説明などを通じて，
　　保護者との相互理解を図るよう努めること。
　2　教育及び保育の活動に対する保護者の積極的な参加
　　は，保護者の子育てを自ら実践する力の向上に寄与す
　　るだけでなく，地域社会における家庭や住民の子育て
　　を自ら実践する力の向上及び子育ての経験の継承につ
　　ながるきっかけとなる。これらのことから，保護者の
　　参加を促すとともに，参加しやすいよう工夫するこ
　　と。
　3　保護者の生活形態が異なることを踏まえ，全ての保
　　護者の相互理解が深まるように配慮すること。その
　　際，保護者同士が子育てに対する新たな考えに出会い
　　気付き合えるよう工夫すること。
　4　保護者の就労と子育ての両立等を支援するため，保
　　護者の多様化した教育及び保育の需要に応じて病児保
　　育事業など多様な事業を実施する場合には，保護者の
　　状況に配慮するとともに，園児の福祉が尊重されるよ

かしながら，全職員が相互に連携し，組織的かつ適切な対応を行うことができるような体制整備や研修を行うことが必要である。

第1 健康支援

1 健康状態や発育及び発達の状態の把握

(1) 園児の心身の状態に応じた教育及び保育を行うために，園児の健康状態や発育及び発達の状態について，定期的・継続的に，また，必要に応じて随時，把握すること。

(2) 保護者からの情報とともに，登園時及び在園時に園児の状態を観察し，何らかの疾病が疑われる状態や傷害が認められた場合には，保護者に連絡するとともに，学校医と相談するなど適切な対応を図ること。

(3) 園児の心身の状態等を観察し，不適切な養育の兆候が見られる場合には，市町村（特別区を含む。以下同じ。）や関係機関と連携し，児童福祉法第25条に基づき，適切な対応を図ること。また，虐待が疑われる場合には，速やかに市町村又は児童相談所に通告し，適切な対応を図ること。

2 健康増進

(1) 認定こども園法第27条において準用する学校保健安全法（昭和33年法律第56号）第5条の学校保健計画を作成する際は，教育及び保育の内容並びに子育ての支援等に関する全体的な計画に位置づくものとし，全ての職員がそのねらいや内容を踏まえ，園児一人一人の健康の保持及び増進に努めていくこと。

(2) 認定こども園法第27条において準用する学校保健安全法第13条第1項の健康診断を行ったときは，認定こども園法第27条において準用する学校保健安全法第14条の措置を行い，教育及び保育に活用するとともに，保護者が園児の状態を理解し，日常生活に活用できるようにすること。

3 疾病等への対応

(1) 在園時に体調不良や傷害が発生した場合には，その園児の状態等に応じて，保護者に連絡するとともに，適宜，学校医やかかりつけ医等と相談し，適切な処置を行うこと。

(2) 感染症やその他の疾病の発生予防に努め，その発生や疑いがある場合には必要に応じて学校医，市町村，保健所等に連絡し，その指示に従うとともに，保護者や全ての職員に連絡し，予防等について協力を求めること。また，感染症に関する幼保連携型認定こども園の対応方法等について，あらかじめ関係機関の協力を得ておくこと。

(3) アレルギー疾患を有する園児に関しては，保護者と連携し，医師の診断及び指示に基づき，適切な対応を行うこと。また，食物アレルギーに関して，関係機関と連携して，当該幼保連携型認定こども園の体制構築など，安全な環境の整備を行うこと。

(4) 園児の疾病等の事態に備え，保健室の環境を整え，救急用の薬品，材料等を適切な管理の下に常備し，全ての職員が対応できるようにしておくこと。

第2 食育の推進

1 幼保連携型認定こども園における食育は，健康な生活の基本としての食を営む力の育成に向け，その基礎を培うことを目標とすること。

2 園児が生活と遊びの中で，意欲をもって食に関わる体験を積み重ね，食べることを楽しみ，食事を楽しみ合う園児に成長していくことを期待するものであること。

3 乳幼児期にふさわしい食生活が展開され，適切な援助が行われるよう，教育及び保育の内容並びに子育ての支援等に関する全体的な計画に基づき，食事の提供を含む食育の計画を作成し，指導計画に位置付けるとともに，その評価及び改善に努めること。

4 園児が自らの感覚や体験を通して，自然の恵みとしての食材や食の循環・環境への意識，調理する人への感謝の気持ちが育つように，園児と調理員等との関わりや，調理室など食に関する環境に配慮すること。

5 保護者や地域の多様な関係者との連携及び協働の下で，食に関する取組が進められること。また，市町村の支援の下に，地域の関係機関等との日常的な連携を図り，必要な協力が得られるよう努めること。

6 体調不良，食物アレルギー，障害のある園児など，園児一人一人の心身の状態等に応じ，学校医，かかりつけ医等の指示や協力の下に適切に対応すること。

第3 環境及び衛生管理並びに安全管理

1 環境及び衛生管理

(1) 認定こども園法第27条において準用する学校保健安全法第6条の学校環境衛生基準に基づき幼保連携型認定こども園の適切な環境の維持に努めるとともに，施設内外の設備，用具等の衛生管理に努めること。

(2) 認定こども園法第27条において準用する学校保健安全法第6条の学校環境衛生基準に基づき幼保連携型認定こども園の施設内外の適切な環境の維持に努めるとともに，園児及び全職員が清潔を保つようにすること。また，職員は衛生知識の向上に努めること。

しさを味わう。

(4) 感じたこと，考えたことなどを音や動きなどで表現したり，自由にかいたり，つくったりなどする。

(5) いろいろな素材に親しみ，工夫して遊ぶ。

(6) 音楽に親しみ，歌を歌ったり，簡単なリズム楽器を使ったりなどする楽しさを味わう。

(7) かいたり，つくったりすることを楽しみ，遊びに使ったり，飾ったりなどする。

(8) 自分のイメージを動きや言葉などで表現したり，演じて遊んだりするなどの楽しさを味わう。

3 内容の取扱い

上記の取扱いに当たっては，次の事項に留意する必要がある。

(1) 豊かな感性は，身近な環境と十分に関わる中で美しいもの，優れたもの，心を動かす出来事などに出会い，そこから得た感動を他の園児や保育教諭等と共有し，様々に表現することなどを通して養われるようにすること。その際，風の音や雨の音，身近にある草や花の形や色など自然の中にある音，形，色などに気付くようにすること。

(2) 幼児期の自己表現は素朴な形で行われることが多いので，保育教諭等はそのような表現を受容し，園児自身の表現しようとする意欲を受け止めて，園児が生活の中で園児らしい様々な表現を楽しむことができるようにすること。

(3) 生活経験や発達に応じ，自ら様々な表現を楽しみ，表現する意欲を十分に発揮させることができるように，遊具や用具などを整えたり，様々な素材や表現の仕方に親しんだり，他の園児の表現に触れられるよう配慮したりし，表現する過程を大切にして自己表現を楽しめるように工夫すること。

第4 教育及び保育の実施に関する配慮事項

1 満3歳未満の園児の保育の実施については，以下の事項に配慮するものとする。

(1) 乳児は疾病への抵抗力が弱く，心身の機能の未熟さに伴う疾病の発生が多いことから，一人一人の発育及び発達状態や健康状態についての適切な判断に基づく保健的な対応を行うこと。また，一人一人の園児の生育歴の違いに留意しつつ，欲求を適切に満たし，特定の保育教諭等が応答的に関わるように努めること。更に，乳児期の園児の保育に関わる職員間の連携や学校医との連携を図り，第3章に示す事項を踏まえ，適切に対応すること。栄養士及び看護師等が配置されている場合は，その専門性を生かした対応を図ること。乳児期の園児の保育においては特に，保護者との信頼関係を築きながら保育を進め

るとともに，保護者からの相談に応じ支援に努めていくこと。なお，担当の保育教諭等が替わる場合には，園児のそれまでの生育歴や発達の過程に留意し，職員間で協力して対応すること。

(2) 満1歳以上満3歳未満の園児は，特に感染症にかかりやすい時期であるので，体の状態，機嫌，食欲などの日常の状態の観察を十分に行うとともに，適切な判断に基づく保健的な対応を心掛けること。また，探索活動が十分できるように，事故防止に努めながら活動しやすい環境を整え，全身を使う遊びなど様々な遊びを取り入れること。更に，自我が形成され，園児が自分の感情や気持ちに気付くようになる重要な時期であることに鑑み，情緒の安定を図りながら，園児の自発的な活動を尊重するとともに促していくこと。なお，担当の保育教諭等が替わる場合には，園児のそれまでの経験や発達の過程に留意し，職員間で協力して対応すること。

2 幼保連携型認定こども園における教育及び保育の全般において以下の事項に配慮するものとする。

(1) 園児の心身の発達及び活動の実態などの個人差を踏まえるとともに，一人一人の園児の気持ちを受け止め，援助すること。

(2) 園児の健康は，生理的・身体的な育ちとともに，自主性や社会性，豊かな感性の育ちとがあいまってもたらされることに留意すること。

(3) 園児が自ら周囲に働き掛け，試行錯誤しつつ自分の力で行う活動を見守りながら，適切に援助すること。

(4) 園児の入園時の教育及び保育に当たっては，できるだけ個別的に対応し，園児が安定感を得て，次第に幼保連携型認定こども園の生活になじんでいくようにするとともに，既に入園している園児に不安や動揺を与えないようにすること。

(5) 園児の国籍や文化の違いを認め，互いに尊重する心を育てるようにすること。

(6) 園児の性差や個人差にも留意しつつ，性別などによる固定的な意識を植え付けることがないようにすること。

第3章　健康及び安全

幼保連携型認定こども園における園児の健康及び安全は，園児の生命の保持と健やかな生活の基本となるものであり，第1章及び第2章の関連する事項と併せ，次に示す事項について適切に対応するものとする。その際，養護教諭や看護師，栄養教諭や栄養士等が配置されている場合には，学校医等と共に，これらの者がそれぞれの専門性を生

通して，園児の心が安らぎ，豊かな感情，好奇心，思考力，表現力の基礎が培われることを踏まえ，園児が自然との関わりを深めることができるよう工夫すること。

(3) 身近な事象や動植物に対する感動を伝え合い，共感し合うことなどを通して自分から関わろうとする意欲を育てるとともに，様々な関わり方を通してそれらに対する親しみや畏敬の念，生命を大切にする気持ち，公共心，探究心などが養われるようにすること。

(4) 文化や伝統に親しむ際には，正月や節句など我が国の伝統的な行事，国歌，唱歌，わらべうたや我が国の伝統的な遊びに親しんだり，異なる文化に触れる活動に親しんだりすることを通じて，社会とのつながりの意識や国際理解の意識の芽生えなどが養われるようにすること。

(5) 数量や文字などに関しては，日常生活の中で園児自身の必要感に基づく体験を大切にし，数量や文字などに関する興味や関心，感覚が養われるようにすること。

言葉

〔経験したことや考えたことなどを自分なりの言葉で表現し，相手の話す言葉を聞こうとする意欲や態度を育て，言葉に対する感覚や言葉で表現する力を養う。〕

1 ねらい

(1) 自分の気持ちを言葉で表現する楽しさを味わう。

(2) 人の言葉や話などをよく聞き，自分の経験したことや考えたことを話し，伝え合う喜びを味わう。

(3) 日常生活に必要な言葉が分かるようになるとともに，絵本や物語などに親しみ，言葉に対する感覚を豊かにし，保育教諭等や友達と心を通わせる。

2 内容

(1) 保育教諭等や友達の言葉や話に興味や関心をもち，親しみをもって聞いたり，話したりする。

(2) したり，見たり，聞いたり，感じたり，考えたりなどしたことを自分なりに言葉で表現する。

(3) したいこと，してほしいことを言葉で表現したり，分からないことを尋ねたりする。

(4) 人の話を注意して聞き，相手に分かるように話す。

(5) 生活の中で必要な言葉が分かり，使う。

(6) 親しみをもって日常の挨拶をする。

(7) 生活の中で言葉の楽しさや美しさに気付く。

(8) いろいろな体験を通じてイメージや言葉を豊かにする。

(9) 絵本や物語などに親しみ，興味をもって聞き，想像をする楽しさを味わう。

(10) 日常生活の中で，文字などで伝える楽しさを味わう。

3 内容の取扱い

上記の取扱いに当たっては，次の事項に留意する必要がある。

(1) 言葉は，身近な人に親しみをもって接し，自分の感情や意志などを伝え，それに相手が応答し，その言葉を聞くことを通して次第に獲得されていくものであることを考慮して，園児が保育教諭等や他の園児と関わることにより心を動かされるような体験をし，言葉を交わす喜びを味わえるようにすること。

(2) 園児が自分の思いを言葉で伝えるとともに，保育教諭等や他の園児などの話を興味をもって注意して聞くことを通して次第に話を理解するようになっていき，言葉による伝え合いができるようにすること。

(3) 絵本や物語などで，その内容と自分の経験とを結び付けたり，想像を巡らせたりするなど，楽しみを十分に味わうことによって，次第に豊かなイメージをもち，言葉に対する感覚が養われるようにすること。

(4) 園児が生活の中で，言葉の響きやリズム，新しい言葉や表現などに触れ，これらを使う楽しさを味わえるようにすること。その際，絵本や物語に親しんだり，言葉遊びなどをしたりすることを通して，言葉が豊かになるようにすること。

(5) 園児が日常生活の中で，文字などを使いながら思ったことや考えたことを伝える喜びや楽しさを味わい，文字に対する興味や関心をもつようにすること。

表現

〔感じたことや考えたことを自分なりに表現することを通して，豊かな感性や表現する力を養い，創造性を豊かにする。〕

1 ねらい

(1) いろいろなものの美しさなどに対する豊かな感性をもつ。

(2) 感じたことや考えたことを自分なりに表現して楽しむ。

(3) 生活の中でイメージを豊かにし，様々な表現を楽しむ。

2 内容

(1) 生活の中で様々な音，形，色，手触り，動きなどに気付いたり，感じたりするなどして楽しむ。

(2) 生活の中で美しいものや心を動かす出来事に触れ，イメージを豊かにする。

(3) 様々な出来事の中で，感動したことを伝え合う楽

関係の深いいろいろな人に親しみをもつ。

3　内容の取扱い

上記の取扱いに当たっては，次の事項に留意する必要がある。

(1) 保育教諭等との信頼関係に支えられて自分自身の生活を確立していくことが人と関わる基盤となることを考慮し，園児が自ら周囲に働き掛けることにより多様な感情を体験し，試行錯誤しながら諦めずにやり遂げることの達成感や，前向きな見通しをもって自分の力で行うことの充実感を味わうことができるよう，園児の行動を見守りながら適切な援助を行うようにすること。

(2) 一人一人を生かした集団を形成しながら人と関わる力を育てていくようにすること。その際，集団の生活の中で，園児が自己を発揮し，保育教諭等や他の園児に認められる体験をし，自分のよさや特徴に気付き，自信をもって行動できるようにすること。

(3) 園児が互いに関わりを深め，協同して遊ぶようになるため，自ら行動する力を育てるようにするとともに，他の園児と試行錯誤しながら活動を展開する楽しさや共通の目的が実現する喜びを味わうことができるようにすること。

(4) 道徳性の芽生えを培うに当たっては，基本的な生活習慣の形成を図るとともに，園児が他の園児との関わりの中で他人の存在に気付き，相手を尊重する気持ちをもって行動できるようにし，また，自然や身近な動植物に親しむことなどを通して豊かな心情が育つようにすること。特に，人に対する信頼感や思いやりの気持ちは，葛藤やつまずきをも体験し，それらを乗り越えることにより次第に芽生えてくることに配慮すること。

(5) 集団の生活を通して，園児が人との関わりを深め，規範意識の芽生えが培われることを考慮し，園児が保育教諭等との信頼関係に支えられて自己を発揮する中で，互いに思いを主張し，折り合いを付ける体験をし，きまりの必要性などに気付き，自分の気持ちを調整する力が育つようにすること。

(6) 高齢者をはじめ地域の人々などの自分の生活に関係の深いいろいろな人と触れ合い，自分の感情や意志を表現しながら共に楽しみ，共感し合う体験を通して，これらの人々などに親しみをもち，人と関わることの楽しさや人の役に立つ喜びを味わうことができるようにすること。また，生活を通して親や祖父母などの家族の愛情に気付き，家族を大切にしようとする気持ちが育つようにすること。

環境

〔周囲の様々な環境に好奇心や探究心をもって関わり，それらを生活に取り入れていこうとする力を養う。〕

1　ねらい

(1) 身近な環境に親しみ，自然と触れ合う中で様々な事象に興味や関心をもつ。

(2) 身近な環境に自分から関わり，発見を楽しんだり，考えたりし，それを生活に取り入れようとする。

(3) 身近な事象を見たり，考えたり，扱ったりする中で，物の性質や数量，文字などに対する感覚を豊かにする。

2　内容

(1) 自然に触れて生活し，その大きさ，美しさ，不思議さなどに気付く。

(2) 生活の中で，様々な物に触れ，その性質や仕組みに興味や関心をもつ。

(3) 季節により自然や人間の生活に変化のあることに気付く。

(4) 自然などの身近な事象に関心をもち，取り入れて遊ぶ。

(5) 身近な動植物に親しみをもって接し，生命の尊さに気付き，いたわったり，大切にしたりする。

(6) 日常生活の中で，我が国や地域社会における様々な文化や伝統に親しむ。

(7) 身近な物を大切にする。

(8) 身近な物や遊具に興味をもって関わり，自分なりに比べたり，関連付けたりしながら考えたり，試したりして工夫して遊ぶ。

(9) 日常生活の中で数量や図形などに関心をもつ。

(10) 日常生活の中で簡単な標識や文字などに関心をもつ。

(11) 生活に関係の深い情報や施設などに興味や関心をもつ。

(12) 幼保連携型認定こども園内外の行事において国旗に親しむ。

3　内容の取扱い

上記の取扱いに当たっては，次の事項に留意する必要がある。

(1) 園児が，遊びの中で周囲の環境と関わり，次第に周囲の世界に好奇心を抱き，その意味や操作の仕方に関心をもち，物事の法則性に気付き，自分なりに考えることができるようになる過程を大切にすること。また，他の園児の考えなどに触れて新しい考えを生み出す喜びや楽しさを味わい，自分の考えをよりよいものにしようとする気持ちが育つようにすること。

(2) 幼児期において自然のもつ意味は大きく，自然の大きさ，美しさ，不思議さなどに直接触れる体験を

る。

(3) 健康，安全な生活に必要な習慣や態度を身に付け，見通しをもって行動する。

2 内容

(1) 保育教諭等や友達と触れ合い，安定感をもって行動する。

(2) いろいろな遊びの中で十分に体を動かす。

(3) 進んで戸外で遊ぶ。

(4) 様々な活動に親しみ，楽しんで取り組む。

(5) 保育教諭等や友達と食べることを楽しみ，食べ物への興味や関心をもつ。

(6) 健康な生活のリズムを身に付ける。

(7) 身の回りを清潔にし，衣服の着脱，食事，排泄などの生活に必要な活動を自分でする。

(8) 幼保連携型認定こども園における生活の仕方を知り，自分たちで生活の場を整えながら見通しをもって行動する。

(9) 自分の健康に関心をもち，病気の予防などに必要な活動を進んで行う。

(10) 危険な場所，危険な遊び方，災害時などの行動の仕方が分かり，安全に気を付けて行動する。

3 内容の取扱い

上記の取扱いに当たっては，次の事項に留意する必要がある。

(1) 心と体の健康は，相互に密接な関連があるものであることを踏まえ，園児が保育教諭等や他の園児との温かい触れ合いの中で自己の存在感や充実感を味わうことなどを基盤として，しなやかな心と体の発達を促すこと。特に，十分に体を動かす気持ちよさを体験し，自ら体を動かそうとする意欲が育つようにすること。

(2) 様々な遊びの中で，園児が興味や関心，能力に応じて全身を使って活動することにより，体を動かす楽しさを味わい，自分の体を大切にしようとする気持ちが育つようにすること。その際，多様な動きを経験する中で，体の動きを調整するようにすること。

(3) 自然の中で伸び伸びと体を動かして遊ぶことにより，体の諸機能の発達が促されることに留意し，園児の興味や関心が戸外にも向くようにすること。その際，園児の動線に配慮した園庭や遊具の配置などを工夫すること。

(4) 健康な心と体を育てるためには食育を通じた望ましい食習慣の形成が大切であることを踏まえ，園児の食生活の実情に配慮し，和やかな雰囲気の中で保育教諭等や他の園児と食べる喜びや楽しさを味わったり，様々な食べ物への興味や関心をもったりする

などし，食の大切さに気付き，進んで食べようとする気持ちが育つようにすること。

(5) 基本的な生活習慣の形成に当たっては，家庭での生活経験に配慮し，園児の自立心を育て，園児が他の園児と関わりながら主体的な活動を展開する中で，生活に必要な習慣を身に付け，次第に見通しをもって行動できるようにすること。

(6) 安全に関する指導に当たっては，情緒の安定を図り，遊びを通して安全についての構えを身に付け，危険な場所や事物などが分かり，安全についての理解を深めるようにすること。また，交通安全の習慣を身に付けるようにするとともに，避難訓練などを通して，災害などの緊急時に適切な行動がとれるようにすること。

人間関係

〔他の人々と親しみ，支え合って生活するために，自立心を育て，人と関わる力を養う。〕

1 ねらい

(1) 幼保連携型認定こども園の生活を楽しみ，自分の力で行動することの充実感を味わう。

(2) 身近な人と親しみ，関わりを深め，工夫したり，協力したりして一緒に活動する楽しさを味わい，愛情や信頼感をもつ。

(3) 社会生活における望ましい習慣や態度を身に付ける。

2 内容

(1) 保育教諭等や友達と共に過ごすことの喜びを味わう。

(2) 自分で考え，自分で行動する。

(3) 自分でできることは自分でする。

(4) いろいろな遊びを楽しみながら物事をやり遂げようとする気持ちをもつ。

(5) 友達と積極的に関わりながら喜びや悲しみを共感し合う。

(6) 自分の思ったことを相手に伝え，相手の思っていることに気付く。

(7) 友達のよさに気付き，一緒に活動する楽しさを味わう。

(8) 友達と楽しく活動する中で，共通の目的を見いだし，工夫したり，協力したりなどする。

(9) よいことや悪いことがあることに気付き，考えながら行動する。

(10) 友達との関わりを深め，思いやりをもつ。

(11) 友達と楽しく生活する中できまりの大切さに気付き，守ろうとする。

(12) 共同の遊具や用具を大切にし，皆で使う。

(13) 高齢者をはじめ地域の人々などの自分の生活に

(5) 保育教諭等とごっこ遊びをする中で，言葉のやり取りを楽しむ。

(6) 保育教諭等を仲立ちとして，生活や遊びの中で友達との言葉のやり取りを楽しむ。

(7) 保育教諭等や友達の言葉や話に興味や関心をもって，聞いたり，話したりする。

3 内容の取扱い

上記の取扱いに当たっては，次の事項に留意する必要がある。

(1) 身近な人に親しみをもって接し，自分の感情などを伝え，それに相手が応答し，その言葉を聞くことを通して，次第に言葉が獲得されていくものであることを考慮して，楽しい雰囲気の中で保育教諭等との言葉のやり取りができるようにすること。

(2) 園児が自分の思いを言葉で伝えるとともに，他の園児の話などを聞くことを通して，次第に話を理解し，言葉による伝え合いができるようになるよう，気持ちや経験等の言語化を行うことを援助するなど，園児同士の関わりの仲立ちを行うようにすること。

(3) この時期は，片言から，二語文，ごっこ遊びでのやり取りができる程度へと，大きく言葉の習得が進む時期であることから，それぞれの園児の発達の状況に応じて，遊びや関わりの工夫など，保育の内容を適切に展開することが必要であること。

表現

〔感じたことや考えたことを自分なりに表現することを通して，豊かな感性や表現する力を養い，創造性を豊かにする。〕

1 ねらい

(1) 身体の諸感覚の経験を豊かにし，様々な感覚を味わう。

(2) 感じたことや考えたことなどを自分なりに表現しようとする。

(3) 生活や遊びの様々な体験を通して，イメージや感性が豊かになる。

2 内容

(1) 水，砂，土，紙，粘土など様々な素材に触れて楽しむ。

(2) 音楽，リズムやそれに合わせた体の動きを楽しむ。

(3) 生活の中で様々な音，形，色，手触り，動き，味，香りなどに気付いたり，感じたりして楽しむ。

(4) 歌を歌ったり，簡単な手遊びや全身を使う遊びを楽しんだりする。

(5) 保育教諭等からの話や，生活や遊びの中での出来事を通して，イメージを豊かにする。

(6) 生活や遊びの中で，興味のあることや経験したこ

となどを自分なりに表現する。

3 内容の取扱い

上記の取扱いに当たっては，次の事項に留意する必要がある。

(1) 園児の表現は，遊びや生活の様々な場面で表出されているものであることから，それらを積極的に受け止め，様々な表現の仕方や感性を豊かにする経験となるようにすること。

(2) 園児が試行錯誤しながら様々な表現を楽しむことや，自分の力でやり遂げる充実感などに気付くよう，温かく見守るとともに，適切に援助を行うようにすること。

(3) 様々な感情の表現等を通じて，園児が自分の感情や気持ちに気付くようになる時期であることに鑑み，受容的な関わりの中で自信をもって表現をすることや，諦めずに続けた後の達成感等を感じられるような経験が蓄積されるようにすること。

(4) 身近な自然や身の回りの事物に関わる中で，発見や心が動く経験が得られるよう，諸感覚を働かせることを楽しむ遊びや素材を用意するなど保育の環境を整えること。

第3 満3歳以上の園児の教育及び保育に関するねらい及び内容

基本的事項

1 この時期においては，運動機能の発達により，基本的な動作が一通りできるようになるとともに，基本的な生活習慣もほぼ自立できるようになる。理解する語彙数が急激に増加し，知的興味や関心も高まってくる。仲間と遊び，仲間の中の一人という自覚が生じ，集団的な遊びや協同的な活動も見られるようになる。これらの発達の特徴を踏まえて，この時期の教育及び保育においては，個の成長と集団としての活動の充実が図られるようにしなければならない。

2 本項においては，この時期の発達の特徴を踏まえ，教育及び保育のねらい及び内容について，心身の健康に関する領域「健康」，人との関わりに関する領域「人間関係」，身近な環境との関わりに関する領域「環境」，言葉の獲得に関する領域「言葉」及び感性と表現に関する領域「表現」としてまとめ，示している。

ねらい及び内容

健康

〔健康な心と体を育て，自ら健康で安全な生活をつくり出す力を養う。〕

1 ねらい

(1) 明るく伸び伸びと行動し，充実感を味わう。

(2) 自分の体を十分に動かし，進んで運動しようとす

1 ねらい
(1) 幼保連携型認定こども園での生活を楽しみ，身近な人と関わる心地よさを感じる。
(2) 周囲の園児等への興味・関心が高まり，関わりをもとうとする。
(3) 幼保連携型認定こども園の生活の仕方に慣れ，きまりの大切さに気付く。
2 内容
(1) 保育教諭等や周囲の園児等との安定した関係の中で，共に過ごす心地よさを感じる。
(2) 保育教諭等の受容的・応答的な関わりの中で，欲求を適切に満たし，安定感をもって過ごす。
(3) 身の回りに様々な人がいることに気付き，徐々に他の園児と関わりをもって遊ぶ。
(4) 保育教諭等の仲立ちにより，他の園児との関わり方を少しずつ身につける。
(5) 幼保連携型認定こども園の生活の仕方に慣れ，きまりがあることや，その大切さに気付く。
(6) 生活や遊びの中で，年長児や保育教諭等の真似をしたり，ごっこ遊びを楽しんだりする。
3 内容の取扱い
上記の取扱いに当たっては，次の事項に留意する必要がある。
(1) 保育教諭等との信頼関係に支えられて生活を確立するとともに，自分で何かをしようとする気持ちが旺盛になる時期であることに鑑み，そのような園児の気持ちを尊重し，温かく見守るとともに，愛情豊かに，応答的に関わり，適切な援助を行うようにすること。
(2) 思い通りにいかない場合等の園児の不安定な感情の表出については，保育教諭等が受容的に受け止めるとともに，そうした気持ちから立ち直る経験や感情をコントロールすることへの気付き等につなげていけるように援助すること。
(3) この時期は自己と他者との違いの認識がまだ十分ではないことから，園児の自我の育ちを見守るとともに，保育教諭等が仲立ちとなって，自分の気持ちを相手に伝えることや相手の気持ちに気付くことの大切さなど，友達の気持ちや友達との関わり方を丁寧に伝えていくこと。

環境
〔周囲の様々な環境に好奇心や探究心をもって関わり，それらを生活に取り入れていこうとする力を養う。〕
1 ねらい
(1) 身近な環境に親しみ，触れ合う中で，様々なものに興味や関心をもつ。
(2) 様々なものに関わる中で，発見を楽しんだり，考

えたりしようとする。
(3) 見る，聞く，触るなどの経験を通して，感覚の働きを豊かにする。
2 内容
(1) 安全で活動しやすい環境での探索活動等を通して，見る，聞く，触れる，嗅ぐ，味わうなどの感覚の働きを豊かにする。
(2) 玩具，絵本，遊具などに興味をもち，それらを使った遊びを楽しむ。
(3) 身の回りの物に触れる中で，形，色，大きさ，量などの物の性質や仕組みに気付く。
(4) 自分の物と人の物の区別や，場所的感覚など，環境を捉える感覚が育つ。
(5) 身近な生き物に気付き，親しみをもつ。
(6) 近隣の生活や季節の行事などに興味や関心をもつ。
3 内容の取扱い上記の取扱いに当たっては，次の事項に留意する必要がある。
(1) 玩具などは，音質，形，色，大きさなど園児の発達状態に応じて適切なものを選び，遊びを通して感覚の発達が促されるように工夫すること。
(2) 身近な生き物との関わりについては，園児が命を感じ，生命の尊さに気付く経験へとつながるものであることから，そうした気付きを促すような関わりとなるようにすること。
(3) 地域の生活や季節の行事などに触れる際には，社会とのつながりや地域社会の文化への気付きにつながるものとなることが望ましいこと。その際，幼保連携型認定こども園内外の行事や地域の人々との触れ合いなどを通して行うこと等も考慮すること。

言葉
〔経験したことや考えたことなどを自分なりの言葉で表現し，相手の話す言葉を聞こうとする意欲や態度を育て，言葉に対する感覚や言葉で表現する力を養う。〕
1 ねらい
(1) 言葉遊びや言葉で表現する楽しさを感じる。
(2) 人の言葉や話などを聞き，自分でも思ったことを伝えようとする。
(3) 絵本や物語等に親しむとともに，言葉のやり取りを通じて身近な人と気持ちを通わせる。
2 内容
(1) 保育教諭等の応答的な関わりや話し掛けにより，自ら言葉を使おうとする。
(2) 生活に必要な簡単な言葉に気付き，聞き分ける。
(3) 親しみをもって日常の挨拶に応じる。
(4) 絵本や紙芝居を楽しみ，簡単な言葉を繰り返したり，模倣をしたりして遊ぶ。

（5）保育教諭等のあやし遊びに機嫌よく応じたり，歌やリズムに合わせて手足や体を動かして楽しんだりする。

3　内容の取扱い

　上記の取扱いに当たっては，次の事項に留意する必要がある。

（1）玩具などは，音質，形，色，大きさなど園児の発達状態に応じて適切なものを選び，その時々の園児の興味や関心を踏まえるなど，遊びを通して感覚の発達が促されるものとなるように工夫すること。なお，安全な環境の下で，園児が探索意欲を満たして自由に遊べるよう，身の回りのものについては常に十分な点検を行うこと。

（2）乳児期においては，表情，発声，体の動きなどで，感情を表現することが多いことから，これらの表現しようとする意欲を積極的に受け止めて，園児が様々な活動を楽しむことを通して表現が豊かになるようにすること。

第2　満1歳以上満3歳未満の園児の保育に関するねらい及び内容

基本的事項

1　この時期においては，歩き始めから，歩く，走る，跳ぶなどへと，基本的な運動機能が次第に発達し，排泄の自立のための身体的機能も整うようになる。つまむ，めくるなどの指先の機能も発達し，食事，衣類の着脱なども，保育教諭等の援助の下で自分で行うようになる。発声も明瞭になり，語彙も増加し，自分の意思や欲求を言葉で表出できるようになる。このように自分でできることが増えてくる時期であることから，保育教諭等は，園児の生活の安定を図りながら，自分でしようとする気持ちを尊重し，温かく見守るとともに，愛情豊かに，応答的に関わることが必要である。

2　本項においては，この時期の発達の特徴を踏まえ，保育のねらい及び内容について，心身の健康に関する領域「健康」，人との関わりに関する領域「人間関係」，身近な環境との関わりに関する領域「環境」，言葉の獲得に関する領域「言葉」及び感性と表現に関する領域「表現」としてまとめ，示している。

ねらい及び内容

健康

〔健康な心と体を育て，自ら健康で安全な生活をつくり出す力を養う。〕

1　ねらい

（1）明るく伸び伸びと生活し，自分から体を動かすことを楽しむ。

（2）自分の体を十分に動かし，様々な動きをしようとする。

（3）健康，安全な生活に必要な習慣に気付き，自分でしてみようとする気持ちが育つ。

2　内容

（1）保育教諭等の愛情豊かな受容の下で，安定感をもって生活をする。

（2）食事や午睡，遊びと休息など，幼保連携型認定こども園における生活のリズムが形成される。

（3）走る，跳ぶ，登る，押す，引っ張るなど全身を使う遊びを楽しむ。

（4）様々な食品や調理形態に慣れ，ゆったりとした雰囲気の中で食事や間食を楽しむ。

（5）身の回りを清潔に保つ心地よさを感じ，その習慣が少しずつ身に付く。

（6）保育教諭等の助けを借りながら，衣類の着脱を自分でしようとする。

（7）便器での排泄に慣れ，自分で排泄ができるようになる。

3　内容の取扱い

　上記の取扱いに当たっては，次の事項に留意する必要がある。

（1）心と体の健康は，相互に密接な関連があるものであることを踏まえ，園児の気持ちに配慮した温かい触れ合いの中で，心と体の発達を促すこと。特に，一人一人の発育に応じて，体を動かす機会を十分に確保し，自ら体を動かそうとする意欲が育つようにすること。

（2）健康な心と体を育てるためには望ましい食習慣の形成が重要であることを踏まえ，ゆったりとした雰囲気の中で食べる喜びや楽しさを味わい，進んで食べようとする気持ちが育つようにすること。なお，食物アレルギーのある園児への対応については，学校医等の指示や協力の下に適切に対応すること。

（3）排泄の習慣については，一人一人の排尿間隔等を踏まえ，おむつが汚れていないときに便器に座らせるなどにより，少しずつ慣れさせるようにすること。

（4）食事，排泄，睡眠，衣類の着脱，身の回りを清潔にすることなど，生活に必要な基本的な習慣については，一人一人の状態に応じ，落ち着いた雰囲気の中で行うようにし，園児が自分でしようとする気持ちを尊重すること。また，基本的な生活習慣の形成に当たっては，家庭での生活経験に配慮し，家庭との適切な連携の下で行うようにすること。

人間関係

〔他の人々と親しみ，支え合って生活するために，自立心を育て，人と関わる力を養う。〕

1 ねらい
(1) 身体感覚が育ち，快適な環境に心地よさを感じる。
(2) 伸び伸びと体を動かし，はう，歩くなどの運動をしようとする。
(3) 食事，睡眠等の生活のリズムの感覚が芽生える。
2 内容
(1) 保育教諭等の愛情豊かな受容の下で，生理的・心理的欲求を満たし，心地よく生活をする。
(2) 一人一人の発育に応じて，はう，立つ，歩くなど，十分に体を動かす。
(3) 個人差に応じて授乳を行い，離乳を進めていく中で，様々な食品に少しずつ慣れ，食べることを楽しむ。
(4) 一人一人の生活のリズムに応じて，安全な環境の下で十分に午睡をする。
(5) おむつ交換や衣服の着脱などを通じて，清潔になることの心地よさを感じる。
3 内容の取扱い
上記の取扱いに当たっては，次の事項に留意する必要がある。
(1) 心と体の健康は，相互に密接な関連があるものであることを踏まえ，温かい触れ合いの中で，心と体の発達を促すこと。特に，寝返り，お座り，はいはい，つかまり立ち，伝い歩きなど，発育に応じて，遊びの中で体を動かす機会を十分に確保し，自ら体を動かそうとする意欲が育つようにすること。
(2) 健康な心と体を育てるためには望ましい食習慣の形成が重要であることを踏まえ，離乳食が完了期へと徐々に移行する中で，様々な食品に慣れるようにするとともに，和やかな雰囲気の中で食べる喜びや楽しさを味わい，進んで食べようとする気持ちが育つようにすること。なお，食物アレルギーのある園児への対応については，学校医等の指示や協力の下に適切に対応すること。

身近な人と気持ちが通じ合う
〔受容的・応答的な関わりの下で，何かを伝えようとする意欲や身近な大人との信頼関係を育て，人と関わる力の基盤を培う。〕
1 ねらい
(1) 安心できる関係の下で，身近な人と共に過ごす喜びを感じる。
(2) 体の動きや表情，発声等により，保育教諭等と気持ちを通わせようとする。
(3) 身近な人と親しみ，関わりを深め，愛情や信頼感が芽生える。
2 内容

(1) 園児からの働き掛けを踏まえた，応答的な触れ合いや言葉掛けによって，欲求が満たされ，安定感をもって過ごす。
(2) 体の動きや表情，発声，喃語等を優しく受け止めてもらい，保育教諭等とのやり取りを楽しむ。
(3) 生活や遊びの中で，自分の身近な人の存在に気付き，親しみの気持ちを表す。
(4) 保育教諭等による語り掛けや歌い掛け，発声や喃語等への応答を通じて，言葉の理解や発語の意欲が育つ。
(5) 温かく，受容的な関わりを通じて，自分を肯定する気持ちが芽生える。
3 内容の取扱い
上記の取扱いに当たっては，次の事項に留意する必要がある。
(1) 保育教諭等との信頼関係に支えられて生活を確立していくことが人と関わる基盤となることを考慮して，園児の多様な感情を受け止め，温かく受容的・応答的に関わり，一人一人に応じた適切な援助を行うようにすること。
(2) 身近な人に親しみをもって接し，自分の感情などを表し，それに相手が応答する言葉を聞くことを通して，次第に言葉が獲得されていくことを考慮して，楽しい雰囲気の中での保育教諭等との関わり合いを大切にし，ゆっくりと優しく話し掛けるなど，積極的に言葉のやり取りを楽しむことができるようにすること。

身近なものと関わり感性が育つ
〔身近な環境に興味や好奇心をもって関わり，感じたことや考えたことを表現する力の基盤を培う。〕
1 ねらい
(1) 身の回りのものに親しみ，様々なものに興味や関心をもつ。
(2) 見る，触れる，探索するなど，身近な環境に自分から関わろうとする。
(3) 身体の諸感覚による認識が豊かになり，表情や手足，体の動き等で表現する。
2 内容
(1) 身近な生活用具，玩具や絵本などが用意された中で，身の回りのものに対する興味や好奇心をもつ。
(2) 生活や遊びの中で様々なものに触れ，音，形，色，手触りなどに気付き，感覚の働きを豊かにする。
(3) 保育教諭等と一緒に様々な色彩や形のものや絵本などを見る。
(4) 玩具や身の回りのものを，つまむ，つかむ，たたく，引っ張るなど，手や指を使って遊ぶ。

な関わりを通して，園児の生理的欲求を満たして
いくこと。また，家庭と協力しながら，園児の発
達の過程等に応じた適切な生活のリズムがつくら
れていくようにすること。

エ　園児の発達の過程等に応じて，適度な運動と休
息をとることができるようにすること。また，食
事，排泄，睡眠，衣類の着脱，身の回りを清潔に
することなどについて，園児が意欲的に生活でき
るよう適切に援助すること。

(2)　園児一人一人が安定感をもって過ごし，自分の気
持ちを安心して表すことができるようにするととも
に，周囲から主体として受け止められ主体として育
ち，自分を肯定する気持ちが育まれていくように
し，くつろいで共に過ごし，心身の疲れが癒やされ
るようにするため，次の事項に留意すること。

ア　園児一人一人の置かれている状態や発達の過程
などを的確に把握し，園児の欲求を適切に満たし
ながら，応答的な触れ合いや言葉掛けを行うこと。

イ　園児一人一人の気持ちを受容し，共感しなが
ら，園児との継続的な信頼関係を築いていくこ
と。

ウ　保育教諭等との信頼関係を基盤に，園児一人一
人が主体的に活動し，自発性や探索意欲などを高
めるとともに，自分への自信をもつことができる
よう成長の過程を見守り，適切に働き掛けるこ
と。

エ　園児一人一人の生活のリズム，発達の過程，在
園時間などに応じて，活動内容のバランスや調和
を図りながら，適切な食事や休息がとれるように
すること。

6　園児の健康及び安全は，園児の生命の保持と健やか
な生活の基本であり，幼保連携型認定こども園の生活
全体を通して健康や安全に関する管理や指導，食育の
推進等に十分留意すること。

7　保護者に対する子育ての支援に当たっては，この章
に示す幼保連携型認定こども園における教育及び保育
の基本及び目標を踏まえ，子どもに対する学校として
の教育及び児童福祉施設としての保育並びに保護者に
対する子育ての支援について相互に有機的な連携が図
られるようにすること。また，幼保連携型認定こども
園の目的の達成に資するため，保護者が子どもの成長
に気付き子育ての喜びが感じられるよう，幼保連携型
認定こども園の特性を生かした子育ての支援に努める
こと。

第2章　ねらい及び内容並びに配慮事項

この章に示すねらいは，幼保連携型認定こども園の教育
及び保育において育みたい資質・能力を園児の生活する姿
から捉えたものであり，内容は，ねらいを達成するために
指導する事項である。各視点や領域は，この時期の発達の
特徴を踏まえ，教育及び保育のねらい及び内容を乳幼児の
発達の側面から，乳児は三つの視点として，幼児は五つの
領域としてまとめ，示したものである。内容の取扱いは，
園児の発達を踏まえた指導を行うに当たって留意すべき事
項である。

各視点や領域に示すねらいは，幼保連携型認定こども園
における生活の全体を通じ，園児が様々な体験を積み重ね
る中で相互に関連をもちながら次第に達成に向かうもので
あること，内容は，園児が環境に関わって展開する具体的
な活動を通して総合的に指導されるものであることに留意
しなければならない。

また，「幼児期の終わりまでに育ってほしい姿」が，ね
らい及び内容に基づく活動全体を通して資質・能力が育ま
れている園児の幼保連携型認定こども園修了時の具体的な
姿であることを踏まえ，指導を行う際に考慮するものとす
る。

なお，特に必要な場合には，各視点や領域に示すねらい
の趣旨に基づいて適切な，具体的な内容を工夫し，それを
加えても差し支えないが，その場合には，それが第1章の
第1に示す幼保連携型認定こども園の教育及び保育の基本
及び目標を逸脱しないよう慎重に配慮する必要がある。

第1　乳児期の園児の保育に関するねらい及び内容
基本的事項
1　乳児期の発達については，視覚，聴覚などの感覚
や，座る，はう，歩くなどの運動機能が著しく発達
し，特定の大人との応答的な関わりを通じて，情緒的
な絆が形成されるといった特徴がある。これらの発達
の特徴を踏まえて，乳児期の園児の保育は，愛情豊か
に，応答的に行われることが特に必要である。
2　本項においては，この時期の発達の特徴を踏まえ，
乳児期の園児の保育のねらい及び内容については，身
体的発達に関する視点「健やかに伸び伸びと育つ」，
社会的発達に関する視点「身近な人と気持ちが通じ合
う」及び精神的発達に関する視点「身近なものと関わ
り感性が育つ」としてまとめ，示している。
ねらい及び内容
健やかに伸び伸びと育つ
〔健康な心と体を育て，自ら健康で安全な生活をつくり
出す力の基盤を培う。〕

59

慮するとともに，保護者の生活形態を反映した園児の在園時間の長短，入園時期や登園日数の違いを踏まえ，園児一人一人の状況に応じ，教育及び保育の内容やその展開について工夫をすること。特に入園及び年度当初においては，家庭との連携の下，園児一人一人の生活の仕方やリズムに十分に配慮して一日の自然な生活の流れをつくり出していくようにすること。

3　環境を通して行う教育及び保育の活動の充実を図るため，幼保連携型認定こども園における教育及び保育の環境の構成に当たっては，乳幼児期の特性及び保護者や地域の実態を踏まえ，次の事項に留意すること。

(1)　0歳から小学校就学前までの様々な年齢の園児の発達の特性を踏まえ，満3歳未満の園児については特に健康，安全や発達の確保を十分に図るとともに，満3歳以上の園児については同一学年の園児で編制される学級による集団活動の中で遊びを中心とする園児の主体的な活動を通して発達や学びを促す経験が得られるよう工夫をすること。特に，満3歳以上の園児同士が共に育ち，学び合いながら，豊かな体験を積み重ねることができるよう工夫をすること。

(2)　在園時間が異なる多様な園児がいることを踏まえ，園児の生活が安定するよう，家庭や地域，幼保連携型認定こども園における生活の連続性を確保するとともに，一日の生活のリズムを整えるよう工夫をすること。特に満3歳未満の園児については睡眠時間等の個人差に配慮するとともに，満3歳以上の園児については集中して遊ぶ場と家庭的な雰囲気の中でくつろぐ場との適切な調和等の工夫をすること。

(3)　家庭や地域において異年齢の子どもと関わる機会が減少していることを踏まえ，満3歳以上の園児については，学級による集団活動とともに，満3歳未満の園児を含む異年齢の園児による活動を，園児の発達の状況にも配慮しつつ適切に組み合わせて設定するなどの工夫をすること。

(4)　満3歳以上の園児については，特に長期的な休業中，園児が過ごす家庭や園などの生活の場が異なることを踏まえ，それぞれの多様な生活経験が長期的な休業などの終了後等の園生活に生かされるよう工夫をすること。

4　指導計画を作成する際には，この章に示す指導計画の作成上の留意事項を踏まえるとともに，次の事項にも特に配慮すること。

(1)　園児の発達の個人差，入園した年齢の違いなどによる集団生活の経験年数の差，家庭環境等を踏まえ，園児一人一人の発達の特性や課題に十分留意す

ること。特に満3歳未満の園児については，大人への依存度が極めて高い等の特性があることから，個別的な対応を図ること。また，園児の集団生活への円滑な接続について，家庭等との連携及び協力を図る等十分留意すること。

(2)　園児の発達の連続性を考慮した教育及び保育を展開する際には，次の事項に留意すること。

ア　満3歳未満の園児については，園児一人一人の生育歴，心身の発達，活動の実態等に即して，個別的な計画を作成すること。

イ　満3歳以上の園児については，個の成長と，園児相互の関係や協同的な活動が促されるよう考慮すること。

ウ　異年齢で構成されるグループ等での指導に当たっては，園児一人一人の生活や経験，発達の過程などを把握し，適切な指導や環境の構成ができるよう考慮すること。

(3)　一日の生活のリズムや在園時間が異なる園児が共に過ごすことを踏まえ，活動と休息，緊張感と解放感等の調和を図るとともに，園児に不安や動揺を与えないようにする等の配慮を行うこと。その際，担当の保育教諭等が替わる場合には，園児の様子等引継ぎを行い，十分な連携を図ること。

(4)　午睡は生活のリズムを構成する重要な要素であり，安心して眠ることのできる安全な午睡環境を確保するとともに，在園時間が異なることや，睡眠時間は園児の発達の状況や個人によって差があることから，一律とならないよう配慮すること。

(5)　長時間にわたる教育及び保育については，園児の発達の過程，生活のリズム及び心身の状態に十分配慮して，保育の内容や方法，職員の協力体制，家庭との連携などを指導計画に位置付けること。

5　生命の保持や情緒の安定を図るなど養護の行き届いた環境の下，幼保連携型認定こども園における教育及び保育を展開すること。

(1)　園児一人一人が，快適にかつ健康で安全に過ごせるようにするとともに，その生理的欲求が十分に満たされ，健康増進が積極的に図られるようにするため，次の事項に留意すること。

ア　園児一人一人の平常の健康状態や発育及び発達の状態を的確に把握し，異常を感じる場合は，速やかに適切に対応すること。

イ　家庭との連携を密にし，学校医等との連携を図りながら，園児の疾病や事故防止に関する認識を深め，保健的で安全な環境の維持及び向上に努めること。

ウ　清潔で安全な環境を整え，適切な援助や応答的

まえ，視聴覚教材やコンピュータなど情報機器を活用する際には，幼保連携型認定こども園の生活では得難い体験を補完するなど，園児の体験との関連を考慮すること。

ク　園児の主体的な活動を促すためには，保育教諭等が多様な関わりをもつことが重要であることを踏まえ，保育教諭等は，理解者，共同作業者など様々な役割を果たし，園児の情緒の安定や発達に必要な豊かな体験が得られるよう，活動の場面に応じて，園児の人権や園児一人一人の個人差等に配慮した適切な指導を行うようにすること。

ケ　園児の行う活動は，個人，グループ，学級全体などで多様に展開されるものであることを踏まえ，幼保連携型認定こども園全体の職員による協力体制を作りながら，園児一人一人が興味や欲求を十分に満足させるよう適切な援助を行うようにすること。

コ　園児の生活は，家庭を基盤として地域社会を通じて次第に広がりをもつものであることに留意し，家庭との連携を十分に図るなど，幼保連携型認定こども園における生活が家庭や地域社会と連続性を保ちつつ展開されるようにするものとする。その際，地域の自然，高齢者や異年齢の子どもなどを含む人材，行事や公共施設などの地域の資源を積極的に活用し，園児が豊かな生活体験を得られるように工夫するものとする。また，家庭との連携に当たっては，保護者との情報交換の機会を設けたり，保護者と園児との活動の機会を設けたりなどすることを通じて，保護者の乳幼児期の教育及び保育に関する理解が深まるよう配慮するものとする。

サ　地域や幼保連携型認定こども園の実態等により，幼保連携型認定こども園間に加え，幼稚園，保育所等の保育施設，小学校，中学校，高等学校及び特別支援学校などとの間の連携や交流を図るものとする。特に，小学校教育との円滑な接続のため，幼保連携型認定こども園の園児と小学校の児童との交流の機会を積極的に設けるようにするものとする。また，障害のある園児児童生徒との交流及び共同学習の機会を設け，共に尊重し合いながら協働して生活していく態度を育むよう努めるものとする。

(4) 園児の理解に基づいた評価の実施

園児一人一人の発達の理解に基づいた評価の実施に当たっては，次の事項に配慮するものとする。

ア　指導の過程を振り返りながら園児の理解を進め，園児一人一人のよさや可能性などを把握し，

指導の改善に生かすようにすること。その際，他の園児との比較や一定の基準に対する達成度についての評定によって捉えるものではないことに留意すること。

イ　評価の妥当性や信頼性が高められるよう創意工夫を行い，組織的かつ計画的な取組を推進するとともに，次年度又は小学校等にその内容が適切に引き継がれるようにすること。

3　特別な配慮を必要とする園児への指導

(1) 障害のある園児などへの指導

障害のある園児などへの指導に当たっては，集団の中で生活することを通して全体的な発達を促していくことに配慮し，適切な環境の下で，障害のある園児が他の園児との生活を通して共に成長できるよう，特別支援学校などの助言又は援助を活用しつつ，個々の園児の障害の状態などに応じた指導内容や指導方法の工夫を組織的かつ計画的に行うものとする。また，家庭，地域及び医療や福祉，保健等の業務を行う関係機関との連携を図り，長期的な視点で園児への教育及び保育的支援を行うために，個別の教育及び保育支援計画を作成し活用することに努めるとともに，個々の園児の実態を的確に把握し，個別の指導計画を作成し活用することに努めるものとする。

(2) 海外から帰国した園児や生活に必要な日本語の習得に困難のある園児の幼保連携型認定こども園の生活への適応

海外から帰国した園児や生活に必要な日本語の習得に困難のある園児については，安心して自己を発揮できるよう配慮するなど個々の園児の実態に応じ，指導内容や指導方法の工夫を組織的かつ計画的に行うものとする。

第3　幼保連携型認定こども園として特に配慮すべき事項

幼保連携型認定こども園における教育及び保育を行うに当たっては，次の事項について特に配慮しなければならない。

1　当該幼保連携型認定こども園に入園した年齢により集団生活の経験年数が異なる園児がいることに配慮する等，0歳から小学校就学前までの一貫した教育及び保育を園児の発達や学びの連続性を考慮して展開していくこと。特に満3歳以上については入園する園児が多いことや同一学年の園児で編制される学級の中で生活することなどを踏まえ，家庭や他の保育施設等との連携や引継ぎを円滑に行うとともに，環境の工夫をすること。

2　園児の一日の生活の連続性及びリズムの多様性に配

育と小学校教育との円滑な接続を図るよう努める
ものとする。

2 指導計画の作成と園児の理解に基づいた評価

(1) 指導計画の考え方

　　幼保連携型認定こども園における教育及び保育
は，園児が自ら意欲をもって環境と関わることに
よりつくり出される具体的な活動を通して，その目標
の達成を図るものである。

　　幼保連携型認定こども園においてはこのことを踏
まえ，乳幼児期にふさわしい生活が展開され，適切
な指導が行われるよう，調和のとれた組織的，発展
的な指導計画を作成し，園児の活動に沿った柔軟な
指導を行わなければならない。

(2) 指導計画の作成上の基本的事項

ア　指導計画は，園児の発達に即して園児一人一人
が乳幼児期にふさわしい生活を展開し，必要な体
験を得られるようにするために，具体的に作成す
るものとする。

イ　指導計画の作成に当たっては，次に示すところ
により，具体的なねらい及び内容を明確に設定
し，適切な環境を構成することなどにより活動が
選択・展開されるようにするものとする。

(ア) 具体的なねらい及び内容は，幼保連携型認定
こども園の生活における園児の発達の過程を見
通し，園児の生活の連続性，季節の変化などを
考慮して，園児の興味や関心，発達の実情など
に応じて設定すること。

(イ) 環境は，具体的なねらいを達成するために適
切なものとなるように構成し，園児が自らその
環境に関わることにより様々な活動を展開しつ
つ必要な体験を得られるようにすること。その
際，園児の生活する姿や発想を大切にし，常に
その環境が適切なものとなるようにすること。

(ウ) 園児の行う具体的な活動は，生活の流れの中
で様々に変化するものであることに留意し，園
児が望ましい方向に向かって自ら活動を展開し
ていくことができるよう必要な援助をすること。
　　その際，園児の実態及び園児を取り巻く状況の
変化などに即して指導の過程についての評価を適
切に行い，常に指導計画の改善を図るものとす
る。

(3) 指導計画の作成上の留意事項

　　指導計画の作成に当たっては，次の事項に留意す
るものとする。

ア　園児の生活は，入園当初の一人一人の遊びや保
育教諭等との触れ合いを通して幼保連携型認定こ
ども園の生活に親しみ，安定していく時期から，

他の園児との関わりの中で園児の主体的な活動が
深まり，園児が互いに必要な存在であることを認
識するようになる。その後，園児同士や学級全体
で目的をもって協同して幼保連携型認定こども園
の生活を展開し，深めていく時期などに至るまで
の過程を様々に経ながら広げられていくものであ
る。これらを考慮し，活動がそれぞれの時期にふ
さわしく展開されるようにすること。

　　また，園児の入園当初の教育及び保育に当たっ
ては，既に在園している園児に不安や動揺を与え
ないようにしつつ，可能な限り個別的に対応し，
園児が安定感を得て，次第に幼保連携型認定こど
も園の生活になじんでいくよう配慮すること。

イ　長期的に発達を見通した年，学期，月などにわ
たる長期の指導計画やこれとの関連を保ちながら
より具体的な園児の生活に即した週，日などの短
期の指導計画を作成し，適切な指導が行われるよ
うにすること。特に，週，日などの短期の指導計
画については，園児の生活のリズムに配慮し，園
児の意識や興味の連続性のある活動が相互に関連
して幼保連携型認定こども園の生活の自然な流れ
の中に組み込まれるようにすること。

ウ　園児が様々な人やものとの関わりを通して，多
様な体験をし，心身の調和のとれた発達を促すよ
うにしていくこと。その際，園児の発達に即して
主体的・対話的で深い学びが実現するようにする
とともに，心を動かされる体験が次の活動を生み
出すことを考慮し，一つ一つの体験が相互に結び
付き，幼保連携型認定こども園の生活が充実する
ようにすること。

エ　言語に関する能力の発達と思考力等の発達が関
連していることを踏まえ，幼保連携型認定こども
園における生活全体を通して，園児の発達を踏ま
えた言語環境を整え，言語活動の充実を図るこ
と。

オ　園児が次の活動への期待や意欲をもつことがで
きるよう，園児の実態を踏まえながら，保育教諭
等や他の園児と共に遊びや生活の中で見通しを
もったり，振り返ったりするよう工夫すること。

カ　行事の指導に当たっては，幼保連携型認定こど
も園の生活の自然な流れの中で生活に変化や潤い
を与え，園児が主体的に楽しく活動できるように
すること。なお，それぞれの行事については教育
及び保育における価値を十分検討し，適切なもの
を精選し，園児の負担にならないようにするこ
と。

キ　乳幼児期は直接的な体験が重要であることを踏

る全体的な計画の役割

各幼保連携型認定こども園においては，教育基本法（平成18年法律第120号），児童福祉法（昭和22年法律第164号）及び認定こども園法その他の法令並びにこの幼保連携型認定こども園教育・保育要領の示すところに従い，教育と保育を一体的に提供するため，創意工夫を生かし，園児の心身の発達と幼保連携型認定こども園，家庭及び地域の実態に即応した適切な教育及び保育の内容並びに子育ての支援等に関する全体的な計画を作成するものとする。

教育及び保育の内容並びに子育ての支援等に関する全体的な計画とは，教育と保育を一体的に捉え，園児の入園から修了までの在園期間の全体にわたり，幼保連携型認定こども園の目標に向かってどのような過程をたどって教育及び保育を進めていくかを明らかにするものであり，子育ての支援と有機的に連携し，園児の園生活全体を捉え，作成する計画である。

各幼保連携型認定こども園においては，「幼児期の終わりまでに育ってほしい姿」を踏まえ教育及び保育の内容並びに子育ての支援等に関する全体的な計画を作成すること，その実施状況を評価して改善を図っていくこと，また実施に必要な人的又は物的な体制を確保するとともにその改善を図っていくことなどを通して，教育及び保育の内容並びに子育ての支援等に関する全体的な計画に基づき組織的かつ計画的に各幼保連携型認定こども園の教育及び保育活動の質の向上を図っていくこと（以下「カリキュラム・マネジメント」という。）に努めるものとする。

(2) 各幼保連携型認定こども園の教育及び保育の目標と教育及び保育の内容並びに子育ての支援等に関する全体的な計画の作成

教育及び保育の内容並びに子育ての支援等に関する全体的な計画の作成に当たっては，幼保連携型認定こども園の教育及び保育において育みたい資質・能力を踏まえつつ，各幼保連携型認定こども園の教育及び保育の目標を明確にするとともに，教育及び保育の内容並びに子育ての支援等に関する全体的な計画の作成についての基本的な方針が家庭や地域とも共有されるよう努めるものとする。

(3) 教育及び保育の内容並びに子育ての支援等に関する全体的な計画の作成上の基本的事項

ア 幼保連携型認定こども園における生活の全体を通して第2章に示すねらいが総合的に達成されるよう，教育課程に係る教育期間や園児の生活経験や発達の過程などを考慮して具体的なねらいと内容を組織するものとする。この場合においては，特に，自我が芽生え，他者の存在を意識し，自己を抑制しようとする気持ちが生まれるなどの乳幼児期の発達の特性を踏まえ，入園から修了に至るまでの長期的な視野をもって充実した生活が展開できるように配慮するものとする。

イ 幼保連携型認定こども園の満3歳以上の園児の教育課程に係る教育週数は，特別の事情のある場合を除き，39週を下ってはならない。

ウ 幼保連携型認定こども園の1日の教育課程に係る教育時間は，4時間を標準とする。ただし，園児の心身の発達の程度や季節などに適切に配慮するものとする。

エ 幼保連携型認定こども園の保育を必要とする子どもに該当する園児に対する教育及び保育の時間（満3歳以上の保育を必要とする子どもに該当する園児については，この章の第2の1の（3）ウに規定する教育時間を含む。）は，1日につき8時間を原則とし，園長がこれを定める。ただし，その地方における園児の保護者の労働時間その他家庭の状況等を考慮するものとする。

(4) 教育及び保育の内容並びに子育ての支援等に関する全体的な計画の実施上の留意事項

各幼保連携型認定こども園においては，園長の方針の下に，園務分掌に基づき保育教諭等職員が適切に役割を分担しつつ，相互に連携しながら，教育及び保育の内容並びに子育ての支援等に関する全体的な計画や指導の改善を図るものとする。また，各幼保連携型認定こども園が行う教育及び保育等に係る評価については，教育及び保育の内容並びに子育ての支援等に関する全体的な計画の作成，実施，改善が教育及び保育活動や園運営の中核となることを踏まえ，カリキュラム・マネジメントと関連付けながら実施するよう留意するものとする。

(5) 小学校教育との接続に当たっての留意事項

ア 幼保連携型認定こども園においては，その教育及び保育が，小学校以降の生活や学習の基盤の育成につながることに配慮し，乳幼児期にふさわしい生活を通して，創造的な思考や主体的な生活態度などの基礎を培うようにするものとする。

イ 幼保連携型認定こども園の教育及び保育において育まれた資質・能力を踏まえ，小学校教育が円滑に行われるよう，小学校の教師との意見交換や合同の研究の機会などを設け，「幼児期の終わりまでに育ってほしい姿」を共有するなど連携を図り，幼保連携型認定こども園における教育及び保

る。

ア 豊かな体験を通じて，感じたり，気付いたり，分かったり，できるようになったりする「知識及び技能の基礎」

イ 気付いたことや，できるようになったことなどを使い，考えたり，試したり，工夫したり，表現したりする「思考力，判断力，表現力等の基礎」

ウ 心情，意欲，態度が育つ中で，よりよい生活を営もうとする「学びに向かう力，人間性等」

(2) (1)に示す資質・能力は，第2章に示すねらい及び内容に基づく活動全体によって育むものである。

(3) 次に示す「幼児期の終わりまでに育ってほしい姿」は，第2章に示すねらい及び内容に基づく活動全体を通して資質・能力が育まれている園児の幼保連携型認定こども園修了時の具体的な姿であり，保育教諭等が指導を行う際に考慮するものである。

ア 健康な心と体

幼保連携型認定こども園における生活の中で，充実感をもって自分のやりたいことに向かって心と体を十分に働かせ，見通しをもって行動し，自ら健康で安全な生活をつくり出すようになる。

イ 自立心

身近な環境に主体的に関わり様々な活動を楽しむ中で，しなければならないことを自覚し，自分の力で行うために考えたり，工夫したりしながら，諦めずにやり遂げることで達成感を味わい，自信をもって行動するようになる。

ウ 協同性

友達と関わる中で，互いの思いや考えなどを共有し，共通の目的の実現に向けて，考えたり，工夫したり，協力したりし，充実感をもってやり遂げるようになる。

エ 道徳性・規範意識の芽生え

友達と様々な体験を重ねる中で，してよいことや悪いことが分かり，自分の行動を振り返ったり，友達の気持ちに共感したりし，相手の立場に立って行動するようになる。また，きまりを守る必要性が分かり，自分の気持ちを調整し，友達と折り合いを付けながら，きまりをつくったり，守ったりするようになる。

オ 社会生活との関わり

家族を大切にしようとする気持ちをもつとともに，地域の身近な人と触れ合う中で，人との様々な関わり方に気付き，相手の気持ちを考えて関わり，自分が役に立つ喜びを感じ，地域に親しみをもつようになる。また，幼保連携型認定こども園内外の様々な環境に関わる中で，遊びや生活に必要な情報を取り入れ，情報に基づき判断したり，情報を伝え合ったり，活用したりするなど，情報を役立てながら活動するようになるとともに，公共の施設を大切に利用するなどして，社会とのつながりなどを意識するようになる。

カ 思考力の芽生え

身近な事象に積極的に関わる中で，物の性質や仕組みなどを感じ取ったり，気付いたりし，考えたり，予想したり，工夫したりするなど，多様な関わりを楽しむようになる。また，友達の様々な考えに触れる中で，自分と異なる考えがあることに気付き，自ら判断したり，考え直したりするなど，新しい考えを生み出す喜びを味わいながら，自分の考えをよりよいものにするようになる。

キ 自然との関わり・生命尊重

自然に触れて感動する体験を通して，自然の変化などを感じ取り，好奇心や探究心をもって考え言葉などで表現しながら，身近な事象への関心が高まるとともに，自然への愛情や畏敬の念をもつようになる。また，身近な動植物に心を動かされる中で，生命の不思議さや尊さに気付き，身近な動植物への接し方を考え，命あるものとしていたわり，大切にする気持ちをもって関わるようになる。

ク 数量や図形，標識や文字などへの関心・感覚

遊びや生活の中で，数量や図形，標識や文字などに親しむ体験を重ねたり，標識や文字の役割に気付いたりし，自らの必要感に基づきこれらを活用し，興味や関心，感覚をもつようになる。

ケ 言葉による伝え合い

保育教諭等や友達と心を通わせる中で，絵本や物語などに親しみながら，豊かな言葉や表現を身に付け，経験したことや考えたことなどを言葉で伝えたり，相手の話を注意して聞いたりし，言葉による伝え合いを楽しむようになる。

コ 豊かな感性と表現

心を動かす出来事などに触れ感性を働かせる中で，様々な素材の特徴や表現の仕方などに気付き，感じたことや考えたことを自分で表現したり，友達同士で表現する過程を楽しんだりし，表現する喜びを味わい，意欲をもつようになる。

第2 教育及び保育の内容並びに子育ての支援等に関する全体的な計画等

1 教育及び保育の内容並びに子育ての支援等に関する全体的な計画の作成等

(1) 教育及び保育の内容並びに子育ての支援等に関す

資料　幼保連携型認定こども園教育・保育要領

（平成29年3月31内閣府・文部科学省・厚生労働省告示第1号）
（平成30年4月1日から施行）

第1章　総則

第1　幼保連携型認定こども園における教育及び保育の基本及び目標等
1　幼保連携型認定こども園における教育及び保育の基本

　　乳幼児期の教育及び保育は，子どもの健全な心身の発達を図りつつ生涯にわたる人格形成の基礎を培う重要なものであり，幼保連携型認定こども園における教育及び保育は，就学前の子どもに関する教育，保育等の総合的な提供の推進に関する法律（平成18年法律第77号。以下「認定こども園法」という。）第2条第7項に規定する目的及び第9条に掲げる目標を達成するため，乳幼児期全体を通して，その特性及び保護者や地域の実態を踏まえ，環境を通して行うものであることを基本とし，家庭や地域での生活を含めた園児の生活全体が豊かなものとなるように努めなければならない。

　　このため保育教諭等は，園児との信頼関係を十分に築き，園児が自ら安心して身近な環境に主体的に関わり，環境との関わり方や意味に気付き，これらを取り込もうとして，試行錯誤したり，考えたりするようになる幼児期の教育における見方・考え方を生かし，その活動が豊かに展開されるよう環境を整え，園児と共によりよい教育及び保育の環境を創造するように努めるものとする。これらを踏まえ，次に示す事項を重視して教育及び保育を行わなければならない。

(1) 乳幼児期は周囲への依存を基盤にしつつ自立に向かうものであることを考慮して，周囲との信頼関係に支えられた生活の中で，園児一人一人が安心感と信頼感をもっていろいろな活動に取り組む体験を十分に積み重ねられるようにすること。

(2) 乳幼児期においては生命の保持が図られ安定した情緒の下で自己を十分に発揮することにより発達に必要な体験を得ていくものであることを考慮して，園児の主体的な活動を促し，乳幼児期にふさわしい生活が展開されるようにすること。

(3) 乳幼児期における自発的な活動としての遊びは，心身の調和のとれた発達の基礎を培う重要な学習であることを考慮して，遊びを通しての指導を中心として第2章に示すねらいが総合的に達成されるようにすること。

(4) 乳幼児期における発達は，心身の諸側面が相互に関連し合い，多様な経過をたどって成し遂げられていくものであること，また，園児の生活経験がそれぞれ異なることなどを考慮して，園児一人一人の特性や発達の過程に応じ，発達の課題に即した指導を行うようにすること。

　　その際，保育教諭等は，園児の主体的な活動が確保されるよう，園児一人一人の行動の理解と予想に基づき，計画的に環境を構成しなければならない。この場合において，保育教諭等は，園児と人やものとの関わりが重要であることを踏まえ，教材を工夫し，物的・空間的環境を構成しなければならない。また，園児一人一人の活動の場面に応じて，様々な役割を果たし，その活動を豊かにしなければならない。

　　なお，幼保連携型認定こども園における教育及び保育は，園児が入園してから修了するまでの在園期間全体を通して行われるものであり，この章の第3に示す幼保連携型認定こども園として特に配慮すべき事項を十分に踏まえて行うものとする。

2　幼保連携型認定こども園における教育及び保育の目標

　　幼保連携型認定こども園は，家庭との連携を図りながら，この章の第1の1に示す幼保連携型認定こども園における教育及び保育の基本に基づいて一体的に展開される幼保連携型認定こども園における生活を通して，生きる力の基礎を育成するよう認定こども園法第9条に規定する幼保連携型認定こども園の教育及び保育の目標の達成に努めなければならない。幼保連携型認定こども園は，このことにより，義務教育及びその後の教育の基礎を培うとともに，子どもの最善の利益を考慮しつつ，その生活を保障し，保護者と共に園児を心身ともに健やかに育成するものとする。

　　なお，認定こども園法第9条に規定する幼保連携型認定こども園の教育及び保育の目標については，発達や学びの連続性及び生活の連続性の観点から，小学校就学の始期に達するまでの時期を通じ，その達成に向けて努力すべき目当てとなるものであることから，満3歳未満の園児の保育にも当てはまることに留意するものとする。

3　幼保連携型認定こども園の教育及び保育において育みたい資質・能力及び「幼児期の終わりまでに育ってほしい姿」

(1) 幼保連携型認定こども園においては，生きる力の基礎を育むため，この章の1に示す幼保連携型認定こども園の教育及び保育の基本を踏まえ，次に掲げる資質・能力を一体的に育むよう努めるものとす

保育所においては，保育の内容等に関する自己評価等を通じて把握した，保育の質の向上に向けた課題に組織的に対応するため，保育内容の改善や保育士等の役割分担の見直し等に取り組むとともに，それぞれの職位や職務内容等に応じて，各職員が必要な知識及び技能を身につけられるよう努めなければならない。

2　施設長の責務

(1) 施設長の責務と専門性の向上

施設長は，保育所の役割や社会的責任を遂行するために，法令等を遵守し，保育所を取り巻く社会情勢等を踏まえ，施設長としての専門性等の向上に努め，当該保育所における保育の質及び職員の専門性向上のために必要な環境の確保に努めなければならない。

(2) 職員の研修機会の確保等

施設長は，保育所の全体的な計画や，各職員の研修の必要性等を踏まえて，体系的・計画的な研修機会を確保するとともに，職員の勤務体制の工夫等により，職員が計画的に研修等に参加し，その専門性の向上が図られるよう努めなければならない。

3　職員の研修等

(1) 職場における研修

職員が日々の保育実践を通じて，必要な知識及び技術の修得，維持及び向上を図るとともに，保育の課題等への共通理解や協働性を高め，保育所全体としての保育の質の向上を図っていくためには，日常的に職員同士が主体的に学び合う姿勢と環境が重要であり，職場内での研修の充実が図られなければならない。

(2) 外部研修の活用

各保育所における保育の課題への的確な対応や，保育士等の専門性の向上を図るためには，職場内での研修に加え，関係機関等による研修の活用が有効であることから，必要に応じて，こうした外部研修への参加機会が確保されるよう努めなければならない。

4　研修の実施体制等

(1) 体系的な研修計画の作成

保育所においては，当該保育所における保育の課題や各職員のキャリアパス等も見据えて，初任者から管理職員までの職位や職務内容等を踏まえた体系的な研修計画を作成しなければならない。

(2) 組織内での研修成果の活用

外部研修に参加する職員は，自らの専門性の向上を図るとともに，保育所における保育の課題を理解し，その解決を実践できる力を身に付けることが重要である。また，研修で得た知識及び技能を他の職員と共有することにより，保育所全体としての保育実践の質及び専門性の向上につなげていくことが求められる。

(3) 研修の実施に関する留意事項

施設長等は保育所全体としての保育実践の質及び専門性の向上のために，研修の受講は特定の職員に偏ることなく行われるよう，配慮する必要がある。また，研修を修了した職員については，その職務内容等において，当該研修の成果等が適切に勘案されることが望ましい。

第4章　子育て支援

　保育所における保護者に対する子育て支援は，全ての子どもの健やかな育ちを実現することができるよう，第1章及び第2章等の関連する事項を踏まえ，子どもの育ちを家庭と連携して支援していくとともに，保護者及び地域が有する子育てを自ら実践する力の向上に資するよう，次の事項に留意するものとする。

1　保育所における子育て支援に関する基本的事項

　(1) 保育所の特性を生かした子育て支援

　　ア　保護者に対する子育て支援を行う際には，各地域や家庭の実態等を踏まえるとともに，保護者の気持ちを受け止め，相互の信頼関係を基本に，保護者の自己決定を尊重すること。

　　イ　保育及び子育てに関する知識や技術など，保育士等の専門性や，子どもが常に存在する環境など，保育所の特性を生かし，保護者が子どもの成長に気付き子育ての喜びを感じられるように努めること。

　(2) 子育て支援に関して留意すべき事項

　　ア　保護者に対する子育て支援における地域の関係機関等との連携及び協働を図り，保育所全体の体制構築に努めること。

　　イ　子どもの利益に反しない限りにおいて，保護者や子どものプライバシーを保護し，知り得た事柄の秘密を保持すること。

2　保育所を利用している保護者に対する子育て支援

　(1) 保護者との相互理解

　　ア　日常の保育に関連した様々な機会を活用し子どもの日々の様子の伝達や収集，保育所保育の意図の説明などを通じて，保護者との相互理解を図るよう努めること。

　　イ　保育の活動に対する保護者の積極的な参加は，保護者の子育てを自ら実践する力の向上に寄与することから，これを促すこと。

　(2) 保護者の状況に配慮した個別の支援

　　ア　保護者の就労と子育ての両立等を支援するため，保護者の多様化した保育の需要に応じ，病児保育事業など多様な事業を実施する場合には，保護者の状況に配慮するとともに，子どもの福祉が尊重されるよう努め，子どもの生活の連続性を考慮すること。

　　イ　子どもに障害や発達上の課題が見られる場合には，市町村や関係機関と連携及び協力を図りつつ，保護者に対する個別の支援を行うよう努めること。

　　ウ　外国籍家庭など，特別な配慮を必要とする家庭の場合には，状況等に応じて個別の支援を行うよう努めること。

　(3) 不適切な養育等が疑われる家庭への支援

　　ア　保護者に育児不安等が見られる場合には，保護者の希望に応じて個別の支援を行うよう努めること。

　　イ　保護者に不適切な養育等が疑われる場合には，市町村や関係機関と連携し，要保護児童対策地域協議会で検討するなど適切な対応を図ること。また，虐待が疑われる場合には，速やかに市町村又は児童相談所に通告し，適切な対応を図ること。

3　地域の保護者等に対する子育て支援

　(1) 地域に開かれた子育て支援

　　ア　保育所は，児童福祉法第48条の4の規定に基づき，その行う保育に支障がない限りにおいて，地域の実情や当該保育所の体制等を踏まえ，地域の保護者等に対して，保育所保育の専門性を生かした子育て支援を積極的に行うよう努めること。

　　イ　地域の子どもに対する一時預かり事業などの活動を行う際には，一人一人の子どもの心身の状態などを考慮するとともに，日常の保育との関連に配慮するなど，柔軟に活動を展開できるようにすること。

　(2) 地域の関係機関等との連携

　　ア　市町村の支援を得て，地域の関係機関等との積極的な連携及び協働を図るとともに，子育て支援に関する地域の人材と積極的に連携を図るよう努めること。

　　イ　地域の要保護児童への対応など，地域の子どもを巡る諸課題に対し，要保護児童対策地域協議会など関係機関等と連携及び協力して取り組むよう努めること。

第5章　職員の資質向上

　第1章から前章までに示された事項を踏まえ，保育所は，質の高い保育を展開するため，絶えず，一人一人の職員についての資質向上及び職員全体の専門性の向上を図るよう努めなければならない。

1　職員の資質向上に関する基本的事項

　(1) 保育所職員に求められる専門性

　　　子どもの最善の利益を考慮し，人権に配慮した保育を行うためには，職員一人一人の倫理観，人間性並びに保育所職員としての職務及び責任の理解と自覚が基盤となる。

　　　各職員は，自己評価に基づく課題等を踏まえ，保育所内外の研修等を通じて，保育士・看護師・調理員・栄養士等，それぞれの職務内容に応じた専門性を高めるため，必要な知識及び技術の修得，維持及び向上に努めなければならない。

　(2) 保育の質の向上に向けた組織的な取組

イ 感染症やその他の疾病の発生予防に努め，その発生や疑いがある場合には，必要に応じて嘱託医，市町村，保健所等に連絡し，その指示に従うとともに，保護者や全職員に連絡し，予防等について協力を求めること。また，感染症に関する保育所の対応方法等について，あらかじめ関係機関の協力を得ておくこと。看護師等が配置されている場合には，その専門性を生かした対応を図ること。

ウ アレルギー疾患を有する子どもの保育については，保護者と連携し，医師の診断及び指示に基づき，適切な対応を行うこと。また，食物アレルギーに関して，関係機関と連携して，当該保育所の体制構築など，安全な環境の整備を行うこと。看護師や栄養士等が配置されている場合には，その専門性を生かした対応を図ること。

エ 子どもの疾病等の事態に備え，医務室等の環境を整え，救急用の薬品，材料等を適切な管理の下に常備し，全職員が対応できるようにしておくこと。

2 食育の推進

（1）保育所の特性を生かした食育

ア 保育所における食育は，健康な生活の基本としての「食を営む力」の育成に向け，その基礎を培うことを目標とすること。

イ 子どもが生活と遊びの中で，意欲をもって食に関わる体験を積み重ね，食べることを楽しみ，食事を楽しみ合う子どもに成長していくことを期待するものであること。

ウ 乳幼児期にふさわしい食生活が展開され，適切な援助が行われるよう，食事の提供を含む食育計画を全体的な計画に基づいて作成し，その評価及び改善に努めること。栄養士が配置されている場合は，専門性を生かした対応を図ること。

（2）食育の環境の整備等

ア 子どもが自らの感覚や体験を通して，自然の恵みとしての食材や食の循環・環境への意識，調理する人への感謝の気持ちが育つように，子どもと調理員等との関わりや，調理室など食に関わる保育環境に配慮すること。

イ 保護者や地域の多様な関係者との連携及び協働の下で，食に関する取組が進められること。また，市町村の支援の下に，地域の関係機関等との日常的な連携を図り，必要な協力が得られるよう努めること。

ウ 体調不良，食物アレルギー，障害のある子どもなど，一人一人の子どもの心身の状態等に応じ，嘱託医，かかりつけ医等の指示や協力の下に適切に対応すること。栄養士が配置されている場合は，専門性

を生かした対応を図ること。

3 環境及び衛生管理並びに安全管理

（1）環境及び衛生管理

ア 施設の温度，湿度，換気，採光，音などの環境を常に適切な状態に保持するとともに，施設内外の設備及び用具等の衛生管理に努めること。

イ 施設内外の適切な環境の維持に努めるとともに，子ども及び全職員が清潔を保つようにすること。また，職員は衛生知識の向上に努めること。

（2）事故防止及び安全対策

ア 保育中の事故防止のために，子どもの心身の状態等を踏まえつつ，施設内外の安全点検に努め，安全対策のために全職員の共通理解や体制づくりを図るとともに，家庭や地域の関係機関の協力の下に安全指導を行うこと。

イ 事故防止の取組を行う際には，特に，睡眠中，プール活動・水遊び中，食事中等の場面では重大事故が発生しやすいことを踏まえ，子どもの主体的な活動を大切にしつつ，施設内外の環境の配慮や指導の工夫を行うなど，必要な対策を講じること。

ウ 保育中の事故の発生に備え，施設内外の危険箇所の点検や訓練を実施するとともに，外部からの不審者等の侵入防止のための措置や訓練など不測の事態に備えて必要な対応を行うこと。また，子どもの精神保健面における対応に留意すること。

4 災害への備え

（1）施設・設備等の安全確保

ア 防火設備，避難経路等の安全性が確保されるよう，定期的にこれらの安全点検を行うこと。

イ 備品，遊具等の配置，保管を適切に行い，日頃から，安全環境の整備に努めること。

（2）災害発生時の対応体制及び避難への備え

ア 火災や地震などの災害の発生に備え，緊急時の対応の具体的内容及び手順，職員の役割分担，避難訓練計画等に関するマニュアルを作成すること。

イ 定期的に避難訓練を実施するなど，必要な対応を図ること。

ウ 災害の発生時に，保護者等への連絡及び子どもの引渡しを円滑に行うため，日頃から保護者との密接な連携に努め，連絡体制や引渡し方法等について確認をしておくこと。

（3）地域の関係機関等との連携

ア 市町村の支援の下に，地域の関係機関との日常的な連携を図り，必要な協力が得られるよう努めること。

イ 避難訓練については，地域の関係機関や保護者との連携の下に行うなど工夫すること。

よう慎重に配慮する必要があること。
4 保育の実施に関して留意すべき事項
 (1) 保育全般に関わる配慮事項
  ア 子どもの心身の発達及び活動の実態などの個人差を踏まえるとともに，一人一人の子どもの気持ちを受け止め，援助すること。
  イ 子どもの健康は，生理的・身体的な育ちとともに，自主性や社会性，豊かな感性の育ちとがあいまってもたらされることに留意すること。
  ウ 子どもが自ら周囲に働きかけ，試行錯誤しつつ自分の力で行う活動を見守りながら，適切に援助すること。
  エ 子どもの入所時の保育に当たっては，できるだけ個別的に対応し，子どもが安定感を得て，次第に保育所の生活になじんでいくようにするとともに，既に入所している子どもに不安や動揺を与えないようにすること。
  オ 子どもの国籍や文化の違いを認め，互いに尊重する心を育てるようにすること。
  カ 子どもの性差や個人差にも留意しつつ，性別などによる固定的な意識を植え付けることがないようにすること。
 (2) 小学校との連携
  ア 保育所においては，保育所保育が，小学校以降の生活や学習の基盤の育成につながることに配慮し，幼児期にふさわしい生活を通じて，創造的な思考や主体的な生活態度などの基礎を培うようにすること。
  イ 保育所保育において育まれた資質・能力を踏まえ，小学校教育が円滑に行われるよう，小学校教師との意見交換や合同の研究の機会などを設け，第1章の4の (2) に示す「幼児期の終わりまでに育って欲しい姿」を共有するなど連携を図り，保育所保育と小学校教育との円滑な接続を図るよう努めること。
  ウ 子どもに関する情報共有に関して，保育所に入所している子どもの就学に際し，市町村の支援の下に，子どもの育ちを支えるための資料が保育所から小学校へ送付されるようにすること。
 (3) 家庭及び地域社会との連携
  子どもの生活の連続性を踏まえ，家庭及び地域社会と連携して保育が展開されるよう配慮すること。その際，家庭や地域の機関及び団体の協力を得て，地域の自然，高齢者や異年齢の子ども等を含む人材，行事，施設等の地域の資源を積極的に活用し，豊かな生活体験をはじめ保育内容の充実が図られるよう配慮すること。

第3章 健康及び安全

 保育所保育において，子どもの健康及び安全の確保は，子どもの生命の保持と健やかな生活の基本であり，一人一人の子どもの健康の保持及び増進並びに安全の確保とともに，保育所全体における健康及び安全の確保に努めることが重要となる。
 また，子どもが，自らの体や健康に関心をもち，心身の機能を高めていくことが大切である。
 このため，第1章及び第2章等の関連する事項に留意し，次に示す事項を踏まえ，保育を行うこととする。
1 子どもの健康支援
 (1) 子どもの健康状態並びに発育及び発達状態の把握
  ア 子どもの心身の状態に応じて保育するために，子どもの健康状態並びに発育及び発達状態について，定期的・継続的に，また，必要に応じて随時，把握すること。
  イ 保護者からの情報とともに，登所時及び保育中を通じて子どもの状態を観察し，何らかの疾病が疑われる状態や傷害が認められた場合には，保護者に連絡するとともに，嘱託医と相談するなど適切な対応を図ること。看護師等が配置されている場合には，その専門性を生かした対応を図ること。
  ウ 子どもの心身の状態等を観察し，不適切な養育の兆候が見られる場合には，市町村や関係機関と連携し，児童福祉法第25条に基づき，適切な対応を図ること。また，虐待が疑われる場合には，速やかに市町村又は児童相談所に通告し，適切な対応を図ること。
 (2) 健康増進
  ア 子どもの健康に関する保健計画を全体的な計画に基づいて作成し，全職員がそのねらいや内容を踏まえ，一人一人の子どもの健康の保持及び増進に努めていくこと。
  イ 子どもの心身の健康状態や疾病等の把握のために，嘱託医等により定期的に健康診断を行い，その結果を記録し，保育に活用するとともに，保護者が子どもの状態を理解し，日常生活に活用できるようにすること。
 (3) 疾病等への対応
  ア 保育中に体調不良や傷害が発生した場合には，その子どもの状態等に応じて，保護者に連絡するとともに，適宜，嘱託医や子どものかかりつけ医等と相談し，適切な処置を行うこと。看護師等が配置されている場合には，その専門性を生かした対応を図ること。

し，その言葉を聞くことを通して次第に獲得されていくものであることを考慮して，子どもが保育士等や他の子どもと関わることにより心を動かされるような体験をし，言葉を交わす喜びを味わえるようにすること。

② 子どもが自分の思いを言葉で伝えるとともに，保育士等や他の子どもなどの話を興味をもって注意して聞くことを通して次第に話を理解するようになっていき，言葉による伝え合いができるようにすること。

③ 絵本や物語などで，その内容と自分の経験とを結び付けたり，想像を巡らせたりするなど，楽しみを十分に味わうことによって，次第に豊かなイメージをもち，言葉に対する感覚が養われるようにすること。

④ 子どもが生活の中で，言葉の響きやリズム，新しい言葉や表現などに触れ，これらを使う楽しさを味わえるようにすること。その際，絵本や物語に親しんだり，言葉遊びなどをしたりすることを通して，言葉が豊かになるようにすること。

⑤ 子どもが日常生活の中で，文字などを使いながら思ったことや考えたことを伝える喜びや楽しさを味わい，文字に対する興味や関心をもつようにすること。

オ 表現

感じたことや考えたことを自分なりに表現することを通して，豊かな感性や表現する力を養い，創造性を豊かにする。

（ア）ねらい

① いろいろなものの美しさなどに対する豊かな感性をもつ。

② 感じたことや考えたことを自分なりに表現して楽しむ。

③ 生活の中でイメージを豊かにし，様々な表現を楽しむ。

（イ）内容

① 生活の中で様々な音，形，色，手触り，動きなどに気付いたり，感じたりするなどして楽しむ。

② 生活の中で美しいものや心を動かす出来事に触れ，イメージを豊かにする。

③ 様々な出来事の中で，感動したことを伝え合う楽しさを味わう。

④ 感じたこと，考えたことなどを音や動きなどで表現したり，自由にかいたり，つくったりなどする。

⑤ いろいろな素材に親しみ，工夫して遊ぶ。

⑥ 音楽に親しみ，歌を歌ったり，簡単なリズム楽器を使ったりなどする楽しさを味わう。

⑦ かいたり，つくったりすることを楽しみ，遊びに使ったり，飾ったりなどする。

⑧ 自分のイメージを動きや言葉などで表現したり，演じて遊んだりするなどの楽しさを味わう。

（ウ）内容の取扱い

上記の取扱いに当たっては，次の事項に留意する必要がある。

① 豊かな感性は，身近な環境と十分に関わる中で美しいもの，優れたもの，心を動かす出来事などに出会い，そこから得た感動を他の子どもや保育士等と共有し，様々に表現することなどを通して養われるようにすること。その際，風の音や雨の音，身近にある草や花の形や色など自然の中にある音，形，色などに気付くようにすること。

② 子どもの自己表現は素朴な形で行われることが多いので，保育士等はそのような表現を受容し，子ども自身の表現しようとする意欲を受け止めて，子どもが生活の中で子どもらしい様々な表現を楽しむことができるようにすること。

③ 生活経験や発達に応じ，自ら様々な表現を楽しみ，表現する意欲を十分に発揮させることができるように，遊具や用具などを整えたり，様々な素材や表現の仕方に親しんだり，他の子どもの表現に触れられるよう配慮したりし，表現する過程を大切にして自己表現を楽しめるように工夫すること。

(3) 保育の実施に関わる配慮事項

ア 第1章の4の（2）に示す「幼児期の終わりまでに育ってほしい姿」が，ねらい及び内容に基づく活動全体を通して資質・能力が育まれている子どもの小学校就学時の具体的な姿であることを踏まえ，指導を行う際には適宜考慮すること。

イ 子どもの発達や成長の援助をねらいとした活動の時間については，意識的に保育の計画等において位置付けて，実施することが重要であること。なお，そのような活動の時間については，保護者の就労状況等に応じて子どもが保育所で過ごす時間がそれぞれ異なることに留意して設定すること。

ウ 特に必要な場合には，各領域に示すねらいの趣旨に基づいて，具体的な内容を工夫し，それを加えても差し支えないが，その場合には，それが第1章の1に示す保育所保育に関する基本原則を逸脱しない

48

② 生活の中で，様々な物に触れ，その性質や仕組みに興味や関心をもつ。

③ 季節により自然や人間の生活に変化のあることに気付く。

④ 自然などの身近な事象に関心をもち，取り入れて遊ぶ。

⑤ 身近な動植物に親しみをもって接し，生命の尊さに気付き，いたわったり，大切にしたりする。

⑥ 日常生活の中で，我が国や地域社会における様々な文化や伝統に親しむ。

⑦ 身近な物を大切にする。

⑧ 身近な物や遊具に興味をもって関わり，自分なりに比べたり，関連付けたりしながら考えたり，試したりして工夫して遊ぶ。

⑨ 日常生活の中で数量や図形などに関心をもつ。

⑩ 日常生活の中で簡単な標識や文字などに関心をもつ。

⑪ 生活に関係の深い情報や施設などに興味や関心をもつ。

⑫ 保育所内外の行事において国旗に親しむ。

（ウ）内容の取扱い

上記の取扱いに当たっては，次の事項に留意する必要がある。

① 子どもが，遊びの中で周囲の環境と関わり，次第に周囲の世界に好奇心を抱き，その意味や操作の仕方に関心をもち，物事の法則性に気付き，自分なりに考えることができるようになる過程を大切にすること。また，他の子どもの考えなどに触れて新しい考えを生み出す喜びや楽しさを味わい，自分の考えをよりよいものにしようとする気持ちが育つようにすること。

② 幼児期において自然のもつ意味は大きく，自然の大きさ，美しさ，不思議さなどに直接触れる体験を通して，子どもの心が安らぎ，豊かな感情，好奇心，思考力，表現力の基礎が培われることを踏まえ，子どもが自然との関わりを深めることができるよう工夫すること。

③ 身近な事象や動植物に対する感動を伝え合い，共感し合うことなどを通して自分から関わろうとする意欲を育てるとともに，様々な関わり方を通してそれらに対する親しみや畏敬の念，生命を大切にする気持ち，公共心，探究心などが養われるようにすること。

④ 文化や伝統に親しむ際には，正月や節句など我が国の伝統的な行事，国歌，唱歌，わらべう

たや我が国の伝統的な遊びに親しんだり，異なる文化に触れる活動に親しんだりすることを通じて，社会とのつながりの意識や国際理解の意識の芽生えなどが養われるようにすること。

⑤ 数量や文字などに関しては，日常生活の中で子ども自身の必要感に基づく体験を大切にし，数量や文字などに関する興味や関心，感覚が養われるようにすること。

エ　言葉

経験したことや考えたことなどを自分なりの言葉で表現し，相手の話す言葉を聞こうとする意欲や態度を育て，言葉に対する感覚や言葉で表現する力を養う。

（ア）ねらい

① 自分の気持ちを言葉で表現する楽しさを味わう。

② 人の言葉や話などをよく聞き，自分の経験したことや考えたことを話し，伝え合う喜びを味わう。

③ 日常生活に必要な言葉が分かるようになるとともに，絵本や物語などに親しみ，言葉に対する感覚を豊かにし，保育士等や友達と心を通わせる。

（イ）内容

① 保育士等や友達の言葉や話に興味や関心をもち，親しみをもって聞いたり，話したりする。

② したり，見たり，聞いたり，感じたり，考えたりなどしたことを自分なりに言葉で表現する。

③ したいこと，してほしいことを言葉で表現したり，分からないことを尋ねたりする。

④ 人の話を注意して聞き，相手に分かるように話す。

⑤ 生活の中で必要な言葉が分かり，使う。

⑥ 親しみをもって日常の挨拶をする。

⑦ 生活の中で言葉の楽しさや美しさに気付く。

⑧ いろいろな体験を通じてイメージや言葉を豊かにする。

⑨ 絵本や物語などに親しみ，興味をもって聞き，想像をする楽しさを味わう。

⑩ 日常生活の中で，文字などで伝える楽しさを味わう。

（ウ）内容の取扱い

上記の取扱いに当たっては，次の事項に留意する必要がある。

① 言葉は，身近な人に親しみをもって接し，自分の感情や意志などを伝え，それに相手が応答

ことの充実感を味わう。

② 身近な人と親しみ，関わりを深め，工夫したり，協力したりして一緒に活動する楽しさを味わい，愛情や信頼感をもつ。

③ 社会生活における望ましい習慣や態度を身に付ける。

(イ) 内容

① 保育士等や友達と共に過ごすことの喜びを味わう。

② 自分で考え，自分で行動する。

③ 自分でできることは自分でする。

④ いろいろな遊びを楽しみながら物事をやり遂げようとする気持ちをもつ。

⑤ 友達と積極的に関わりながら喜びや悲しみを共感し合う。

⑥ 自分の思ったことを相手に伝え，相手の思っていることに気付く。

⑦ 友達のよさに気付き，一緒に活動する楽しさを味わう。

⑧ 友達と楽しく活動する中で，共通の目的を見いだし，工夫したり，協力したりなどする。

⑨ よいことや悪いことがあることに気付き，考えながら行動する。

⑩ 友達との関わりを深め，思いやりをもつ。

⑪ 友達と楽しく生活する中できまりの大切さに気付き，守ろうとする。

⑫ 共同の遊具や用具を大切にし，皆で使う。

⑬ 高齢者をはじめ地域の人々などの自分の生活に関係の深いいろいろな人に親しみをもつ。

(ウ) 内容の取扱い

上記の取扱いに当たっては，次の事項に留意する必要がある。

① 保育士等との信頼関係に支えられて自分自身の生活を確立していくことが人と関わる基盤となることを考慮し，子どもが自ら周囲に働き掛けることにより多様な感情を体験し，試行錯誤しながら諦めずにやり遂げることの達成感や，前向きな見通しをもって自分の力で行うことの充実感を味わうことができるよう，子どもの行動を見守りながら適切な援助を行うようにすること。

② 一人一人を生かした集団を形成しながら人と関わる力を育てていくようにすること。その際，集団の生活の中で，子どもが自己を発揮し，保育士等や他の子どもに認められる体験をし，自分のよさや特徴に気付き，自信をもって行動できるようにすること。

③ 子どもが互いに関わりを深め，協同して遊ぶようになるため，自ら行動する力を育てるとともに，他の子どもと試行錯誤しながら活動を展開する楽しさや共通の目的が実現する喜びを味わうことができるようにすること。

④ 道徳性の芽生えを培うに当たっては，基本的な生活習慣の形成を図るとともに，子どもが他の子どもとの関わりの中で他人の存在に気付き，相手を尊重する気持ちをもって行動できるようにし，また，自然や身近な動植物に親しむことなどを通して豊かな心情が育つようにすること。特に，人に対する信頼感や思いやりの気持ちは，葛藤やつまずきをも体験し，それらを乗り越えることにより次第に芽生えてくることに配慮すること。

⑤ 集団の生活を通して，子どもが人との関わりを深め，規範意識の芽生えが培われることを考慮し，子どもが保育士等との信頼関係に支えられて自己を発揮する中で，互いに思いを主張し，折り合いを付ける体験をし，きまりの必要性などに気付き，自分の気持ちを調整する力が育つようにすること。

⑥ 高齢者をはじめ地域の人々などの自分の生活に関係の深いいろいろな人と触れ合い，自分の感情や意志を表現しながら共に楽しみ，共感し合う体験を通して，これらの人々などに親しみをもち，人と関わることの楽しさや人の役に立つ喜びを味わうことができるようにすること。また，生活を通して親や祖父母などの家族の愛情に気付き，家族を大切にしようとする気持ちが育つようにすること。

ウ 環境

周囲の様々な環境に好奇心や探究心をもって関わり，それらを生活に取り入れていこうとする力を養う。

(ア) ねらい

① 身近な環境に親しみ，自然と触れ合う中で様々な事象に興味や関心をもつ。

② 身近な環境に自分から関わり，発見を楽しんだり，考えたりし，それを生活に取り入れようとする。

③ 身近な事象を見たり，考えたり，扱ったりする中で，物の性質や数量，文字などに対する感覚を豊かにする。

(イ) 内容

① 自然に触れて生活し，その大きさ，美しさ，不思議さなどに気付く。

46

本的な生活習慣もほぼ自立できるようになる。理解する語彙数が急激に増加し，知的興味や関心も高まってくる。仲間と遊び，仲間の中の一人という自覚が生じ，集団的な遊びや協同的な活動も見られるようになる。これらの発達の特徴を踏まえて，この時期の保育においては，個の成長と集団としての活動の充実が図られるようにしなければならない。

イ　本項においては，この時期の発達の特徴を踏まえ，保育の「ねらい」及び「内容」について，心身の健康に関する領域「健康」，人との関わりに関する領域「人間関係」，身近な環境との関わりに関する領域「環境」，言葉の獲得に関する領域「言葉」及び感性と表現に関する領域「表現」としてまとめ，示している。

ウ　本項の各領域において示す保育の内容は，第1章の2に示された養護における「生命の保持」及び「情緒の安定」に関わる保育の内容と，一体となって展開されるものであることに留意が必要である。

(2) ねらい及び内容

ア　健康

健康な心と体を育て，自ら健康で安全な生活をつくり出す力を養う。

(ア) ねらい

① 明るく伸び伸びと行動し，充実感を味わう。

② 自分の体を十分に動かし，進んで運動しようとする。

③ 健康，安全な生活に必要な習慣や態度を身に付け，見通しをもって行動する。

(イ) 内容

① 保育士等や友達と触れ合い，安定感をもって行動する。

② いろいろな遊びの中で十分に体を動かす。

③ 進んで戸外で遊ぶ。

④ 様々な活動に親しみ，楽しんで取り組む。

⑤ 保育士等や友達と食べることを楽しみ，食べ物への興味や関心をもつ。

⑥ 健康な生活のリズムを身に付ける。

⑦ 身の回りを清潔にし，衣服の着脱，食事，排泄などの生活に必要な活動を自分でする。

⑧ 保育所における生活の仕方を知り，自分たちで生活の場を整えながら見通しをもって行動する。

⑨ 自分の健康に関心をもち，病気の予防などに必要な活動を進んで行う。

⑩ 危険な場所，危険な遊び方，災害時などの行動の仕方が分かり，安全に気を付けて行動する。

(ウ) 内容の取扱い

上記の取扱いに当たっては，次の事項に留意する必要がある。

① 心と体の健康は，相互に密接な関連があるものであることを踏まえ，子どもが保育士等や他の子どもとの温かい触れ合いの中で自己の存在感や充実感を味わうことなどを基盤として，しなやかな心と体の発達を促すこと。特に，十分に体を動かす気持ちよさを体験し，自ら体を動かそうとする意欲が育つようにすること。

② 様々な遊びの中で，子どもが興味や関心，能力に応じて全身を使って活動することにより，体を動かす楽しさを味わい，自分の体を大切にしようとする気持ちが育つようにすること。その際，多様な動きを経験する中で，体の動きを調整するようにすること。

③ 自然の中で伸び伸びと体を動かして遊ぶことにより，体の諸機能の発達が促されることに留意し，子どもの興味や関心が戸外にも向くようにすること。その際，子どもの動線に配慮した園庭や遊具の配置などを工夫すること。

④ 健康な心と体を育てるためには食育を通じた望ましい食習慣の形成が大切であることを踏まえ，子どもの食生活の実情に配慮し，和やかな雰囲気の中で保育士等や他の子どもと食べる喜びや楽しさを味わったり，様々な食べ物への興味や関心をもったりするなどし，食の大切さに気付き，進んで食べようとする気持ちが育つようにすること。

⑤ 基本的な生活習慣の形成に当たっては，家庭での生活経験に配慮し，子どもの自立心を育て，子どもが他の子どもと関わりながら主体的な活動を展開する中で，生活に必要な習慣を身に付け，次第に見通しをもって行動できるようにすること。

⑥ 安全に関する指導に当たっては，情緒の安定を図り，遊びを通して安全についての構えを身に付け，危険な場所や事物などが分かり，安全についての理解を深めるようにすること。また，交通安全の習慣を身に付けるようにするとともに，避難訓練などを通して，災害などの緊急時に適切な行動がとれるようにすること。

イ　人間関係

他の人々と親しみ，支え合って生活するために，自立心を育て，人と関わる力を養う。

(ア) ねらい

① 保育所の生活を楽しみ，自分の力で行動する

④ 絵本や紙芝居を楽しみ，簡単な言葉を繰り返したり，模倣をしたりして遊ぶ。

⑤ 保育士等とごっこ遊びをする中で，言葉のやり取りを楽しむ。

⑥ 保育士等を仲立ちとして，生活や遊びの中で友達との言葉のやり取りを楽しむ。

⑦ 保育士等や友達の言葉や話に興味や関心をもって，聞いたり，話したりする。

（ウ）内容の取扱い

上記の取扱いに当たっては，次の事項に留意する必要がある。

① 身近な人に親しみをもって接し，自分の感情などを伝え，それに相手が応答し，その言葉を聞くことを通して，次第に言葉が獲得されていくものであることを考慮して，楽しい雰囲気の中で保育士等との言葉のやり取りができるようにすること。

② 子どもが自分の思いを言葉で伝えるとともに，他の子どもの話などを聞くことを通して，次第に話を理解し，言葉による伝え合いができるようになるよう，気持ちや経験等の言語化を行うことを援助するなど，子ども同士の関わりの仲立ちを行うようにすること。

③ この時期は，片言から，二語文，ごっこ遊びでのやり取りができる程度へと，大きく言葉の習得が進む時期であることから，それぞれの子どもの発達の状況に応じて，遊びや関わりの工夫など，保育の内容を適切に展開することが必要であること。

オ 表現

感じたことや考えたことを自分なりに表現することを通して，豊かな感性や表現する力を養い，創造性を豊かにする。

（ア）ねらい

① 身体の諸感覚の経験を豊かにし，様々な感覚を味わう。

② 感じたことや考えたことなどを自分なりに表現しようとする。

③ 生活や遊びの様々な体験を通して，イメージや感性が豊かになる。

（イ）内容

① 水，砂，土，紙，粘土など様々な素材に触れて楽しむ。

② 音楽，リズムやそれに合わせた体の動きを楽しむ。

③ 生活の中で様々な音，形，色，手触り，動き，味，香りなどに気付いたり，感じたりして楽しむ。

④ 歌を歌ったり，簡単な手遊びや全身を使う遊びを楽しんだりする。

⑤ 保育士等からの話や，生活や遊びの中での出来事を通して，イメージを豊かにする。

⑥ 生活や遊びの中で，興味のあることや経験したことなどを自分なりに表現する。

（ウ）内容の取扱い

上記の取扱いに当たっては，次の事項に留意する必要がある。

① 子どもの表現は，遊びや生活の様々な場面で表出されているものであることから，それらを積極的に受け止め，様々な表現の仕方や感性を豊かにする経験となるようにすること。

② 子どもが試行錯誤しながら様々な表現を楽しむことや，自分の力でやり遂げる充実感などに気付くよう，温かく見守るとともに，適切に援助を行うようにすること。

③ 様々な感情の表現等を通じて，子どもが自分の感情や気持ちに気付くようになる時期であることに鑑み，受容的な関わりの中で自信をもって表現をすることや，諦めずに続けた後の達成感等を感じられるような経験が蓄積されるようにすること。

④ 身近な自然や身の回りの事物に関わる中で，発見や心が動く経験が得られるよう，諸感覚を働かせることを楽しむ遊びや素材を用意するなど保育の環境を整えること。

(3) 保育の実施に関わる配慮事項

ア 特に感染症にかかりやすい時期であるので，体の状態，機嫌，食欲などの日常の状態の観察を十分に行うとともに，適切な判断に基づく保健的な対応を心がけること。

イ 探索活動が十分できるように，事故防止に努めながら活動しやすい環境を整え，全身を使う遊びなど様々な遊びを取り入れること。

ウ 自我が形成され，子どもが自分の感情や気持ちに気付くようになる重要な時期であることに鑑み，情緒の安定を図りながら，子どもの自発的な活動を尊重するとともに促していくこと。

エ 担当の保育士が替わる場合には，子どものそれまでの経験や発達過程に留意し，職員間で協力して対応すること。

3 3歳以上児の保育に関するねらい及び内容

(1) 基本的事項

ア この時期においては，運動機能の発達により，基本的な動作が一通りできるようになるとともに，基

わりをもとうとする。

③ 保育所の生活の仕方に慣れ，きまりの大切さ
に気付く。

（イ）内容

① 保育士等や周囲の子ども等との安定した関係
の中で，共に過ごす心地よさを感じる。

② 保育士等の受容的・応答的な関わりの中で，
欲求を適切に満たし，安定感をもって過ごす。

③ 身の回りに様々な人がいることに気付き，
徐々に他の子どもと関わりをもって遊ぶ。

④ 保育士等の仲立ちにより，他の子どもとの関
わり方を少しずつ身につける。

⑤ 保育所の生活の仕方に慣れ，きまりがあるこ
とや，その大切さに気付く。

⑥ 生活や遊びの中で，年長児や保育士等の真似
をしたり，ごっこ遊びを楽しんだりする。

（ウ）内容の取扱い

上記の取扱いに当たっては，次の事項に留意す
る必要がある。

① 保育士等との信頼関係に支えられて生活を確
立するとともに，自分で何かをしようとする気
持ちが旺盛になる時期であることに鑑み，その
ような子どもの気持ちを尊重し，温かく見守る
とともに，愛情豊かに，応答的に関わり，適切
な援助を行うようにすること。

② 思い通りにいかない場合等の子どもの不安定
な感情の表出については，保育士等が受容的に
受け止めるとともに，そうした気持ちから立ち
直る経験や感情をコントロールすることへの気
付き等につなげていけるように援助すること。

③ この時期は自己と他者との違いの認識がまだ
十分ではないことから，子どもの自我の育ちを
見守るとともに，保育士等が仲立ちとなって，
自分の気持ちを相手に伝えることや相手の気持
ちに気付くことの大切さなど，友達の気持ちや
友達との関わり方を丁寧に伝えていくこと。

ウ 環境

周囲の様々な環境に好奇心や探究心をもって関わ
り，それらを生活に取り入れていこうとする力を養
う。

（ア）ねらい

① 身近な環境に親しみ，触れ合う中で，様々な
ものに興味や関心をもつ。

② 様々なものに関わる中で，発見を楽しんだ
り，考えたりしようとする。

③ 見る，聞く，触るなどの経験を通して，感覚
の働きを豊かにする。

（イ）内容

① 安全で活動しやすい環境での探索活動等を通
して，見る，聞く，触れる，嗅ぐ，味わうなど
の感覚の働きを豊かにする。

② 玩具，絵本，遊具などに興味をもち，それら
を使った遊びを楽しむ。

③ 身の回りの物に触れる中で，形，色，大き
さ，量などの物の性質や仕組みに気付く。

④ 自分の物と人の物の区別や，場所的感覚な
ど，環境を捉える感覚が育つ。

⑤ 身近な生き物に気付き，親しみをもつ。

⑥ 近隣の生活や季節の行事などに興味や関心を
もつ。

（ウ）内容の取扱い

上記の取扱いに当たっては，次の事項に留意す
る必要がある。

① 玩具などは，音質，形，色，大きさなど子ど
もの発達状態に応じて適切なものを選び，遊び
を通して感覚の発達が促されるように工夫する
こと。

② 身近な生き物との関わりについては，子ども
が命を感じ，生命の尊さに気付く経験へとつな
がるものであることから，そうした気付きを促
すような関わりとなるようにすること。

③ 地域の生活や季節の行事などに触れる際に
は，社会とのつながりや地域社会の文化への気
付きにつながるものとなることが望ましいこ
と。その際，保育所内外の行事や地域の人々と
の触れ合いなどを通して行うこと等も考慮する
こと。

エ 言葉

経験したことや考えたことなどを自分なりの言葉
で表現し，相手の話す言葉を聞こうとする意欲や態
度を育て，言葉に対する感覚や言葉で表現する力を
養う。

（ア）ねらい

① 言葉遊びや言葉で表現する楽しさを感じる。

② 人の言葉や話などを聞き，自分でも思ったこ
とを伝えようとする。

③ 絵本や物語等に親しむとともに，言葉のやり
取りを通じて身近な人と気持ちを通わせる。

（イ）内容

① 保育士等の応答的な関わりや話しかけによ
り，自ら言葉を使おうとする。

② 生活に必要な簡単な言葉に気付き，聞き分け
る。

③ 親しみをもって日常の挨拶に応じる。

ること。栄養士及び看護師等が配置されている場合は、その専門性を生かした対応を図ること。

エ　保護者との信頼関係を築きながら保育を進めるとともに、保護者からの相談に応じ、保護者への支援に努めていくこと。

オ　担当の保育士が替わる場合には、子どものそれまでの生育歴や発達過程に留意し、職員間で協力して対応すること。

2　1歳以上3歳未満児の保育に関わるねらい及び内容

（1）基本的事項

ア　この時期においては、歩き始めから、歩く、走る、跳ぶなどへと、基本的な運動機能が次第に発達し、排泄（せつ）の自立のための身体的機能も整うようになる。つまむ、めくるなどの指先の機能も発達し、食事、衣類の着脱なども、保育士等の援助の下で自分で行うようになる。発声も明瞭になり、語彙も増加し、自分の意思や欲求を言葉で表出できるようになる。このように自分でできることが増えてくる時期であることから、保育士等は、子どもの生活の安定を図りながら、自分でしようとする気持ちを尊重し、温かく見守るとともに、愛情豊かに、応答的に関わることが必要である。

イ　本項においては、この時期の発達の特徴を踏まえ、保育の「ねらい」及び「内容」について、心身の健康に関する領域「健康」、人との関わりに関する領域「人間関係」、身近な環境との関わりに関する領域「環境」、言葉の獲得に関する領域「言葉」及び感性と表現に関する領域「表現」としてまとめ、示している。

ウ　本項の各領域において示す保育の内容は、第1章の2に示された養護における「生命の保持」及び「情緒の安定」に関わる保育の内容と、一体となって展開されるものであることに留意が必要である。

（2）ねらい及び内容

ア　健康

健康な心と体を育て、自ら健康で安全な生活をつくり出す力を養う。

（ア）ねらい

①　明るく伸び伸びと生活し、自分から体を動かすことを楽しむ。

②　自分の体を十分に動かし、様々な動きをしようとする。

③　健康、安全な生活に必要な習慣に気付き、自分でしてみようとする気持ちが育つ。

（イ）内容

①　保育士等の愛情豊かな受容の下で、安定感をもって生活をする。

②　食事や午睡、遊びと休息など、保育所における生活のリズムが形成される。

③　走る、跳ぶ、登る、押す、引っ張るなど全身を使う遊びを楽しむ。

④　様々な食品や調理形態に慣れ、ゆったりとした雰囲気の中で食事や間食を楽しむ。

⑤　身の回りを清潔に保つ心地よさを感じ、その習慣が少しずつ身に付く。

⑥　保育士等の助けを借りながら、衣類の着脱を自分でしようとする。

⑦　便器での排泄（せつ）に慣れ、自分で排泄ができるようになる。

（ウ）内容の取扱い

上記の取扱いに当たっては、次の事項に留意する必要がある。

①　心と体の健康は、相互に密接な関連があるものであることを踏まえ、子どもの気持ちに配慮した温かい触れ合いの中で、心と体の発達を促すこと。特に、一人一人の発育に応じて、体を動かす機会を十分に確保し、自ら体を動かそうとする意欲が育つようにすること。

②　健康な心と体を育てるためには望ましい食習慣の形成が重要であることを踏まえ、ゆったりとした雰囲気の中で食べる喜びや楽しさを味わい、進んで食べようとする気持ちが育つようにすること。なお、食物アレルギーのある子どもへの対応については、嘱託医等の指示や協力の下に適切に対応すること。

③　排泄の習慣については、一人一人の排尿間隔等を踏まえ、おむつが汚れていないときに便器に座らせるなどにより、少しずつ慣れさせるようにすること。

④　食事、排泄、睡眠、衣類の着脱、身の回りを清潔にすることなど、生活に必要な基本的な習慣については、一人一人の状態に応じ、落ち着いた雰囲気の中で行うようにし、子どもが自分でしようとする気持ちを尊重すること。また、基本的な生活習慣の形成に当たっては、家庭での生活経験に配慮し、家庭との適切な連携の下で行うようにすること。

イ　人間関係

他の人々と親しみ、支え合って生活するために、自立心を育て、人と関わる力を養う。

（ア）ねらい

①　保育所での生活を楽しみ、身近な人と関わる心地よさを感じる。

②　周囲の子ども等への興味や関心が高まり、関

ようとする気持ちが育つようにすること。なお，食物アレルギーのある子どもへの対応については，嘱託医等の指示や協力の下に適切に対応すること。

イ　身近な人と気持ちが通じ合う

受容的・応答的な関わりの下で，何かを伝えようとする意欲や身近な大人との信頼関係を育て，人と関わる力の基盤を培う。

（ア）ねらい

①　安心できる関係の下で，身近な人と共に過ごす喜びを感じる。

②　体の動きや表情，発声等により，保育士等と気持ちを通わせようとする。

③　身近な人と親しみ，関わりを深め，愛情や信頼感が芽生える。

（イ）内容

①　子どもからの働きかけを踏まえた，応答的な触れ合いや言葉がけによって，欲求が満たされ，安定感をもって過ごす。

②　体の動きや表情，発声，喃語等を優しく受け止めてもらい，保育士等とのやり取りを楽しむ。

③　生活や遊びの中で，自分の身近な人の存在に気付き，親しみの気持ちを表す。

④　保育士等による語りかけや歌いかけ，発声や喃語等への応答を通じて，言葉の理解や発語の意欲が育つ。

⑤　温かく，受容的な関わりを通じて，自分を肯定する気持ちが芽生える。

（ウ）内容の取扱い

上記の取扱いに当たっては，次の事項に留意する必要がある。

①　保育士等との信頼関係に支えられて生活を確立していくことが人と関わる基盤となることを考慮して，子どもの多様な感情を受け止め，温かく受容的・応答的に関わり，一人一人に応じた適切な援助を行うようにすること。

②　身近な人に親しみをもって接し，自分の感情などを表し，それに相手が応答する言葉を聞くことを通して，次第に言葉が獲得されていくことを考慮して，楽しい雰囲気の中での保育士等との関わり合いを大切にし，ゆっくりと優しく話しかけるなど，積極的に言葉のやり取りを楽しむことができるようにすること。

ウ　身近なものと関わり感性が育つ

身近な環境に興味や好奇心をもって関わり，感じたことや考えたことを表現する力の基盤を培う。

（ア）ねらい

①　身の回りのものに親しみ，様々なものに興味や関心をもつ。

②　見る，触れる，探索するなど，身近な環境に自分から関わろうとする。

③　身体の諸感覚による認識が豊かになり，表情や手足，体の動き等で表現する。

（イ）内容

①　身近な生活用具，玩具や絵本などが用意された中で，身の回りのものに対する興味や好奇心をもつ。

②　生活や遊びの中で様々なものに触れ，音，形，色，手触りなどに気付き，感覚の働きを豊かにする。

③　保育士等と一緒に様々な色彩や形のものや絵本などを見る。

④　玩具や身の回りのものを，つまむ，つかむ，たたく，引っ張るなど，手や指を使って遊ぶ。

⑤　保育士等のあやし遊びに機嫌よく応じたり，歌やリズムに合わせて手足や体を動かして楽しんだりする。

（ウ）内容の取扱い

上記の取扱いに当たっては，次の事項に留意する必要がある。

①　玩具などは，音質，形，色，大きさなど子どもの発達状態に応じて適切なものを選び，その時々の子どもの興味や関心を踏まえるなど，遊びを通して感覚の発達が促されるものとなるように工夫すること。なお，安全な環境の下で，子どもが探索意欲を満たして自由に遊べるよう，身の回りのものについては，常に十分な点検を行うこと。

②　乳児期においては，表情，発声，体の動きなどで，感情を表現することが多いことから，これらの表現しようとする意欲を積極的に受け止めて，子どもが様々な活動を楽しむことを通して表現が豊かになるようにすること。

（3）保育の実施に関わる配慮事項

ア　乳児は疾病への抵抗力が弱く，心身の機能の未熟さに伴う疾病の発生が多いことから，一人一人の発育及び発達状態や健康状態についての適切な判断に基づく保健的な対応を行うこと。

イ　一人一人の子どもの生育歴の違いに留意しつつ，欲求を適切に満たし，特定の保育士が応答的に関わるように努めること。

ウ　乳児保育に関わる職員間の連携や嘱託医との連携を図り，第3章に示す事項を踏まえ，適切に対応す

る気持ちをもって関わるようになる。

ク 数量や図形，標識や文字などへの関心・感覚

遊びや生活の中で，数量や図形，標識や文字などに親しむ体験を重ねたり，標識や文字の役割に気付いたりし，自らの必要感に基づきこれらを活用し，興味や関心，感覚をもつようになる。

ケ 言葉による伝え合い

保育士等や友達と心を通わせる中で，絵本や物語などに親しみながら，豊かな言葉や表現を身に付け，経験したことや考えたことなどを言葉で伝えたり，相手の話を注意して聞いたりし，言葉による伝え合いを楽しむようになる。

コ 豊かな感性と表現

心を動かす出来事などに触れ感性を働かせる中で，様々な素材の特徴や表現の仕方などに気付き，感じたことや考えたことを自分で表現したり，友達同士で表現する過程を楽しんだりし，表現する喜びを味わい，意欲をもつようになる。

第2章　保育の内容

この章に示す「ねらい」は，第1章の1の（2）に示された保育の目標をより具体化したものであり，子どもが保育所において，安定した生活を送り，充実した活動ができるように，保育を通じて育みたい資質・能力を，子どもの生活する姿から捉えたものである。また，「内容」は，「ねらい」を達成するために，子どもの生活やその状況に応じて保育士等が適切に行う事項と，保育士等が援助して子どもが環境に関わって経験する事項を示したものである。

保育における「養護」とは，子どもの生命の保持及び情緒の安定を図るために保育士等が行う援助や関わりであり，「教育」とは，子どもが健やかに成長し，その活動がより豊かに展開されるための発達の援助である。本章では，保育士等が，「ねらい」及び「内容」を具体的に把握するため，主に教育に関わる側面からの視点を示しているが，実際の保育においては，養護と教育が一体となって展開されることに留意する必要がある。

1 乳児保育に関わるねらい及び内容

(1) 基本的事項

ア 乳児期の発達については，視覚，聴覚などの感覚や，座る，はう，歩くなどの運動機能が著しく発達し，特定の大人との応答的な関わりを通じて，情緒的な絆が形成されるといった特徴がある。これらの発達の特徴を踏まえて，乳児保育は，愛情豊かに，応答的に行われることが特に必要である。

イ 本項においては，この時期の発達の特徴を踏まえ，乳児保育の「ねらい」及び「内容」について

は，身体的発達に関する視点「健やかに伸び伸びと育つ」，社会的発達に関する視点「身近な人と気持ちが通じ合う」及び精神的発達に関する視点「身近なものと関わり感性が育つ」としてまとめ，示している。

ウ 本項の各視点において示す保育の内容は，第1章の2に示された養護における「生命の保持」及び「情緒の安定」に関わる保育の内容と，一体となって展開されるものであることに留意が必要である。

(2) ねらい及び内容

ア 健やかに伸び伸びと育つ

健康な心と体を育て，自ら健康で安全な生活をつくり出す力の基盤を培う。

(ア) ねらい

① 身体感覚が育ち，快適な環境に心地よさを感じる。

② 伸び伸びと体を動かし，はう，歩くなどの運動をしようとする。

③ 食事，睡眠等の生活のリズムの感覚が芽生える。

(イ) 内容

① 保育士等の愛情豊かな受容の下で，生理的・心理的欲求を満たし，心地よく生活をする。

② 一人一人の発育に応じて，はう，立つ，歩くなど，十分に体を動かす。

③ 個人差に応じて授乳を行い，離乳を進めていく中で，様々な食品に少しずつ慣れ，食べることを楽しむ。

④ 一人一人の生活のリズムに応じて，安全な環境の下で十分に午睡をする。

⑤ おむつ交換や衣服の着脱などを通じて，清潔になることの心地よさを感じる。

(ウ) 内容の取扱い

上記の取扱いに当たっては，次の事項に留意する必要がある。

① 心と体の健康は，相互に密接な関連があるものであることを踏まえ，温かい触れ合いの中で，心と体の発達を促すこと。特に，寝返り，お座り，はいはい，つかまり立ち，伝い歩きなど，発育に応じて，遊びの中で体を動かす機会を十分に確保し，自ら体を動かそうとする意欲が育つようにすること。

② 健康な心と体を育てるためには望ましい食習慣の形成が重要であることを踏まえ，離乳食が完了期へと徐々に移行する中で，様々な食品に慣れるようにするとともに，和やかな雰囲気の中で食べる喜びや楽しさを味わい，進んで食べ

40

（ア）保育所は，保育の質の向上を図るため，保育の計画の展開や保育士等の自己評価を踏まえ，当該保育所の保育の内容等について，自ら評価を行い，その結果を公表するよう努めなければならない。

（イ）保育所が自己評価を行うに当たっては，地域の実情や保育所の実態に即して，適切に評価の観点や項目等を設定し，全職員による共通理解をもって取り組むよう留意すること。

（ウ）設備運営基準第36条の趣旨を踏まえ，保育の内容等の評価に関し，保護者及び地域住民等の意見を聴くことが望ましいこと。

(5) 評価を踏まえた計画の改善

ア 保育所は，評価の結果を踏まえ，当該保育所の保育の内容等の改善を図ること。

イ 保育の計画に基づく保育，保育の内容の評価及びこれに基づく改善という一連の取組により，保育の質の向上が図られるよう，全職員が共通理解をもって取り組むことに留意すること。

4 幼児教育を行う施設として共有すべき事項

(1) 育みたい資質・能力

ア 保育所においては，生涯にわたる生きる力の基礎を培うため，1の (2) に示す保育の目標を踏まえ，次に掲げる資質・能力を一体的に育むよう努めるものとする。

（ア）豊かな体験を通じて，感じたり，気付いたり，分かったり，できるようになったりする「知識及び技能の基礎」

（イ）気付いたことや，できるようになったことなどを使い，考えたり，試したり，工夫したり，表現したりする「思考力，判断力，表現力等の基礎」

（ウ）心情，意欲，態度が育つ中で，よりよい生活を営もうとする「学びに向かう力，人間性等」

イ アに示す資質・能力は，第2章に示すねらい及び内容に基づく保育活動全体によって育むものである。

(2) 幼児期の終わりまでに育ってほしい姿

次に示す「幼児期の終わりまでに育ってほしい姿」は，第2章に示すねらい及び内容に基づく保育活動全体を通して資質・能力が育まれている子どもの小学校就学時の具体的な姿であり，保育士等が指導を行う際に考慮するものである。

ア 健康な心と体

保育所の生活の中で，充実感をもって自分のやりたいことに向かって心と体を十分に働かせ，見通しをもって行動し，自ら健康で安全な生活をつくり出すようになる。

イ 自立心

身近な環境に主体的に関わり様々な活動を楽しむ中で，しなければならないことを自覚し，自分の力で行うために考えたり，工夫したりしながら，諦めずにやり遂げることで達成感を味わい，自信をもって行動するようになる。

ウ 協同性

友達と関わる中で，互いの思いや考えなどを共有し，共通の目的の実現に向けて，考えたり，工夫したり，協力したりし，充実感をもってやり遂げるようになる。

エ 道徳性・規範意識の芽生え

友達と様々な体験を重ねる中で，してよいことや悪いことが分かり，自分の行動を振り返ったり，友達の気持ちに共感したりし，相手の立場に立って行動するようになる。また，きまりを守る必要性が分かり，自分の気持ちを調整し，友達と折り合いを付けながら，きまりをつくったり，守ったりするようになる。

オ 社会生活との関わり

家族を大切にしようとする気持ちをもつとともに，地域の身近な人と触れ合う中で，人との様々な関わり方に気付き，相手の気持ちを考えて関わり，自分が役に立つ喜びを感じ，地域に親しみをもつようになる。また，保育所内外の様々な環境に関わる中で，遊びや生活に必要な情報を取り入れ，情報に基づき判断したり，情報を伝え合ったり，活用したりするなど，情報を役立てながら活動するようになるとともに，公共の施設を大切に利用するなどして，社会とのつながりなどを意識するようになる。

カ 思考力の芽生え

身近な事象に積極的に関わる中で，物の性質や仕組みなどを感じ取ったり，気付いたりし，考えたり，予想したり，工夫したりするなど，多様な関わりを楽しむようになる。また，友達の様々な考えに触れる中で，自分と異なる考えがあることに気付き，自ら判断したり，考え直したりするなど，新しい考えを生み出す喜びを味わいながら，自分の考えをよりよいものにするようになる。

キ 自然との関わり・生命尊重

自然に触れて感動する体験を通して，自然の変化などを感じ取り，好奇心や探究心をもって考え言葉などで表現しながら，身近な事象への関心が高まるとともに，自然への愛情や畏敬の念をもつようになる。また，身近な動植物に心を動かされる中で，生命の不思議さや尊さに気付き，身近な動植物への接し方を考え，命あるものとしていたわり，大切にす

ア　保育所は，1の（2）に示した保育の目標を達成
するために，各保育所の保育の方針や目標に基づ
き，子どもの発達過程を踏まえて，保育の内容が組
織的・計画的に構成され，保育所の生活の全体を通
して，総合的に展開されるよう，全体的な計画を作
成しなければならない。

イ　全体的な計画は，子どもや家庭の状況，地域の実
態，保育時間などを考慮し，子どもの育ちに関する
長期的見通しをもって適切に作成されなければなら
ない。

ウ　全体的な計画は，保育所保育の全体像を包括的に
示すものとし，これに基づく指導計画，保健計画，
食育計画等を通じて，各保育所が創意工夫して保育
できるよう，作成されなければならない。

（2）指導計画の作成

ア　保育所は，全体的な計画に基づき，具体的な保育
が適切に展開されるよう，子どもの生活や発達を見
通した長期的な指導計画と，それに関連しながら，
より具体的な子どもの日々の生活に即した短期的な
指導計画を作成しなければならない。

イ　指導計画の作成に当たっては，第2章及びその他
の関連する章に示された事項のほか，子ども一人一
人の発達過程や状況を十分に踏まえるとともに，次
の事項に留意しなければならない。

（ア）3歳未満児については，一人一人の子どもの
生育歴，心身の発達，活動の実態等に即して，
個別的な計画を作成すること。

（イ）3歳以上児については，個の成長と，子ども
相互の関係や協同的な活動が促されるよう配慮
すること。

（ウ）異年齢で構成される組やグループでの保育に
おいては，一人一人の子どもの生活や経験，発
達過程などを把握し，適切な援助や環境構成が
できるよう配慮すること。

ウ　指導計画においては，保育所の生活における子ど
もの発達過程を見通し，生活の連続性，季節の変化
などを考慮し，子どもの実態に即した具体的なねら
い及び内容を設定すること。また，具体的なねらい
が達成されるよう，子どもの生活する姿や発想を大
切にして適切な環境を構成し，子どもが主体的に活
動できるようにすること。

エ　一日の生活のリズムや在園時間が異なる子どもが
共に過ごすことを踏まえ，活動と休息，緊張感と解
放感等の調和を図るよう配慮すること。

オ　午睡は生活のリズムを構成する重要な要素であ
り，安心して眠ることのできる安全な睡眠環境を確
保するとともに，在園時間が異なることや，睡眠時

間は子どもの発達の状況や個人によって差があるこ
とから，一律とならないよう配慮すること。

カ　長時間にわたる保育については，子どもの発達過
程，生活のリズム及び心身の状態に十分配慮して，
保育の内容や方法，職員の協力体制，家庭との連携
などを指導計画に位置付けること。

キ　障害のある子どもの保育については，一人一人の
子どもの発達過程や障害の状態を把握し，適切な環
境の下で，障害のある子どもが他の子どもとの生活
を通して共に成長できるよう，指導計画の中に位置
付けること。また，子どもの状況に応じた保育を実
施する観点から，家庭や関係機関と連携した支援の
ための計画を個別に作成するなど適切な対応を図る
こと。

（3）指導計画の展開

指導計画に基づく保育の実施に当たっては，次の事
項に留意しなければならない。

ア　施設長，保育士など，全職員による適切な役割分
担と協力体制を整えること。

イ　子どもが行う具体的な活動は，生活の中で様々に
変化することに留意して，子どもが望ましい方向に
向かって自ら活動を展開できるよう必要な援助を行
うこと。

ウ　子どもの主体的な活動を促すためには，保育士等
が多様な関わりをもつことが重要であることを踏ま
え，子どもの情緒の安定や発達に必要な豊かな体験
が得られるよう援助すること。

エ　保育士等は，子どもの実態や子どもを取り巻く状
況の変化などに即して保育の過程を記録するととも
に，これらを踏まえ，指導計画に基づく保育の内容
の見直しを行い，改善を図ること。

（4）保育内容等の評価

ア　保育士等の自己評価

（ア）保育士等は，保育の計画や保育の記録を通し
て，自らの保育実践を振り返り，自己評価する
ことを通して，その専門性の向上や保育実践の
改善に努めなければならない。

（イ）保育士等による自己評価に当たっては，子ど
もの活動内容やその結果だけでなく，子どもの
心の育ちや意欲，取り組む過程などにも十分配
慮するよう留意すること。

（ウ）保育士等は，自己評価における自らの保育実
践の振り返りや職員相互の話し合い等を通じて，
専門性の向上及び保育の質の向上のための課題
を明確にするとともに，保育所全体の保育の内
容に関する認識を深めること。

イ　保育所の自己評価

境，施設や遊具などの物的環境，更には自然や社会の事象などがある。保育所は，こうした人，物，場などの環境が相互に関連し合い，子どもの生活が豊かなものとなるよう，次の事項に留意しつつ，計画的に環境を構成し，工夫して保育しなければならない。

ア 子ども自らが環境に関わり，自発的に活動し，様々な経験を積んでいくことができるよう配慮すること。

イ 子どもの活動が豊かに展開されるよう，保育所の設備や環境を整え，保育所の保健的環境や安全の確保などに努めること。

ウ 保育室は，温かな親しみとくつろぎの場となるとともに，生き生きと活動できる場となるように配慮すること。

エ 子どもが人と関わる力を育てていくため，子ども自らが周囲の子どもや大人と関わっていくことができる環境を整えること。

(5) 保育所の社会的責任

ア 保育所は，子どもの人権に十分配慮するとともに，子ども一人一人の人格を尊重して保育を行わなければならない。

イ 保育所は，地域社会との交流や連携を図り，保護者や地域社会に，当該保育所が行う保育の内容を適切に説明するよう努めなければならない。

ウ 保育所は，入所する子ども等の個人情報を適切に取り扱うとともに，保護者の苦情などに対し，その解決を図るよう努めなければならない。

2 養護に関する基本的事項

(1) 養護の理念

保育における養護とは，子どもの生命の保持及び情緒の安定を図るために保育士等が行う援助や関わりであり，保育所における保育は，養護及び教育を一体的に行うことをその特性とするものである。保育所における保育全体を通じて，養護に関するねらい及び内容を踏まえた保育が展開されなければならない。

(2) 養護に関わるねらい及び内容

ア 生命の保持

(ア) ねらい

① 一人一人の子どもが，快適に生活できるようにする。

② 一人一人の子どもが，健康で安全に過ごせるようにする。

③ 一人一人の子どもの生理的欲求が，十分に満たされるようにする。

④ 一人一人の子どもの健康増進が，積極的に図られるようにする。

(イ) 内容

① 一人一人の子どもの平常の健康状態や発育及び発達状態を的確に把握し，異常を感じる場合は，速やかに適切に対応する。

② 家庭との連携を密にし，嘱託医等との連携を図りながら，子どもの疾病や事故防止に関する認識を深め，保健的で安全な保育環境の維持及び向上に努める。

③ 清潔で安全な環境を整え，適切な援助や応答的な関わりを通して子どもの生理的欲求を満たしていく。また，家庭と協力しながら，子どもの発達過程等に応じた適切な生活のリズムがつくられていくようにする。

④ 子どもの発達過程等に応じて，適度な運動と休息を取ることができるようにする。また，食事，排泄，衣類の着脱，身の回りを清潔にすることなどについて，子どもが意欲的に生活できるよう適切に援助する。

イ 情緒の安定

(ア) ねらい

① 一人一人の子どもが，安定感をもって過ごせるようにする。

② 一人一人の子どもが，自分の気持ちを安心して表すことができるようにする。

③ 一人一人の子どもが，周囲から主体として受け止められ，主体として育ち，自分を肯定する気持ちが育まれていくようにする。

④ 一人一人の子どもがくつろいで共に過ごし，心身の疲れが癒されるようにする。

(イ) 内容

① 一人一人の子どもの置かれている状態や発達過程などを的確に把握し，子どもの欲求を適切に満たしながら，応答的な触れ合いや言葉がけを行う。

② 一人一人の子どもの気持ちを受容し，共感しながら，子どもとの継続的な信頼関係を築いていく。

③ 保育士等との信頼関係を基盤に，一人一人の子どもが主体的に活動し，自発性や探索意欲などを高めるとともに，自分への自信をもつことができるよう成長の過程を見守り，適切に働きかける。

④ 一人一人の子どもの生活のリズム，発達過程，保育時間などに応じて，活動内容のバランスや調和を図りながら，適切な食事や休息が取れるようにする。

3 保育の計画及び評価

(1) 全体的な計画の作成

資料　保育所保育指針

（平成 29 年 3 月 31 日厚生労働省告示第 117 号）
（平成 30 年 4 月 1 日から施行）

第 1 章　総則

　この指針は，児童福祉施設の設備及び運営に関する基準（昭和 23 年厚生省令第 63 号。以下「設備運営基準」という。）第 35 条の規定に基づき，保育所における保育の内容に関する事項及びこれに関連する運営に関する事項を定めるものである。各保育所は，この指針において規定される保育の内容に係る基本原則に関する事項等を踏まえ，各保育所の実情に応じて創意工夫を図り，保育所の機能及び質の向上に努めなければならない。

1　保育所保育に関する基本原則
　(1)　保育所の役割
　　ア　保育所は，児童福祉法（昭和 22 年法律第 164 号）第 39 条の規定に基づき，保育を必要とする子どもの保育を行い，その健全な心身の発達を図ることを目的とする児童福祉施設であり，入所する子どもの最善の利益を考慮し，その福祉を積極的に増進することに最もふさわしい生活の場でなければならない。
　　イ　保育所は，その目的を達成するために，保育に関する専門性を有する職員が，家庭との緊密な連携の下に，子どもの状況や発達過程を踏まえ，保育所における環境を通して，養護及び教育を一体的に行うことを特性としている。
　　ウ　保育所は，入所する子どもを保育するとともに，家庭や地域の様々な社会資源との連携を図りながら，入所する子どもの保護者に対する支援及び地域の子育て家庭に対する支援等を行う役割を担うものである。
　　エ　保育所における保育士は，児童福祉法第 18 条の 4 の規定を踏まえ，保育所の役割及び機能が適切に発揮されるように，倫理観に裏付けられた専門的知識，技術及び判断をもって，子どもを保育するとともに，子どもの保護者に対する保育に関する指導を行うものであり，その職責を遂行するための専門性の向上に絶えず努めなければならない。
　(2)　保育の目標
　　ア　保育所は，子どもが生涯にわたる人間形成にとって極めて重要な時期に，その生活時間の大半を過ごす場である。このため，保育所の保育は，子どもが現在を最も良く生き，望ましい未来をつくり出す力の基礎を培うために，次の目標を目指して行わなければならない。

　　　(ア)　十分に養護の行き届いた環境の下に，くつろいだ雰囲気の中で子どもの様々な欲求を満たし，生命の保持及び情緒の安定を図ること。
　　　(イ)　健康，安全など生活に必要な基本的な習慣や態度を養い，心身の健康の基礎を培うこと。
　　　(ウ)　人との関わりの中で，人に対する愛情と信頼感，そして人権を大切にする心を育てるとともに，自主，自立及び協調の態度を養い，道徳性の芽生えを培うこと。
　　　(エ)　生命，自然及び社会の事象についての興味や関心を育て，それらに対する豊かな心情や思考力の芽生えを培うこと。
　　　(オ)　生活の中で，言葉への興味や関心を育て，話したり，聞いたり，相手の話を理解しようとするなど，言葉の豊かさを養うこと。
　　　(カ)　様々な体験を通して，豊かな感性や表現力を育み，創造性の芽生えを培うこと。
　　イ　保育所は，入所する子どもの保護者に対し，その意向を受け止め，子どもと保護者の安定した関係に配慮し，保育所の特性や保育士等の専門性を生かして，その援助に当たらなければならない。
　(3)　保育の方法
　　　保育の目標を達成するために，保育士等は，次の事項に留意して保育しなければならない。
　　ア　一人一人の子どもの状況や家庭及び地域社会での生活の実態を把握するとともに，子どもが安心感と信頼感をもって活動できるよう，子どもの主体としての思いや願いを受け止めること。
　　イ　子どもの生活のリズムを大切にし，健康，安全で情緒の安定した生活ができる環境や，自己を十分に発揮できる環境を整えること。
　　ウ　子どもの発達について理解し，一人一人の発達過程に応じて保育すること。その際，子どもの個人差に十分配慮すること。
　　エ　子ども相互の関係づくりや互いに尊重する心を大切にし，集団における活動を効果あるものにするよう援助すること。
　　オ　子どもが自発的・意欲的に関われるような環境を構成し，子どもの主体的な活動や子ども相互の関わりを大切にすること。特に，乳幼児期にふさわしい体験が得られるように，生活や遊びを通して総合的に保育すること。
　　カ　一人一人の保護者の状況やその意向を理解，受容し，それぞれの親子関係や家庭生活等に配慮しながら，様々な機会をとらえ，適切に援助すること。
　(4)　保育の環境
　　　保育の環境には，保育士等や子どもなどの人的環

様々に表現することなどを通して養われるようにすること。その際，風の音や雨の音，身近にある草や花の形や色など自然の中にある音，形，色などに気付くようにすること。

(2) 幼児の自己表現は素朴な形で行われることが多いので，教師はそのような表現を受容し，幼児自身の表現しようとする意欲を受け止めて，幼児が生活の中で幼児らしい様々な表現を楽しむことができるようにすること。

(3) 生活経験や発達に応じ，自ら様々な表現を楽しみ，表現する意欲を十分に発揮させることができるように，遊具や用具などを整えたり，様々な素材や表現の仕方に親しんだり，他の幼児の表現に触れられるよう配慮したりし，表現する過程を大切にして自己表現を楽しめるように工夫すること。

第3章　教育課程に係る教育時間の終了後等に行う教育活動などの留意事項

1　地域の実態や保護者の要請により，教育課程に係る教育時間の終了後等に希望する者を対象に行う教育活動については，幼児の心身の負担に配慮するものとする。また，次の点にも留意するものとする。

(1) 教育課程に基づく活動を考慮し，幼児期にふさわしい無理のないものとなるようにすること。その際，教育課程に基づく活動を担当する教師と緊密な連携を図るようにすること。

(2) 家庭や地域での幼児の生活も考慮し，教育課程に係る教育時間の終了後等に行う教育活動の計画を作成するようにすること。その際，地域の人々と連携するなど，地域の様々な資源を活用しつつ，多様な体験ができるようにすること。

(3) 家庭との緊密な連携を図るようにすること。その際，情報交換の機会を設けたりするなど，保護者が，幼稚園と共に幼児を育てるという意識が高まるようにすること。

(4) 地域の実態や保護者の事情とともに幼児の生活のリズムを踏まえつつ，例えば実施日数や時間などについて，弾力的な運用に配慮すること。

(5) 適切な責任体制と指導体制を整備した上で行うようにすること。

2　幼稚園の運営に当たっては，子育ての支援のために保護者や地域の人々に機能や施設を開放して，園内体制の整備や関係機関との連携及び協力に配慮しつつ，幼児期の教育に関する相談に応じたり，情報を提供したり，幼児と保護者との登園を受け入れたり，保護者同士の交流の機会を提供したりするなど，幼稚園と家庭が一体となって幼児と関わる取組を進め，地域における幼児期の教育のセンターとしての役割を果たすよう努めるものとする。その際，心理や保健の専門家，地域の子育て経験者等と連携・協働しながら取り組むよう配慮するものとする。

意識や国際理解の意識の芽生えなどが養われるように
すること。
(5) 数量や文字などに関しては，日常生活の中で幼児自
身の必要感に基づく体験を大切にし，数量や文字など
に関する興味や関心，感覚が養われるようにするこ
と。

言葉
〔経験したことや考えたことなどを自分なりの言葉で表現
し，相手の話す言葉を聞こうとする意欲や態度を育て，言
葉に対する感覚や言葉で表現する力を養う。〕
1　ねらい
(1) 自分の気持ちを言葉で表現する楽しさを味わう。
(2) 人の言葉や話などをよく聞き，自分の経験したこと
や考えたことを話し，伝え合う喜びを味わう。
(3) 日常生活に必要な言葉が分かるようになるととも
に，絵本や物語などに親しみ，言葉に対する感覚を豊
かにし，先生や友達と心を通わせる。
2　内容
(1) 先生や友達の言葉や話に興味や関心をもち，親しみ
をもって聞いたり，話したりする。
(2) したり，見たり，聞いたり，感じたり，考えたりな
どしたことを自分なりに言葉で表現する。
(3) したいこと，してほしいことを言葉で表現したり，
分からないことを尋ねたりする。
(4) 人の話を注意して聞き，相手に分かるように話す。
(5) 生活の中で必要な言葉が分かり，使う。
(6) 親しみをもって日常の挨拶をする。
(7) 生活の中で言葉の楽しさや美しさに気付く。
(8) いろいろな体験を通じてイメージや言葉を豊かにす
る。
(9) 絵本や物語などに親しみ，興味をもって聞き，想像
をする楽しさを味わう。
(10) 日常生活の中で，文字などで伝える楽しさを味わ
う。
3　内容の取扱い
上記の取扱いに当たっては，次の事項に留意する必要が
ある。
(1) 言葉は，身近な人に親しみをもって接し，自分の感
情や意志などを伝え，それに相手が応答し，その言葉
を聞くことを通して次第に獲得されていくものである
ことを考慮して，幼児が教師や他の幼児と関わること
により心を動かされるような体験をし，言葉を交わす
喜びを味わえるようにすること。
(2) 幼児が自分の思いを言葉で伝えるとともに，教師や
他の幼児などの話を興味をもって注意して聞くことを
通して次第に話を理解するようになっていき，言葉に

よる伝え合いができるようにすること。
(3) 絵本や物語などで，その内容と自分の経験とを結び
付けたり，想像を巡らせたりするなど，楽しみを十分
に味わうことによって，次第に豊かなイメージをも
ち，言葉に対する感覚が養われるようにすること。
(4) 幼児が生活の中で，言葉の響きやリズム，新しい言
葉や表現などに触れ，これらを使う楽しさを味わえる
ようにすること。その際，絵本や物語に親しんだり，
言葉遊びなどをしたりすることを通して，言葉が豊か
になるようにすること。
(5) 幼児が日常生活の中で，文字などを使いながら思っ
たことや考えたことを伝える喜びや楽しさを味わい，
文字に対する興味や関心をもつようにすること。

表現
〔感じたことや考えたことを自分なりに表現することを通
して，豊かな感性や表現する力を養い，創造性を豊かにす
る。〕
1　ねらい
(1) いろいろなものの美しさなどに対する豊かな感性を
もつ。
(2) 感じたことや考えたことを自分なりに表現して楽し
む。
(3) 生活の中でイメージを豊かにし，様々な表現を楽し
む。
2　内容
(1) 生活の中で様々な音，形，色，手触り，動きなどに
気付いたり，感じたりするなどして楽しむ。
(2) 生活の中で美しいものや心を動かす出来事に触れ，
イメージを豊かにする。
(3) 様々な出来事の中で，感動したことを伝え合う楽し
さを味わう。
(4) 感じたこと，考えたことなどを音や動きなどで表現
したり，自由にかいたり，つくったりなどする。
(5) いろいろな素材に親しみ，工夫して遊ぶ。
(6) 音楽に親しみ，歌を歌ったり，簡単なリズム楽器を
使ったりなどする楽しさを味わう。
(7) かいたり，つくったりすることを楽しみ，遊びに
使ったり，飾ったりなどする。
(8) 自分のイメージを動きや言葉などで表現したり，演
じて遊んだりするなどの楽しさを味わう。
3　内容の取扱い
上記の取扱いに当たっては，次の事項に留意する必要が
ある。
(1) 豊かな感性は，身近な環境と十分に関わる中で美し
いもの，優れたもの，心を動かす出来事などに出会
い，そこから得た感動を他の幼児や教師と共有し，

動を見守りながら適切な援助を行うようにすること。
(2) 一人一人を生かした集団を形成しながら人と関わる
力を育てていくようにすること。その際，集団の生活
の中で，幼児が自己を発揮し，教師や他の幼児に認め
られる体験をし，自分のよさや特徴に気付き，自信を
もって行動できるようにすること。
(3) 幼児が互いに関わりを深め，協同して遊ぶようにな
るため，自ら行動する力を育てるようにするととも
に，他の幼児と試行錯誤しながら活動を展開する楽し
さや共通の目的が実現する喜びを味わうことができる
ようにすること。
(4) 道徳性の芽生えを培うに当たっては，基本的な生活
習慣の形成を図るとともに，幼児が他の幼児との関わ
りの中で他人の存在に気付き，相手を尊重する気持ち
をもって行動できるようにし，また，自然や身近な動
植物に親しむことなどを通して豊かな心情が育つよう
にすること。特に，人に対する信頼感や思いやりの気
持ちは，葛藤やつまずきをも体験し，それらを乗り越
えることにより次第に芽生えてくることに配慮するこ
と。
(5) 集団の生活を通して，幼児が人との関わりを深め，
規範意識の芽生えが培われることを考慮し，幼児が教
師との信頼関係に支えられて自己を発揮する中で，互
いに思いを主張し，折り合いを付ける体験をし，きま
りの必要性などに気付き，自分の気持ちを調整する力
が育つようにすること。
(6) 高齢者をはじめ地域の人々などの自分の生活に関係
の深いいろいろな人と触れ合い，自分の感情や意志を
表現しながら共に楽しみ，共感し合う体験を通して，
これらの人々などに親しみをもち，人と関わることの
楽しさや人の役に立つ喜びを味わうことができるよう
にすること。また，生活を通して親や祖父母などの家
族の愛情に気付き，家族を大切にしようとする気持ち
が育つようにすること。

環境
〔周囲の様々な環境に好奇心や探究心をもって関わり，そ
れらを生活に取り入れていこうとする力を養う。〕
1　ねらい
(1) 身近な環境に親しみ，自然と触れ合う中で様々な事
象に興味や関心をもつ。
(2) 身近な環境に自分から関わり，発見を楽しんだり，
考えたりし，それを生活に取り入れようとする。
(3) 身近な事象を見たり，考えたり，扱ったりする中
で，物の性質や数量，文字などに対する感覚を豊かに
する。
2　内容

(1) 自然に触れて生活し，その大きさ，美しさ，不思議
さなどに気付く。
(2) 生活の中で，様々な物に触れ，その性質や仕組みに
興味や関心をもつ。
(3) 季節により自然や人間の生活に変化のあることに気
付く。
(4) 自然などの身近な事象に関心をもち，取り入れて遊
ぶ。
(5) 身近な動植物に親しみをもって接し，生命の尊さに
気付き，いたわったり，大切にしたりする。
(6) 日常生活の中で，我が国や地域社会における様々な
文化や伝統に親しむ。
(7) 身近な物を大切にする。
(8) 身近な物や遊具に興味をもって関わり，自分なりに
比べたり，関連付けたりしながら考えたり，試したり
して工夫して遊ぶ。
(9) 日常生活の中で数量や図形などに関心をもつ。
(10) 日常生活の中で簡単な標識や文字などに関心をも
つ。
(11) 生活に関係の深い情報や施設などに興味や関心を
もつ。
(12) 幼稚園内外の行事において国旗に親しむ。
3　内容の取扱い
上記の取扱いに当たっては，次の事項に留意する必要が
ある。
(1) 幼児が，遊びの中で周囲の環境と関わり，次第に周
囲の世界に好奇心を抱き，その意味や操作の仕方に関
心をもち，物事の法則性に気付き，自分なりに考える
ことができるようになる過程を大切にすること。ま
た，他の幼児の考えなどに触れて新しい考えを生み出
す喜びや楽しさを味わい，自分の考えをよりよいもの
にしようとする気持ちが育つようにすること。
(2) 幼児期において自然のもつ意味は大きく，自然の大
きさ，美しさ，不思議さなどに直接触れる体験を通し
て，幼児の心が安らぎ，豊かな感情，好奇心，思考
力，表現力の基礎が培われることを踏まえ，幼児が自
然との関わりを深めることができるよう工夫するこ
と。
(3) 身近な事象や動植物に対する感動を伝え合い，共感
し合うことなどを通して自分から関わろうとする意欲
を育てるとともに，様々な関わり方を通してそれらに
対する親しみや畏敬の念，生命を大切にする気持ち，
公共心，探究心などが養われるようにすること。
(4) 文化や伝統に親しむ際には，正月や節句など我が国
の伝統的な行事，国歌，唱歌，わらべうたや我が国の
伝統的な遊びに親しんだり，異なる文化に触れる活動
に親しんだりすることを通じて，社会とのつながりの

(3) 進んで戸外で遊ぶ。

(4) 様々な活動に親しみ，楽しんで取り組む。

(5) 先生や友達と食べることを楽しみ，食べ物への興味や関心をもつ。

(6) 健康な生活のリズムを身に付ける。

(7) 身の回りを清潔にし，衣服の着脱，食事，排泄などの生活に必要な活動を自分でする。

(8) 幼稚園における生活の仕方を知り，自分たちで生活の場を整えながら見通しをもって行動する。

(9) 自分の健康に関心をもち，病気の予防などに必要な活動を進んで行う。

(10) 危険な場所，危険な遊び方，災害時などの行動の仕方が分かり，安全に気を付けて行動する。

3　内容の取扱い

上記の取扱いに当たっては，次の事項に留意する必要がある。

(1) 心と体の健康は，相互に密接な関連があるものであることを踏まえ，幼児が教師や他の幼児との温かい触れ合いの中で自己の存在感や充実感を味わうことなどを基盤として，しなやかな心と体の発達を促すこと。特に，十分に体を動かす気持ちよさを体験し，自ら体を動かそうとする意欲が育つようにすること。

(2) 様々な遊びの中で，幼児が興味や関心，能力に応じて全身を使って活動することにより，体を動かす楽しさを味わい，自分の体を大切にしようとする気持ちが育つようにすること。その際，多様な動きを経験する中で，体の動きを調整するようにすること。

(3) 自然の中で伸び伸びと体を動かして遊ぶことにより，体の諸機能の発達が促されることに留意し，幼児の興味や関心が戸外にも向くようにすること。その際，幼児の動線に配慮した園庭や遊具の配置などを工夫すること。

(4) 健康な心と体を育てるためには食育を通じた望ましい食習慣の形成が大切であることを踏まえ，幼児の食生活の実情に配慮し，和やかな雰囲気の中で教師や他の幼児と食べる喜びや楽しさを味わったり，様々な食べ物への興味や関心をもったりするなどし，食の大切さに気付き，進んで食べようとする気持ちが育つようにすること。

(5) 基本的な生活習慣の形成に当たっては，家庭での生活経験に配慮し，幼児の自立心を育て，幼児が他の幼児と関わりながら主体的な活動を展開する中で，生活に必要な習慣を身に付け，次第に見通しをもって行動できるようにすること。

(6) 安全に関する指導に当たっては，情緒の安定を図り，遊びを通して安全についての構えを身に付け，危険な場所や事物などが分かり，安全についての理解を深めるようにすること。また，交通安全の習慣を身に付けるようにするとともに，避難訓練などを通して，災害などの緊急時に適切な行動がとれるようにすること。

人間関係

〔他の人々と親しみ，支え合って生活するために，自立心を育て，人と関わる力を養う。〕

1　ねらい

(1) 幼稚園生活を楽しみ，自分の力で行動することの充実感を味わう。

(2) 身近な人と親しみ，関わりを深め，工夫したり，協力したりして一緒に活動する楽しさを味わい，愛情や信頼感をもつ。

(3) 社会生活における望ましい習慣や態度を身に付ける。

2　内容

(1) 先生や友達と共に過ごすことの喜びを味わう。

(2) 自分で考え，自分で行動する。

(3) 自分でできることは自分でする。

(4) いろいろな遊びを楽しみながら物事をやり遂げようとする気持ちをもつ。

(5) 友達と積極的に関わりながら喜びや悲しみを共感し合う。

(6) 自分の思ったことを相手に伝え，相手の思っていることに気付く。

(7) 友達のよさに気付き，一緒に活動する楽しさを味わう。

(8) 友達と楽しく活動する中で，共通の目的を見いだし，工夫したり，協力したりなどする。

(9) よいことや悪いことがあることに気付き，考えながら行動する。

(10) 友達との関わりを深め，思いやりをもつ。

(11) 友達と楽しく生活する中できまりの大切さに気付き，守ろうとする。

(12) 共同の遊具や用具を大切にし，皆で使う。

(13) 高齢者をはじめ地域の人々などの自分の生活に関係の深いいろいろな人に親しみをもつ。

3　内容の取扱い

上記の取扱いに当たっては，次の事項に留意する必要がある。

(1) 教師との信頼関係に支えられて自分自身の生活を確立していくことが人と関わる基盤となることを考慮し，幼児が自ら周囲に働き掛けることにより多様な感情を体験し，試行錯誤しながら諦めずにやり遂げることの達成感や，前向きな見通しをもって自分の力で行うことの充実感を味わうことができるよう，幼児の行

用しつつ，個々の幼児の障害の状態などに応じた指導
内容や指導方法の工夫を組織的かつ計画的に行うもの
とする。また，家庭，地域及び医療や福祉，保健等の
業務を行う関係機関との連携を図り，長期的な視点で
幼児への教育的支援を行うために，個別の教育支援計
画を作成し活用することに努めるとともに，個々の幼
児の実態を的確に把握し，個別の指導計画を作成し活
用することに努めるものとする。
2　海外から帰国した幼児や生活に必要な日本語の習得
に困難のある幼児の幼稚園生活への適応
　　海外から帰国した幼児や生活に必要な日本語の習得
に困難のある幼児については，安心して自己を発揮で
きるよう配慮するなど個々の幼児の実態に応じ，指導
内容や指導方法の工夫を組織的かつ計画的に行うもの
とする。

第6　幼稚園運営上の留意事項
1　各幼稚園においては，園長の方針の下に，園務分掌
に基づき教職員が適切に役割を分担しつつ，相互に連
携しながら，教育課程や指導の改善を図るものとす
る。また，各幼稚園が行う学校評価については，教育
課程の編成，実施，改善が教育活動や幼稚園運営の中
核となることを踏まえ，カリキュラム・マネジメント
と関連付けながら実施するよう留意するものとする。
2　幼児の生活は，家庭を基盤として地域社会を通じて
次第に広がりをもつものであることに留意し，家庭と
の連携を十分に図るなど，幼稚園における生活が家庭
や地域社会と連続性を保ちつつ展開されるようにする
ものとする。その際，地域の自然，高齢者や異年齢の
子供などを含む人材，行事や公共施設などの地域の資
源を積極的に活用し，幼児が豊かな生活体験を得られ
るように工夫するものとする。また，家庭との連携に
当たっては，保護者との情報交換の機会を設けたり，
保護者と幼児との活動の機会を設けたりなどすること
を通じて，保護者の幼児期の教育に関する理解が深ま
るよう配慮するものとする。
3　地域や幼稚園の実態等により，幼稚園間に加え，保
育所，幼保連携型認定こども園，小学校，中学校，高
等学校及び特別支援学校などとの間の連携や交流を図
るものとする。特に，幼稚園教育と小学校教育の円滑
な接続のため，幼稚園の幼児と小学校の児童との交流
の機会を積極的に設けるようにするものとする。ま
た，障害のある幼児児童生徒との交流及び共同学習の
機会を設け，共に尊重し合いながら協働して生活して
いく態度を育むよう努めるものとする。

第7　教育課程に係る教育時間終了等等に行う教育活動な

ど
　　幼稚園は，第3章に示す教育課程に係る教育時間の終了
後等に行う教育活動について，学校教育法に規定する目的
及び目標並びにこの章の第1に示す幼稚園教育の基本を踏
まえ実施するものとする。また，幼稚園の目的の達成に資
するため，幼児の生活全体が豊かなものとなるよう家庭や
地域における幼児期の教育の支援に努めるものとする。

第2章　ねらい及び内容

　　この章に示すねらいは，幼稚園教育において育みたい資
質・能力を幼児の生活する姿から捉えたものであり，内容
は，ねらいを達成するために指導する事項である。各領域
は，これらを幼児の発達の側面から，心身の健康に関する
領域「健康」，人との関わりに関する領域「人間関係」，身
近な環境との関わりに関する領域「環境」，言葉の獲得に
関する領域「言葉」及び感性と表現に関する領域「表現」
としてまとめ，示したものである。内容の取扱いは，幼児
の発達を踏まえた指導を行うに当たって留意すべき事項で
ある。
　　各領域に示すねらいは，幼稚園における生活の全体を通
じ，幼児が様々な体験を積み重ねる中で相互に関連をもち
ながら次第に達成に向かうものであること，内容は，幼児
が環境に関わって展開する具体的な活動を通して総合的に
指導されるものであることに留意しなければならない。
　　また，「幼児期の終わりまでに育ってほしい姿」が，ね
らい及び内容に基づく活動全体を通して資質・能力が育ま
れている幼児の幼稚園修了時の具体的な姿であることを踏
まえ，指導を行う際に考慮するものとする。
　　なお，特に必要な場合には，各領域に示すねらいの趣旨
に基づいて適切な，具体的な内容を工夫し，それを加えて
も差し支えないが，その場合には，それが第1章の第1に
示す幼稚園教育の基本を逸脱しないよう慎重に配慮する必
要がある。

健康
〔健康な心と体を育て，自ら健康で安全な生活をつくり出
す力を養う。〕
1　ねらい
　(1)　明るく伸び伸びと行動し，充実感を味わう。
　(2)　自分の体を十分に動かし，進んで運動しようとす
　　る。
　(3)　健康，安全な生活に必要な習慣や態度を身に付け，
　　見通しをもって行動する。
2　内容
　(1)　先生や友達と触れ合い，安定感をもって行動する。
　(2)　いろいろな遊びの中で十分に体を動かす。

それぞれの幼稚園の教育課程に基づき，調和のとれた組織的，発展的な指導計画を作成し，幼児の活動に沿った柔軟な指導を行わなければならない。

2　指導計画の作成上の基本的事項

　(1)　指導計画は，幼児の発達に即して一人一人の幼児が幼児期にふさわしい生活を展開し，必要な体験を得られるようにするために，具体的に作成するものとする。

　(2)　指導計画の作成に当たっては，次に示すところにより，具体的なねらい及び内容を明確に設定し，適切な環境を構成することなどにより活動が選択・展開されるようにするものとする。

　　ア　具体的なねらい及び内容は，幼稚園生活における幼児の発達の過程を見通し，幼児の生活の連続性，季節の変化などを考慮して，幼児の興味や関心，発達の実情などに応じて設定すること。

　　イ　環境は，具体的なねらいを達成するために適切なものとなるように構成し，幼児が自らその環境に関わることにより様々な活動を展開しつつ必要な体験を得られるようにすること。その際，幼児の生活する姿や発想を大切にし，常にその環境が適切なものとなるようにすること。

　　ウ　幼児の行う具体的な活動は，生活の流れの中で様々に変化するものであることに留意し，幼児が望ましい方向に向かって自ら活動を展開していくことができるよう必要な援助をすること。

　　　その際，幼児の実態及び幼児を取り巻く状況の変化などに即して指導の過程についての評価を適切に行い，常に指導計画の改善を図るものとする。

3　指導計画の作成上の留意事項

　指導計画の作成に当たっては，次の事項に留意するものとする。

　(1)　長期的に発達を見通した年，学期，月などにわたる長期の指導計画やこれとの関連を保ちながらより具体的な幼児の生活に即した週，日などの短期の指導計画を作成し，適切な指導が行われるようにすること。特に，週，日などの短期の指導計画については，幼児の生活のリズムに配慮し，幼児の意識や興味の連続性のある活動が相互に関連して幼稚園生活の自然の流れの中に組み込まれるようにすること。

　(2)　幼児が様々な人やものとの関わりを通して，多様な体験をし，心身の調和のとれた発達を促すようにしていくこと。その際，幼児の発達に即して主体的・対話的で深い学びが実現するようにするとともに，心を動かされる体験が次の活動を生み出すことを考慮し，一つ一つの体験が相互に結び付き，幼稚園生活が充実するようにすること。

　(3)　言語に関する能力の発達と思考力等の発達が関連していることを踏まえ，幼稚園生活全体を通して，幼児の発達を踏まえた言語環境を整え，言語活動の充実を図ること。

　(4)　幼児が次の活動への期待や意欲をもつことができるよう，幼児の実態を踏まえながら，教師や他の幼児と共に遊びや生活の中で見通しをもったり，振り返ったりするよう工夫すること。

　(5)　行事の指導に当たっては，幼稚園生活の自然の流れの中で生活に変化や潤いを与え，幼児が主体的に楽しく活動できるようにすること。なお，それぞれの行事についてはその教育的価値を十分検討し，適切なものを精選し，幼児の負担にならないようにすること。

　(6)　幼児期は直接的な体験が重要であることを踏まえ，視聴覚教材やコンピュータなど情報機器を活用する際には，幼稚園生活では得難い体験を補完するなど，幼児の体験との関連を考慮すること。

　(7)　幼児の主体的な活動を促すためには，教師が多様な関わりをもつことが重要であることを踏まえ，教師は，理解者，共同作業者など様々な役割を果たし，幼児の発達に必要な豊かな体験が得られるよう，活動の場面に応じて，適切な指導を行うようにすること。

　(8)　幼児の行う活動は，個人，グループ，学級全体などで多様に展開されるものであることを踏まえ，幼稚園全体の教師による協力体制を作りながら，一人一人の幼児が興味や欲求を十分に満足させるよう適切な援助を行うようにすること。

4　幼児理解に基づいた評価の実施

　幼児一人一人の発達の理解に基づいた評価の実施に当たっては，次の事項に配慮するものとする。

　(1)　指導の過程を振り返りながら幼児の理解を進め，幼児一人一人のよさや可能性などを把握し，指導の改善に生かすようにすること。その際，他の幼児との比較や一定の基準に対する達成度についての評定によって捉えるものではないことに留意すること。

　(2)　評価の妥当性や信頼性が高められるよう創意工夫を行い，組織的かつ計画的な取組を推進するとともに，次年度又は小学校等にその内容が適切に引き継がれるようにすること。

第5　特別な配慮を必要とする幼児への指導

1　障害のある幼児などへの指導

　障害のある幼児などへの指導に当たっては，集団の中で生活することを通して全体的な発達を促していくことに配慮し，特別支援学校などの助言又は援助を活

を楽しむようになる。
(10) 豊かな感性と表現
　　心を動かす出来事などに触れ感性を働かせる中
　で，様々な素材の特徴や表現の仕方などに気付き，
　感じたことや考えたことを自分で表現したり，友達
　同士で表現する過程を楽しんだりし，表現する喜び
　を味わい，意欲をもつようになる。

第3　教育課程の役割と編成等
1　教育課程の役割
　　各幼稚園においては，教育基本法及び学校教育法そ
　の他の法令並びにこの幼稚園教育要領の示すところに
　従い，創意工夫を生かし，幼児の心身の発達と幼稚園
　及び地域の実態に即応した適切な教育課程を編成する
　ものとする。
　　また，各幼稚園においては，6に示す全体的な計画
　にも留意しながら，「幼児期の終わりまでに育ってほ
　しい姿」を踏まえ教育課程を編成すること，教育課程
　の実施状況を評価してその改善を図っていくこと，教
　育課程の実施に必要な人的又は物的な体制を確保する
　とともにその改善を図っていくことなどを通して，教
　育課程に基づき組織的かつ計画的に各幼稚園の教育活
　動の質の向上を図っていくこと（以下「カリキュラ
　ム・マネジメント」という。）に努めるものとする。
2　各幼稚園の教育目標と教育課程の編成
　　教育課程の編成に当たっては，幼稚園教育において
　育みたい資質・能力を踏まえつつ，各幼稚園の教育目
　標を明確にするとともに，教育課程の編成についての
　基本的な方針が家庭や地域とも共有されるよう努める
　ものとする。
3　教育課程の編成上の基本的事項
(1) 幼稚園生活の全体を通して第2章に示すねらいが
　総合的に達成されるよう，教育課程に係る教育期間
　や幼児の生活経験や発達の過程などを考慮して具体
　的なねらいと内容を組織するものとする。この場合
　においては，特に，自我が芽生え，他者の存在を意
　識し，自己を抑制しようとする気持ちが生まれる幼
　児期の発達の特性を踏まえ，入園から修了に至るま
　での長期的な視野をもって充実した生活が展開でき
　るように配慮するものとする。
(2) 幼稚園の毎学年の教育課程に係る教育週数は，特
　別の事情のある場合を除き，39週を下ってはなら
　ない。
(3) 幼稚園の1日の教育課程に係る教育時間は，4時
　間を標準とする。ただし，幼児の心身の発達の程度
　や季節などに適切に配慮するものとする。
4　教育課程の編成上の留意事項

教育課程の編成に当たっては，次の事項に留意する
ものとする。
(1) 幼児の生活は，入園当初の一人一人の遊びや教師
　との触れ合いを通して幼稚園生活に親しみ，安定し
　ていく時期から，他の幼児との関わりの中で幼児の
　主体的な活動が深まり，幼児が互いに必要な存在で
　あることを認識するようになり，やがて幼児同士や
　学級全体で目的をもって協同して幼稚園生活を展開
　し，深めていく時期などに至るまでの過程を様々に
　経ながら広げられていくものであることを考慮し，
　活動がそれぞれの時期にふさわしく展開されるよう
　にすること。
(2) 入園当初，特に，3歳児の入園については，家庭
　との連携を緊密にし，生活のリズムや安全面に十分
　配慮すること。また，満3歳児については，学年の
　途中から入園することを考慮し，幼児が安心して幼
　稚園生活を過ごすことができるよう配慮すること。
(3) 幼稚園生活が幼児にとって安全なものとなるよ
　う，教職員による協力体制の下，幼児の主体的な活
　動を大切にしつつ，園庭や園舎などの環境の配慮や
　指導の工夫を行うこと。
5　小学校教育との接続に当たっての留意事項
(1) 幼稚園においては，幼稚園教育が，小学校以降の
　生活や学習の基盤の育成につながることに配慮し，
　幼児期にふさわしい生活を通して，創造的な思考や
　主体的な生活態度などの基礎を培うようにするもの
　とする。
(2) 幼稚園教育において育まれた資質・能力を踏ま
　え，小学校教育が円滑に行われるよう，小学校の教
　師との意見交換や合同の研究の機会などを設け，
　「幼児期の終わりまでに育ってほしい姿」を共有す
　るなど連携を図り，幼稚園教育と小学校教育との円
　滑な接続を図るよう努めるものとする。
6　全体的な計画の作成
　　各幼稚園においては，教育課程を中心に，第3章に
　示す教育課程に係る教育時間の終了後等に行う教育活
　動の計画，学校保健計画，学校安全計画などとを関連
　させ，一体的に教育活動が展開されるよう全体的な計
　画を作成するものとする。

第4　指導計画の作成と幼児理解に基づいた評価
1　指導計画の考え方
　　幼稚園教育は，幼児が自ら意欲をもって環境と関わ
　ることによりつくり出される具体的な活動を通して，
　その目標の達成を図るものである。
　　幼稚園においてはこのことを踏まえ，幼児期にふさ
　わしい生活が展開され，適切な指導が行われるよう，

題に即した指導を行うようにすること。

その際，教師は，幼児の主体的な活動が確保されるよう幼児一人一人の行動の理解と予想に基づき，計画的に環境を構成しなければならない。この場合において，教師は，幼児と人やものとの関わりが重要であることを踏まえ，教材を工夫し，物的・空間的環境を構成しなければならない。また，幼児一人一人の活動の場面に応じて，様々な役割を果たし，その活動を豊かにしなければならない。

第2　幼稚園教育において育みたい資質・能力及び「幼児期の終わりまでに育ってほしい姿」
1　幼稚園においては，生きる力の基礎を育むため，この章の第1に示す幼稚園教育の基本を踏まえ，次に掲げる資質・能力を一体的に育むよう努めるものとする。
　(1)　豊かな体験を通じて，感じたり，気付いたり，分かったり，できるようになったりする「知識及び技能の基礎」
　(2)　気付いたことや，できるようになったことなどを使い，考えたり，試したり，工夫したり，表現したりする「思考力，判断力，表現力等の基礎」
　(3)　心情，意欲，態度が育つ中で，よりよい生活を営もうとする「学びに向かう力，人間性等」
2　1に示す資質・能力は，第2章に示すねらい及び内容に基づく活動全体によって育むものである。
3　次に示す「幼児期の終わりまでに育ってほしい姿」は，第2章に示すねらい及び内容に基づく活動全体を通して資質・能力が育まれている幼児の幼稚園修了時の具体的な姿であり，教師が指導を行う際に考慮するものである。
　(1)　健康な心と体
　　幼稚園生活の中で，充実感をもって自分のやりたいことに向かって心と体を十分に働かせ，見通しをもって行動し，自ら健康で安全な生活をつくり出すようになる。
　(2)　自立心
　　身近な環境に主体的に関わり様々な活動を楽しむ中で，しなければならないことを自覚し，自分の力で行うために考えたり，工夫したりしながら，諦めずにやり遂げることで達成感を味わい，自信をもって行動するようになる。
　(3)　協同性
　　友達と関わる中で，互いの思いや考えなどを共有し，共通の目的の実現に向けて，考えたり，工夫したり，協力したりし，充実感をもってやり遂げるようになる。

　(4)　道徳性・規範意識の芽生え
　　友達と様々な体験を重ねる中で，してよいことや悪いことが分かり，自分の行動を振り返ったり，友達の気持ちに共感したりし，相手の立場に立って行動するようになる。また，きまりを守る必要性が分かり，自分の気持ちを調整し，友達と折り合いを付けながら，きまりをつくったり，守ったりするようになる。
　(5)　社会生活との関わり
　　家族を大切にしようとする気持ちをもつとともに，地域の身近な人と触れ合う中で，人との様々な関わり方に気付き，相手の気持ちを考えて関わり，自分が役に立つ喜びを感じ，地域に親しみをもつようになる。また，幼稚園内外の様々な環境に関わる中で，遊びや生活に必要な情報を取り入れ，情報に基づき判断したり，情報を伝え合ったり，活用したりするなど，情報を役立てながら活動するようになるとともに，公共の施設を大切に利用するなどして，社会とのつながりなどを意識するようになる。
　(6)　思考力の芽生え
　　身近な事象に積極的に関わる中で，物の性質や仕組みなどを感じ取ったり，気付いたりし，考えたり，予想したり，工夫したりするなど，多様な関わりを楽しむようになる。また，友達の様々な考えに触れる中で，自分と異なる考えがあることに気付き，自ら判断したり，考え直したりするなど，新しい考えを生み出す喜びを味わいながら，自分の考えをよりよいものにするようになる。
　(7)　自然との関わり・生命尊重
　　自然に触れて感動する体験を通して，自然の変化などを感じ取り，好奇心や探究心をもって考え言葉などで表現しながら，身近な事象への関心が高まるとともに，自然への愛情や畏敬の念をもつようになる。また，身近な動植物に心を動かされる中で，生命の不思議さや尊さに気付き，身近な動植物への接し方を考え，命あるものとしていたわり，大切にする気持ちをもって関わるようになる。
　(8)　数量や図形，標識や文字などへの関心・感覚
　　遊びや生活の中で，数量や図形，標識や文字などに親しむ体験を重ねたり，標識や文字の役割に気付いたりし，自らの必要感に基づきこれらを活用し，興味や関心，感覚をもつようになる。
　(9)　言葉による伝え合い
　　先生や友達と心を通わせる中で，絵本や物語などに親しみながら，豊かな言葉や表現を身に付け，経験したことや考えたことなどを言葉で伝えたり，相手の話を注意して聞いたりし，言葉による伝え合い

資料　幼稚園教育要領

（平成 29 年 3 月 31 日文部科学省告示第 62 号）
（平成 30 年 4 月 1 日から施行）

　教育は，教育基本法第1条に定めるとおり，人格の完成を目指し，平和で民主的な国家及び社会の形成者として必要な資質を備えた心身ともに健康な国民の育成を期すという目的のもと，同法第2条に掲げる次の目標を達成するよう行われなければならない。

　1　幅広い知識と教養を身に付け，真理を求める態度を養い，豊かな情操と道徳心を培うとともに，健やかな身体を養うこと。

　2　個人の価値を尊重して，その能力を伸ばし，創造性を培い，自主及び自律の精神を養うとともに，職業及び生活との関連を重視し，勤労を重んずる態度を養うこと。

　3　正義と責任，男女の平等，自他の敬愛と協力を重んずるとともに，公共の精神に基づき，主体的に社会の形成に参画し，その発展に寄与する態度を養うこと。

　4　生命を尊び，自然を大切にし，環境の保全に寄与する態度を養うこと。

　5　伝統と文化を尊重し，それらをはぐくんできた我が国と郷土を愛するとともに，他国を尊重し，国際社会の平和と発展に寄与する態度を養うこと。

　また，幼児期の教育については，同法第 11 条に掲げるとおり，生涯にわたる人格形成の基礎を培う重要なものであることにかんがみ，国及び地方公共団体は，幼児の健やかな成長に資する良好な環境の整備その他適当な方法によって，その振興に努めなければならないこととされている。

　これからの幼稚園には，学校教育の始まりとして，こうした教育の目的及び目標の達成を目指しつつ，一人一人の幼児が，将来，自分のよさや可能性を認識するとともに，あらゆる他者を価値のある存在として尊重し，多様な人々と協働しながら様々な社会的変化を乗り越え，豊かな人生を切り拓き，持続可能な社会の創り手となることができるようにするための基礎を培うことが求められる。このために必要な教育の在り方を具体化するのが，各幼稚園において教育の内容等を組織的かつ計画的に組み立てた教育課程である。

　教育課程を通して，これからの時代に求められる教育を実現していくためには，よりよい学校教育を通してよりよい社会を創るという理念を学校と社会とが共有し，それぞれの幼稚園において，幼児期にふさわしい生活をどのように展開し，どのような資質・能力を育むようにするのかを教育課程において明確にしながら，社会との連携及び協働

によりその実現を図っていくという，社会に開かれた教育課程の実現が重要となる。

　幼稚園教育要領とは，こうした理念の実現に向けて必要となる教育課程の基準を大綱的に定めるものである。幼稚園教育要領が果たす役割の一つは，公の性質を有する幼稚園における教育水準を全国的に確保することである。また，各幼稚園がその特色を生かして創意工夫を重ね，長年にわたり積み重ねられてきた教育実践や学術研究の蓄積を生かしながら，幼児や地域の現状や課題を捉え，家庭や地域社会と協力して，幼稚園教育要領を踏まえた教育活動の更なる充実を図っていくことも重要である。

　幼児の自発的な活動としての遊びを生み出すために必要な環境を整え，一人一人の資質・能力を育んでいくことは，教職員をはじめとする幼稚園関係者はもとより，家庭や地域の人々も含め，様々な立場から幼児や幼稚園に関わる全ての大人に期待される役割である。家庭との緊密な連携の下，小学校以降の教育や生涯にわたる学習とのつながりを見通しながら，幼児の自発的な活動としての遊びを通しての総合的な指導をする際に広く活用されるものとなることを期待して，ここに幼稚園教育要領を定める。

第1章　総　則

第1　幼稚園教育の基本

　幼児期の教育は，生涯にわたる人格形成の基礎を培う重要なものであり，幼稚園教育は，学校教育法に規定する目的及び目標を達成するため，幼児期の特性を踏まえ，環境を通して行うものであることを基本とする。

　このため教師は，幼児との信頼関係を十分に築き，幼児が身近な環境に主体的に関わり，環境との関わり方や意味に気付き，これらを取り込もうとして，試行錯誤したり，考えたりするようになる幼児期の教育における見方・考え方を生かし，幼児と共によりよい教育環境を創造するように努めるものとする。これらを踏まえ，次に示す事項を重視して教育を行わなければならない。

　1　幼児は安定した情緒の下で自己を十分に発揮することにより発達に必要な体験を得ていくものであることを考慮して，幼児の主体的な活動を促し，幼児期にふさわしい生活が展開されるようにすること。

　2　幼児の自発的な活動としての遊びは，心身の調和のとれた発達の基礎を培う重要な学習であることを考慮して，遊びを通しての指導を中心として第2章に示すねらいが総合的に達成されるようにすること。

　3　幼児の発達は，心身の諸側面が相互に関連し合い，多様な経過をたどって成し遂げられていくものであること，また，幼児の生活経験がそれぞれ異なることなどを考慮して，幼児一人一人の特性に応じ，発達の課

内閣府『認定こども園に関する状況について（平成29年4月1日）』2017.9.8
文部科学省『平成26年度幼児教育実態調査』2015.10
厚生労働省『保育所等関連状況取りまとめ（平成29年4月1日）』2017.9.1
東京都教育委員会『小1問題・中1ギャップの予防・解決のための「教員加配に関わる効果検証」に
　関する調査　最終報告書について』2013.4.25

・性差や個人差等への留意等

(3) 健康及び安全

現代的な諸課題を踏まえ，特に，以下の事項の改善・充実を図った。

また，全職員が相互に連携し，それぞれの専門性を生かしながら，組織的かつ適切な対応を行うことができるような体制整備や研修を行うことを新たに示した。

・アレルギー疾患を有する園児への対応や環境の整備等
・食育の推進における，保護者や地域，関係機関等との連携や協働
・環境及び衛生管理等における職員の衛生知識の向上
・重大事故防止の対策等
・災害への備えとして，施設・設備等の安全確保，災害発生時の対応や体制等，地域の関係機関との連携

(4) 子育ての支援

子育ての支援に関して，特に以下の事項の内容の改善・充実を図った。

○ 子育ての全般に関わる事項について
・保護者の自己決定の尊重や幼保連携型認定こども園の特性を生かすこと
・園全体の体制構築に努めることや地域の関係機関との連携構築，子どものプライバシーの保護・秘密保持
○ 幼保連携型認定こども園の園児の保護者に対する事項について
・多様な生活形態の保護者に対する教育及び保育の活動等への参加の工夫
・保護者同士の相互理解や気付き合い等への工夫や配慮
・保護者の多様化した教育及び保育の需要への対応等
○ 地域における子育て家庭の保護者に対する事項について
・地域の子どもに対する一時預かり事業などと教育及び保育との関連への考慮
・幼保連携型認定こども園の地域における役割等

＜参考文献＞

内閣府・文部科学省・厚生労働省『幼保連携型認定こども園教育・保育要領』2017.3.31

文部科学省『幼稚園教育要領』2017.3.31

厚生労働省『保育所保育指針』2017.3.31

中央教育審議会『幼稚園，小学校，中学校，高等学校及び特別支援学校の学習指導要領等の改善及び必要な方策等について（答申）』2016.12.21

無藤 隆『今後の幼児教育とは 幼稚園教育要領，保育所保育指針，幼保連携型認定こども園教育・保育要領，小学校学習指導要領の改訂を受けて』2017.1.16 国立教育政策研究所 幼児教育研究センター発足記念 平成28年度教育研究公開シンポジウム

淵上 孝『私立幼稚園を取り巻く現状と課題について』2016.1.28 全日本私立幼稚園連合会 平成27年度第2回都道府県政策担当者会議

池本美香，立岡健二郎『保育ニーズの将来展望と対応の在り方』JRIレビュー Vol.3. No. 42 ㈱日本総合研究所

・長期的な休業中の多様な生活経験が長期的な休業などの終了後等の園生活に生かされるよう工夫をすること

（2）ねらい及び内容並びに配慮事項

　満3歳未満の園児の保育に関するねらい及び内容並びに配慮事項等に関しては保育所保育指針の保育の内容の新たな記載を踏まえ，また，満3歳以上の園児の教育及び保育に関するねらい及び内容に関しては幼稚園教育要領のねらい及び内容の改善・充実を踏まえて，それぞれ新たに示した。

・「ねらい」は幼保連携型認定こども園の教育及び保育において育みたい資質・能力を園児の生活する姿から捉えたものであること
・「内容の取扱い」は園児の発達を踏まえた指導を行うに当たって留意すべき事項であること
・「幼児期の終わりまでに育ってほしい姿」は指導を行う際に考慮するものであること
・各視点や領域は，この時期の発達の特徴を踏まえ，乳幼児の発達の側面からまとめ示したものであること

　また，幼保連携型認定こども園においては，長期にわたって在籍する園児もいることを踏まえ，乳児期・満1歳以上満3歳未満の園児・満3歳以上の園児に分けて記載するとともに，「子どもの発達」に関する内容を，「基本的な事項」として各時期のねらいや内容等とあわせて新たに示した。

① 乳児期の園児の保育に関するねらい及び内容

　乳児期の発達の特徴を示すとともに，それらを踏まえ，ねらい及び内容について身体的発達に関する視点「健やかに伸び伸びと育つ」，社会的発達に関する視点「身近な人と気持ちが通じ合う」，精神的発達に関する視点「身近なものと関わり感性が育つ」としてまとめ，新たに示した。

② 満1歳以上満3歳未満の園児の保育に関するねらい及び内容

　この時期の発達の特徴を示すとともに，それらを踏まえ，ねらい及び内容について心身の健康に関する領域「健康」，人との関わりに関する領域「人間関係」，身近な環境との関わりに関する領域「環境」，言葉の獲得に関する領域「言葉」及び感性と表現に関する領域「表現」としてまとめ，新たに示した。

③ 満3歳以上の園児の教育及び保育に関するねらい及び内容

　この時期の発達の特徴を示すとともに，それらを踏まえ，ねらい及び内容について心身の健康に関する領域「健康」，人との関わりに関する領域「人間関係」，身近な環境との関わりに関する領域「環境」，言葉の獲得に関する領域「言葉」及び感性と表現に関する領域「表現」としてまとめ，内容の改善を図り，充実させた。

④ 教育及び保育の実施に関する配慮事項

　保育所保育指針を踏まえて，次のことなどを新たに示した。

・心身の発達や個人差，個々の気持ち等を踏まえ，援助すること
・心と体の健康等に留意すること
・園児が自ら周囲へ働き掛け自ら行う活動を見守り，援助すること
・入園時の個別対応や周りの園児への留意等
・国籍や文化の違い等への留意等

② 教育及び保育の内容並びに子育ての支援等に関する全体的な計画等
ア 教育及び保育の内容並びに子育ての支援等に関する全体的な計画の作成等
幼稚園教育要領等を踏まえて，次のことを新たに示した。
- 教育及び保育の内容並びに子育ての支援等に関する全体的な計画（全体的な計画）は，どのような計画か
- 各幼保連携型認定こども園においてカリキュラム・マネジメントに努めること
- 各幼保連携型認定こども園の教育及び保育の目標を明確化及び全体的な計画の作成についての基本的な方針が共有されるよう努めること
- 園長の方針の下，保育教諭等職員が適切に役割を分担，連携しつつ，全体的な計画や指導の改善を図るとともに，教育及び保育等に係る評価について，カリキュラム・マネジメントと関連を図りながら実施するよう留意すること
- 「幼児期の終わりまでに育ってほしい姿」を共有するなど連携を図り，幼保連携型認定こども園における教育及び保育と小学校教育との円滑な接続を図るよう努めること

イ 指導計画の作成と園児の理解に基づいた評価
幼稚園教育要領を踏まえて，次のことを新たに示した。
- 多様な体験に関連して，園児の発達に即して主体的・対話的で深い学びが実現するようにすること
- 園児の発達を踏まえた言語環境を整え，言語活動の充実を図ること
- 保育教諭等や他の園児と共に遊びや生活の中で見通しをもったり振り返ったりするよう工夫すること
- 直接体験の重要性を踏まえ，視聴覚教材やコンピュータなど情報機器を活用する際には，園生活では得難い体験を補完するなど，園児の体験との関連を考慮すること
- 幼保連携型認定こども園間に加え，小学校等との間の連携や交流を図るとともに，障害のある園児等との交流及び共同学習の機会を設け，協働して生活していく態度を育むよう努めること
- 園児一人一人のよさや可能性を把握するなど園児の理解に基づいた評価を実施すること
- 評価の実施の際には，他の園児との比較や一定の基準に対する達成度についての評定によって捉えるものではないことに留意すること

ウ 特別な配慮を必要とする園児への指導
幼稚園教育要領を踏まえて次のことを新たに示した。
- 障害のある園児への指導に当たって，長期的な視点で園児への教育的支援を行うため，個別の教育及び保育支援計画や個別の指導計画を作成し活用することに努めること
- 海外から帰国した園児や生活に必要な日本語の習得に困難のある園児については，個々の園児の実態に応じ，指導内容等の工夫を組織的かつ計画的に行うこと

③ 幼保連携型認定こども園として特に配慮すべき事項
前回の幼保連携型認定こども園教育・保育要領の策定，施行後の実践を踏まえた知見等を基に，次のことなどを新たに示した。
- 満3歳以上の園児の入園時や移行時等の情報共有や，環境の工夫等について
- 環境を通して行う教育及び保育の活動の充実を図るため，教育及び保育の環境の構成に当たっては，多様な経験を有する園児同士が学び合い，豊かな経験を積み重ねられるよう，工夫をすること

(5) 乳児・1歳以上3才未満児の保育の記載を充実

　新保育所保育指針との整合性を取り，「第2章　ねらい及び内容並びに配慮事項」では，乳児，1歳以上3才未満，満3歳以上の3つの年齢に分けている。そして各年齢における保育内容を原則として5領域に則り，それぞれの年齢区分における成長の特徴を詳細に記載する内容となっている。乳児に関しては，「健やかに伸び伸びと育つ」（健康な心と体を育て，自ら健康で安全な生活をつくりだす力の基盤を培う），「身近な人と気持ちが通じ合う」（受容的・応答的な関わりの下で，何かを伝えようとする意欲や身近な大人との信頼関係を育て，人と関わる力の基盤を培う），「身近なものと関わり感性が育つ」（身近な環境に興味や好奇心をもって関わり，感じたことや考えたことを表現する力の基盤を培う）という3つの関わりの視点とした。1歳以上3歳未満児については，言葉が生まれ，表現活動が始まることに応じて，3歳以上と同様の5つの領域を構成する。なお「3歳以上児」については，保育所保育指針と同じく，幼稚園教育要領の「第2章　ねらい及び内容」に準拠した内容となっている。

(6) 健康及び安全

　新しい教育・保育要領では，これまで「幼保連携型認定こども園として特に配慮すべき事項」に含まれていた「健康支援」「食育の推進」「環境及び衛生管理並びに安全管理」の3項目に，新たに「災害の備え」を付け加えた「第3章　健康及び安全」を新設している。内容としては，新しい保育所保育指針に準拠することで，保育における子どもの健康，安全性の確保の重要性を明記している。

(7) 子育ての支援の充実

　現行の教育・保育要領では「子育ての支援」は「幼保連携型認定こども園として特に配慮すべき事項」に含まれていたが，新しい教育・保育要領では「第4章　子育ての支援」として独立した章立てとし，園児の保護者ならびに地域の子育て家庭の保護者に向けた総合的な支援の提供を謳っている。内容としては，保育所保育指針との整合性を図っているほか，認定こども園独自の問題として，園に幼稚園機能を求める保護者と保育所機能を求める保護者との意識の違いの解消を目的とした記載もみられる。

3．新しい幼保連携型認定こども園教育・保育要領の概要（中央説明会資料による）

(1) 総則

① 幼保連携型認定こども園における教育及び保育の基本及び目標等

　幼保連携型認定こども園における教育及び保育の基本の中で，幼児期の物事を捉える視点や考え方である幼児期における見方・考え方を新たに示すとともに，計画的な環境の構成に関連して，教材を工夫すること，また，教育及び保育は，園児が入園してから修了するまでの在園期間全体を通して行われるものであることを新たに示した。

　さらに，幼保連携型認定こども園の教育及び保育において育みたい資質・能力と園児の幼保連携型認定こども園修了時の具体的な姿である「幼児期の終わりまでに育ってほしい姿」を新たに示すとともに，これらと第2章の「ねらい」及び「内容」との関係について新たに示した。

(1) 幼保連携型認定こども園の教育および保育において育みたい資質・能力および「幼児期の終わりまでに育ってほしい姿」

現行の中央教育審議会の答申で述べられている「生きる力」の基礎を育むために子どもたちに以下の3つの資質・能力を育むことを明記している。

① 豊かな体験を通じて，感じたり，気付いたり，分かったり，できるようになったりする「知識及び技能の基礎」

② 気付いたことや，できるようになったことなどを使い，考えたり，試したり，工夫したり，表現したりする「思考力，判断力，表現力等の基礎」

③ 心情，意欲，態度が育つ中で，よりよい生活を営もうとする「学びに向かう力，人間性等」

そして，この3つの資質・能力が育まれている幼児の幼保連携型認定こども園修了時の具体的な姿が以下の10の姿である。

① 健康な心と体　　　　　　　　⑥ 思考力の芽生え
② 自立心　　　　　　　　　　　⑦ 自然との関わり・生命尊重
③ 協同性　　　　　　　　　　　⑧ 数量や図形，標識や文字などへの関心・感覚
④ 道徳性・規範意識の芽生え　　⑨ 言葉による伝え合い
⑤ 社会生活との関わり　　　　　⑩ 豊かな感性と表現

(2) カリキュラム・マネジメント

新教育・保育要領では，この「幼児期の終わりまでに育ってほしい姿」を踏まえて教育および保育の内容ならびに子育ての支援などに関する全体的な計画を作成し，その実施状況を評価して改善していくこと，また実施に必要な人的・物的な体制を確保し改善することで，幼保連携型認定こども園における教育および保育の質を高めていくカリキュラム・マネジメントの考え方が導入されている。

(3) 小学校教育との接続

幼保連携型認定こども園における教育および保育と小学校教育との円滑な接続の一層の強化を図ることを目的に，小学校教育との接続に関する記載が設けられた。ここでは幼保連携型認定こども園で育みたい3つの資質・能力を踏まえ，小学校の教諭との意見交換や合同研究の機会，また「幼児期の終わりまでに育ってほしい姿」を共有するなどの連携と接続の重要性が述べられている。

(4)「主体的・対話的で深い学び」(アクティブ・ラーニング) の実現

中央教育審議会の答申で述べられている，学ぶことに興味・関心を持ち，見通しを持って粘り強く取り組み，自己の学習活動を振り返って次につなげる「主体的な学び」，子ども同士の協働・教職員や地域の人との対話・先哲の考え方を手がかりに考えるなどを通じて，自己の考えを広め深める「対話的な学び」，そして得られた知識を相互に関連付けてより深く理解したり，情報を精査して考えを形成したり，問題を見出し解決策を思考したり，自分の思い・考えを基に創造へと向かう「深い学び」の実現を謳っている。幼保連携型認定こども園においては，子どもたちがさまざまな人やものとの関わりを通して，多様な体験をし，心身の調和の取れた発達を促す際に，この「主体的・対話的で深い学び」が実現されることを求めている。

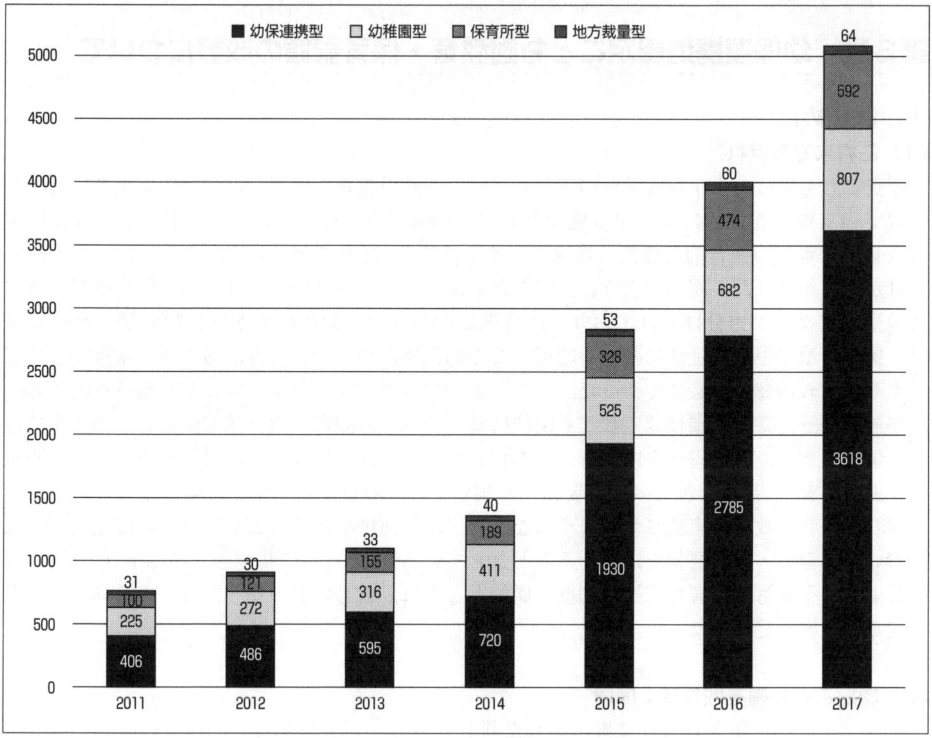

■幼保連携型　■幼稚園型　■保育所型　■地方裁量型

	2011	2012	2013	2014	2015	2016	2017
地方裁量型	31	30	33	40	53	60	64
保育所型	100	121	155	189	328	474	592
幼稚園型	225	272	316	411	525	682	807
幼保連携型	406	486	595	720	1930	2785	3618

図3－1　認定こども園施設数の推移

望するようになったという隠れ需要が出てきていることによるといわれている。

　今後も少子化の流れに変わりはないと思われるが，女性の社会進出がより進むことで5歳以下の幼児保育のニーズは増えていくと予想されている。また，第1章でも述べたように，中央教育審議会の求める「質の高い幼児教育」の提供という観点から幼児教育を担う幼稚園の存在意義はさらに大きくなるものと考えられる。こうしたことから幼稚園機能と保育所機能の両方を併せ持つ幼保連携型をはじめとする認定こども園の重要性はこれからさらに増していくものと思われる。

2．幼保連携型認定こども園教育・保育要領改訂のポイント

　今回の改訂では，基本的には幼稚園教育要領での改訂，および保育所保育指針の改定に準拠したものとなっている。そのため，幼稚園教育要領および保育所保育指針の改訂（改定）のポイントなっている，幼児教育（保育）を通じて「育みたい資質・能力」および「幼児期の終わりまでに育ってほしい姿」が，新しい教育・保育要領の改訂版でも強調されている。なお，以下の（1）から（4）は幼稚園教育要領に準拠，また（5）から（7）は保育所保育指針に準拠した内容となっている。

第3章　幼保連携型認定こども園教育・保育要領の改訂について

1．はじめに

(1) これまでの流れ

　認定こども園は，小学校入学前の子どもに対する幼児教育・保育，ならびに保護者に対する子育ての支援を総合的に提供する施設として，2006（平成18）年に「就学前の子どもに関する教育，保育等の総合的な提供の推進に関する法律」（認定こども園法）の成立により，同年10月から開始された。周知のように認定こども園は，幼保連携型，幼稚園型，保育所型，地方裁量型の4タイプに分けられており，制度発足の当初は，幼稚園型が学校教育法に基づく認可，保育所型が児童福祉法に基づく認可，また幼保連携型が学校教育法および児童福祉法に基づくそれぞれの認可が必要であった。そのため2014（平成26）年に認定こども園法を改正し，幼保連携型認定こども園は認定こども園法に基づく単一の認可（教育基本法第6条の法律で定める学校）とし，管轄省庁も内閣府に一本化した。また同年には「幼保連携型認定こども園教育・保育要領」（以下，教育・保育要領）が策定され，0歳から小学校就学前までの子どもの一貫した保育・教育が実施されるようになった（幼保連携型認定こども園以外の認定こども園においても教育・保育要領を踏まえることとしている）。それらに基づき，2015年（平成27年）4月より，子ども・子育て支援新制度の開始とともに，新しい形の単一認可による幼保連携型認定こども園が発足した。

(2) 認定こども園を取り巻く環境

　2017（平成29）年3月31日に告示された新しい教育・保育要領は，2014年の策定に続くもので，『幼稚園教育要領』『保育所保育指針』の改訂（改定）との整合性を図ったものとなっている。認定こども園の施設数は，2014年までは緩やかな増加となっていたが，2014年に幼保連携型の認可が一元化されたこと，また2015年から子ども・子育て支援新制度がスタートし施設給付型に変わったことなどから，幼保連携型施設が大幅に増加し，2016（平成28）年には認定こども園全体で4,001施設，2017（平成29）年では5,081施設となった（図3－1）。このうち幼稚園，保育所等の既存の施設から認定こども園に移行した施設は，幼稚園377か所（2015年639か所，2016年438か所），認可保育所715か所（2015年1,047か所，2016年786か所），その他の保育施設35か所と，既存の施設からの移行が9割以上を占めている（なお認定こども園から認定こども園以外の施設に移行した施設は2015年128か所，2016年4か所，2017年4か所となっている）。一方，新規開設した施設は比較的少ないが（2015年16か所，2016年37か所），2017年は60施設が新規開設となっており年々増加傾向にある。

　認定こども園制度の一番の目的は，「待機児童ゼロ」政策の一環として，保護者の就労の有無に関わらず，小学校就学前の児童に対し幼稚園・保育所の制度の枠組みを超えた幼児教育・保育を提供することであった。しかし，待機児童数が減る兆しは一向にみえておらず，子ども・子育て支援新制度がスタートし保育所等の施設数・定員が増えた2015年，2016年においても，その数は減っていない。なかでも産前産後休業あるいは育児休業後の職場復帰を考えている共働き家庭で保育ニーズの高い3歳未満児の待機児童数は，若干の減少はみられても，ほぼ毎年2万人前後で推移している（図2－3参照）。これは，それまで保育所に入ることができずに母親の就労をあきらめていた家庭が保育施設の増設に伴い，幼児の保育所への入所を希

（4）子育て支援

改定前の保育所保育指針と同様に，子育て家庭に対する支援についての基本的事項を示した上で，保育所を利用している保護者に対する子育て支援と，地域の保護者等に対する子育て支援について述べる構成となっている。

基本的事項については，改定前の保育所保育指針の考え方や留意事項を踏襲しつつ，記述内容を整理するとともに，「保護者が子どもの成長に気付き子育ての喜びを感じられるよう努める」ことを明記した。

また，保育所を利用している保護者に対する子育て支援については，保護者の子育てを自ら実践する力の向上に寄与する取組として，保育の活動に対する保護者の積極的な参加について記載するとともに，外国籍家庭など特別なニーズを有する家庭への個別的な支援に関する事項を新たに示した。

地域の保護者等に対する子育て支援に関しても，改定前の保育所保育指針において示された関係機関との連携や協働，要保護児童への対応等とともに，保育所保育の専門性を生かすことや一時預かり事業等における日常の保育との関連への配慮など，保育所がその環境や特性を生かして地域に開かれた子育て支援を行うことをより明示的に記載した。

（5）職員の資質向上

職員の資質・専門性とその向上について，各々の自己研鑽とともに，保育所が組織として職員のキャリアパスを見据えた研修機会の確保や充実を図ることを重視し，施設長の責務や体系的・計画的な研修の実施体制の構築，保育士等の役割分担や職員の勤務体制の工夫等，取組の内容や方法を具体的に示した。

＜参考文献＞

厚生労働省『保育所保育指針』2017.3.31

文部科学省『幼稚園教育要領』2017.3.31

内閣府・文部科学省・厚生労働省『幼保連携型認定こども園教育・保育要領』2017.3.31

中央教育審議会『幼稚園，小学校，中学校，高等学校及び特別支援学校の学習指導要領等の改善及び必要な方策等について（答申）』2016.12.21

無藤　隆『今後の幼児教育とは　幼稚園教育要領，保育所保育指針，幼保連携型認定こども園教育・保育要領，小学校学習指導要領の改訂を受けて』2017.1.16 国立教育政策研究所 幼児教育研究センター発足記念 平成28年度教育研究公開シンポジウム

淵上　孝『私立幼稚園を取り巻く現状と課題について』2016.1.28 全日本私立幼稚園連合会 平成27年度第2回都道府県政策担当者会議

厚生労働省『保育所等関連状況取りまとめ（平成29年4月1日）』2017.9.2

池本美香，立岡健二郎『保育ニーズの将来展望と対応の在り方』JRI レビュー Vol.3，No.42 ㈱日本総合研究所

東京都教育委員会『小1問題・中1ギャップの予防・解決のための「教員加配に関わる効果検証」に関する調査　最終報告書について』2013.4.25

日本保育園保健協議会（現：日本保育保健協議会）『保育所における食物アレルギーにかかわる調査研究』2010.3

3．新しい保育所保育指針の概要（中央説明会資料による）

改定の方向性を踏まえて，前回の改定における大綱化の方針を維持しつつ，必要な章立ての見直しと記載内容の変更・追記等を行った。主な変更点及び新たな記載内容は，以下の通りである。

（1）総則

保育所の役割や保育の目標など保育所保育に関する基本原則を示した上で，養護は保育所保育の基盤であり，保育所保育指針全体にとって重要なものであることから，「養護に関する基本的事項」（「生命の保持」と「情緒の安定」）を総則において記載することとした。

また，「保育の計画及び評価」についても総則で示すとともに，改定前の保育所保育指針における「保育課程の編成」については，「全体的な計画の作成」とし，幼保連携型認定こども園教育・保育要領，幼稚園教育要領との構成的な整合性を図った。

さらに，「幼児教育を行う施設として共有すべき事項」として，「育みたい資質・能力」3項目及び「幼児期の終わりまでに育ってほしい姿」10項目を，新たに示した。

（2）保育の内容

保育所における教育については，幼保連携型認定こども園及び幼稚園と構成の共通化を図り，「健康・人間関係・環境・言葉・表現」の各領域における「ねらい」「内容」「内容の取扱い」を記載した。その際，保育所においては発達による変化が著しい乳幼児期の子どもが長期にわたって在籍することを踏まえ，乳児・1歳以上3歳未満児・3歳以上児に分けて記載するとともに，改定前の保育所保育指針第2章において示した「子どもの発達」に関する内容を，「基本的な事項」として，各時期のねらいや内容等とあわせて記述することとした。

乳児保育については，この時期の発達の特性を踏まえ，生活や遊びが充実することを通して，子どもたちの身体的・社会的精神的発達の基盤を培うという基本的な考え方の下，乳児を主体に，「健やかに伸び伸びと育つ」（健康な心と体を育て，自ら健康で安全な生活をつくり出す力の基盤を培う），「身近な人と気持ちが通じ合う」（受容的・応答的な関わりの下で，何かを伝えようとする意欲や身近な大人との信頼関係を育て，人と関わる力の基盤を培う），「身近なものと関わり感性が育つ」（身近な環境に興味や好奇心をもって関わり，感じたことや考えたことを表現する力の基盤を培う）という3つの視点から，保育の内容等を記載した。1歳以上3歳未満児については言葉と表現活動が生まれることに応じて，3歳以上と同様の5つの領域を構成している。

さらに，年齢別に記述するのみでは十分ではない項目については，別途配慮事項として示した。

（3）健康及び安全

子どもの育ちをめぐる環境の変化や様々な研究，調査等による知見を踏まえ，アレルギー疾患を有する子どもの保育及び重大事故の発生しやすい保育の場面を具体的に提示しての事故防止の取組について，新たに記載した。

また，食育の推進に関する項目について，記述内容の充実を図った。さらに，子どもの生命を守るため，施設・設備等の安全確保や災害発生時の対応体制及び避難への備え，地域の関係機関との連携など，保育所における災害への備えに関する節を新たに設けた。

の資質・能力はある程度育成されており，既に多くを学んでいることが見逃されていた。そこで，幼児教育が保育所での教育を含め，小学校以降の学習や生活の基盤の育成につながる重要な機会であるとの認識から，保育所保育でも小学校とのつながりを一層図るべきことが強調されるようになった。

このため新指針では，前回以上に「小学校との連携」の項の充実を図っている。具体的には「幼児期にふさわしい生活を通じて，創造的な思考や主体的な生活態度などの基礎を培うようにする」などの幼児教育の「見方・考え方」に通ずる表現を盛り込むとともに，「保育所保育において育まれた資質・能力を踏まえ（中略），小学校教師との意見交換や合同の研究の機会などを設け（中略）『幼児期の終わりまでに育ってほしい姿』を共有するなど連携を図り」など，幼児期に育ってほしい資質・能力とその具体的な姿を幼保小で連携し円滑な接続に向けていくことの重要性が明記されている。

(4) 健康および安全な保育環境の確保

子どもの育ちをめぐる環境の変化を踏まえ，食育の推進，安全な保育環境の確保等の記載内容を変更している。食育に関しては，前回の改定以降，2回にわたる食育推進基本計画の策定を反映させ，保育所における食育のさらなる浸透を目指し，記述内容の充実を図っている。また，保育所における食物アレルギー有病率が4.9％（平成21年度日本保育園保健協議会調査（現：日本保健保育協議会））と高率であることから，食物アレルギーに対する職員全員の共通理解を高める内容となった。

さらに2011（平成23）年3月11日の東日本大震災や2016年の熊本地震の経験を踏まえて，行政機関や地域の関係機関と連携しながら，日頃からの備えや危機管理体制づくり等を進めるとともに，災害発生時の保護者との連絡，子どもの引渡しの円滑化などが記載された。

(5) 子育て支援の充実

前回の改定から保育所に入所する子どもの保護者の支援が加わった（「保護者支援」）が，新指針では「保護者支援」の章を「子育て支援」に改め，保護者・家庭と連携した，質の高い子育てのための記述内容の充実を図っている。また，貧困家庭，外国籍家庭など特別な配慮を必要とする家庭の増加，児童虐待の相談件数の増加に対応した記述内容となっている。

(6) 職員の資質・専門性の向上

子育て環境をめぐる地域・家庭の状況が変化（核家族化により子育て支援・協力が困難，共働き家庭の増加，父親の長時間労働，兄弟姉妹の減少から乳幼児と触れ合う機会のないまま親となった保護者の増加等）から，保育士は今まで以上にその専門性を高めることが求められるようなった。こうした時代背景から，専門職としての保育士等の資質の向上を目指した記述内容の充実と，そのためのキャリアパス（career path）の明確化，研修計画の体系化について新たに記載された。

なお2015年度から実施されている「子ども・子育て支援新制度」では，より質の高い幼児教育提供のために，さまざまな支援が行われるようになった。その中で「幼稚園，保育所，認定こども園などの職員の処遇改善」が謳われており，具体的には職員の給与の改善，研修の充実など，キャリアップの取り組みに対する支援が掲げられている。

「第2章　ねらい及び内容」に準拠している。

（2）幼児教育の積極的な位置づけ

2016年12月の中央教育審議会による答申「幼稚園，小学校，中学校，高等学校及び特別支援学校の学習指導要領等の改善及び必要な方策等について」では，現行の学習指導要領で謳われている知（確かな学力）・徳（豊かな人間性）・体（健康・体力）にわたる「生きる力」を，将来子どもたちがより一層確実に育むためには何が必要かということをポイントに記載されている。特に今後，人工知能（AI）の技術が進み，社会環境・構造の大きな変化が予測される未来において，その変化を前向きに受け止め，主体的によりよい将来を創り出していこうとする姿勢がより重要となってくる。

そのため，新指針でも「幼児教育を行う施設として共有すべき事項」として，幼稚園教育要領および幼保連携型認定こども園教育・保育要領の改訂との整合性を図った「保育活動全体を通して育みたい」3つの「資質・能力」を記載している。

① 豊かな体験を通じて，感じたり，気付いたり，分かったり，できるようになったりする「知識及び技能の基礎」
② 気付いたことや，できるようになったことなどを使い，考えたり，試したり，工夫したり，表現したりする「思考力，判断力，表現力等の基礎」
③ 心情，意欲，態度が育つ中で，よりよい生活を営もうとする「学びに向かう力，人間性等」

そして以下の10項目が，この3つの資質・能力が育まれている幼児において「幼児期の終わりまでに育ってほしい具体的な姿」である。

① 健康な心と体　　　　　　　　⑥ 思考力の芽生え
② 自立心　　　　　　　　　　　⑦ 自然との関わり・生命尊重
③ 協同性　　　　　　　　　　　⑧ 数量や図形，標識や文字などへの関心・感覚
④ 道徳性・規範意識の芽生え　　⑨ 言葉による伝え合い
⑤ 社会生活との関わり　　　　　⑩ 豊かな感性と表現

保育所等における3歳以上の利用児童数は，前回の保育所保育指針の改定から増加傾向にあり，2015年からは子ども・子育て支援新制度の開始もあって幼稚園の園児数を上回るようになった（図1-2，図2-1参照）。こうした状況から，保育所等における幼児教育の重要性はさらに高まっていくものと考えられる。

なお幼稚園教育要領，幼保連携型認定こども園教育・保育要領に記載されている「主体的・対話的で深い学び」（アクティブ・ラーニング），「カリキュラム・マネジメント」については，新指針でそれらの用語を使っては触れていない。しかし，子どもの主体的な活動を促すために，全体的な計画などを子どもの実態や子どもを取り巻く状況の変化などに即して手直ししていく，PDCAの重要性について述べている（「主体的・対話的で深い学び」および「カリキュラム・マネジメント」については第1章を参照）。

（3）小学校教育との円滑なつながり

従来，小学校教育はいわばゼロからスタートするものと考えられてきた。そのため，ほとんどの子どもが幼稚園，保育所，認定こども園などに通い，小学校教育に求められる幼児として

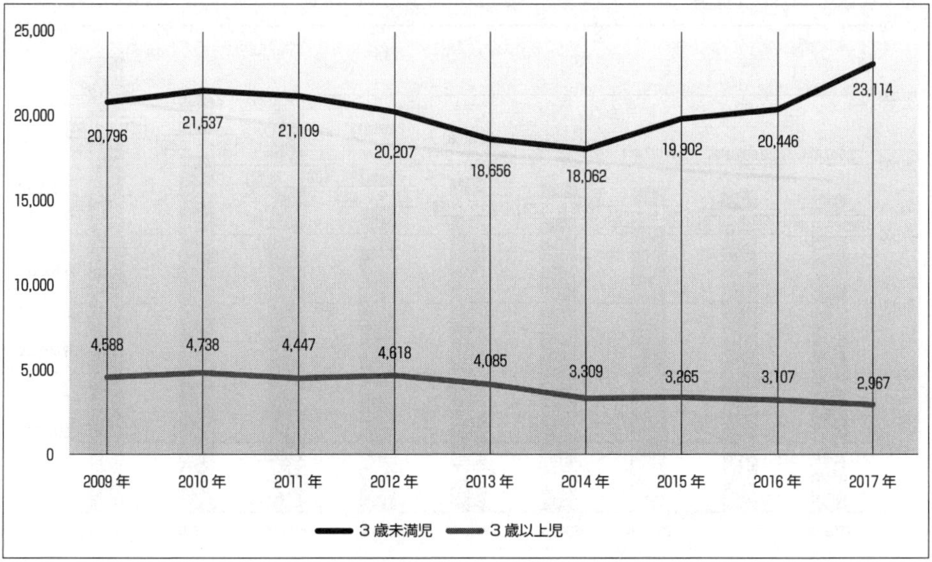

25,000

20,796　21,537　21,109　20,207　18,656　18,062　19,902　20,446　23,114

20,000

15,000

10,000

4,588　4,738　4,447　4,618　4,085　3,309　3,265　3,107　2,967

5,000

0

2009年　2010年　2011年　2012年　2013年　2014年　2015年　2016年　2017年

━━ 3歳未満児　━━ 3歳以上児

図2－3　保育所等待機児童数の推移（年齢層別）

いる。さらに，子育て世帯における子育ての負担や不安・孤立感の高まり・児童虐待相談件数の増加など子育てをめぐる地域や社会，家庭の状況の変化に対応し得る保育士としての専門性の向上など，今日的な施策を見据えた改定がなされている。

2. 保育所保育指針改定のポイント
(1) 乳児・1歳以上3歳未満児の保育の重要性

　2017年の就学前児童のうち保育所等利用率は42.4％で，このうち3歳未満児は35.1％，さらに1・2歳児は45.7％を占めるまでになっている（2017年4月1日時点）。これに対し，2008年の全体の保育所等利用率は30.7％，このうち1・2歳児の利用率が27.6％であった。また前述したように，2017年の3歳未満児の保育所等の利用児童数は，2008年の前回の改定時に比べ52.5％増の103万1,486人となっている。このことから前回の改定から幼児保育を取り巻く環境，特に3歳未満児の保育所保育の重要性が大きくなっていることがわかる。なかでも乳児から2歳児までの時期は，保護者や保育士など特定のおとなとの間での愛着関係が形成されると同時に，周囲の人やもの，自然などとの関わりから自我が形成されていく，子どもの心身の発達にとって非常に重要な時期である。

　そのため，新指針では「第2章　保育の内容」を大きく変更している。前回の改定では，発達過程を8つの年齢に区分し，すべての年齢を通じた共通の記載となっていたが，新指針では「乳児」「1歳以上3歳未満児」「3歳以上児」の3年齢に区分している。そして各年齢における保育内容を5領域に則り，それぞれの年齢区分における成長の特徴を詳細に記載する内容となった（乳児に関しては，「健やかに伸び伸びと育つ」（健康の領域へ発展する），「身近な人と気持ちが通じ合う」（人間関係の領域へ発展する），「身近なものと関わり感性が育つ」（環境の領域へ発展する）の3つの関わりの視点）。なお「3歳以上児」については幼稚園教育要領の

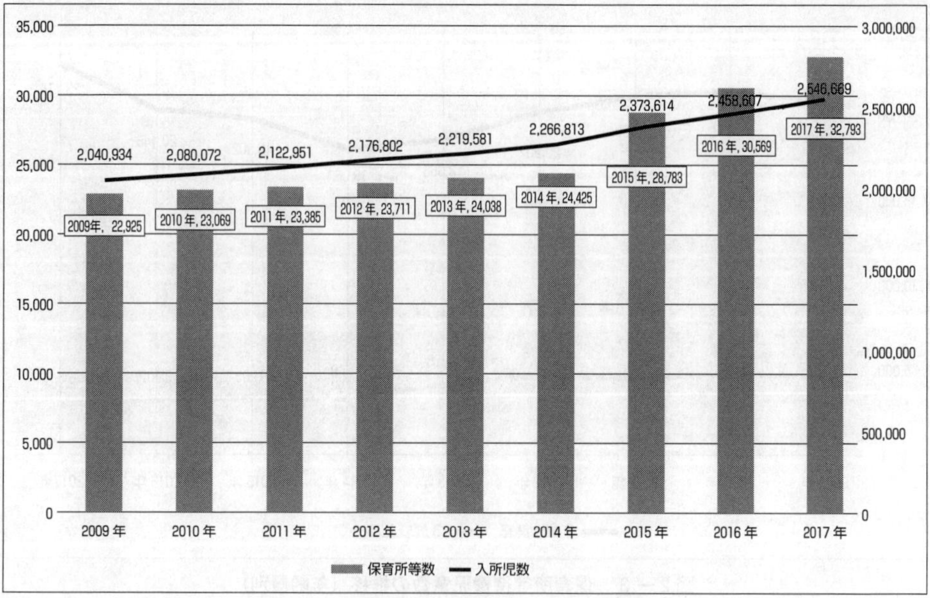

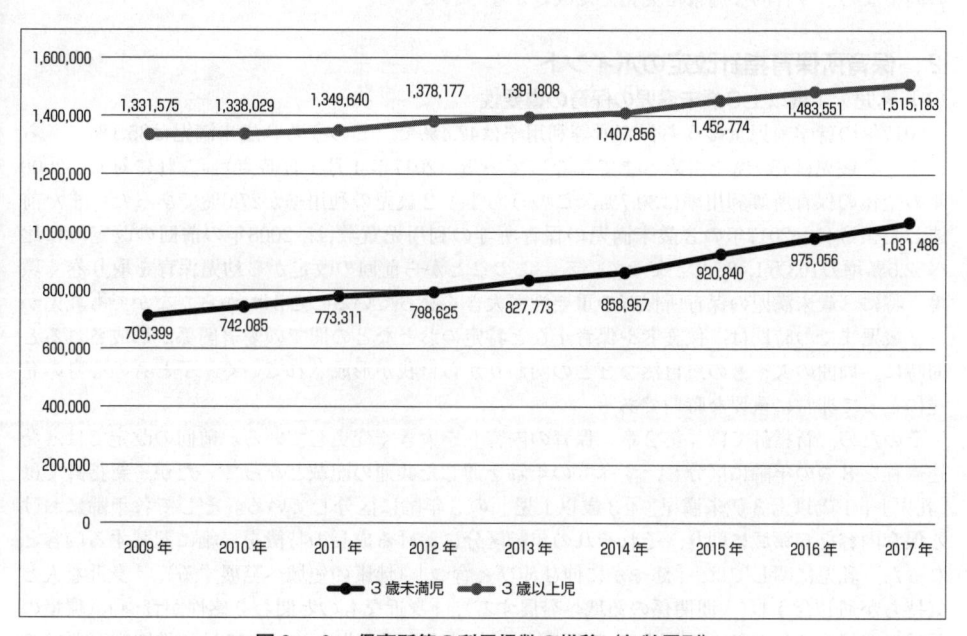

図2-1　保育所等施設数と入所児数の推移

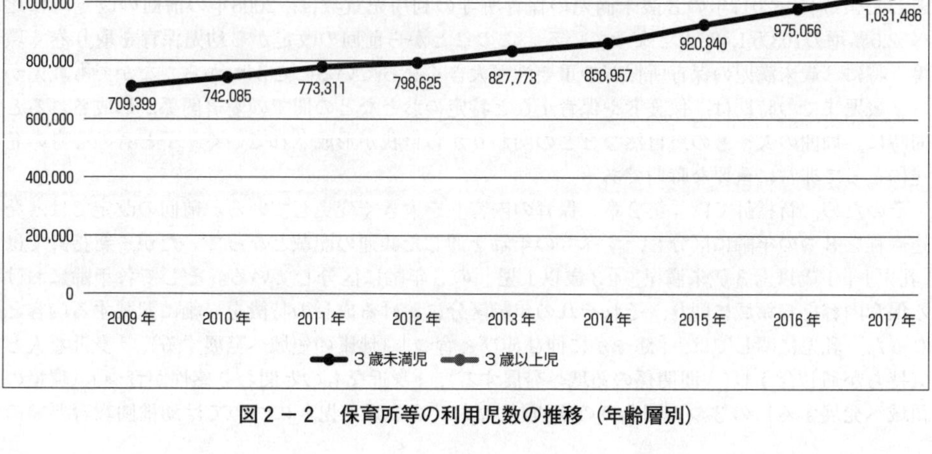

データ（保育所等数／入所児数）:
- 2009年, 22,925 ／ 2,040,934
- 2010年, 23,069 ／ 2,080,072
- 2011年, 23,385 ／ 2,122,951
- 2012年, 23,711 ／ 2,176,802
- 2013年, 24,038 ／ 2,219,581
- 2014年, 24,425 ／ 2,266,813
- 2015年, 28,783 ／ 2,373,614
- 2016年, 30,569 ／ 2,458,607
- 2017年, 32,793 ／ 2,546,669

■ 保育所等数　— 入所児数

図2-2　保育所等の利用児数の推移（年齢層別）

3歳以上児:
- 2009年 1,331,575
- 2010年 1,338,029
- 2011年 1,349,640
- 2012年 1,378,177
- 2013年 1,391,808
- 2014年 1,407,856
- 2015年 1,452,774
- 2016年 1,483,551
- 2017年 1,515,183

3歳未満児:
- 2009年 709,399
- 2010年 742,085
- 2011年 773,311
- 2012年 798,625
- 2013年 827,773
- 2014年 858,957
- 2015年 920,840
- 2016年 975,056
- 2017年 1,031,486

—●— 3歳未満児　—●— 3歳以上児

13

第2章　保育所保育指針の改定について

1．はじめに

(1) 中央教育審議会の答申と保育所保育指針

　2017（平成29）年3月31日，新保育所保育指針（以下，「新指針」とも）が告示され，これに続き，新指針の解説書『保育所保育指針解説書』の発行が通知された。

　今回改定された新指針は，1965（昭和40）年に保育所保育指針が策定されてから4回目の改定となる。なかでも2008（平成20）年の前回の改定からは，それまでの局長通知から厚生労働大臣による告示となり，遵守すべき法令となっている。

　今回の改定の特徴は，「第1章　幼稚園教育要領の改訂について」でも述べた2016（平成28）年12月の中央教育審議会による答申「幼稚園，小学校，中学校，高等学校及び特別支援学校の学習指導要領等の改善及び必要な方策等について」を踏まえ，新たな保育所保育指針においても「幼児教育を行う施設として共有すべき事項」として，3つの「育みたい資質・能力」ならびに10の「幼児期の終わりまでに育ってほしい姿」が記載されていることである。また，0歳から2歳児を中心とした3歳未満児の保育所利用児童数の増加といった保育所等における独自の問題への取り組みの積極的な対応も図られている。

(2) 保育所等を取り囲む環境

　図2-1に示すように，保育所等の利用児童数および設置数は，2009（平成21）年から2017年までの間いずれも増加している。特に子ども・子育て支援新制度がスタートした2015（平成27）年からは幼保連携型認定こども園，幼稚園型認定こども園等，特定地域型保育事業（小規模保育事業，家庭的保育事業，事業所内保育事業，居宅訪問型保育事業）が加わったことで，2017年には利用児童数254万6,669人，施設数では3万2,793施設と大きく拡大した。これは女性の社会進出に伴い乳幼児を持つ母親の就業が増えていること，また長期化する景気の低迷から共働き家庭の増加，長時間労働の蔓延など，小学校入学前の乳幼児の保育ニーズが高まっていることによる。

　なかでも3歳未満の乳幼児の利用数は多く，少子化が進んでいるにもかかわらず，2017年の保育所等を利用する3歳未満児数は103万1,486人と2009年の70万9,399人に比べ45.4％増，30万人近い増加となっている（図2-2）。また，3歳未満児の保育所等の待機児童数を見てみると，2009年から2017年にいたるまで毎年ほぼ2万人前後で推移している（図2-3）。これは保育所等の施設が近隣に新設されたことで，それまで出産を機に就業をあきらめていた女性たちが就業を目的に乳幼児の入所を希望するという，これまで表にあらわれなかった保育ニーズが顕在化しているためといわれている。産前産後休業後の職場復帰を考えている女性たちが子どもを預けるための保育所探しに奔走する「保活」という言葉が一般化しているように，3歳未満の乳幼児の保育ニーズが解消する兆しは見えていない。

　このため新指針では，乳児，1歳以上3歳未満児の保育についての記載の充実を図ることで，今後さらに増えていくであろう3歳未満児の保育の質的な向上を目指している。また，2016年12月の中央教育審議会による答申「幼稚園，小学校，中学校，高等学校及び特別支援学校の学習指導要領等の改善及び必要な方策等について」を踏まえ，新幼稚園教育要領との整合性を図ったより質の高い幼児教育の提供，食育の推進・安全な保育環境の確保などを訴えて

事，国歌，唱歌，わらべうたや伝統的な遊びに親しんだり，異なる文化に触れる活動に親しんだりすることを通じて，社会とのつながりの意識や国際理解の意識の芽生えなどが養われるようにすることなどを「内容の取扱い」に新たに示した。

④ 領域「言葉」

言葉に対する感覚を豊かにすることを「ねらい」に新たに示した。また，生活の中で，言葉の響きやリズム，新しい言葉や表現などに触れ，これらを使う楽しさを味わえるようにすることを「内容の取扱い」に新たに示した。

⑤ 領域「表現」

豊かな感性を養う際に，風の音や雨の音，身近にある草や花の形や色など自然の中にある音，形，色などに気付くようにすることを「内容の取扱い」に新たに示した。

(4)「教育課程に係る教育時間の終了後等に行う教育活動などの留意事項」の改訂の要点

① 教育課程に係る教育時間の終了後等に行う教育活動などの留意事項

教育課程に係る教育時間終了後等に行う教育活動の計画を作成する際に，地域の人々と連携するなど，地域の様々な資源を活用しつつ，多様な体験ができるようにすることを新たに示した。

② 子育ての支援

幼稚園が地域における幼児期の教育のセンターとしての役割を果たす際に，心理や保健の専門家，地域の子育て経験者等と連携・協働しながら取り組むことを新たに示した。

＜参考文献＞

文部科学省『幼稚園教育要領』2017.3.31

厚生労働省『保育所保育指針』2017.3.31

内閣府・文部科学省・厚生労働省『幼保連携型認定こども園教育・保育要領』2017.3.31

中央教育審議会『幼稚園，小学校，中学校，高等学校及び特別支援学校の学習指導要領等の改善及び必要な方策等について（答申）』2016.12.21

文部科学省『学校基本調査』

無藤　隆『今後の幼児教育とは　幼稚園教育要領，保育所保育指針，幼保連携型認定こども園教育・保育要領，小学校学習指導要領の改訂を受けて』2017.1.16 国立教育政策研究所　幼児教育研究センター発足記念 平成28年度教育研究公開シンポジウム

淵上　孝『私立幼稚園を取り巻く現状と課題について』2016.1.28 全日本私立幼稚園連合会 平成27年度第２回都道府県政策担当者会議

池本美香，立岡健二郎『保育ニーズの将来展望と対応の在り方』JRI レビュー Vol.3, No.42 ㈱日本総合研究所

文部科学省『平成26年度幼児教育実態調査』2015.10

東京都教育委員会『小１問題・中１ギャップの予防・解決のための「教員加配に関わる効果検証」に関する調査　最終報告書について』2013.4.25

り，振り返ったりするよう工夫すること
- 幼児期は直接的な体験が重要であることを踏まえ，視聴覚教材やコンピュータなど情報機器を活用する際には，幼稚園生活では得難い体験を補完するなど，幼児の体験との関連を考慮すること
- 幼児一人一人のよさや可能性を把握するなど幼児理解に基づいた評価を実施すること
- 評価の実施に当たっては，指導の過程を振り返りながら幼児の理解を進め，幼児一人一人のよさや可能性などを把握し，指導の改善に生かすようにすることに留意すること

⑤ 特別な配慮を必要とする幼児への指導

次のことを新たに示した。
- 障害のある幼児などへの指導に当たっては，長期的な視点で幼児への教育的支援を行うための個別の教育支援計画と，個別の指導計画を作成し活用することに努めること
- 海外から帰国した幼児や生活に必要な日本語の習得に困難のある幼児については，個々の幼児の実態に応じ，指導内容等の工夫を組織的かつ計画的に行うこと

⑥ 幼稚園運営上の留意事項

次のことを新たに示した。
- 園長の方針の下に，教職員が適切に役割を分担，連携しつつ，教育課程や指導の改善を図るとともに，学校評価については，カリキュラム・マネジメントと関連付けながら実施するよう留意すること
- 幼稚園間に加え，小学校等との間の連携や交流を図るとともに，障害のある幼児児童生徒との交流及び共同学習の機会を設け，協働して生活していく態度を育むよう努めること

(3)「ねらい及び内容」の改訂の要点

「ねらい」を幼稚園教育において育みたい資質・能力を幼児の生活する姿から捉えたもの，「内容の取扱い」を幼児の発達を踏まえた指導を行うに当たって留意すべき事項として新たに示すとともに，指導を行う際に「幼児期の終わりまでに育ってほしい姿」を考慮することを新たに示した。

① 領域「健康」

見通しをもって行動することを「ねらい」に新たに示した。また，食べ物への興味や関心をもつことを「内容」に示すとともに，「幼児期運動指針」（平成24年3月文部科学省）などを踏まえ，多様な動きを経験する中で，体の働きを調整するようにすることを「内容の取扱い」に新たに示した。さらに，これまで第3章指導計画作成に当たっての留意事項に示されていた安全に関する記述を，安全に関する指導の重要性の観点等から「内容の取扱い」に示した。

② 領域「人間関係」

工夫したり，協力したりして一緒に活動する楽しさを味わうことを「ねらい」に新たに示した。また，諦めずにやり遂げることの達成感や，前向きな見通しをもつことなどを「内容の取扱い」に新たに示した。

③ 領域「環境」

日常生活の中で，我が国や地域社会における様々な文化や伝統に親しむことなどを「内容」に新たに示した。また，文化や伝統に親しむ際には，正月や節句など我が国の伝統的な行

る。

そのため，それぞれの幼稚園において，幼児期にふさわしい生活をどのように展開し，どのような資質・能力を育むようにするのかを教育課程において明確にしながら，社会との連携及び協働によりその実現を図っていく，「社会に開かれた教育課程」の実現が重要となることを示した。

③ 幼稚園教育要領を踏まえた創意工夫に基づく教育活動の充実

幼稚園教育要領は，公の性質を有する幼稚園における教育水準を全国的に確保することを目的に，教育課程の基準を大綱的に定めるものであり，それぞれの幼稚園は，幼稚園教育要領を踏まえ，各幼稚園の特色を生かして創意工夫を重ね，長年にわたり積み重ねられてきた教育実践や学術研究の蓄積を生かしながら，幼児や地域の現状や課題を捉え，家庭や地域社会と協力して，教育活動の更なる充実を図っていくことが重要であることを示した。

(2)「総則」の改訂の要点

総則については，幼稚園，家庭，地域の関係者で幅広く共有し活用できる「学びの地図」としての役割を果たすことができるよう，構成を抜本的に改善するとともに，以下のような改訂を行った。

① 幼稚園教育の基本

幼児期の教育における見方・考え方を新たに示すとともに，計画的な環境の構成に関連して教材を工夫することを新たに示した。

② 幼稚園教育において育みたい資質・能力及び「幼児期の終わりまでに育ってほしい姿」

幼稚園教育において育みたい資質・能力と「幼児期の終わりまでに育ってほしい姿」を新たに示すとともに，これらと第2章の「ねらい及び内容」との関係について新たに示した。

③ 教育課程の役割と編成等

次のことを新たに示した。

・各幼稚園においてカリキュラム・マネジメントの充実に努めること
・各幼稚園の教育目標を明確にし，教育課程の編成についての基本的な方針が家庭や地域とも共有されるよう努めること
・満3歳児が学年の途中から入園することを考慮し，安心して幼稚園生活を過ごすことができるよう配慮すること
・幼稚園生活が安全なものとなるよう，教職員による協力体制の下，園庭や園舎などの環境の配慮や指導の工夫を行うこと
・「幼児期の終わりまでに育ってほしい姿」を共有するなど連携を図り，幼稚園教育と小学校教育との円滑な接続を図るよう努めること
・教育課程を中心に，幼稚園の様々な計画を関連させ，一体的に教育活動が展開されるよう全体的な計画を作成すること

④ 指導計画の作成と幼児理解に基づいた評価

次のことを新たに示した。

・多様な体験に関連して，幼児の発達に即して主体的・対話的で深い学びが実現するようにすること
・幼児の発達を踏まえた言語環境を整え，言語活動の充実を図ること
・幼児の実態を踏まえながら，教師や他の幼児と共に遊びや生活の中で見通しをもった

(4)「主体的・対話的で深い学び」（アクティブ・ラーニング）の実現

新教育要領では，「指導計画の作成上の留意事項」に「主体的・対話的で深い学び」（アクティブ・ラーニング）の考えが加わった。

中央教育審議会の答申で述べられているように，これからの予測困難な未来を切り開いていくためには，学ぶことに興味・関心を持ち，見通しを持って粘り強く取り組み，自己の学習活動を振り返って次につなげる「主体的な学び」，子ども同士の協働・教職員や地域の人との対話・先哲の考え方を手がかりに考えるなどを通じて，自己の考えを広め深める「対話的な学び」，そして得られた知識を相互に関連付けてより深く理解したり，情報を精査して考えを形成したり，問題を見出し解決策を思考したり，自分の思い・考えを基に創造へと向かう「深い学び」のアクティブ・ラーニングの実現が求められている。教育要領では，従来から重視されてきた，体験の多様性と関連性を進める中で，この3つの学びを実現していく。様々な心動かされる体験をして，そこから次にしたい活動が生まれ，さらに体験を重ねていき，それらの体験がつながりながら，学びを作り出す。その際，振り返ったり見通しを立てたり，考え工夫して様々に表現し対話を行い，さらに身近な環境への関わりから意味を見出していくのである。

幼児教育における重要な学習である「遊び」においても，この主体的・対話的で深い学びの視点，すなわちアクティブ・ラーニングの視点に基づいた指導計画の作成が必要となる。

(5) 言語活動の充実

新教育要領の「指導計画の作成上の留意事項」では「主体的・対話的で深い学び」とともに，「言語活動の充実」が新たに加えられた。これは「幼児期の終わりまでに育ってほしい10の姿」の9番目にある「言葉による伝え合い」および第2章「ねらい及び内容」の5領域の「言葉」とも関連する項目であるが，言語能力の発達が思考力等のさまざまな能力の発達に関連していることを踏まえ，絵本や物語，言葉遊びなどを通して，言葉や表現を豊かにすることで，自分の経験・考えを言葉にする思考力やそれを相手に伝えるコミュニケーション能力の発達を促していこうとの狙いが読み取れる。

(6) 地域における幼児教育の中心的役割の強化

前回の改訂から幼稚園の地域における保護者の幼児教育のセンターとしての役割が求められるようになった。さらにこの10年間では貧困家庭，外国籍家庭や海外から帰国した幼児など特別な配慮を必要とする家庭・子どもの増加，また児童虐待の相談件数の増加など，子どもと保護者を取り巻く状況も大きく変化している。このため新教育要領では，「心理や保健の専門家，地域の子育て経験者等と連携・協働しながら取り組むよう配慮する」との記載を追加することで，その役割のさらなる専門化を図っている。

3．新しい幼稚園教育要領の概要（中央説明会資料による）
(1) 前文の趣旨及び要点

今回の改訂では，新たに前文を設け，次の事項を示した。
① 教育基本法に規定する教育の目的や目標の明記とこれからの学校に求められること
②「社会に開かれた教育課程」の実現を目指すこと

教育課程を通して，これからの時代に求められる教育を実現していくためには，よりよい学校教育を通してよりよい社会を創るという理念を学校と社会とが共有することが求められ

(2) 幼稚園教育において育みたい資質・能力および「幼児期の終わりまでに育ってほしい姿」

　では，ここで述べられている「幼稚園における教育水準」とは何を意味するのであろうか。それは小学校以降で行われる文字の読み書き，計算といった小学校教育の先取りではない。本来の意味は，幼児の自発的な活動である遊びや生活を通して，「幼稚園教育で育みたい3つの資質・能力」を育成し，その具体的な現れとして「幼児期の終わりまでに育ってほしい10の姿」を実現していくことにある。

　なお，この3つの資質・能力は，これまでの幼稚園教育要領で規定されてきた5領域（「健康」「人間関係」「環境」「言語」「表現」）に基づく遊びを中心とした活動全体を通じて育まれていくものである。

① 豊かな体験を通じて，感じたり，気付いたり，分かったり，できるようになったりする「知識及び技能の基礎」

② 気付いたことや，できるようになったことなどを使い，考えたり，試したり，工夫したり，表現したりする「思考力，判断力，表現力等の基礎」

③ 心情，意欲，態度が育つ中で，よりよい生活を営もうとする「学びに向かう力，人間性等」

　つまり，気付くこと，考えること，試し，工夫すること，また心動かし，やりたいことを見出し，それに向けて粘り強く取り組むことなどを指している。それらは相互に結びついて一体的に育成されていく。

　そして，この3つの資質・能力が育まれている幼児の幼稚園修了時の具体的な姿「幼児期の終わりまでに育ってほしい10の姿」が以下の10項目である（詳細は「新教育要領」第1章 第2を参照）。ここで，実際の指導ではこれらが到達すべき目標を示したものではないことや，個別に取り出されて指導されるものではないことに十分留意する必要がある。

① 健康な心と体　　　　　　　　　⑥ 思考力の芽生え
② 自立心　　　　　　　　　　　　⑦ 自然との関わり・生命尊重
③ 協同性　　　　　　　　　　　　⑧ 数量や図形，標識や文字などへの関心・感覚
④ 道徳性・規範意識の芽生え　　　⑨ 言葉による伝え合い
⑤ 社会生活との関わり　　　　　　⑩ 豊かな感性と表現

(3) カリキュラム・マネジメント

　幼稚園では，教育基本法および学校教育法その他の法令ならびに幼稚園教育要領に基づき，それぞれの園の運営方針，指導方針の基礎となる教育課程を編成することが義務付けられている。教育課程や預かり保育の計画等を合わせて，全体的な計画と呼んでいる。新教育要領では，「幼児期の終わりまでに育ってほしい姿」を踏まえて教育課程を編成し，この教育課程を実施，評価し，改善を図っていくこと（PDCAサイクル），また教育課程の実施に必要な人的または物的な体制を，家庭や地域の外部の資源も含めて活用しながら，各幼稚園の教育活動の質の向上を図っていくカリキュラム・マネジメントの考え方が導入されている。幼稚園等では，教科書のような教材を用いずに，環境を通した教育を基本としており，また幼児の家庭との関係の緊密度が他校種と比べて高いこと，ならびに預かり保育・子育ての支援などの教育課程以外の活動が多くの幼稚園で実施されていることなどから，カリキュラム・マネジメントはきわめて重要とされている。

位のまま母親の就業率が２倍のペースで増え続ける就業高位では，保育所ニーズが2040年に1.4倍の334万人と増える一方，幼稚園ニーズは2040年には35万人と2015年の４分の１に激減するとしている。

　もし幼稚園が従来の３歳以上の子どもを対象とした教育時間内の幼児教育にのみ特化するならば，幼稚園を取り巻く環境が今後，好転することは難しいだろう。しかし，共働きの保護者の希望に応え，教育時間外に子どもを保育する「預かり保育」を積極的に実施している施設は増えている。私立幼稚園の預かり保育の実施率は，1997（平成９）年度には46％だったが，2014（平成26）年度には95.0％とほとんどの私立幼稚園で実施している（平成26年度幼児教育実態調査，文部科学省）。また，子ども・子育て支援新制度の開始により，３歳未満児の保育を行う小規模保育施設を併設した幼稚園も出てきている。従来の幼稚園という枠にとらわれることなく，幼児教育・保育をトータルに考え実践する幼稚園のみが生き残れる時代になったといえよう。

　また教育という観点から見た場合，幼稚園には長年にわたる幼児教育の蓄積があり，保護者が幼稚園に求めるところは少なくない。特に今回の中央教育審議会の答申が求める①知識及び技能（の基礎），②思考力，判断力，表現力等（の基礎），③学びに向かう力，人間性等，の３つの資質・能力の基礎を育む場として，幼稚園の果たす役割はさらに重要度を増すものと考えられる。

　本章では，新教育要領に記載されている今後の幼稚園教育に求められる「幼児教育において育みたい資質・能力」「幼児期の終わりまでに育ってほしい姿」などの具体的な内容について概説する。

２．幼稚園教育要領改訂のポイント

（1）学校教育における幼稚園教育の位置付けの強化

　新教育要領において重要なことは，前回の改訂よりもさらに踏み込んで，幼稚園を学校教育の始まりとすることを強調している点である。現在の教育要領では，2008（平成20）年の学校教育法の改正により，幼稚園が学校教育の始まりとしてその存在が明確化され，幼児教育が公的な教育として捉えられている。さらに新教育要領ではその旨を新設した前文に明記している。

　この背景には，幼児教育がその後の学校教育の基礎を培う時期として重視され，さらに今回，幼稚園・保育所・幼保連携型認定こども園がともに幼児教育を実践する共通の施設として，その基礎を形成する場として強調されたということがある。なかでも幼稚園はその幼児教育のあり方を先導してきた施設なのであり，今後もそうであることが期待される。

　新教育要領で新設された「前文」には，「これからの幼稚園には，学校教育の始まりとして，こうした教育の目的及び目標の達成を目指しつつ，一人一人の幼児が，将来，自分のよさや可能性を認識するとともに，（中略）持続可能な社会の創り手となることができるようにするための基礎を培うことが求められる」とし，「幼稚園教育要領が果たす役割の一つは，公の性質を有する幼稚園における教育水準を全国的に確保することである」と記載されている。これは取りも直さず，より質の高い幼児教育の重要性の強調にほかならず，幼稚園教育（ひいては幼児教育）と小学校教育との円滑な接続が求められている。

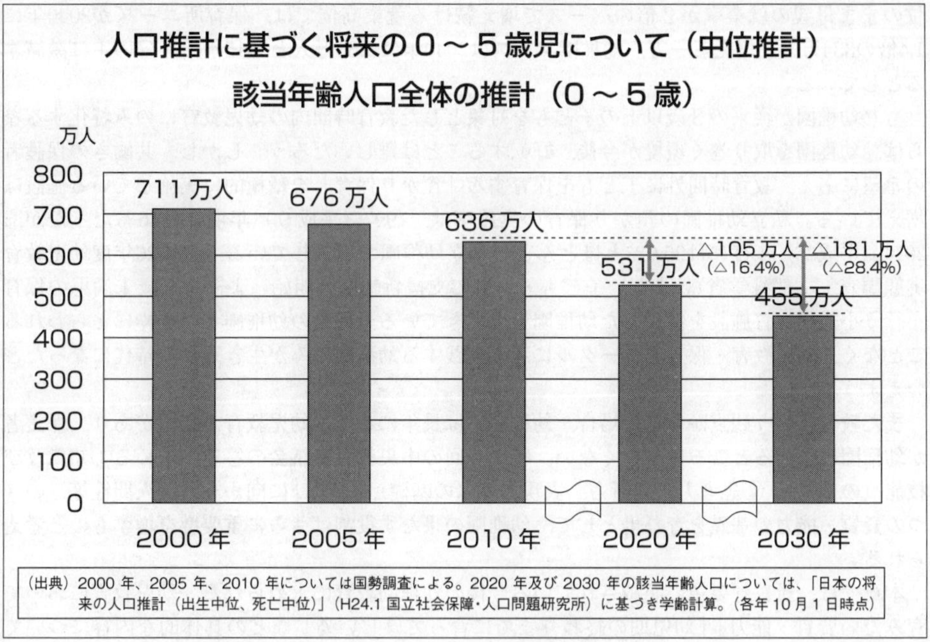

人口推計に基づく将来の０〜５歳児について（中位推計）
該当年齢人口全体の推計（０〜５歳）

万人

2000年	711万人
2005年	676万人
2010年	636万人
2020年	531万人 △105万人（△16.4%）
2030年	455万人 △181万人（△28.4%）

（出典）2000年、2005年、2010年については国勢調査による。2020年及び2030年の該当年齢人口については、「日本の将来の人口推計（出生中位、死亡中位）」（H24.1 国立社会保障・人口問題研究所）に基づき学齢計算。（各年10月1日時点）

図１−３　０〜５歳児の人口推移

では127万1,931人となった。また幼稚園の設置数も，1985（昭和60）年の１万5,220園をピークに減少し，2009年１万3,516園，2013年１万3,043園，2016年１万1,252園，2017年では１万877園となっている（図１−２）（なお，2015年から2017年に認定こども園に移行した幼稚園は1,454園。詳細は『第３章　幼保連携型認定こども園教育・保育要領について』を参照）。一方，保育所等の入所児数は1980（昭和55）年まで増加し続け（1978年191万3,140人）その後一旦減少したが，1996（平成８）年から再び増加し，2009年には204万934人，2013年221万9,581人，さらに子ども・子育て支援新制度がスタートした2015年には237万3,614人，2017年は254万6,669人となっている（2015年からの数値は幼保連携型認定こども園，幼稚園型認定こども園等，特定地域型保育事業を含む，第２章図２−１参照）。

　このように保育所利用児童の増加の一方で，わが国の０〜５歳児の人口は2000（平成12）年の711万人から2030年には455万人まで減少すると予想されており，少子化傾向に歯止めが掛かる兆しは見えていない（図１−３）。全国的に幼稚園児数が減少し続けるのに対し，保育所等のニーズが増え続ける背景には，女性の社会進出に伴い乳幼児を持つ母親の就業が増えていること，長期化する景気の低迷から共働き家庭の増加や長時間労働の蔓延などがあげられている。なかでも３歳未満の待機児童数は毎年２万人前後で推移しており，この年齢層の保育ニーズはさらに増えていくものと見られている（第２章図２−３参照）。

　日本総合研究所の調査によると，出生率が現状のまま推移し，乳幼児を持つ母親の就業率が過去10年間と同じペースで上昇する出生中位・就業中位の場合，保育所ニーズは2015年の233万人から2020年には254万人に増え，その後2040年までほぼ横ばいとなるとしている。一方，幼稚園ニーズは2015年の151万人から2040年には64万人に減少すると見ている。また，出生中

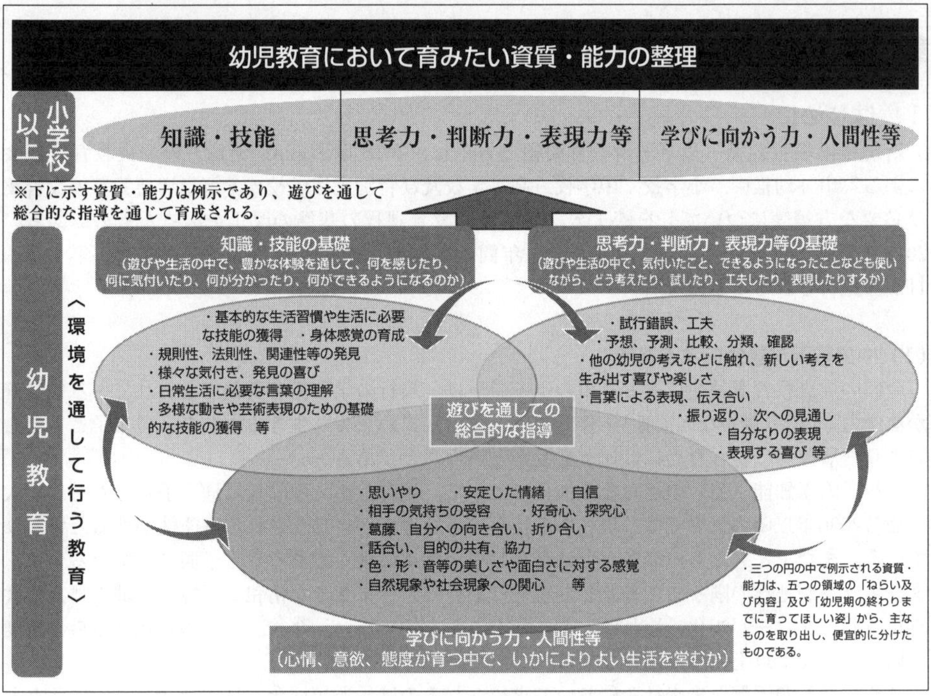

幼児教育において育みたい資質・能力の整理

小学校以上	知識・技能	思考力・判断力・表現力等	学びに向かう力・人間性等

※下に示す資質・能力は例示であり、遊びを通して総合的な指導を通じて育成される。

幼児教育

〈環境を通して行う教育〉

知識・技能の基礎
（遊びや生活の中で、豊かな体験を通じて、何を感じたり、何に気付いたり、何が分かったり、何ができるようになるのか）

・基本的な生活習慣や生活に必要な技能の獲得 ・身体感覚の育成
・規則性、法則性、関連性等の発見
・様々な気付き、発見の喜び
・日常生活に必要な言葉の理解
・多様な動きや芸術表現のための基礎的な技能の獲得 等

思考力・判断力・表現力等の基礎
（遊びや生活の中で、気付いたこと、できるようになったことなども使いながら、どう考えたり、試したり、工夫したり、表現したりするか）

・試行錯誤、工夫
・予想、予測、比較、分類、確認
・他の幼児の考えなどに触れ、新しい考えを生み出す喜びや楽しさ
・言葉による表現、伝え合い
・振り返り、次への見通し
・自分なりの表現
・表現する喜び 等

遊びを通しての総合的な指導

・思いやり ・安定した情緒 ・自信
・相手の気持ちの受容 ・好奇心、探究心
・葛藤、自分への向き合い、折り合い
・話合い、目的の共有、協力
・色・形・音等の美しさや面白さに対する感覚
・自然現象や社会現象への関心 等

・三つの円の中で例示される資質・能力は、五つの領域の「ねらい及び内容」及び「幼児期の終わりまでに育ってほしい姿」から、主なものを取り出し、便宜的に分けたものである。

学びに向かう力・人間性等
（心情、意欲、態度が育つ中で、いかによりよい生活を営むか）

図1-1　幼児教育において育みたい資質・能力

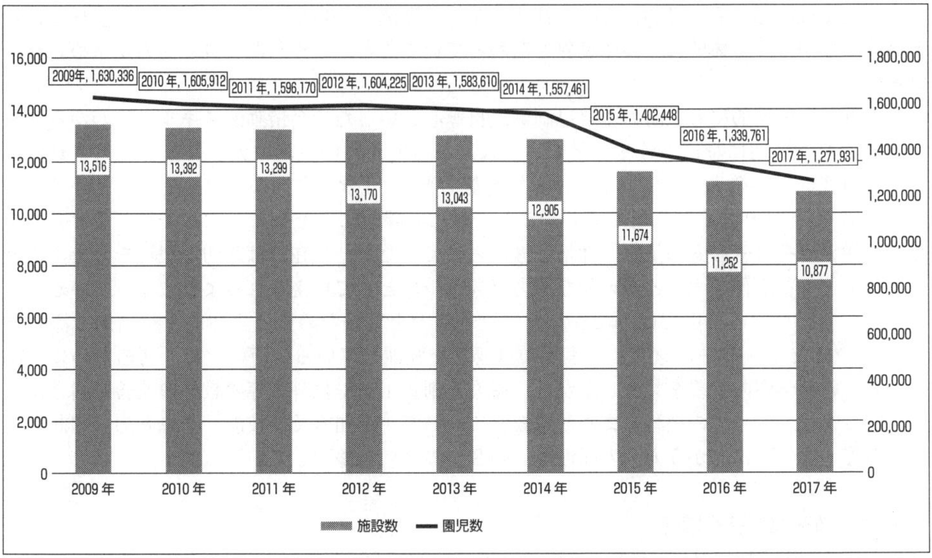

図1-2　幼稚園数と園児数の推移

第1章　幼稚園教育要領の改訂について

1．はじめに

　新幼稚園教育要領（以下，新教育要領とも）は，2016（平成28）年12月の中央教育審議会による答申「幼稚園，小学校，中学校，高等学校及び特別支援学校の学習指導要領等の改善及び必要な方策等について」を踏まえ，幼稚園の教育課程の基準の改正を図ったものである。2017（平成29）年3月31日告示され，1年間の周知期間を経た後，2018（平成30）年4月1日から施行されることになる。

（1）中央教育審議会による答申

　今回の中央教育審議会による答申のポイントは，現行の学習指導要領で謳われている知（確かな学力）・徳（豊かな人間性）・体（健康・体力）にわたる「生きる力」を，将来子どもたちがより一層確実に育むためには何が必要かということにある。

　今後，人工知能（AI）のさらなる進化によって，現在，小・中学校に通う子どもたちが成人となる2030年以降の世界では，現在ある仕事の半数近くが自動化される可能性があるといわれている。また子どもたちの65％が今は存在しない職業に就くであろうと予測されている。インターネットが地球の隅々まで普及した現代において，さまざまな情報が国境や地域を越えて共有化され，グローバル化の流れはとどまるところを知らない。今後，社会の変化はさらに速度を増し，今まで以上に予測困難なものとなっていくであろう。

　こうした予測困難な未来社会において求められるのは，人類社会，日本社会，さらに個人としてどのような未来を創っていくのか，どのように社会や自らの人生をよりよいものにするのかという目的意識を主体的に持とうとすることである。そして，複雑に入り混じった環境の中でも状況を理解し，その目的に必要な情報を選択・理解し，自分の考えをまとめ，多様な他者と協働しながら，主体的に社会や世界と関わっていくこと，こうした資質・能力が求められている。

　また近年，国際的にも忍耐力や自己制御，自尊心といった社会情動的スキル，いわゆる非認知的能力を幼児期に身につけることが，大人になってからの生活に大きな差を生じさせるといった研究成果が発表されている。非認知的能力とは，「学びに向かう力や姿勢」と呼ばれることもあり，「粘り強く取り組んでいくこと，難しい課題にチャレンジする姿勢」などの力をさす。従来はその子どもの気質，性格と考えられていたが，現在では適切な環境を与えることでどの子どもでも伸ばすことが可能な能力（スキル）として捉えられるようになっている。

　そのため，今回の答申では，こうした資質・能力を育むための「主体的・対話的で深い学び」（アクティブ・ラーニング）の実現の重要性を強調している。その上で「何のために学ぶのか」という学習の意義を共有しながら，授業の創意工夫や教科書等の教材の改善を引き出していけるよう，すべての教科等また幼児教育について，①知識及び技能，②思考力，判断力，表現力等，③学びに向かう力，人間性等，の3つの柱に再整理している（図1-1）。

（2）幼稚園を取り巻く環境

　わが国の幼稚園児数は，1978（昭和53）年の249万7,895人をピークに減少し続けており，2009（平成21）年163万336人，2013（平成25）年158万3,610人，2016年133万9,761人，2017年

═══ 目 次 ═══

第1章 幼稚園教育要領の改訂について　3
1. はじめに　3
2. 幼稚園教育要領改訂のポイント　6
3. 新しい幼稚園教育要領の概要　8

第2章 保育所保育指針の改定について　12
1. はじめに　12
2. 保育所保育指針改定のポイント　14
3. 新しい保育所保育指針の概要　17

第3章 幼保連携型認定こども園教育・保育要領の改訂について　19
1. はじめに　19
2. 幼保連携型認定こども園教育・保育要領改訂のポイント　20
3. 新しい幼保連携型認定こども園教育・保育要領の概要　22

資料　幼稚園教育要領　27
資料　保育所保育指針　36
資料　幼保連携型認定こども園教育・保育要領　53

回答事例

無 藤 隆 委員

《について》
「幼稚園教育要領 改訂」
「保育所保育指針 改訂」
「幼保連携型認定こども園教育・保育要領 改訂」